COLLECTION TEL

ALEXANDRE KOYRÉ

Études
d'histoire
de la pensée
scientifique

GALLIMARD

*Cet ouvrage a initialement paru
dans la « Bibliothèque des Idées » en 1973.*

Avant-propos

Les articles et essais réunis dans ce volume illustrent divers aspects d'une question d'un intérêt fondamental à l'étude de laquelle Alexandre Koyré a consacré l'essentiel de son œuvre d'historien de la pensée scientifique: la genèse des grands principes de la science moderne. A côté des quatre grands ouvrages qu'il a successivement publiés sur ce thème: la traduction commentée du premier livre, cosmologique, du De revolutionibus *de Copernic* [1], *les* Études galiléennes [2], La Révolution astronomique [3], Du monde clos à l'univers infini* [4], *ce recueil d'articles mérite sans nul doute une place de choix, non seulement pour les nombreux éléments complémentaires qu'il apporte, mais aussi pour les fécondes liaisons qu'il permet d'établir entre les différents domaines de l'histoire intellectuelle et pour les précieuses indications qu'il donne sur la méthode de recherche et d'analyse de son auteur. Ce volume méritait d'autant plus d'être publié que certains des textes ainsi regroupés étaient restés jusqu'alors inédits, au moins en langue française, et que la plupart des autres étaient devenus très difficiles à consulter.*

Ces articles ont été reclassés suivant l'ordre chronolo-

1. N. Copernic, *Des révolutions des orbes célestes*, introduction, traduction et notes de A. Koyré, Paris. Librairie Félix Alcan, 1934, viii-154 p.

2. A. Koyré, *Études galiléennes :* I. *A l'aube de la science classique ;* II. *La Loi de la chute des corps. Descartes et Galilée ;* III. *Galilée et la loi d'inertie.* Paris, Hermann, 1940, 3 fasc., 335 p.

3. A. Koyré, *La Révolution astronomique. Copernic, Kepler, Borelli.* Paris, Hermann, 1961, 525 p. (« Histoire de la pensée », III).

4. A. Koyré, *Du monde clos à l'univers infini.* Paris, Presses Universitaires de France, 1962, 279 p. (trad. française de *From the closed World to the Infinite Universe*, Baltimore, The Johns Hopkins Press, 1957).

gique de leurs thèmes et non d'après les dates de leur rédaction. Il est vrai que, compte tenu de quelques inévitables retours en arrière, la ligne générale des recherches d'A. Koyré a suivi ce même plan chronologique, partant de la science scolastique pour aboutir à Newton. Les articles concernant l'auteur des Principia *étant réservés à un volume spécial d'*Études newtoniennes, *ce recueil comprend en fait trois grandes parties consacrées respectivement à la science du Moyen Age et de la Renaissance, à Galilée et à l'œuvre de certains autres savants éminents de la première moitié du XVIIe siècle (Mersenne, Cavalieri, Gassendi, Riccioli, Pascal)* [1]. *En dehors de quelques corrections mineures d'ordre typographique et de l'introduction de renvois intérieurs au volume, le texte des articles reproduits est exactement conforme à celui des originaux: les traductions ont été réalisées avec le souci constant de préserver à la fois la pensée d'Alexandre Koyré et son mode habituel d'expression.*

En même temps qu'il regroupe un ensemble d'études du plus haut intérêt sur les origines et la genèse de la science moderne, ce volume apporte une vivante leçon de méthode de recherche historique. Plusieurs textes particulièrement révélateurs des principes directeurs de l'œuvre d'Alexandre Koyré s'y trouvent en effet reproduits. Celui qui ouvre le recueil est remarquablement clair et explicite. L'auteur y insiste d'abord sur sa « conviction de l'unité de la pensée humaine, particulièrement dans ses formes les plus hautes » (pensée philosophique, pensée religieuse et pensée scientifique), conviction qui explique en grande partie l'évolution de ses recherches [2]. *Si, ayant abordé l'étude des origines de la science moderne, il passe successivement de l'astronomie à la physique et aux mathématiques, il continuera à lier l'évolution de la pensée scientifique à celle des idées transscientifiques, philosophiques, métaphysiques, religieuses; les quatre ouvrages précédemment cités et la plupart des articles reproduits dans ce volume sont le fruit de ce remarquable effort d'analyse et d'interprétation de l'une des plus importantes révolutions de l'histoire intellectuelle de*

---

1. En dehors, bien entendu, du premier et du dernier article, où Alexandre Koyré présente les idées directrices de son œuvre.
2. Voir en particulier à ce sujet l'importante étude d'Y. Belaval (*Critique,* août-septembre 1964, pp. 675-704).

l'humanité. Afin de « saisir le cheminement de cette pensée (scientifique) dans le mouvement même de son activité créatrice », il est indispensable de la replacer aussi fidèlement que possible dans son cadre d'époque et de l'analyser dans toute sa complexité, avec ses incertitudes, ses erreurs et ses échecs. Les articles qui suivent illustrent de la façon la plus convaincante le soin avec lequel Alexandre Koyré a su mettre en œuvre ses propres règles de pensée, que ce soit à l'occasion d'études de synthèse s'efforçant de dégager les grandes lignes d'une œuvre, le climat scientifique d'une époque ou l'influence des idées philosophiques, ou encore à l'occasion d'articles plus techniques étudiant des questions précises en s'appuyant sur de nombreuses citations.

Par cette admirable leçon de méthode qu'il nous donne, autant que par la richesse de son contenu, ce nouvel ouvrage d'Alexandre Koyré mérite d'être lu et médité par les spécialistes de l'histoire de la pensée scientifique et, d'une façon beaucoup plus large, par tous ceux qui s'intéressent à l'histoire des idées.

René Taton.

ORIENTATION
ET PROJETS DE RECHERCHES[*]

Dès le début de mes recherches, j'ai été inspiré par la conviction de l'unité de la pensée humaine, particulièrement dans ses formes les plus hautes ; il m'a semblé impossible de séparer, en compartiments étanches, l'histoire de la pensée philosophique et celle de la pensée religieuse dans laquelle baigne toujours la première, soit pour s'en inspirer, soit pour s'y opposer.

Cette conviction, transformée en principe de recherche, s'est montrée féconde pour l'intellection de la pensée médiévale et moderne, même dans le cas d'une philosophie en apparence aussi dénuée de préoccupations religieuses que celle de Spinoza. Mais il fallait aller plus loin. J'ai dû rapidement me convaincre qu'il était pareillement impossible de négliger l'étude de la structure de la pensée scientifique.

L'influence de la pensée scientifique et de la vision du monde qu'elle détermine n'est pas seulement présente dans les systèmes — tels ceux de Descartes ou de Leibniz — qui, ouvertement, s'appuient sur la science, mais aussi dans des doctrines — telles les doctrines mystiques — apparemment étrangères à toute préoccupation de ce genre. La pensée, lorsqu'elle se formule en système, implique une image ou, mieux, une conception du monde et se situe par rapport à elle : la mystique de Bœhme est rigoureusement incompréhensible sans référence à la nouvelle cosmologie créée par Copernic.

Ces considérations m'ont amené, ou, plutôt, m'ont ramené, à l'étude de la pensée scientifique. Je me suis

* Extrait d'un *curriculum vitae* rédigé par A. Koyré en février 1951.

occupé tout d'abord de l'histoire de l'astronomie; puis mes recherches ont porté sur le domaine de l'histoire de la physique et des mathématiques. La liaison de plus en plus étroite qui s'établit, aux débuts des Temps modernes, entre la *physica coelestis* et la *physica terrestris* est à l'origine de la science moderne.

L'évolution de la pensée scientifique, du moins pendant la période que j'étudiais alors, ne formait pas, non plus, une série indépendante, mais était, au contraire, très étroitement liée à celle des idées *transscientifiques*, philosophiques, métaphysiques, religieuses.

L'astronomie copernicienne n'apporte pas seulement un nouvel arrangement, plus économique, des « cercles », mais une nouvelle image du monde et un nouveau sentiment de l'être : le transport du Soleil dans le centre du monde exprime la renaissance de la métaphysique de la lumière et élève la Terre au rang des astres — *Terra est stella nobilis*, avait dit Nicolas de Cues. L'œuvre de Kepler procède d'une conception nouvelle de l'ordre cosmique, fondée elle-même sur l'idée renouvelée d'un Dieu-géomètre, et c'est l'union de la théologie chrétienne avec la pensée de Proclus qui permet au grand astronome de s'affranchir de la hantise de la circularité qui avait dominé la pensée antique et médiévale (et encore celle de Copernic); mais c'est aussi cette même vision cosmologique qui lui fait rejeter l'intuition géniale, mais scientifiquement prématurée, de Giordano Bruno et l'enferme dans les bornes d'un monde de structure finie. On ne comprend pas véritablement l'œuvre de l'astronome, ni celle du mathématicien, si on ne la voit pénétrée de la pensée du philosophe et du théologien.

La révolution méthodique accomplie par Descartes procède, elle aussi, d'une conception nouvelle du savoir; à travers l'intuition de l'infinité divine, Descartes arrive à sa grande découverte du caractère positif de la notion de l'*infini* qui domine sa logique et sa mathématique. Enfin, l'idée philosophique — et théologique — du *possible*, intermédiaire entre l'être et le néant, permettra à Leibniz de passer outre aux scrupules qui avaient arrêté Pascal.

Le fruit de ces recherches, menées parallèlement à mon enseignement à l'École pratique des Hautes Études, a été la publication, en 1933, d'une étude sur Paracelse et d'une autre sur Copernic, suivies, en 1934, d'une édition, avec introduction, traduction et notes, du premier livre, cosmologique, du *De revolutionibus orbium coelestium*, et, en

1940, des *Études galiléennes*. J'ai essayé d'analyser, dans ce dernier ouvrage, la révolution scientifique du XVIIᵉ siècle, à la fois source et résultat d'une profonde transformation spirituelle qui a bouleversé non seulement le contenu, mais les cadres mêmes de notre pensée : la substitution d'un Univers infini et homogène au cosmos fini et hiérarchiquement ordonné de la pensée antique et médiévale, implique et nécessite la refonte des principes premiers de la raison philosophique et scientifique, la refonte aussi de notions fondamentales, celles du mouvement, de l'espace, du savoir et de l'être. C'est pourquoi la découverte de lois très simples, telle la loi de la chute des corps, a coûté à de très grands génies de si longs efforts qui n'ont pas toujours été couronnés de succès. Ainsi, la notion d'inertie, aussi manifestement absurde pour l'Antiquité et le Moyen Age qu'elle nous paraît plausible, voire évidente, aujourd'hui, n'a pu être dégagée dans toute sa rigueur même par la pensée d'un Galilée et ne l'a été que par Descartes.

Pendant la guerre, absorbé par d'autres tâches, je n'ai pu consacrer autant de temps que je l'aurais désiré aux travaux théoriques. Mais depuis 1945, j'ai entrepris une série de recherches nouvelles sur la formation, à partir de Kepler, de la grande synthèse newtonienne. Ces recherches formeront la suite de mes travaux sur l'œuvre de Galilée.

L'étude de la pensée philosophique et religieuse des grands protagonistes du mathématisme expérimental, des précurseurs et contemporains de Newton, et de Newton lui-même, se révéla indispensable pour l'interprétation complète de ce mouvement. Les conceptions philosophiques de Newton concernant le rôle des mathématiques et de la mesure exacte dans la constitution du savoir scientifique furent aussi importantes pour le succès de ses entreprises que son génie mathématique : ce n'est pas par manque d'habileté expérimentale, mais par suite de l'insuffisance de leur philosophie de la science — empruntée à Bacon — que Boyle et Hooke ont échoué devant les problèmes de l'optique, et ce sont de profondes divergences philosophiques qui ont nourri l'opposition de Huygens et de Leibniz à Newton.

J'ai abordé quelques aspects de ces recherches dans mes cours à l'université de Chicago, dans des conférences aux universités de Strasbourg et de Bruxelles, Yale et Harvard, ainsi que dans des communications faites au Congrès d'Histoire et de Philosophie des Sciences (Paris, 1949) et au Congrès international d'Histoire des Sciences (Amsterdam, 1950). — D'autre part, dans mes conférences à la VIe Section de l'École pratique des Hautes Études, j'ai étudié des problèmes du même ordre : la transition du « monde de l'à-peu-près » à l' « univers de la précision », l'élaboration de la notion et des techniques de mensuration exacte, la création des instruments scientifiques qui ont rendu possible le passage de l'expérience qualitative à l'expérimentation quantitative de la science classique, enfin, les origines du calcul infinitésimal.

L'histoire de la pensée scientifique, telle que je l'entends et m'efforce de la pratiquer, vise à saisir le cheminement de cette pensée dans le mouvement même de son activité créatrice. A cet effet, il est essentiel de replacer les œuvres étudiées dans leur milieu intellectuel et spirituel, de les interpréter en fonction des habitudes mentales, des préférences et des aversions de leurs auteurs. Il faut résister à la tentation, à laquelle succombent trop d'historiens des sciences, de rendre plus accessible la pensée souvent obscure, malhabile et même confuse des Anciens, en la traduisant en un langage moderne qui la clarifie, mais en même temps la déforme : rien, au contraire, n'est plus instructif que l'étude des démonstrations d'un même théorème données par Archimède et Cavalieri, Roberval et Barrow.

Il est tout aussi essentiel d'intégrer dans l'histoire d'une pensée scientifique la manière dont elle se comprenait elle-même et se situait par rapport à ce qui la précédait et l'accompagnait. On ne saurait sous-estimer l'intérêt des polémiques d'un Guldin ou d'un Tacquet contre Cavalieri et Torricelli; il y aurait danger à ne pas étudier de près la manière dont un Wallis, un Newton, un Leibniz envisageaient eux-mêmes l'histoire de leurs propres découvertes, ou à négliger les discussions philosophiques que celles-ci provoquèrent.

On doit, enfin, étudier les erreurs et les échecs avec autant de soin que les réussites. Les erreurs d'un Descartes et d'un Galilée, les échecs d'un Boyle et d'un Hooke ne sont pas seulement instructifs; ils sont révélateurs des difficultés qu'il a fallu vaincre, des obstacles qu'il a fallu surmonter.

Ayant nous-mêmes vécu deux ou trois crises profondes de notre manière de penser — la « crise des fondements » et l' « éclipse des absolus » mathématiques, la révolution relativiste, la révolution quantique — ayant subi la destruction de nos idées anciennes et fait l'effort d'adaptation aux idées nouvelles, nous sommes plus aptes que nos prédécesseurs à comprendre les crises et les polémiques de jadis.

Je crois que notre époque est particulièrement favorable à des recherches de cet ordre et à un enseignement qui leur serait consacré sous le titre de l'*Histoire de la pensée scientifique*. Nous ne vivons plus dans le monde des idées newtoniennes, ni même maxwelliennes, et de ce fait nous sommes capables de les envisager à la fois du dedans et du dehors, d'analyser leurs structures, d'apercevoir les causes de leurs défaillances comme nous sommes mieux armés pour comprendre et le sens des spéculations médiévales sur la composition du continu et la « latitude des formes », et l'évolution de la structure de la pensée mathématique et physique au cours du siècle dernier dans son effort de création de formes nouvelles de raisonnement, et son retour critique sur les fondements intuitifs, logiques, axiomatiques de sa validité.

Aussi mon intention n'est-elle pas de me limiter à l'étude du seul xviie siècle : l'histoire de cette grande époque doit éclairer les périodes plus récentes, et les sujets que je traiterais seraient caractérisés, mais non épuisés, par les thèmes suivants :

Le système newtonien; l'épanouissement et l'interprétation philosophique du newtonianisme (jusqu'à Kant, et par Kant).

La synthèse maxwellienne et l'histoire de la théorie du champ.

Les origines et les fondements philosophiques du calcul des probabilités.

La notion de l'infini et les problèmes des fondements des mathématiques.

Les racines philosophiques de la science moderne et les interprétations récentes de la connaissance scientifique (positivisme, néo-kantisme, formalisme, néo-réalisme, platonisme).

Je crois que, poursuivies selon la méthode que j'ai esquissée, ces recherches projetteraient une vive lumière sur la structure des grands systèmes philosophiques du xviiie et du xixe siècle qui, tous, se déterminent par rapport au savoir scientifique, soit pour l'intégrer, soit pour le transcender, et qu'elles nous permettraient de mieux comprendre la révolution philosophico-scientifique de notre temps.

LA PENSÉE MODERNE *

Qu'est-ce que les Temps modernes et la pensée moderne? Jadis, on le savait fort bien : les Temps modernes commençaient après la fin du Moyen Age, exactement en 1453; et la pensée moderne commençait avec Bacon qui avait, enfin, opposé au raisonnement scolastique les droits de l'expérience et de la saine raison humaine.

C'était très simple. Malheureusement, c'était tout à fait faux. L'histoire ne procède pas par sauts brusques; et les divisions nettes en périodes et en époques n'existent que dans les manuels scolaires. Dès que l'on commence à analyser les choses d'un peu plus près, la cassure que l'on croyait apercevoir d'abord disparaît; les contours s'estompent et une série de gradations insensibles nous mène de Francis Bacon à son homonyme du XIIe siècle, et les travaux des historiens et des érudits du XXe siècle nous ont, tour à tour, fait voir un homme moderne dans Roger Bacon et un attardé en son célèbre homonyme; ils ont « replacé » Descartes dans la tradition scolastique et ont fait commencer la philosophie « moderne » avec saint Thomas. Le terme « moderne » a-t-il, en général, un sens? On est toujours « moderne », à toute époque, lorsque l'on pense à peu près comme ses contemporains et un peu autrement que ses maîtres... *Nos moderni*, disait déjà Roger Bacon... N'est-il pas vain, en général, de vouloir établir, dans la continuité du devenir historique, des divisions quelconques? La discontinuité qu'on y introduit ainsi n'est-elle pas artificielle et factice?

* Article paru dans la revue *Le Livre*, Paris, 4e année, nouvelle série, mai 1930, n° 1, pp. 1-4.

Il ne faut pas, cependant, abuser de l'argument de la continuité. Les changements imperceptibles aboutissent fort bien à une diversité très nette; de la semence à l'arbre il n'y a pas de sauts; et la continuité du spectre n'en rend pas les couleurs moins diverses. Il est certain que l'histoire de l'évolution spirituelle de l'humanité présente une complexité incompatible avec les divisions tranchées; des courants de pensée se poursuivent des siècles durant, s'enchevêtrent, s'entrecroisent. La chronologie spirituelle et la chronologie astronomique ne concordent pas. Descartes est plein de conceptions médiévales; tel de nos contemporains n'est-il pas, d'ailleurs, contemporain spirituel de saint Thomas?

Et néanmoins, la périodisation n'est pas entièrement artificielle. Peu importe que les limites chronologiques des périodes soient vagues et même enchevêtrées; à une certaine distance, *grosso modo*, les distinctions apparaissent bien nettes; et les hommes d'une même époque ont bien un certain air de famille. Quelles que soient les divergences — et elles sont grandes — entre les hommes du xiiie et du xive siècle, comparons-les à des hommes, même bien différents entre eux, du xviie siècle. On verra tout de suite qu'ils appartiennent à une même famille; leur « attitude », leur « style » est le même. Et ce style, cet esprit est autre que celui des gens du xve et du xvie siècle. Le *Zeitgeist* n'est pas une chimère. Et si les « modernes », ce sont nous — et ceux qui pensent à peu près comme nous — il en résulte que cette relativité du moderne entraîne un changement de la position, par rapport à des « modernes » de telle ou telle autre période, des institutions et des problèmes du passé. L'histoire n'est pas immuable. Elle change avec nous. Bacon était moderne lorsque le « style » de pensée était empiriste; il ne l'est plus dans une époque de science de plus en plus mathématique, telle la nôtre. C'est Descartes aujourd'hui qui est le premier philosophe moderne. C'est pourquoi chaque période historique, chaque moment de l'évolution en est à récrire l'histoire et à rechercher, à nouveau, ses ancêtres.

Et le style de notre époque, éperdument théorique, éperdument pratique, mais aussi éperdument historique, marque de son sceau la nouvelle entreprise de M. Rey; et la collection de *Textes et traductions pour servir à l'histoire de la pensée moderne* dont les quatre premiers volumes sont devant moi, pourrait s'appeler *Collection moderne...* Jadis — et il y a encore des représentants attardés de ce

style de pensée — on aurait écrit un *Discours* ou une
Histoire; on nous aurait, tout au plus, donné des extraits;
ce sont les textes eux-mêmes — les plus marquants, les
plus significatifs — choisis, certes, dans la masse des autres,
mais originaux, qu'on nous présente [1].

Dans un esprit d'éclectisme louable — signe lui aussi
du « style de notre temps » qui ne croit plus aux séparations
trop nettes et aux divisions trop tranchées — les débuts
de l'âge moderne sont illustrés par des penseurs de la
Renaissance et même de la pré-Renaissance. Pétrarque,
Machiavel, Nicolas de Cues et Césalpin nous montrent les
différents aspects de cette révolution lente mais profonde
qui marque la fin, la mort du Moyen Age. Il y a, certes,
peu de commun entre ces quatre penseurs. Et aucun d'eux
n'est véritablement un moderne. Pétrarque pas plus que
les autres. Et ses invectives contre les aristotéliciens,
contre la logique scolastique, son « humanisme », son
« augustinisme » (chose curieuse : à chaque renouveau
de la pensée, à chaque réaction religieuse, c'est toujours
saint Augustin que l'on rencontre) ne doivent pas nous
faire perdre de vue combien, au fond, il est réactionnaire.
Il combat Aristote : mais comment? C'est contre le païen
qu'il lance ses foudres. Il cherche à renverser son autorité,
mais c'est pour instaurer — ou réinstaurer — à sa place
la science et surtout la sagesse *chrétiennes,* l'autorité de la
révélation et des livres sacrés. Il lutte contre la logique
scolastique : mais c'est au profit de Cicéron et de la logique
rhétorique, car, s'il admire Platon, c'est de confiance,
par esprit d'opposition, sans le connaître. Le beau volume
contenant seize dialogues de Platon, de la possession
duquel il est si fier, est toujours resté pour lui lettre close;
il n'a jamais pu le lire. Tout ce qu'il en sait, c'est encore à
Cicéron qu'il le doit. Or, il y a certainement plus de pensée
philosophique dans une page d'Aristote que dans Cicéron
tout entier, et plus de finesse et de profondeur logique dans
le latin barbare des maîtres parisiens que dans les belles
périodes bien ordonnées de Pétrarque lui-même. Jamais
opposition n'a été plus mal dirigée, jamais une admiration
plus passionnée n'a eu un objet plus indigne. Du point

1. *Textes et traductions pour servir à l'histoire de la pensée moderne,* collection dirigée par Abel Rey, professeur à la Sorbonne : I. Pétrarque, *Sur
ma propre ignorance et celle de beaucoup d'autres,* traduction de J. Bertrand,
préface de P. de Nolhac; II. Machiavel, *Le Prince,* traduction Colonna
d'Istria, introduction de P. Hazard; III. Nicolas de Cues, *De la docte ignorance,* traduction L. Moulinier, introduction par A. Rey; IV. Césalpin,
Questions péripatéticiennes, traduction M. Dorolle.

de vue de la pensée philosophique, c'est une chute et un recul. Mais, voilà : ce point de vue est justement inapplicable. Peu importe que la logique scolastique soit subtile ; peu importe que la philosophie d'Aristote soit profonde. Pétrarque n'en veut plus, parce qu'il ne les comprend plus, parce qu'il en a assez, et de leur subtilité et de leur profondeur, et surtout de leur technicité. Pétrarque — et je sais bien de quelles réserves il faudrait entourer cette affirmation un peu brutale, mais enfin — Pétrarque, et l'humanisme tout entier, n'est-ce pas en grande mesure la révolte du simple bon sens? non pas au sens de *bona mens*, mais bien à celui de sens commun?

Les démonstrations compliquées de la scolastique aristotélisante ne l'intéressent pas ; elles ne créent pas la persuasion. Or, le plus important n'est-il pas de persuader? A quoi donc pourrait servir le raisonnement, sinon à persuader celui à qui il s'adresse? Or, le syllogisme a pour ce faire bien moins de valeur que la rhétorique cicéronienne. Celle-ci est efficace, parce qu'elle est claire, parce qu'elle n'est pas technique, parce qu'elle s'adresse à *l'homme*, et parce qu'à l'homme elle parle de ce qui lui importe le plus : de lui-même, de la vie, et de la vertu. Or, la vertu — et il faut la posséder et la pratiquer si l'on veut réaliser la fin dernière de l'homme qui est le salut — il faut l'aimer, et non l'analyser. Et les vrais philosophes, c'est-à-dire les vrais professeurs de la vertu, ne nous font pas un cours de métaphysique, ne nous parlent pas de choses oiseuses, incertaines et inutiles : « Ils cherchent à rendre bons ceux qui les écoutent... Car il vaut mieux... former une volonté pieuse et bonne qu'une intelligence vaste et claire... Il est plus sûr de vouloir le bien que de connaître le vrai. La première chose est toujours méritoire, l'autre est souvent coupable et n'admet pas d'excuses... » Il vaut mieux « aimer Dieu... que... s'efforcer de le connaître ». D'abord le connaître est impossible, et puis « l'amour est toujours heureux, alors que la vraie connaissance est parfois douloureuse... ». Ne nous trompons pas : malgré les citations de saint Augustin, ce n'est nullement l'humilité chrétienne qui parle par la plume de Pétrarque ; et ces phrases qu'un saint Pierre Damiani pourrait signer ne veulent pas dire : défiance envers la raison humaine, pas plus qu'il ne s'agit de mystique franciscaine dans le rabaissement de l'intelligence devant l'amour. C'est bien du contraire qu'il s'agit ; il s'agit de la substitution au théocentrisme médiéval du point de vue *humain ;* de la substitution du problème moral au problème métaphysique et, aussi, au problème religieux; du point de vue de l'action à celui du salut. Ce n'est pas encore la naissance de la pensée moderne; c'est déjà l'expression du fait que « l'esprit du Moyen Age » s'épuise et se meurt.

C'est une impression analogue que laisse l'œuvre grandiose du grand cardinal Nicolas de Cues. Ce n'est pas — à peine faut-il le dire — une réaction du bon sens et du sens commun. Et la technicité du langage et de la logique de la scolastique n'a rien qui puisse effrayer ce magnifique constructeur de systèmes. Mais elle le laisse insatisfait; elle n'aboutit pas au but, qui est, bien entendu, celui de connaître Dieu. Nicolas de Cues reste fidèle à l'idéal de la connaissance. Il ne lui substitue pas une doctrine de l'action. Il veut prouver et non persuader. Sa logique n'est pas une logique rhétorique. Il n'est nullement sceptique — quoi qu'on ait dit — et la *Docte Ignorance* est docte beaucoup plus qu'elle n'est ignorance, car *Deus melius* scitur *nesciendo*. Ce sont, très certainement, de vieux thèmes néo-platoniciens qui revivent dans sa pensée, et à travers maître Eckhart, Jean Scot Erigène, saint Augustin et le Pseudo-Denis, c'est l'inspiration de Plotin que recherche ce grand penseur. Son œuvre se présente comme une réaction. Mais les mouvements en avant, les réformes se présentent toujours comme des renaissances, comme des retours en arrière. Et malgré son désir ardent et sincère de ne refaire que de l'ancien, le cardinal de Cues fait une œuvre singulièrement nouvelle et hardie.

A certains égards, il est, certes, l'homme du « Moyen Age ». Il est aussi théocentriste que quiconque, aussi profondément — et aussi naturellement — croyant et catholique. Mais il sait trop la diversité irrémédiable des dogmes qui se partagent l'humanité, et l'idée d'une religion naturelle — une vieille idée également, mais y a-t-il des idées entièrement nouvelles? — opposée à la relativité des formes de croyances, cette idée qui procurera l'essentiel de l'atmosphère spirituelle des Temps modernes, trouve en lui un partisan conscient et convaincu.

On aurait tort, certes, de voir de l'entièrement nouveau dans son mathématisme. Les analogies mathématiques destinées à éclairer les rapports intérieurs de la Trinité, et même des preuves mathématiques de l'impossibilité d'une quatri-unité divine, ainsi que de la convenance d'une Trinité sont chose commune dans la scolastique

latine comme dans la scolastique grecque. Et le rôle attribué à des considérations mathématiques est traditionnel
dans l'école augustinienne. Le rôle de la lumière, l'optique
géométrique dont s'occupaient avec tant d'amour les
néoplatoniciens d'Oxford et d'ailleurs — rappelons Witelo
et Thierry de Freiberg — rendaient une certaine mathématisation de l'Univers presque naturelle. Descartes, en
fait, fut l'héritier d'une tradition augustinienne, là comme
ailleurs. Or, aussi « modernes » que nous paraissent les
conceptions du Cardinal sur le *maximum* et le *minimum*
qui se confondent, sur la droite et le cercle qui coïncident
au *maximum* et au *minimum*, ce ne sont pas là des raisonnements purement mathématiques : c'est une théologie
qui les sous-tend. Et sa logique dialectique, ce n'est pas
encore une logique hégélienne. Mais peu importe : le fait
qui domine, c'est que la vieille logique linéaire n'a plus
de prise sur lui; que le vieil Univers, bien ordonné et
bien hiérarchisé, n'est plus le sien; que les cadres de la
pensée métaphysique — forme et matière, acte et puissance — se sont, pour lui, vidés d'un contenu vivant. Son
Univers est à la fois plus un, et moins déterminé, plus
dynamique, plus actuel. Le *possest* nie justement cette
distinction qui fut pendant des siècles la base d'une conception théiste de l'Univers. Et puis une chose encore : aussi
« mystique » que soit sa doctrine, le Cardinal l'avoue : ce
n'est qu'une théorie, il n'a pas d'expérience; il parle par
ouï-dire, en se basant sur l'expérience des autres.

Avec Nicolas Machiavel, nous sommes vraiment dans
un tout autre monde. Le Moyen Age est mort; bien plus,
c'est comme s'il n'a jamais existé. Tous ses problèmes :
Dieu, salut, rapports de l'au-delà et de l'ici-bas, justice,
fondement divin de la puissance, rien de tout cela n'existe
pour Machiavel. Il n'y a qu'une seule réalité, celle de l'État;
il y a un fait, celui du pouvoir. Et un problème : comment
s'affirme et se conserve le pouvoir dans l'État? Or, pour
le résoudre, nous n'avons pas à nous embarrasser de
points de vue, de jugements de valeur, de considérations
de moralité, de bien individuel, etc., qui, véritablement,
en bonne logique n'ont rien à voir avec notre problème.
Quel beau *Discours de la méthode* il y a, implicitement,
dans l'œuvre du secrétaire florentin! Quel beau traité de
logique, pragmatique, inductive et déductive à la fois,
on peut tirer de cette œuvre magnifique; voici quelqu'un
qui sait lier l'expérience à la raison — tout autrement
que F. Bacon — et qui, en devançant les siècles, voit le

cas le plus simple dans le cas le plus général. Machiavel n'aspire pas à une logique nouvelle, il la met simplement en œuvre et, comparable en cela à Descartes, dépasse du coup les cadres du syllogisme : son analyse — comme l'analyse cartésienne — est constructive, sa déduction est synthétique. L'immoralisme de Machiavel, c'est simplement de la logique. Du point de vue auquel il s'est placé, la religion et la morale ne sont que des facteurs sociaux. Ce sont des faits qu'il faut savoir utiliser, avec lesquels il faut compter. C'est tout. Dans un calcul *politique* il faut tenir compte de tous les facteurs *politiques :* que peut y faire un jugement de valeur porté sur l'addition? Fausser — subjectivement — ses résultats? Nous induire en erreur? Très certainement; mais nullement modifier la somme.

C'est une logique et une méthode, venons-nous de dire, mais la possibilité même d'adopter — avec ce détachement prodigieux et ce naturel surprenant — cette attitude méthodique, indique et exprime le fait que, non seulement dans l'âme de Machiavel, mais aussi autour de lui, le monde du Moyen Age était mort, et bien mort.

Mais il ne l'était pas partout. Et, non loin de Florence, dans la célèbre et antique Université de Padoue, l'aristotélisme médiéval — sous sa forme averroïste — menait encore une existence factice, qui se prolongera, cependant, jusqu'en plein XVIIᵉ siècle. Les *Questions péripatéliciennes* de Césalpin sont un bel exemple de cette mentalité. Et l'étude de cette œuvre — ou d'œuvres analogues d'un Cremonini — nous montre bien combien puissantes étaient les résistances qu'il fallait vaincre à un Descartes, un Galilée, à « la pensée moderne », jusqu'à quel point l'image du monde médiéval et antique s'était solidifiée, « réalisée » dans la conscience humaine. Pour Césalpin, le doute n'existe pas. La vérité est tout entière dans l'œuvre d'Aristote. C'est là qu'il convient de la chercher. Et, certes, on peut parfois améliorer tel ou tel autre détail, corriger telle ou telle autre observation physiologique ou physique, mais l'essentiel demeure : le cadre des concepts métaphysiques, le cadre des notions physiques, toute la machine du monde et toute sa hiérarchie. Certes, Césalpin est très intelligent; ses analyses, ses commentaires sont fins et pénétrants, ses distinctions profondes. L'étude de ces *Questions* est profitable, même aujourd'hui. Mais la vie n'y est plus, et le froid détachement de Césalpin, qui laisse à d'autres, dit-il, le soin de rechercher si ce qu'il explique est oui ou non conforme à la foi et à la vérité chrétienne, son métier à lui étant d'expliquer Aristote, est très probablement un masque. Mais c'est aussi un signe des temps : pour mettre ce masque — et pouvoir le porter — il fallait bien sentir — aussi obscurément que l'on voudra — du détachement aussi pour Aristote. Il fallait, peu ou prou, prendre l'attitude d'un professeur moderne, faire l'œuvre d'un historien. Or, ce qui vit n'est pas objet d'histoire; rien n'est plus loin de l'homme qui cherche la vérité vivante que l'attitude d'un homme qui recherche la vérité « historique ». Et, qu'il le veuille ou non, et même, quoiqu'il ne le veuille nullement, l'exactitude et la finesse de Césalpin sont déjà presque celles d'un érudit. Le pédantisme a remplacé l'esprit. La construction est bien solide encore; elle prend beaucoup de place. On n'y vit plus.

ARISTOTÉLISME ET PLATONISME
DANS LA PHILOSOPHIE
DU MOYEN AGE *

La philosophie du Moyen Age est, en quelque sorte, une découverte toute récente. Jusqu'à il y a relativement peu d'années, le Moyen Age tout entier était représenté sous les couleurs les plus sombres : triste époque où l'esprit humain, asservi à l'autorité — double autorité du dogme et d'Aristote — s'épuisait dans des discussions stériles de problèmes imaginaires. Aujourd'hui encore, le terme « scolastique » a pour nous un sens nettement péjoratif.

Sans doute, tout n'est pas faux dans ce tableau. Tout n'est pas vrai non plus. Le Moyen Age a connu une époque de barbarie profonde, barbarie politique, économique, intellectuelle — époque qui s'étend à peu près du VIᵉ au XIᵉ siècle; mais il a connu aussi une époque extraordinairement féconde, époque de vie intellectuelle et artistique d'une intensité sans pareille, qui s'étend du XIᵉ au XIVᵉ siècle (inclus) et à laquelle nous devons, entre autres, l'art gothique et la philosophie scolastique.

Or, la philosophie scolastique — nous le savons maintenant — a été quelque chose de très grand. Ce sont les scolastiques qui ont accompli l'éducation philosophique de l'Europe et ont créé notre terminologie, celle dont nous nous servons encore; ce sont eux qui, par leur travail, ont permis à l'Occident de reprendre ou même, plus exactement, de prendre contact avec l'œuvre philosophique de l'Antiquité. Aussi, malgré les apparences, y a-t-il une continuité véritable — et profonde — entre la philosophie médiévale et la philosophie moderne. Descartes et Male-

* Article paru dans *Les Gants du Ciel*, vol. VI, Ottawa, 1944, pp. 75-107.

branche, Spinoza et Leibniz, ne font bien souvent que continuer l'œuvre de leurs prédécesseurs médiévaux.

Quant aux questions ridicules et oiseuses dont discutaient à perte de vue les professeurs et les élèves des universités de Paris, d'Oxford et du Caire, étaient-elles tellement plus ridicules et plus oiseuses que celles dont ils discutent aujourd'hui? Peut-être ne nous paraissent-elles telles que parce que nous ne les comprenons pas bien, c'est-à-dire parce que nous ne parlons plus le même langage et ne voyons pas la portée et les implications des questions discutées, ni le sens, volontairement paradoxal souvent, de la forme sous laquelle elles sont présentées.

Ainsi, quoi de plus ridicule que de se demander combien d'anges peuvent prendre place sur la pointe d'une aiguille? Ou encore, si l'intellect humain est placé dans la Lune, ou ailleurs? Sans doute. Mais seulement tant que l'on ne sait ou ne comprend pas ce qui est en jeu. Or, ce qui est en jeu, c'est de savoir si l'esprit, si un être ou un acte spirituel — un jugement par exemple — occupe, oui ou non, une *place* dans l'espace... Et cela n'est plus ridicule du tout. De même pour l'intellect humain. Car ce qui est en jeu dans cette doctrine bizarre des philosophes arabes, c'est de savoir si la pensée — la pensée vraie — est individuelle ou non. Et si nous admirons Lichtenberg pour avoir affirmé qu'il vaudrait mieux employer une forme impersonnelle, et dire non pas : *je pense*, mais : *il pense en moi;* si nous acceptons, ou du moins discutons, les thèses durkheimiennes sur la conscience collective, à la fois immanente et transcendante à l'individu, je ne vois pas pourquoi — laissant de côté la Lune — nous ne traiterions pas avec tout le respect qu'elles méritent, les théories d'Avicenne et d'Averroès sur l'unité de l'intellect humain.

La barbarie médiévale, économique et politique — ainsi qu'il résulte des beaux travaux du grand historien belge, Pirenne — a eu pour origine bien moins la conquête du monde romain par des tribus germaniques que la rupture des relations entre l'Orient et l'Occident, le monde latin et le monde grec. Et c'est la même raison — le manque de rapports avec l'Orient hellénique — qui a produit la barbarie intellectuelle de l'Occident. Comme c'est la reprise de ces relations, c'est-à-dire la prise de contact avec la pensée antique, avec l'héritage grec, qui a produit l'essor de la philosophie médiévale. Certes, à l'époque qui nous occupe, c'est-à-dire au Moyen Age, l'Orient — en dehors de Byzance — n'était plus grec. Il était arabe. Aussi, ce sont les Arabes qui ont été les *maîtres* et les *éducateurs* de l'Occident latin.

J'ai souligné : *maîtres* et *éducateurs* et non seulement et simplement, ainsi qu'on le dit trop souvent, *intermédiaires* entre le monde grec et le monde latin. Car si les premières traductions d'œuvres philosophiques et scientifiques grecques en latin furent faites, non pas directement du grec, mais à travers l'arabe, ce ne fut pas seulement parce qu'il n'y avait plus — ou encore — personne en Occident à savoir du grec, mais encore, et peut-être surtout, parce qu'il n'y avait personne capable de comprendre des livres aussi difficiles que la *Physique* ou la *Métaphysique* d'Aristote ou l'*Almageste* de Ptolémée et que, sans l'aide de Farabi, d'Avicenne ou d'Averroès, les Latins n'y seraient jamais parvenus. C'est qu'il ne suffit pas de savoir du grec pour comprendre Aristote ou Platon — c'est là une erreur fréquente chez les philologues classiques — il faut encore savoir de la philosophie. Or les Latins n'en ont jamais su grand-chose. L'Antiquité latine païenne a ignoré la philosophie.

Il est curieux de constater — et j'insiste là-dessus, parce que cela me paraît être d'une importance capitale et que, bien que connu, cela ne soit pas toujours remarqué — il est curieux de constater l'indifférence presque totale du Romain pour la science et la philosophie. Le Romain s'intéresse aux choses pratiques : l'agriculture, l'architecture, l'art de la guerre, la politique, le droit, la morale. Mais qu'on cherche dans toute la littérature latine classique une œuvre scientifique digne de ce nom, on n'en trouvera pas ; une œuvre philosophique, pas davantage. On trouvera Pline, c'est-à-dire un ensemble d'anecdotes et de racontars de bonne femme ; Sénèque, c'est-à-dire un exposé consciencieux de la morale et de la physique stoïciennes, adaptées — c'est-à-dire simplifiées — à l'usage des Romains ; Cicéron, c'est-à-dire des essais philosophiques d'un homme de lettres dilettante ; ou Macrobe, un manuel d'école primaire.

C'est vraiment étonnant, lorsqu'on y songe, que, ne produisant rien eux-mêmes, les Romains n'aient même pas éprouvé le besoin de se procurer des traductions. En effet, en dehors de deux ou trois dialogues traduits par Cicéron (dont le *Timée*) — traduction dont presque rien n'est parvenu jusqu'à nous — ni Platon, ni Aristote, ni Euclide, ni Archimède, n'ont jamais été traduits en latin. Du moins à l'époque classique. Car si l'*Organon* d'Aristote, et les *Ennéades* de Plotin le furent, en fin de compte, ce n'est que très tard, et ce fut l'œuvre de chrétiens [1].

Sans doute peut-on invoquer des circonstances atténuantes, expliquer l'indigence de la littérature scientifique et philosophique romaine par la grande diffusion du grec : tout Romain « bien né » apprenait du grec, allait faire des études en Grèce... On savait du grec, comme jadis, en Europe, on savait du français. N'exagérons pas, cependant, le degré de cette diffusion. L'aristocratie romaine elle-même n'était pas entièrement « grécisée », ou du moins, en dehors de cercles fort étroits, ne lisait ni Platon, ni Aristote, ni même les manuels stoïciens : c'est pour elle, en effet, qu'écrivaient Cicéron et Sénèque.

Or, ce n'est pas ainsi que les choses se passent dans le monde arabe. C'est avec une ardeur surprenante, la conquête politique à peine achevée, que le monde arabe-islamique se lance à la conquête de la civilisation, de la science, de la philosophie grecques. Toutes les œuvres scientifiques, toutes les œuvres philosophiques seront, soit traduites, soit — c'est le cas pour Platon — exposées et paraphrasées.

Le monde arabe se sent, *et se dit*, héritier et continuateur du monde hellénistique. En quoi il a bien raison. Car la brillante et riche civilisation du Moyen Age arabe — qui n'est pas un Moyen Age mais plutôt une Renaissance — est, en toute vérité, continuatrice et héritière de la civilisation hellénistique [2]. Et c'est pour cela qu'elle a pu jouer, vis-à-vis de la barbarie latine, le rôle éminent d'éducatrice qui a été le sien.

Sans doute, cette floraison de la civilisation arabe-islamique a été de très courte durée. Le monde arabe, après avoir transmis à l'Occident latin l'héritage classique qu'il avait recueilli, l'a lui-même perdu et même répudié.

Mais, pour expliquer ce fait, on n'a pas besoin d'invoquer, ainsi que le font, bien souvent, les auteurs allemands — et même français — une répugnance congénitale de l'Arabe pour la philosophie; une opposition irréductible entre l'esprit grec et l'esprit sémitique; une impénétrabilité spirituelle de l'Orient pour l'Occident — on dit

---

1. Les *Ennéades* ont été traduites par Marius Victorinus, au IVe siècle; l'*Organon*, par Boèce, au VIe. La traduction de Plotin est perdue; quant à celle d'Aristote, elle l'est également, en grande partie : les *Catégories* et les *Topiques* seuls ont été connus du haut Moyen Age.
2. Cf. R. Merz, *Renaissance im Islam*, Bâle, 1914.

beaucoup de sottises sur le thème Orient-Occident...
On peut expliquer les choses beaucoup plus simplement,
par l'influence d'une réaction violente de l'orthodoxie
islamique qui, non sans raison, reprochait à la philosophie
son attitude antireligieuse, et surtout par l'effet dévas-
tateur des vagues d'invasions barbares, turques, mongoles
(berbères en Espagne) qui ont ruiné la civilisation arabe
et ont transformé l'Islam en une religion fanatique,
farouchement hostile à la philosophie.

Il est probable que, sans cette dernière « influence »,
la philosophie arabe aurait poursuivi un développement
analogue à celui de la scolastique latine ; que les penseurs
arabes auraient su trouver des réponses aux critiques
d'Al Gazal (Ghazzālī), auraient su « islamiser » Aristote...
Ils n'en ont pas eu le temps. Les sabres turcs et berbères
ont, brutalement, arrêté le mouvement et ce fut à l'Occident latin qu'échut la tâche de recueillir l'héritage arabe,
concurremment avec l'héritage grec que les Arabes lui
avaient transmis.

Je viens d'insister sur l'importance et le rôle de l'héritage antique. C'est que la philosophie, du moins notre
philosophie, se rattache tout entière à la philosophie
grecque, suit les lignes tracées par la philosophie grecque,
réalise des attitudes prévues par celle-ci.

Ses problèmes, ce sont toujours les problèmes du savoir
et de l'être posés par les grecs. C'est toujours l'injonction
delphique à Socrate : Γνῶθι σεαυτόν, connais-toi toi-même,
réponds aux questions : que suis-je ? et où suis-je ? c'est-à
dire : qu'est-ce qu'être et qu'est-ce que le monde ? et enfin,
qu'est-ce que je fais, et que dois-je faire, moi, dans ce
monde ?

Et, selon qu'on donne à ces questions l'une ou l'autre
réponse, selon qu'on adopte l'une ou l'autre attitude,
on est platonicien, ou aristotélicien, ou encore, plotinien.
A moins toutefois qu'on ne soit stoïcien. Ou sceptique.

Dans la philosophie du Moyen Age — puisqu'elle est
philosophie — nous retrouvons facilement les attitudes
typiques que je viens de mentionner. Et pourtant, généralement parlant, la situation de la philosophie médiévale
— et celle, bien entendu, du philosophe — sont assez
différentes de celle de la philosophie antique.

La philosophie médiévale — qu'il s'agisse de philosophie
chrétienne, juive ou islamique — se place, en effet, à
l'intérieur d'une religion révélée. Le philosophe, à une

exception près, celle notamment de l'averroïste, est *croyant*. Aussi, certaines questions sont-elles pour lui résolues d'avance. Ainsi, comme le dit très pertinemment M. Gilson [1], le philosophe antique peut se demander s'il y a *des* Dieux et *combien* il y en a. Au Moyen Age — et grâce au Moyen Age, il en est de même dans les Temps modernes — on ne peut plus se poser de questions pareilles. On peut, sans doute, se demander si Dieu existe; plus exactement, on peut se demander comment on peut en démontrer l'existence. Mais la pluralité des Dieux n'a plus aucun sens : tout le monde sait que Dieu — qu'il existe ou non — ne peut être qu'unique. En outre, tandis que Platon ou Aristote se forment librement leur conception de Dieu, le philosophe médiéval sait, généralement parlant, que son Dieu est un Dieu *créateur*, conception très difficile, ou peut-être même impossible, à saisir pour la philosophie [2].

Il sait encore, sur Dieu, sur lui-même, sur le monde, sur son destin, beaucoup d'autres choses que lui enseigne la religion. Il sait, du moins, qu'elle les enseigne. En face de cet enseignement, il lui faut prendre parti. Il lui faut, en outre, en face de la religion, justifier son activité *philosophique;* et, d'un autre côté, il lui faut, en face de la philosophie, justifier l'existence de la religion [3].

Cela crée, évidemment, une situation extrêmement tendue et compliquée. Fort heureusement d'ailleurs, car c'est cette tension et cette complication dans les rapports entre la philosophie et la religion, la raison et la foi, qui ont nourri le développement philosophique de l'Occident.

Et pourtant... malgré cette situation toute nouvelle, dès qu'un philosophe — qu'il soit juif, musulman ou chrétien — aborde le problème central de la métaphysique, celui de l'Être et de l'essence de l'Être, il retrouve dans son Dieu Créateur le Dieu-Bien de Platon, le Dieu-Pensée d'Aristote, le Dieu-Un de Plotin.

La philosophie médiévale nous est, le plus souvent, présentée comme dominée entièrement par l'autorité d'Aristote. C'est vrai sans doute, mais pour une période

---

1 Cf. E. Gilson, *L'Esprit de la philosophie médiévale*, 2 vol., Paris, 1932.
2. Aussi, est-elle niée par ceux des philosophes médiévaux qui ont le plus fidèlement maintenu l'exigence de la philosophie à la suprématie et à l'autocratie, c'est-à-dire par les Averroïstes.
3. Cf. Leo Strauss, *Philosophie und Gesetz*, Berlin, 1935.

déterminée seulement [1]. Et pour celle-ci, la raison en est assez facile à comprendre.

D'abord, Aristote fut le seul philosophe grec dont l'œuvre tout entière — du moins toute celle qui était connue dans l'Antiquité — ait été traduite en arabe et plus tard en latin. Celle de Platon n'eut pas cet honneur et fut donc moins bien connue.

Ceci non plus n'est pas un effet du hasard. L'œuvre d'Aristote forme une véritable encyclopédie du savoir humain. En dehors de la médecine et des mathématiques, on y trouve tout : logique — ce qui est d'une importance capitale — physique, astronomie, métaphysique, sciences naturelles, psychologie, éthique, politique... Il n'est pas étonnant que, pour le second Moyen Age, ébloui et écrasé par cette masse de savoir, subjugué par cette intelligence vraiment hors ligne, Aristote soit devenu le représentant de la vérité, le sommet et la perfection de la nature humaine, le prince *di color che sanno*, comme dira Dante. Le prince de ceux qui savent. Et surtout de ceux qui enseignent.

Car Aristote, en plus, est une aubaine pour le professeur. Aristote enseigne et s'enseigne; se discute et se commente.

Aussi n'est-il pas étonnant que, une fois introduit dans l'école, il y prit immédiatement racine (d'ailleurs, en tant qu'auteur de la logique, il y était déjà, depuis toujours), et qu'aucune force humaine n'ait pu l'en chasser. Les interdictions, les condamnations restèrent lettre morte. On ne pouvait enlever Aristote aux professeurs sans leur donner quelque chose à la place. Or, jusqu'à Descartes, on n'avait rien, absolument rien, à leur donner.

Platon, en revanche, s'enseigne mal. La forme dialoguée n'est pas une forme scolaire. Sa pensée est sinueuse, difficile à saisir, et souvent *présuppose* un savoir scientifique considérable, et donc assez peu répandu. C'est pourquoi, sans doute, dès la fin de l'Antiquité classique, Platon n'est plus étudié en dehors de l'Académie. Où, d'ailleurs, il est moins étudié qu'interprété. C'est-à-dire transformé.

Partout ailleurs, c'est le manuel qui remplace le texte. Le manuel — comme nos manuels à nous — assez éclectique, syncrétiste, inspiré surtout par le stoïcisme et le néo-platonisme. C'est pourquoi, dans la tradition historique, Platon apparaît en quelque sorte néo-platonisé. Pas seulement chez les Arabes qui bien souvent le confondent avec Plotin, mais aussi chez les Latins, et même

1. *Grosso modo*, à partir de la deuxième moitié du xiiie siècle.

chez les Grecs byzantins qui le voient à travers les commentaires, ou les manuels, néo-platoniciens. Il en est, d'ailleurs, de même en ce qui concerne Aristote.

Et pourtant, à travers les écrits néo-platoniciens, à travers Cicéron, Boèce, Ibn Gabirol (Avencebrol), et surtout et avant tout, à travers l'œuvre grandiose et magnifique de saint Augustin, certains thèmes, certaines doctrines, certaines attitudes subsistent qui, sans doute transposées et transformées par le cadre religieux dans lequel ils s'insèrent, persistent et nous permettent de parler d'un platonisme médiéval. Et même d'affirmer que ce platonisme, qui a inspiré la pensée médiévale latine aux xie et xiie siècles, n'a pas disparu avec l'arrivée triomphale d'Aristote dans les Écoles[1]. En fait, le plus grand des aristotéliciens chrétiens, saint Thomas, et le plus grand des platoniciens, saint Bonaventure, sont exactement contemporains.

Je viens de dire que le Moyen Age connaissait Platon surtout de seconde main. Surtout... mais pas uniquement. Car, si le *Ménon* et le *Phédon*, traduits au cours du xiie siècle, restèrent à peu près inconnus, en revanche le *Timée*, traduit et muni d'un long commentaire par Chalcidius (au ive siècle), était dans toutes les mains.

Le *Timée* c'est l'histoire — ou, si l'on préfère, le mythe — de la création du monde. Platon y raconte comment le Démiurge, ou le Dieu suprême, après avoir formé dans un cratère un mélange du *Même* et de l'*Autre* — ce qui veut dire, en l'occurrence, du permanent et du changeant — en forme l'Ame du Monde, perdurante et mobile à la fois, les deux cercles du Même et de l'Autre (c'est-à-dire, les cercles du Zodiaque et de l'Écliptique) qui, par leurs révolutions circulaires, déterminent les mouvements du monde sublunaire. Les dieux inférieurs, les dieux astraux, les âmes, sont formés avec ce qui reste. Ensuite, en découpant dans l'espace des petits triangles, Dieu en forme des corps élémentaires et, de ces éléments, les corps réels, les plantes, les animaux, l'homme, étant dans son travail aidé par l'action des dieux inférieurs.

Curieux mélange de cosmogonie mythique et de mécanique céleste, de théologie et de physique mathématique... L'ouvrage eut une vogue considérable ; les bibliothèques européennes sont pleines de manuscrits et de commen-

---

1. Le contenu platonisant des doctrines se dissimule parfois — pour nous — sous le vêtement d'une terminologie aristotélisante.

taires inédits du *Timée*[1]. Il inspira l'enseignement de
l'École de Chartres; des poèmes; les encyclopédies médiévales; des œuvres d'art. Sans doute la notion de Dieux
inférieurs était-elle choquante; mais il suffisait de les
remplacer par des anges, pour rendre le *Timée* acceptable.

En Orient, la vogue du *Timée* fut aussi grande qu'elle
le fut en Occident. Il inspira notamment, ainsi que l'a
récemment montré M. Kraus[2], une bonne partie de
l'alchimie arabe. Ainsi, par exemple, la doctrine de la
transformation des métaux de Jâbir — que nous appelons
Geber — est fondée tout entière sur l'atomisme mathématique du *Timée*. Les alchimistes s'évertuent à calculer
les poids spécifiques des métaux, en se basant sur des
considérations visiblement inspirées par l'œuvre de Platon.
Avec peu de succès assurément. Mais ce n'était pas de
leur faute. L'idée était bonne. Nous nous en apercevons
aujourd'hui.

Le *Timée* ne contient sans doute pas tout le platonisme.
Il présente cependant certaines de ses doctrines fondamentales; celle des Idées-Formes notamment, ainsi que
la notion de la séparation du monde sensible et du monde
intelligible : en effet, c'est en s'inspirant des modèles
éternels que le Démiurge construit notre monde. En même
temps, le *Timée* offre un essai de solution — par l'action
divine — du problème des rapports entre les idées et
le réel sensible. Il est compréhensible que les philosophes
médiévaux y aient vu une doctrine fort acceptable et bien
compatible avec la notion du Dieu-créateur. On peut
même dire, inversement, que la notion du Dieu-créateur
s'enrichit et se précise, grâce au *Timée*, par celle d'un
plan idéal préconçu par lui de toute éternité.

Le monde arabe — sans le connaître très bien — a,
tout de même, connu Platon beaucoup mieux que ne
purent le connaître les Latins. Il connaissait en particulier
sa doctrine politique. Aussi, comme l'a bien montré
M. Strauss[3], dès Farabi, le plus mal connu, mais peut-être
le plus grand philosophe de l'Islam, la doctrine politique
de Platon prend place dans la pensée arabe.

La doctrine politique de Platon culmine, on le sait bien,
dans la double idée de la Cité idéale et du Chef idéal de

1. Cf. R. Klibansky, *The Continuity of the Platonic tradition*, London,
1939.
2. Cf. Paul Kraus, *Jâbir et les origines de l'alchimie arabe*, Le Caire,
(Mémoires de l'Institut d'Égypte), 1942.
3. *Op. cit.*

la Cité, le roi-philosophe qui contemple l'idée du Bien, les essences éternelles du monde intelligible, et fait régner la loi du Bien dans la Cité. Dans la transposition farabienne, la Cité idéale devient la Cité de l'Islam; la place du roi-philosophe est prise par le prophète. C'est déjà assez clair chez Farabi. C'est, si possible, encore plus clair chez Avicenne qui décrit le prophète — ou l'Imam — comme le roi-philosophe, le *Politique* de Platon. Rien n'y manque — même pas le mythe de la caverne où retourne le voyant. Le prophète, le roi-philosophe — et c'est là sa supériorité sur le philosophe tout court — est le philosophe, homme d'action, qui sait — ce dont n'est pas capable le philosophe — traduire l'intuition intellectuelle en termes d'imagination et de mythe, en termes accessibles au commun des mortels. Le prophète — le roi-philosophe — est donc le législateur de la Cité; le philosophe, lui, ne sait qu'interpréter la loi du prophète et en découvrir le sens philosophique; c'est cela qui explique en dernière analyse la concordance de la pensée philosophique et de la loi... bien comprise.

Curieuse utilisation de la doctrine de Platon en faveur de l'autocratie du Commandeur des croyants. Mais, chose plus curieuse encore, l'utilisation théologico-politique du platonisme ne s'arrête pas là : la prophétologie d'Avicenne va, à son tour, être utilisée pour étayer les prétentions de la papauté à la théocratie universelle; et le moine franciscain Roger Bacon va froidement copier Avicenne en appliquant, tout tranquillement, au pape ce que celui-ci nous dit de l'Imam. Ceci, cependant, reste un cas isolé et — à côté du droit romain et de Cicéron — c'est Aristote qui fit l'éducation politique de l'Europe.

L'utilisation de *La République* de Platon par les penseurs politiques de l'Islam et celle de la *Politique* d'Aristote par ceux de l'Europe est un fait extrêmement curieux, et plein de conséquences importantes; l'examiner nous entraînerait trop loin [1]. Aussi n'est-ce pas comme doctrines politiques que je me suis proposé d'envisager ici l'aristotélisme et le platonisme, mais comme doctrines, ou attitudes, métaphysiques et morales.

L'attirance exercée par le platonisme — ou le néoplatonisme — sur une pensée religieuse va, pour ainsi dire, de soi. Comment, en effet, ne pas reconnaître l'inspi-

---

1. Cf. G. de Lagarde, *La Naissance de l'esprit laïque au déclin du Moyen Age*, 2 vol., Saint-Paul-Trois-Châteaux, 1934.

ration profondément religieuse de Platon? ne pas voir
dans son Dieu qui *nec fallit nec fallitur*, son Dieu qui est
le Bien transcendant lui-même, soit le Démiurge qui
forme l'Univers pour le bien et qui, à vrai dire, ne crée
que le bien, comment ne pas y voir quelque chose d'analogue au Dieu des religions de la Bible? Le thème de l'âme
naturellement chrétienne — ou islamique — thème constant chez les penseurs du Moyen Age, peut-il trouver
une preuve plus belle que l'exemple de Platon?

Et quant à Plotin, comment une âme mystique pourrait-
elle ne pas chercher à identifier le Dieu transcendant de
la religion avec l'Un, transcendant à l'Être et à la Pensée,
du dernier des grands philosophes grecs? Aussi tous les
mysticismes, dès qu'ils deviennent spéculatifs, dès qu'ils
veulent se penser et non seulement se vivre, se tournent
naturellement, et même inévitablement, vers Plotin.

C'est par la lecture de livres platoniciens que saint
Augustin fut amené à Dieu. C'est dans ces livres, ainsi
qu'il nous le raconte lui-même dans des pages inoubliables,
que son âme tourmentée et inquiète, bouleversée par le
spectacle du mal régnant dans le monde au point d'admettre l'existence d'un Dieu du Mal, d'un Dieu méchant à
côté d'un Dieu bon, avait appris qu'il n'y a qu'un seul
Dieu. Ce sont les platoniciens qui avaient enseigné à
saint Augustin que Dieu est le Bien créateur lui-même,
source inépuisable de perfection et de beauté. Le Dieu
des platoniciens — le même, selon saint Augustin, que
celui de la religion chrétienne — c'est là le bien que,
sans le savoir, a toujours cherché son cœur angoissé :
le bien de l'âme, le seul bien éternel et immuable, le seul
qui vaille la peine d'être poursuivi...

« Qu'est-ce que tout cela qui n'est pas éternel », répète
saint Augustin, et l'écho de ses paroles ne sera jamais
oublié en Occident. Quinze siècles plus tard, un autre
penseur, violemment antibiblique celui-ci, Spinoza, nous
parlera encore de Dieu, seul bien dont la possession remplit
l'âme d'un bonheur éternel et immuable.

L'*âme* — voilà le grand mot des platoniciens, et toute
philosophie platonicienne est toujours, finalement, centrée
sur l'âme. Inversement, toute philosophie centrée sur
l'âme est toujours une philosophie platonicienne.

Le platonicien médiéval est, en quelque sorte, ébloui
par son âme, par le fait d'en avoir une ou, plus exactement,
par le fait d'*être* une âme. Et lorsque, suivant le précepte
socratique, le platonicien médiéval cherche la connais-

sance de soi, c'est la connaissance de son âme qu'il cherche, et c'est dans la connaissance de son âme qu'il trouve sa félicité.

L'âme, pour le platonicien médiéval, est quelque chose de tellement plus haut, de tellement plus parfait que le reste du monde, qu'à vrai dire, avec ce reste, elle n'a plus de mesure commune. Aussi n'est-ce pas vers le monde et son étude, c'est vers l'âme que doit se tourner le philosophe. Car c'est là, dans l'intérieur de l'âme, qu'habite la vérité.

Rentre dans ton âme, dans ton for intérieur, nous enjoint saint Augustin. Et ce sont à peu près les mêmes termes que nous trouvons, au xie siècle, sous la plume de saint Anselme, comme, encore deux siècles plus tard, sous celle de saint Bonaventure.

La vérité habite à l'intérieur de l'âme — on reconnaît l'enseignement de Platon; mais la vérité pour le platonicien médiéval c'est Dieu même, vérité éternelle et source de toute vérité, soleil et lumière du monde intelligible : encore un texte, encore une image platonicienne qui revient constamment dans la philosophie médiévale et qui permet, à coup sûr, de déceler l'esprit et l'inspiration de Platon.

La vérité est Dieu; c'est donc Dieu lui-même qui habite notre âme, plus proche de l'âme que nous n'en sommes nous-mêmes. Aussi comprend-on le désir du platonicien médiéval de connaître son âme, car connaître son âme dans le sens plein et entier du terme, c'est déjà presque connaître Dieu. *Deum et animam scire cupio*, soupire saint Augustin, Dieu et l'âme, car on ne peut connaître l'un sans connaître l'autre; *noverim me, noverim te*, ... car — et c'est là une notion d'une importance capitale, décisive — pour le platonicien médiéval, *inter Deum et animam nulla est interposita natura;* l'âme humaine est donc, littéralement, une image, une similitude de Dieu. C'est pour cela, justement, qu'elle ne peut se connaître entièrement [1].

On comprend bien qu'une telle âme ne soit pas, à proprement parler, *unie* au corps. Elle ne forme pas avec lui une unité indissoluble et essentielle. Sans doute est-elle dans le corps. Mais elle y est « comme le pilote est dans

---

1. L'âme se connaît directement et immédiatement; elle saisit son être, mais non son essence. L'âme ne possède pas l'idée d'elle-même, car son idée, c'est Dieu, nous expliquera Malebranche.

le navire » : il le commande et le guide, mais dans son être il ne dépend pas de lui.

Il en est de même en ce qui concerne l'homme. Car l'homme, pour le platonicien médiéval, n'est rien d'autre qu'une *anima immortalis mortali utens corpore*, une âme affublée d'un corps. Elle en use, mais, en elle-même, elle en est indépendante et plutôt gênée et entravée qu'aidée par lui dans son action. En effet, l'activité propre de l'homme, la pensée, la volonté, c'est l'âme seule qui en est douée. A tel point que, pour le platonicien, il ne faudrait pas dire : l'*homme* pense, mais l'*âme* pense et perçoit la vérité. Or pour cela, le corps ne lui sert à rien. Bien au contraire, il s'interpose comme un écran entre elle et la vérité [1].

L'âme n'a pas besoin du corps pour connaître et se connaître elle-même. C'est immédiatement et directement qu'elle se saisit. Sans doute ne se connaît-elle pas pleinement et entièrement dans son essence. Néanmoins son existence, son être propre, est-il ce qu'il y a pour elle de plus sûr et de plus certain au monde. C'est là quelque chose qui ne peut être mis en doute. La certitude de l'âme pour elle-même, la connaissance directe de l'âme par elle-même — ce sont là des traits fort importants. Et bien platoniciens. Aussi, si nous nous trouvons jamais en face d'un philosophe qui nous explique qu'un homme, dépourvu et privé de toutes sensations externes et internes se connaîtra quand même dans son être, dans son existence, n'hésitons pas : même s'il nous dit le contraire, ce philosophe-là est un platonicien [2].

Mais ce n'est pas tout. L'âme, pour le platonicien, ne se borne pas à se connaître elle-même. Car, en se connaissant elle-même, si peu que ce soit, elle connaît aussi Dieu, puisqu'elle est son image, si imparfaite et si lointaine soit-elle, et dans la lumière divine qui l'inonde, elle connaît tout le reste. Du moins, tout ce qui puisse être connu par elle et qui vaille la peine d'être connu.

La lumière divine qui illumine tout homme venant au monde, lumière de vérité qui émane du Dieu-vérité, soleil intelligible du monde des idées, imprime à l'âme le reflet des idées éternelles, idées de Platon devenues des idées de Dieu, idées selon lesquelles Dieu a créé le monde;

1. Aussi l'âme désincarnée retrouve-t-elle la plénitude de ses facultés. En forçant un peu les termes, on pourrait dire que l'âme est enfermée dans son corps comme dans une prison. En elle-même, elle est presque un ange.
2. On a, sans doute, reconnu Avicenne.

idées qui sont les archétypes, les modèles, les exemplaires éternels des choses changeantes et fugitives d'ici-bas.

Aussi n'est-ce pas en étudiant ces choses-là — les objets du monde sensible — que l'âme connaîtra la vérité. La vérité des choses sensibles n'est pas en elle : elle est dans leur conformité aux essences éternelles, aux idées éternelles de Dieu. C'est celles-ci qui sont l'objet véritable du savoir vrai : ces idées, c'est l'idée de la perfection, l'idée du nombre; c'est vers elle que doit se porter la pensée en se détournant du monde donné à nos sens (le platonicien est toujours porté vers les mathématiques, et la connaissance mathématique est toujours pour lui le type même du savoir). A moins qu'elle ne perçoive dans la beauté de ce monde sensible la trace, le vestige, le symbole de la beauté surnaturelle de Dieu.

Or, si c'est autour de l'âme, image divine, que s'organise la conception épistémologique et métaphysique du platonicien médiéval, cette conception se fera valoir dans toutes les démarches de la pensée. Aussi les preuves de l'existence de Dieu, problème central de la métaphysique médiévale, ont-elles dans cette pensée une tournure extrêmement caractéristique.

Le philosophe utilisera sans doute la preuve qui affirme l'existence du Créateur en partant de celle de la créature; ou celle qui, de l'ordre, de la finalité régnant dans le monde conclut à l'existence d'un ordonnateur suprême. En d'autres termes, les preuves qui se basent sur les principes de causalité et de finalité.

Mais ces preuves-là ne disent pas grand-chose à l'esprit du platonicien médiéval. Une bonne démonstration doit être construite tout autrement. Elle ne doit pas partir du monde matériel et sensible : pour le platonicien, en effet, il *est* à peine, il n'est que dans la mesure très faible où, d'une manière très lointaine et très imparfaite, il reflète quelque chose de la splendeur et de la gloire de Dieu; dans la mesure même où il est un symbole. Concevoir Dieu comme créateur du monde matériel, éphémère et fini, pour le platonicien c'est le concevoir d'une manière très pauvre, trop pauvre.

Non, c'est sur des réalités beaucoup plus profondes, plus riches et plus solides que doit se fonder une démonstration digne de ce nom, c'est-à-dire sur la réalité de l'âme; ou sur celle des idées. Et comme les idées ou leurs reflets se retrouvent dans l'âme, on peut dire que, pour le platonicien médiéval, l'*Itinerarium mentis in Deum* passe toujours par l'*âme*.

Une preuve platonicienne, c'est la preuve par les degrés de perfection, preuve qui, du fait de ces degrés, conclut à l'existence de la perfection suprême et infinie, mesure et source de la perfection partielle et finie.

Une preuve platonicienne, c'est la preuve que j'ai déjà mentionnée, par l'idée de la vérité, preuve qui, de l'existence de vérités fragmentaires, particulières et partielles, conclut à celle d'une vérité absolue et suprême, d'une vérité infinie.

Perfection absolue, vérité absolue, être absolu : pour le platonicien c'est ainsi que l'on conçoit le Dieu infini.

D'ailleurs, nous enseigne saint Bonaventure, on n'a pas besoin de s'arrêter à ces preuves « par degrés » : le fini, l'imparfait, le relatif impliquent directement (dans l'ordre de la pensée comme dans celui de l'être) l'absolu, le parfait, l'infini. C'est pour cela justement que, tout finis que nous soyons, nous pouvons concevoir Dieu et, comme nous l'a appris saint Anselme, démontrer l'existence de Dieu à partir de son idée même : il suffit d'inspecter, en quelque sorte, l'idée de Dieu que nous trouvons dans notre âme pour voir immédiatement que Dieu, perfection absolue et suprême, ne peut pas ne pas être. Son être, et même son être nécessaire, est en quelque sorte inclus dans sa perfection qui ne peut être pensée comme non existante.

Concluons donc : la primauté de l'âme, la doctrine des idées, l'illuminisme qui supporte et renforce l'innéisme de Platon, le monde sensible conçu comme un pâle reflet de la réalité des idées, l'apriorisme, et même le mathématisme — voilà un ensemble de traits qui caractérisent le *platonisme médiéval*.

Tournons-nous maintenant vers l'aristotélisme.

J'ai déjà dit que le platonisme du Moyen Age, celui d'un saint Augustin, d'un Roger Bacon ou d'un saint Bonaventure, n'était pas, il s'en faut de beaucoup, le platonisme de Platon. De même, l'aristotélisme, même celui d'un Averroès et, *a fortiori*, celui d'un Avicenne ou, pour ne parler que des philosophes du Moyen Age occidental, l'aristotélisme de saint Albert le Grand, de saint Thomas ou de Siger de Brabant n'était pas, non plus, celui d'Aristote.

Ceci, d'ailleurs, est normal. Les doctrines changent et

se modifient au cours de leur existence historique : tout ce qui vit est soumis au temps et au changement. Les choses mortes et disparues seules restent immuablement les mêmes. L'aristotélisme médiéval ne pouvait être celui d'Aristote ne fût-ce que parce qu'il *vivait* dans un monde différent : dans un monde dans lequel, ainsi que je l'ai dit plus haut, on *savait* qu'il n'y avait et ne pouvait y avoir qu'un seul Dieu.

Les écrits aristotéliciens arrivent en Occident — d'abord par l'Espagne, en traductions faites sur l'arabe, puis en versions faites directement sur le grec — au cours du XIIIe siècle. Peut-être même vers la fin du XIIe.

Dès 1210, en effet, l'autorité ecclésiastique interdit la lecture — c'est-à-dire l'étude — de la physique d'Aristote. Preuve certaine qu'elle était connue depuis un temps suffisamment long déjà pour que les effets néfastes de son enseignement se fassent sentir.

L'interdit est resté lettre morte : la diffusion d'Aristote va de pair avec celle des écoles, ou plus exactement, avec celle des Universités.

Ceci nous révèle un fait important : le milieu dans lequel se propage l'aristotélisme n'est pas le même que celui qui absorbait les doctrines platoniciennes de l'augustinisme médiéval; et l'attrait qu'il exerce n'est pas le même non plus [1].

L'aristotélisme, ai-je dit tout à l'heure, se propage dans les Universités. Il s'adresse à des gens avides du *savoir*. Il est *science* avant d'être autre chose, avant même d'être philosophie, et c'est par sa valeur propre de *savoir scientifique*, et non par sa parenté avec une attitude religieuse, qu'il s'impose.

Bien au contraire : l'aristotélisme apparaît tout d'abord comme incompatible avec l'attitude spirituelle du bon chrétien comme du bon musulman; et les doctrines qu'il enseigne — l'éternité du monde, entre autres — paraissent nettement contraires aux vérités de la religion révélée [2], et même à la conception fondamentale du Dieu-créateur Aussi comprend-on fort bien que l'autorité, ou que l'orthodoxie, religieuse ait partout condamné Aristote. Et que les philosophes du Moyen Age aient été obligés de l'interpréter, c'est-à-dire de le repenser dans un sens nouveau,

---

1. Cf. G. Robert, *Les Écoles et l'enseignement de la théologie pendant la première moitié du XIIe siècle*, 2e éd., Ottawa-Paris, 1933.
  2. L'aristotélisme, à vrai dire, est incompatible avec la notion même de la religion révélée.

compatible avec le dogme religieux. Effort qui n'a que partiellement réussi à Avicenne [1], mais qui a brillamment réussi à saint Thomas : aussi Aristote, christianisé en quelque sorte par saint Thomas, est-il devenu la base de l'enseignement en Occident.

Mais revenons à l'attitude spirituelle de l'aristotélisme : j'ai dit qu'il est poussé par le désir du savoir *scientifique*, par la passion de l'étude. Mais ce n'est pas son âme, c'est le monde qu'il étudie — physique, sciences naturelles... Car le monde, pour l'aristotélicien, ce n'est pas le reflet à peine consistant de la perfection divine, livre symbolique dans lequel on peut déchiffrer — et encore bien mal! — la gloire de l'Éternel; le monde s'est, en quelque sorte, solidifié. C'est un « monde », une *nature*, ou un ensemble, hiérarchisé et bien ordonné, de *natures*, ensemble très stable et très ferme et qui possède un être propre; qui le possède même *en propre*. Sans doute, pour un aristotélicien médiéval, cet être est-il dérivé de Dieu, causé par Dieu et même créé par Dieu; mais cet être que Dieu lui confère, une fois reçu, le monde, la nature, la créature, le possède. Il est à elle, il n'est plus à Dieu.

Sans doute ce monde — et les êtres de ce monde — est-il mobile et changeant, soumis au devenir, à l'écoulement du temps : sans doute s'oppose-t-il par là même à l'être immuable et supratemporel de Dieu; mais tout mobile et temporel qu'il soit, le monde n'est plus éphémère, et sa mobilité n'exclut aucunement la permanence. Bien au contraire : on pourrait dire que, pour l'aristotélicien, plus ça change, plus c'est la même chose; car si les individus changent, paraissent et disparaissent dans le monde, le monde, lui, ne change pas : les *natures* restent les mêmes. C'est même pour cela qu'elles sont des *natures*. Et c'est pour cela que la vérité des choses est en elles.

L'esprit de l'aristotélicien n'est pas, comme celui du platonicien médiéval, tourné spontanément vers lui-même : il est naturellement braqué sur les choses. Aussi ce sont les choses, l'existence des choses, qui est ce qu'il y a de plus sûr pour lui. L'acte premier et propre de l'esprit humain n'est pas la perception de soi-même; c'est la perception d'objets naturels, de chaises, de tables, d'autres hommes. Ce n'est que par un détour, une contorsion, ou

---

1. Il se peut, d'ailleurs, que la doctrine vraie, ésotérique, et soigneusement cachée au vulgaire, d'Avicenne — et il en est de même en ce qui concerne Farabi — soit aussi irreligieuse, et même antireligieuse, que celle d'Averroès.

un raisonnement, qu'il arrive à se saisir et à se connaître lui-même.

L'aristotélicien *a*, sans doute, une âme; mais certainement il *n'est pas* une âme. Il est *un homme.*

Aussi à la question socratique, à la question : que suis-je? c'est-à-dire : qu'est-ce que l'homme? donnera-t-il une réponse tout autre que ne l'a fait le platonicien. L'homme *n'est pas* une âme enfermée dans le corps, âme immortelle dans un corps mortel : c'est là une conception qui, selon l'aristotélisme, brise l'unité de l'être humain; l'homme est un *animal rationale mortale,* un animal rationnel et mortel.

Autrement dit, l'homme n'est pas quelque chose d'étranger et — en tant qu'âme — d'infiniment supérieur au monde; il est une *nature* parmi d'autres natures, une nature qui, dans la hiérarchie du monde, occupe une place à elle. Une place assez élevée sans doute, mais qui se trouve cependant *dans le monde.*

Autant la philosophie du platonicien est centrée sur la notion d'*âme,* autant celle de l'aristotélicien est centrée sur celle de *nature.* Or, la nature humaine embrasse son corps autant qu'elle embrasse l'âme; elle est l'unité des deux. Aussi les actes humains sont-ils tous, ou presque, des actes mixtes; et dans tous, ou presque — je reviendrai tout à l'heure sur l'exception — le corps intervient comme un facteur intégrant, indispensable et nécessaire. Privé de son corps, l'homme ne serait plus homme; mais il ne serait pas un ange non plus. Réduit à n'être qu'une âme, il serait un être incomplet et imparfait. Ne pas l'avoir compris, c'est là l'erreur du platonicien.

D'ailleurs, qu'est-ce que l'âme? Selon une définition célèbre, c'est la *forme du corps organisé ayant la vie en puissance;* définition qui exprime admirablement la corrélation essentielle entre la *forme,* l'âme, et la *matière,* le corps, dans le composé humain. Aussi, si rien n'est plus facile pour un platonicien que de démontrer l'immortalité de l'âme, tellement elle est, dès le début, conçue comme quelque chose de complet et de parfait [1], rien n'est plus difficile pour un aristotélicien. Et ce n'est qu'en devenant infidèle à l'esprit de l'aristotélisme historique — ou si l'on préfère, en réformant et en transformant sur ce

---

1. Afin de lui conférer le caractère de substantialité, le platonicien médiéval en arrive à la doter d'une matière spirituelle.

point (comme sur d'autres) l'aristotélisme d'Aristote
— en créant de toutes pièces une espèce nouvelle de
formes substantielles pouvant se passer de matière, que
saint Thomas a pu se conformer à la vérité de la religion.

Mais revenons à l'homme et à ses actes. L'homme,
nous l'avons vu, est, par sa *nature*, un être mixte, un
composé d'âme et de corps. Or, tous les actes d'un être
doivent être conformes à sa nature. L'acte propre de
l'homme, la pensée, la connaissance, ne peut donc ne
pas engager *toute* sa nature, c'est-à-dire son corps et son
âme à la fois. Aussi, non seulement la pensée humaine
se révélera-t-elle à nous comme *débutant* par la perception
des choses matérielles, et donc par la perception *sensible*,
mais cet élément en formera un moment nécessaire et
intégrant.

Pour l'aristotélisme, le domaine du sensible est le
domaine propre de la connaissance humaine. Pas de sensation, pas de science. Sans doute l'homme ne se borne-t-il
pas à sentir — il élabore la sensation. Il se souvient, il
imagine, et par ces moyens déjà, il se libère de la nécessité
de la présence effective de la chose perçue. Puis, à un
degré supérieur, son intellect *abstrait* la forme de la chose
perçue de la matière dans laquelle elle est naturellement
engagée, et c'est cette faculté d'abstraction, la capacité
de penser abstraitement, qui permet à l'homme de faire
de la science et le distingue des animaux. La pensée
abstraite de la science est très loin de la sensation. Mais
le lien subsiste *(Nihil est in intellectu quod non prius
fuerit in sensu...)* Aussi les êtres spirituels sont-ils inacces-
sibles à la pensée humaine, du moins *directement*, et ne
peuvent être atteints par elle que par le raisonnement.
Ceci vaut pour tous les êtres spirituels, jusques et y compris l'âme humaine.

Ainsi, tandis que l'âme platonicienne se saisissait elle-
même immédiatement et directement, c'est par le raisonnement seulement que l'âme aristotélicienne parvient à
se connaître; par une espèce de raisonnement causal de
l'effet à la cause, de l'acte à l'agent. Et de même que
l'âme augustinienne — image de Dieu — avait ou trouvait
en elle-même quelque chose qui lui permettait de concevoir
Dieu, de se former une idée — bien imparfaite sans doute
et lointaine, mais quand même une idée — de Dieu,
son archétype et son original, cette voie est complètement
fermée pour l'aristotélicien. C'est seulement par raison-

nement, par raisonnement causal, qu'il peut atteindre Dieu, prouver et démontrer son existence.

Aussi toutes ses preuves de l'existence de Dieu sont-elles fondées sur des considérations causales et partent-elles, toutes, de l'existence des choses, du monde extérieur. On pourrait même aller plus loin : c'est en prouvant l'existence de Dieu que l'aristotélicien en acquiert la notion. C'est, nous l'avons vu, exactement le contraire pour le platonicien.

Les preuves de l'existence de Dieu de l'aristotélicien démontrent son existence en tant que cause première ou fin dernière des êtres. Et elles se fondent sur le principe de l'ἀνάγκη στῆναι, c'est-à-dire sur l'impossibilité de prolonger sans fin une série causale[1], de remonter sans fin de l'effet à la cause : il faut s'arrêter quelque part, poser une cause qui, elle-même, n'est plus causée, n'est plus un effet.

On peut raisonner d'une manière analogue en construisant une série non plus de causes (efficientes), mais de fins : il faudra poser quelque part une fin dernière, une fin en soi. On peut aussi examiner certains aspects particuliers de la relation causale, partir du phénomène éminemment important du mouvement : dans l'aristotélisme, en effet, tout se meut, et rien ne se meut de soi-même, tout mouvement présuppose un moteur. — Alors, de moteur en moteur, on arrivera au dernier, ou premier, moteur immobile, lequel se révélera être en même temps la fin première ou dernière des êtres; on peut enfin argumenter à partir de la contingence des êtres — preuve préférée d'Avicenne — et faire voir que la série des êtres contingents ne peut se prolonger indéfiniment, et qu'on doit l'accrocher quelque part à un être non contingent, c'est-à-dire nécessaire[2].

On le voit bien, toutes ces preuves — sauf peut-être celle qui nous présente Dieu comme la fin dernière des êtres, bien suprême et l'objet dernier, ou premier, de leur désir ou de leur amour — ne nous le présentent que comme

---

1. Il s'agit bien entendu d'une série *bien ordonnée,* non d'une série temporelle; cette dernière, au contraire, peut être prolongée indéfiniment. Aussi la création *dans le temps* est-elle indémontrable.

2. La démonstration avicennienne va, d'ailleurs, parfois directement du contingent au nécessaire. Il y a, on le sait bien, beaucoup de platonisme dans Avicenne.

cause, même pas nécessairement créatrice, du monde. Et nous nous souvenons combien cela paraissait insuffisant au platonicien.

Sans doute retrouvons-nous, chez l'aristotélicien, les preuves par les degrés de perfection et de l'être... Mais là encore, tandis que le platonicien sautait en quelque sorte directement du relatif à l'absolu, du fini à l'infini, c'est par degrés que procède l'aristotélicien en se fondant, là encore, sur l'impossibilité d'une série infinie.

Aussi Duns Scot, le parfait et subtil logicien de l'École — beaucoup plus platonicien au fond qu'on ne le croit d'habitude — estime-t-il que ces preuves n'aboutissent pas et ne peuvent pas aboutir. On ne peut, en partant du fini et en s'appuyant sur le principe qu'il faut s'arrêter quelque part, démontrer l'existence d'un Dieu infini. Aristote le fait, sans doute. Et aussi Avicenne. Mais d'une part Avicenne n'est pas, ainsi que Duns Scot le remarque très bien, un aristotélicien de stricte observance : Avicenne est un croyant. En outre, Avicenne — aussi bien qu'Aristote — suppose expressément un monde *éternel :* il faut bien un moteur infini pour pouvoir entretenir éternellement le mouvement. Mais si le monde n'est pas éternel et s'il est fini — un moteur fini suffit amplement... Enfin, plus logique qu'Avicenne, Aristote ne fait pas de son Dieu moteur un Dieu créateur. Avicenne, et aussi saint Thomas, partent d'un Dieu créateur : c'est pour cela aussi qu'ils y aboutissent : étant l'un musulman et l'autre chrétien, ils transforment, consciemment ou non, la vraie philosophie d'Aristote [1].

Je crois que Duns Scot a raison. Peu nous importe, d'ailleurs. L'aristotélisme médiéval n'est pas celui d'Aristote ; il est dominé, transformé, transfiguré par l'idée religieuse du Dieu créateur, du Dieu infini. Il est néanmoins suffisamment fidèle à l'enseignement de son maître pour s'opposer — et même violemment — aux théories du platonisme médiéval.

Sans doute accepte-t-il la conception — platonicienne et néoplatonicienne — d'idées éternelles dans l'esprit de Dieu. Mais ces idées-là, ce sont des idées divines ; ce ne sont pas les nôtres ; et aucune lumière ne parvient d'elles à nous. Pour nous éclairer, nous avons *notre* lumière, notre lumière *humaine*, l'intelligence qui est *nôtre*. Sans doute nous vient-

1. Cf. E. Gilson, « Les Seize Premiers Theoremata et la pensée de Duns Scot », *Archives d'Histoire doctrinale et littéraire au Moyen Âge*, vol. 12-13, Paris, 1938.

elle de Dieu, comme toute chose d'ailleurs. Mais, si l'on me permet cette image : ce n'est pas un miroir qui reflète la lumière divine, c'est une lampe que Dieu a allumée en nous, et qui luit maintenant de sa propre lumière. Cette lumière suffit amplement pour nous permettre d'éclairer — de connaître — le monde et de nous diriger dans le monde. C'est pour cela, d'ailleurs, qu'elle est faite. Elle suffit également pour prouver, à l'aide de raisonnements comme ceux que nous venons d'esquisser, l'existence d'un Dieu créateur. Elle ne suffit pas pour nous permettre de nous en former une idée véritable. Une idée qui rendrait valables — pour nous — les arguments du platonicien.

Ainsi la preuve par l'idée — la preuve anselmienne — serait-elle bonne pour un ange, c'est-à-dire pour un être purement spirituel, un être qui la posséderait, cette idée de Dieu que présuppose saint Anselme. Elle ne vaut rien pour nous qui ne la possédons pas.

On voit bien, c'est toujours la même chose, la même idée centrale : nature humaine, pensée humaine, et si j'étudiais la morale, ce serait : conduite humaine... Nature, pensée, conduite d'un être composite, d'un être dont l'âme est intimement et presque indissolublement liée à son corps.

Or, chose curieuse, il y a un point où l'aristotélisme aboutit à briser l'unité de la nature humaine, un point où c'est l'aristotélicien infidèle à son maître, saint Thomas, qui, contre celui-ci, rétablit l'unité.

L'aristotélicien a un respect profond de la pensée. De la pensée vraie, bien entendu. Il l'explique autrement que Platon ; il nous la montre s'élaborant péniblement et lentement à partir de la sensation brute. Au fond, il ne l'en estime que davantage. Et qu'un être *humain*, c'est-à-dire composite, puisse parvenir à la pensée vraie, puisse atteindre à la vérité scientifique et même métaphysique, cela le plonge dans un ravissement et dans un étonnement sans bornes.

Car la pensée, pour l'aristotélicien, est l'essence même de Dieu. Son Dieu, nous le savons bien, est pensée pure. Pensée qui se pense elle-même, parce qu'elle ne trouve nulle part ailleurs d'objet digne d'être pensé par elle.

Or, dans l'homme, la pensée est aussi quelque chose de divin. Ou presque. Car l'aristotélicien a beau nous la montrer s'élaborant à partir du sensible, ainsi que je viens de le dire ; il constate néanmoins qu'à un certain moment, à un certain degré, le sensible est entièrement dépassé. La pensée — celle du philosophe, du métaphysicien, la pensée qui saisit et formule les lois essentielles de l'Être et de la Pensée qui prend conscience d'elle-même — est une activité purement et entièrement spirituelle. Alors, comment peut-elle appartenir à un être *humain?* Aristote ne donne pas de réponse bien nette à cette question capitale. Un passage célèbre nous dit bien que l'intellect agent (νοῦς ποιητικός) est pur (ἀμιγής) et immortel (ἀθάνατος καί ἀπαθής), est séparé (χωριστός) et nous vient du dehors (θύραθεν).

Des générations de commentateurs se sont escrimées sur ce texte, en en proposant les interprétations les plus diverses et les plus invraisemblables. En gros, il n'y a que deux solutions possibles : celle d'Alexandre d'Aphrodise que — en la modifiant — adopteront les Arabes, et celle de Thémistius que — en l'élaborant et en la parachevant — adoptera saint Thomas.

Nous allons examiner brièvement ces deux solutions; mais auparavant, précisons ce qu'est « l'intellect agent [1] ».

Il est incontestable qu'il y a, dans notre pensée, un élément actif et un aspect passif. Aristote distingue donc en nous deux intellects : intellect *agent*, et intellect *patient.* Le premier est celui du maître, le second, celui de l'élève. Le premier est celui qui enseigne, le second celui qui apprend; le premier est celui qui donne, le second celui qui reçoit.

Aristote, contrairement à Platon qui enseigne qu'on ne peut rien apprendre que ce que l'on sait déjà, estime qu'on ne peut rien savoir que ce qu'on a appris. Et aussi qu'on ne peut apprendre quelque chose que s'il y a quelqu'un qui l'a appris avant nous, qui le sait et qui nous transmet — nous impose — ce savoir.

C'est pourquoi la pensée — que Platon interprète comme un dialogue, dialogue de l'âme avec elle-même, dialogue qui la fait découvrir par elle-même, en elle-même, la vérité qui lui est innée — est conçue par le Stagirite sur le modèle

---

1. La notion de l'intellect agent est assez difficile, et Aristote lui-même se voit forcé de recourir à une comparaison, ou mieux, à une analogie : l'appréhension de la vérité par l'intellect est quelque chose d'analogue à la perception sensible, et l'intellect se comporte envers son objet à peu près comme l'œil le fait envers le sien; il est intellection « en puissance », de même que l'œil est vision « en puissance ». Or, de même qu'il ne suffit pas d'avoir des yeux pour voir, et que, sans l'intervention de la lumière, aucune vision effective (en acte) n'est possible, de même n'est-il pas suffisant de posséder un intellect « en puissance du savoir » pour que connaissance effective s'ensuive : il faut encore l'intervention ou l'action d'un facteur spécial, l'intellect agent, ou l'intellect en acte, qui joue donc, par rapport à l'intellect humain, le rôle que la lumière joue par rapport à l'œil.

d'une leçon. Une leçon que l'on fait à soi-même, c'est-à-dire une leçon que l'intellect agent fait au patient.

Or, il est déjà assez difficile d'être élève, d'*apprendre* et de *comprendre* la vérité des sciences, de la métaphysique. Mais l'inventer, la découvrir par ses forces propres? C'est trop demander à la nature humaine, purement humaine. Aussi faut-il que la leçon nous vienne « du dehors ».

C'est pourquoi Alexandre, et après Alexandre, Farabi, Avicenne, Averroès — avec des différences qu'il serait trop long d'étudier [1] — ont estimé que ce maître qui possède la vérité — ne le faut-il pas pour pouvoir enseigner? — qui la possède toujours, ou, en termes d'Aristote, est toujours en acte, ne fait pas partie du composé humain. Il agit sur l'homme, sur l'intellect humain (patient ou possible, παθη-τιχος) « du dehors », et c'est en fonction de cette action que l'homme pense, c'est-à-dire, apprend et comprend.

L'intellect agent n'est pas propre à chaque homme; il est seul et unique et commun au genre humain tout entier. En effet, l'erreur seule nous appartient en propre; elle est mienne ou tienne. La vérité, elle, n'appartient à personne. Une pensée *vraie* est identiquement la même chez tous ceux qui la pensent. Il s'ensuit qu'elle doit être unique, car ce qui est multiple doit être différent.

La théorie arabe de « l'unité de l'intellect » humain explique bien pourquoi la vérité est une pour tout le monde, pourquoi la raison est une également. Mais un problème se pose : que devient l'âme humaine dans cette théorie qui lui refuse l'exercice de l'activité spirituelle proprement dite? — Logiquement, une telle âme ne peut être immortelle, ne peut exister après la mort de son corps... [2]. Avicenne cependant se refuse d'accepter cette conséquence ou, du moins, de l'accepter entièrement. La pensée, en effet, est quelque chose de tellement divin que le fait d'avoir pensé, d'avoir appris et compris, d'avoir atteint le savoir de la vérité, transforme l'intellect patient en un intellect *acquis*. Et c'est cet intellect-là qui demeure après la mort du corps, et persiste à penser — éternellement — les vérités qu'il avait faites siennes dans la vie.

---

1. Cf. R. P. M. Mandonnet, *Siger de Brabant et l'averroïsme latin au XIIIᵉ siècle*, 2ᵉ éd., Louvain, 1911.

2. L'âme, étant la « forme » du corps, ne peut subsister sans celui-ci; l'existence d'actes purement spirituels accomplis par l'intellect humain est la seule chose qui nous permette de l'envisager comme « séparable ». Or, d'après la doctrine des Arabes, ces actes ne sont pas *ses* actes.

Nous le voyons : l'école, l'étude de la science et surtout de la philosophie, mène à tout; elle mène au bonheur suprême qui, pour l'homme comme pour Dieu, consiste dans l'exercice de la pensée; elle mène aussi à l'immortalité [1].

La solution avicennienne est visiblement une solution bâtarde, solution d'un homme qui a peur d'admettre les conséquences des principes qu'il a lui-même posés. Aussi Averroès ne l'accepte-t-il pas. L'unité, ou mieux l'unicité de l'intellect humain (de tout le genre humain), le caractère non individuel, impersonnel de la pensée impliquent nécessairement la négation de l'immortalité. L'individu humain — comme tous les individus de toutes les autres espèces animales — est essentiellement temporel, passager et *mortel*. La définition aristotélicienne de l'homme — animal rationnel et mortel — est à prendre au sérieux, dans son sens littéral le plus strict. Alors, qu'est-ce que l'homme? Nous l'avons entendu : un être animal, rationnel et mortel; un être qui vit *dans le monde* et qui dans le monde agit et accomplit son destin. Et que doit-il y faire? Là aussi la réponse est formelle : le mieux, dans la mesure du possible, c'est faire de la science, de la philosophie. Ceci simplement parce que, la pensée étant l'activité la plus haute, son exercice nous procure le contentement le plus pur et le plus profond.

L'averroïsme constitue une puissante entreprise de laïcisation de la vie spirituelle, de la négation, plus ou moins camouflée, du dogme religieux [2]. Mais il n'est pas seulement cela. Du point de vue philosophique, l'averroïsme implique la négation de l'individualité spirituelle et, bien plus profondément et bien plus dangereusement que le platonisme, brise l'unité de l'être humain. En effet, si ce n'était pas l'homme, mais l'âme qui pensait et voulait dans le platonisme, c'était du moins *mon* âme, mon âme qui était moi-même. Ce n'est plus moi, ni même mon âme qui pense pour l'averroïste : c'est l'intellect agent, impersonnel et commun à tous, qui pense *en moi...*

Étrange conséquence d'une doctrine humaniste qui finit par priver l'homme de ce qui constitue sa nature et fonde sa dignité. Comme on comprend bien que saint Thomas se

1. A une immortalité impersonnelle, bien entendu.
2. Ernest Renan a dit, dans son beau livre sur *Averroès et l'averroïsme,* que personne, en dehors des Juifs, n'a pris Averroès au sérieux. C'est là une erreur complète : l'averroïsme a joué un rôle de toute première importance dans le Moyen Age et la Renaissance.

soit insurgé contre elle! Non seulement au nom de la foi, ainsi qu'on l'a dit bien souvent, mais aussi au nom de la raison. Car la philosophie averroïste n'est pas seulement, pour lui, une philosophie impie : c'est aussi, et peut-être surtout, une mauvaise philosophie.

Aussi sa solution du problème posé par le texte d'Aristote prend-elle le contrepied des solutions arabes. Elle est aussi la *seule* qui, dans le cadre de l'aristotélisme, permet de sauvegarder l'unité et l'individualité de la personne humaine, du composé humain.

Cette solution nous enseigne, *grosso modo*, que l'activité et la passivité, l'intellect agent et l'intellect patient, sont inséparables et que, par conséquent, si l'homme pense, il doit, nécessairement, posséder les deux. Or, si Aristote nous dit que l'intellect agent nous vient « du dehors », il a bien raison, à condition qu'on entende qu'il nous vient directement de Dieu; que c'est Dieu qui, *à chacun de nous*, confère, en nous créant, un intellect agent. C'est cela justement qui nous constitue en créatures spirituelles et explique en dernière analyse, l'activité purement intellectuelle de notre raison : la conscience de soi, la connaissance métaphysique, l'existence de la philosophie. Et c'est la spiritualité de notre âme qui explique, à son tour, le fait qu'elle soit séparable du corps et subsiste, immortelle, lorsque meurt celui-ci.

Je viens de dire que la solution thomiste est la seule qui, dans le cadre de l'aristotélisme, permet de sauvegarder la spiritualité de l'âme et l'unité du composé humain. Il serait, peut-être, plus exact de dire qu'elle déborde les cadres de l'aristotélisme; le Dieu d'Aristote (et d'Averroès), ce Dieu, qui ne pense que lui-même, et qui ignore le monde qu'il n'a pas créé, est incapable de jouer le rôle que lui assigne saint Thomas. La solution thomiste présuppose un Dieu créateur et un monde créé. Car c'est seulement dans un tel monde, où *singula propriis sunt creata rationibus*, que l'individualité *spirituelle*, que la *personnalité* humaine est possible. Elle ne l'est pas dans le Cosmos d'Aristote. C'est là la leçon que nous enseigne l'histoire bien curieuse du platonisme et de l'aristotélisme médiévaux.

L'APPORT SCIENTIFIQUE
DE LA RENAISSANCE *

Parler de l'apport scientifique de la Renaissance peut paraître un paradoxe, ou même une gageure. En effet, si la Renaissance a été une époque d'une fécondité et d'une richesse extraordinaires, une époque qui a prodigieusement enrichi notre image de l'Univers, nous savons tous, surtout aujourd'hui, que l'inspiration de la Renaissance n'a pas été une inspiration scientifique. L'idéal de civilisation de l'époque que l'on appelle justement la Renaissance *des lettres et des arts*, n'est aucunement un idéal de science, mais un idéal de rhétorique.

Aussi est-il extrêmement caractéristique que la grande réforme de la logique qu'elle a tentée — je pense à la logique de Ramus — ait été une tentative de substituer à la technique de la preuve de la logique classique une technique de la persuasion.

Le type qui incarne le milieu et l'esprit de la Renaissance, c'est évidemment le grand artiste; mais c'est aussi, et peut-être surtout, l'homme de lettres : ce sont les gens de lettres qui en ont été les promoteurs, les annonciateurs et les « buccinateurs ». Ce sont aussi les érudits. Et ici, je me permets de vous rappeler ce que nous a dit M. Bréhier : l'esprit d'érudition n'est pas tout à fait — et même n'est pas du tout — l'esprit de la science.

D'autre part, nous savons aussi, et c'est là quelque chose de très important, que l'époque de la Renaissance a été une des époques les moins pourvues d'esprit critique que le monde ait connues. C'est l'époque de la superstition la plus

* Texte d'une communication faite à la Quinzième Semaine de Synthèse (1ᵉʳ juin 1949) et publiée dans le volume de la *Quinzième Semaine de Synthèse : La Synthèse, idée-force dans l'évolution de la pensée* (Paris, Albin Michel, 1951, pp. 30-40).

grossière et la plus profonde, une époque où la croyance à la magie et à la sorcellerie s'est étendue d'une manière prodigieuse, et a été infiniment plus répandue qu'au Moyen Age; et vous savez bien que l'astrologie joue à cette époque un rôle beaucoup plus grand que l'astronomie — parente pauvre ainsi que le dit Kepler — et que les astrologues ont des positions officielles auprès des villes et des potentats. Et si nous regardons la production littéraire de cette époque, il est évident que ce ne sont pas les beaux volumes des traductions des classiques sortis des presses vénitiennes qui forment les grands succès de librairie : ce sont les démonologies et les livres de magie; c'est Cardan et plus tard Porta qui sont les grands auteurs lus partout.

L'explication de cet état d'esprit serait très compliquée, et je ne veux pas la tenter ici. Il y a des facteurs sociologiques, des facteurs historiques; les faits mêmes de la récupération de la vieille littérature grecque et latine, de la diffusion de cette littérature, du respect qu'inspiraient aux gens de lettres et aux érudits de la Renaissance les racontars les plus stupides dès qu'on les trouvait dans des textes classiques, doivent être pris en considération.

Mais il y a autre chose à mon avis. Le grand ennemi de la Renaissance, du point de vue philosophique et scientifique, a été la synthèse aristotélicienne, et l'on peut dire que sa grande œuvre a été la destruction de cette synthèse.

Or, ces traits que je viens d'évoquer, la crédulité, la croyance à la magie, etc., me paraissent être des conséquences directes de cette destruction. En effet, après avoir détruit la physique, la métaphysique et l'ontologie aristotéliciennes, la Renaissance s'est trouvée sans physique et sans ontologie, c'est-à-dire sans possibilité de décider d'avance si quelque chose est possible ou ne l'est pas.

Or, il me semble que, dans notre pensée, le possible prime toujours le réel, et le réel n'est que le résidu de ce possible; il se place ou se trouve dans le cadre de ce qui n'est pas impossible. Dans le monde de l'ontologie aristotélicienne, il y a une infinité de choses qui ne sont pas possibles, une infinité de choses, donc, que l'on sait d'avance être fausses.

Une fois que cette ontologie est détruite et avant qu'une ontologie nouvelle, qui s'est élaborée seulement au xviie siècle, n'ait été établie, on n'a aucun critère qui permette de décider si le rapport que l'on reçoit de tel ou tel « fait » est vrai ou non. Il en résulte une crédulité sans bornes.

L'homme est un animal crédule par nature; il est normal de croire au témoignage, surtout quand il vient de loin ou du passé; il est normal de croire au témoignage de gens honnêtes et respectables, de gens qui justement inspirent confiance. Aussi, au point de vue du témoignage, rien n'est plus sûrement établi que l'existence du diable et l'existence des sorciers; tant que l'on ne sait pas que l'action de la sorcellerie et de la magie est une chose absurde, on n'a aucune raison de ne pas croire à ces faits.

Or, du fait même de la destruction de l'ontologie médiévale, de l'ontologie aristotélicienne, la Renaissance s'est trouvée rejetée vers, ou ramenée à, une ontologie magique dont on retrouve partout l'inspiration. Si l'on regarde les grands systèmes, les grandes tentatives de synthèse philosophique de l'époque, que ce soit Marsilio Ficino, ou Bernardino Telesio, ou même Campanella, on retrouvera toujours au fond de leur pensée une ontologie magique. Même ceux qui, en quelque sorte par devoir, auraient dû défendre l'ontologie aristotélicienne, les averroïstes et les alexandristes padouans, ont été contaminés par l'esprit du temps; et, aussi bien chez Nifo que chez Pomponace, vous trouverez la même ontologie magique et la même croyance aux puissances démoniaques.

Aussi, si l'on voulait résumer en une phrase la mentalité de la Renaissance, j'aurais proposé la formule : *tout est possible.* La seule question est de savoir si « tout est possible » en vertu d'interventions de forces surnaturelles, et c'est là la démonologie sur laquelle Nifo a écrit un gros livre qui a eu énormément de succès; ou si l'on refuse l'intervention de forces surnaturelles, pour dire que tout est naturel et que même les faits miraculeux s'expliquent par une action de la nature; c'est dans cette naturalisation magique du merveilleux que consiste ce qu'on a appelé « le naturalisme » de la Renaissance.

Or si cette crédulité du « tout est possible » est le revers de la médaille, il y a aussi un avers. Cet avers, c'est la curiosité sans bornes, l'acuité de vision et l'esprit d'aventure qui conduisent aux grands voyages de découverte et aux grands ouvrages de description. Je mentionnerai seulement la découverte de l'Amérique, la circumnavigation de l'Afrique, la circumnavigation du monde, qui enrichissent prodigieusement la connaissance des faits et qui nourrissent la curiosité pour les faits, pour la richesse du monde, pour la variété et la multiplicité des choses. Partout où un collectionnement de faits et une accumulation du savoir suffisent, partout où l'on n'a pas besoin de théorie, le XVIe siècle a produit des choses merveilleuses.

Rien n'est plus beau, par exemple, que les recueils de dessins botaniques qui révèlent dans leurs planches une acuité de vision positivement prodigieuse. Pensons aux dessins de Dürer, aux recueils de Gesner, à la grande encyclopédie d'Aldrovandi, pleins, d'ailleurs, d'histoires sur le pouvoir et l'action magiques des plantes. Ce qui manque, en revanche, c'est la théorie classificatrice, la possibilité de classer d'une manière raisonnable les faits que l'on a réunis : au fond, on ne dépasse pas le stade du catalogue. Mais on accumule les faits, les recueils et les collections, on fonde des jardins botaniques, des collections minéralogiques. On a un immense intérêt pour les « merveilles de la nature », pour la *varietas rerum*, on a de la joie à percevoir cette variété.

Il en est de même en ce qui concerne les voyages, la géographie. Il en est de même en ce qui concerne la description et l'étude du corps humain. On sait que déjà Leonardo avait fait des dissections, ou, plus exactement, car on en a fait longtemps avant lui, c'est Leonardo qui a osé en faire des dessins, accumulant sur une seule planche les détails qu'il avait observés sur plusieurs objets anatomiques. Et c'est en 1543, date doublement mémorable — c'est la date de la publication du *De revolutionibus orbium cœlestium* de Copernic — que paraît le grand recueil *De fabrica corporis humani*, de Vésale.

La tendance érudite porte ses fruits également, involontairement peut-être; peu importe d'ailleurs. Les grands textes scientifiques grecs qui étaient inconnus ou mal connus dans l'époque antérieure, sont traduits, édités ou retraduits et réédités. Ainsi, ce n'est en réalité qu'au xve siècle que Ptolémée est véritablement traduit en entier en latin, et c'est en fonction de l'étude de Ptolémée, comme on le sait, que s'accomplira la réforme de l'astronomie. Ce sont aussi les grands mathématiciens grecs qui sont traduits et édités au cours du xvie siècle : Archimède tout d'abord, puis Apollonius, Pappus, Héron. Enfin, en 1575, Maurolico essaye de reconstituer les livres perdus d'Apollonius, entreprise qui sera jusqu'à Fermat une des principales ambitions des grands mathématiciens de la fin du xviie et du début du xviie siècle. Or, il est certain que c'est la reprise et l'assimilation de l'œuvre archimédienne qui sont à la base de la révolution scientifique qui s'accomplira au xviie siècle, comme c'est la méditation des livres d'Apollonius sur les coniques qui seule rendra possible la révolution astronomique opérée par Kepler.

Si nous passons à l'évolution scientifique proprement dite, on pourrait dire sans doute qu'elle s'effectue en marge de l'esprit renaissant et en marge de l'activité de la Renaissance proprement dite. Il n'en reste pas moins vrai que la destruction de la synthèse aristotélicienne en forme la base préalable et nécessaire.

M. Bréhier nous a rappelé que, dans la synthèse aristotélicienne, le monde forme un Cosmos physique bien ordonné, Cosmos où toute chose se trouve à sa place, la Terre, en particulier, se trouvant au centre de l'Univers et en vertu de la structure même de cet Univers. Il est évident qu'il fallait détruire cette conception du monde pour que l'astronomie héliocentrique puisse prendre son essor.

Je n'ai pas le temps de retracer ici l'histoire de la pensée astronomique. Je voudrais néanmoins insister sur le fait que ce sont les philosophes qui ont commencé le mouvement. Il est certain que c'est la conception de Nicolas de Cues qui a inauguré le travail destructif qui mène à la démolition du cosmos bien ordonné, en mettant sur le même plan ontologique la réalité de la Terre et celle des Cieux. La Terre, nous dit-il, est une *stella nobilis*, une étoile noble, et c'est par là même, autant que par l'affirmation de l'infinité, ou plutôt de l'indétermination de l'Univers, qu'il déclenche le processus de pensée qui aboutira à l'ontologie nouvelle, à la géométrisation de l'espace et à la disparition de la synthèse hiérarchique.

Dans la physique et la cosmologie aristotéliciennes, pour les traduire dans un langage un peu moderne, c'est la structure même de l'espace physique qui détermine la place des objets qui s'y trouvent. La Terre est au centre du monde parce que, de par sa nature, c'est-à-dire parce qu'elle est lourde, elle doit se trouver au centre. Les corps lourds vont vers ce centre, non pas parce que quelque chose s'y trouve ou parce que quelque force physique les y tire ; ils vont au centre parce que c'est leur nature qui les y pousse. Et si la Terre n'existait pas, ou si on se l'imaginait détruite et qu'il n'y en eût qu'un petit morceau qui ait échappé à cette destruction, ce morceau conservé irait tout de même se placer au centre comme au seul « lieu » qui lui convient. Pour l'astronomie, cela veut dire que c'est la structure de l'espace physique autant que leur nature propre qui déterminent la place et le mouvement des astres.

Or, c'est justement la conception inverse qui se fait jour dans les différents systèmes d'astronomie qui s'opposent à la conception aristotélicienne et dans lesquels le point de vue physique se substitue graduellement au point de vue cosmologique.

Si les corps lourds, nous dit Copernic, vont vers la Terre, ce n'est pas parce qu'ils vont vers le centre, c'est-à-dire vers un lieu déterminé de l'Univers; ils y vont simplement parce qu'ils veulent retourner vers la Terre. Le raisonnement copernicien fait apparaître la substitution d'une réalité ou d'un lien *physique*, à une réalité et à un lien métaphysique; d'une force *physique* à une structure cosmique. Aussi, quelle que soit l'imperfection de l'astronomie copernicienne du point de vue physique ou mécanique, elle a néanmoins identifié la structure physique de la Terre à celle des astres célestes, en les douant tous d'un même mouvement circulaire. Elle a par là même assimilé l'un à l'autre le monde sublunaire et le monde supralunaire, et de ce fait a réalisé la première étape de l'identification de la matière ou des êtres composant l'Univers, de la destruction de cette structure hiérarchique qui dominait le monde aristotélicien.

Je n'ai pas le temps de retracer l'histoire de la lutte entre la conception copernicienne et la conception ptoléméenne de l'astronomie et de la physique; c'est là une lutte qui a duré deux siècles; les arguments de part et d'autre n'étaient aucunement négligeables; ils n'étaient pas très forts, à vrai dire, ni d'un côté ni de l'autre; mais ce qui nous importe surtout ici, ce n'est pas le développement de l'astronomie en tant que telle, c'est le progrès dans l'unification de l'Univers, la substitution d'un Univers régi par les mêmes lois au Cosmos structuré et hiérarchisé d'Aristote.

Le deuxième pas dans cette unification est fait par Tycho Brahé qui, bien que partisan, et ce pour des raisons physiques très valables, de la conception géocentrique, a apporté à l'astronomie et à la science en général quelque chose d'absolument nouveau, à savoir un esprit de précision : précision dans l'observation des faits, précision dans la mesure, précision dans la fabrication des instruments de mesure servant à l'observation. Ce n'est pas encore l'esprit expérimental, c'est tout de même déjà l'introduction dans la connaissance de l'Univers d'un esprit de précision. Or, c'est la précision des observations tychoniennes qui est à la base du travail de Kepler. En effet, ainsi que nous le dit celui-ci, si le Seigneur nous a donné un observateur tel que Tycho Brahé, nous n'avons pas le droit de négliger un écart de huit secondes entre ses observations et le calcul. Tycho Brahé — c'est encore Kepler qui nous le dit — a définitivement détruit la conception des orbes célestes portant les planètes et entourant la Terre ou le Soleil et par là même — bien qu'il ne se soit pas posé le problème lui-même — il a imposé à ses successeurs la considération des causes physiques des mouvements célestes.

Je ne peux pas exposer ici, non plus, l'œuvre magnifique de Kepler, œuvre confuse et géniale, et qui, peut-être, représente le mieux l'esprit de la Renaissance dans la science, bien que, chronologiquement, elle lui soit postérieure; les grandes publications de Kepler appartiennent en effet au xviie siècle : l'*Astronomia nova sive physica cœlestis* est de 1609, et l'*Epitome Astronomiæ Copernicanæ* fut publié de 1618 à 1621.

Ce qui est radicalement nouveau dans la conception du monde de Kepler, c'est l'idée que l'Univers est dans toutes ses parties régi par les mêmes lois, et ce par des lois de nature strictement mathématique. Son Univers est sans doute un Univers structuré, hiérarchiquement structuré par rapport au Soleil et harmonieusement ordonné par le Créateur, qui s'y exprime lui-même en un vaste symbole, mais la norme que suit Dieu dans la création du monde est déterminée par des considérations strictement mathématiques ou géométriques.

C'est en étudiant les cinq corps réguliers de Platon que Kepler a eu l'idée que l'ensemble de ces corps formait le modèle sur lequel Dieu a créé le monde, et que les distances des planètes à partir du Soleil devaient se conformer aux possibilités d'emboîtement, l'un dans l'autre, de ces corps réguliers. L'idée est typiquement keplérienne : il y a de la régularité et de l'harmonie dans la structure du monde, mais celle-ci est strictement géométrique. Le Dieu platonicien de Kepler construit le monde en géométrisant.

Kepler est un véritable *Janus bifrons :* on trouve dans son œuvre le passage, extrêmement caractéristique, d'une conception encore animiste de l'Univers à une conception mécaniste. Kepler, qui, dans le *Mysterium Cosmographicum*, commence par expliquer les mouvements des planètes par la force des âmes qui les poussent et qui les guident, nous dit dans l'*Epitome* que ce n'est pas la peine de recourir à des âmes là où l'action de forces matérielles ou semi-matérielles, telles que la lumière ou le magnétisme, offre une explication suffisante; or le mécanisme suffit justement parce que les mouvements planétaires suivent des lois strictement mathématiques.

De plus, étant donné que Kepler a découvert que la vitesse des mouvements des planètes n'est pas uniforme, mais est sujette à des variations périodiques dans le temps et l'espace, il a dû se poser le problème des causes physiques produisant ces mouvements. Il a dû par là même formuler, bien que d'une manière imparfaite, la première hypothèse de l'attraction, d'une attraction magnétique et pas tout à fait universelle sans doute, mais qui s'étendait tout de même suffisamment loin pour pouvoir relier les corps de l'Univers au Soleil.

Kepler a su découvrir les lois véritables des mouvements planétaires ; il n'a pas pu, en revanche, formuler celles du mouvement, parce qu'il n'a pas su pousser suffisamment loin — c'était d'ailleurs extrêmement difficile — la géométrisation de l'espace et arriver à la notion nouvelle du mouvement qui en résulte. Pour Kepler qui, en cette question, reste un bon aristotélicien, le repos n'a pas besoin d'être expliqué. Le mouvement, au contraire, a besoin d'une explication et d'une force. De ce fait, Kepler ne peut pas en arriver à concevoir la loi d'inertie. Dans sa mécanique, comme dans celle d'Aristote, les forces motrices produisent des vitesses et non des accélérations ; la persistance d'un mouvement implique l'action persistante d'un moteur.

L'échec de Kepler s'explique sans doute par le fait que, dominé par l'idée d'un monde bien ordonné, il ne peut pas admettre celle d'un Univers infini. Et rien n'est plus caractéristique à cet égard que la critique qu'il oppose aux intuitions de Giordano Bruno. Bruno, assurément, n'est pas un savant ; c'est un mathématicien exécrable — lorsqu'il fait un calcul, on peut être sûr qu'il sera faux — qui veut réformer la géométrie en y introduisant la conception atomique des « minima », et cependant il comprend mieux que personne — sans doute parce qu'il est philosophe — que la réforme de l'astronomie opérée par Copernic implique l'abandon total et définitif de l'idée d'un Univers structuré et hiérarchiquement ordonné. Aussi proclame-t-il, avec une hardiesse sans pareille, l'idée d'un Univers infini.

Bien qu'il ne puisse pas encore s'élever — justement parce qu'il n'est pas mathématicien et ne connaît pas la physique, la vraie, celle d'Archimède — à la notion d'un mouvement se poursuivant de lui-même dans un espace désormais infini, il arrive tout de même à poser et à affirmer cette géométrisation de l'espace et l'expansion infinie de l'Univers qui est la prémisse indispensable de la révolution scientifique du xviie siècle, de la fondation de la science classique.

Il est très curieux de voir Kepler s'opposer à cette conception. Le monde de Kepler, beaucoup plus vaste sans doute que celui de la cosmologie aristotélicienne, et même que celui de l'astronomie copernicienne, est encore limité par la voûte stellaire — arrangée autour de l'immense cavité qu'occupe notre système solaire. Kepler n'admet pas la possibilité d'un espace s'étendant au-delà, ni celle d'un espace plein, c'est-à-dire peuplé d'autres étoiles, d'étoiles que nous ne voyons pas — ce serait, pense-t-il, une conception gratuite et antiscientifique — ni celle d'un espace vide : un espace vide ne serait rien, ou même serait un rien existant. Il est toujours dominé par l'idée d'un monde, expression du créateur, et même de la Trinité divine. Aussi voit-il dans le Soleil l'expression de Dieu le Père, dans le monde stellaire, celle du Fils, et dans la lumière et la force qui circulent entre les deux dans l'espace, celle de l'Esprit. Et c'est justement cette fidélité à la conception d'un monde limité et fini qui n'a pas permis à Kepler de franchir les bornes de la dynamique aristotélicienne.

Kepler (et Bruno) peuvent être rattachés à la Renaissance ; avec Galilée nous sortons certainement et définitivement de cette époque. Galilée n'a rien de ce qui la caractérise. Il est au plus haut degré anti-magique. Il n'éprouve aucune joie devant la variété des choses. Au contraire, ce qui l'anime c'est la grande idée — archimédienne — de la physique mathématique, de la réduction du réel au géométrique. Aussi géométrise-t-il l'Univers, c'est-à-dire identifie-t-il l'espace physique avec celui de la géométrie euclidienne. C'est par là qu'il dépasse Kepler. Et c'est à cause de cela qu'il a été capable de formuler le concept du mouvement qui est à la base de la dynamique classique. Car, bien qu'il ne se soit pas — probablement par prudence — prononcé nettement sur ce problème de la finitude ou de l'infinité du monde, l'Univers galiléen n'est certainement pas limité par la voûte céleste. Aussi admet-il que le mouvement est une *entité* ou un *état* aussi stable et aussi perdurant que l'*état* de repos ; il admet donc qu'on n'a pas besoin de force constante agissant sur le mobile pour expliquer son mouvement ; il admet la relativité du mouvement et de l'espace, et donc la possibilité d'appliquer à la mécanique les lois strictes de la géométrie.

Galilée est peut-être le premier esprit qui ait cru que les formes mathématiques étaient réalisées effectivement dans le monde. Tout ce qui est dans le monde est soumis à la forme géométrique ; tous les mouvements sont soumis à des lois mathématiques, non seulement les mouvements réguliers et les formes régulières qui, peut-être, ne se trouvent pas du tout dans la nature, mais aussi les formes irrégulières elles-mêmes. La forme irrégulière est aussi géométrique qu'une forme régulière ; elle est aussi précise que celle-ci ; elle est seulement plus compliquée. L'absence dans la nature de droites et de cercles parfaits n'est pas une objection contre le rôle prépondérant des mathématiques en physique.

Galilée nous apparaît en même temps comme l'homme qui, l'un des premiers, a compris d'une manière très précise la nature et le rôle de l'expérience dans la science.

Galilée sait que l'expérience — ou si je puis me permettre d'employer le mot latin d'*experimentum* pour l'opposer justement à l'expérience commune, à l'expérience qui n'est qu'observation — que l'*experimentum* se prépare, que l'*experimentum* est une question posée à la nature, une question posée dans un langage très spécial, dans le langage géométrique et mathématique ; il sait qu'il ne suffit pas d'observer ce qui est, ce qui se présente normalement et naturellement aux yeux, qu'il faut savoir formuler la question et qu'il faut, en plus, savoir déchiffrer et comprendre la réponse, c'est-à-dire appliquer à l'*experimentum* les lois strictes de la mesure et de l'interprétation mathématique.

Galilée est aussi celui qui, à mon avis du moins, a construit ou créé le premier véritable instrument scientifique. J'ai dit que les instruments d'observation de Tycho Brahé étaient déjà d'une précision inconnue jusqu'à lui ; mais les instruments de Tycho Brahé, comme tous les instruments de l'astronomie avant Galilée, étaient des instruments d'observation ; ils étaient, tout au plus, des instruments de mesure — plus précis que ceux de ses prédécesseurs — de faits simplement observés. En un sens ce sont encore des outils, tandis que les instruments galiléens — et cela est vrai autant du pendule que du télescope — sont des instruments dans le sens le plus fort du terme : ce sont des incarnations de la théorie. Le télescope galiléen n'est pas un simple perfectionnement de la lunette « batave » ; il est construit à partir d'une théorie optique ; et il est construit pour un certain but scientifique, à savoir pour révéler à nos yeux des choses qui sont invisibles à l'œil nu. Nous avons là le premier exemple d'une théorie incarnée dans la matière qui nous permet de franchir les limites de l'observable, au sens de ce qui est donné à la perception sensible, fondement expérientiel de la science prégaliléenne.

Faisant ainsi du mathématique le fond de la réalité physique, Galilée est amené nécessairement à abandonner le monde qualitatif et à reléguer dans une sphère subjective, ou relative à l'être vivant, toutes les qualités sensibles dont est fait le monde aristotélicien. La cassure est donc extrêmement profonde.

Avant l'avènement de la science galiléenne, nous acceptions avec plus ou moins d'accommodation et d'interprétation, sans doute, le monde donné à nos sens comme le monde réel. Avec Galilée, et après Galilée, nous avons une rupture entre le monde donné aux sens et le monde réel, celui de la science. Ce monde réel, c'est de la géométrie faite corps, de la géométrie réalisée.

Par là, nous sortons de la Renaissance proprement dite ; et c'est sur ces bases-là, sur la base de la physique galiléenne, de son interprétation cartésienne, que se construira la science telle que nous la connaissons, notre science, et que pourra se construire la grande et vaste synthèse du xviie siècle, celle qui a été accomplie par Newton.

LES ORIGINES
DE LA SCIENCE MODERNE *

UNE INTERPRÉTATION NOUVELLE

Depuis les temps héroïques de Pierre Duhem, à l'énergie et au savoir étonnants, auquel nous devons la révélation de la science médiévale, un très grand nombre de travaux ont été consacrés à l'étude de cette dernière. La publication des grandes œuvres, de Thorndike et de Sarton et, ces dix dernières années, celle des brillantes recherches de Mlle Anneliese Maier et de Marshall Clagett, pour ne pas parler d'une multitude d'autres monographies et études, a extraordinairement élargi et enrichi notre connaissance et notre compréhension de la science médiévale et de ses rapports avec la philosophie médiévale — dont la connaissance et la compréhension ont fait des progrès encore plus grands — ainsi que de la culture médiévale en général.

Et cependant, le problème des origines de la science moderne et de ses rapports avec celle du Moyen Age reste une *questio disputata* très vivement débattue. Les partisans d'une évolution continue, tout comme ceux d'une révolution, restent tous sur leurs positions et semblent incapables de se convaincre les uns les autres[1]. Ceci, à mon avis, beaucoup moins parce qu'ils sont en désaccord sur les faits, que parce qu'ils le sont sur l'essence même de la science moderne et, par conséquent, sur l'importance relative de certains caractères fondamentaux de cette dernière. De plus, ce qui semble aux uns une diffé-

* Article extrait de *Diogène*, n° 16, 1956, Paris, Gallimard, pp. 14-42.
1. Voir par exemple mon étude sur le livre de Mlle Anneliese Maier, *Die Vorläufer Galileis im XIV. Jahrhundert*, Rome, 1949, parue dans les *Archives Internationales d'Histoire des Sciences*, 1951, pp. 769 sq. et sa réponse : « Die naturphilosophische Bedeutung der scholastischen Impetus-Theorie », dans *Scholastik*, 1955, pp. 32 sq.

rence de degré, apparaît aux autres comme une opposition de nature [1].

La conception de la continuité trouve en A. C. Crombie son défenseur le plus éloquent et le plus absolu. En fait, son livre brillant et savant sur Robert Grosseteste [2] — l'une des contributions les plus importantes à notre connaissance de l'histoire de la pensée médiévale parmi les publications de ces dix dernières années, œuvre qui associe à une richesse exceptionnelle d'information, une profondeur et une subtilité d'interprétation tout aussi remarquables — tend principalement à démontrer non seulement que la science moderne a sa source profonde dans le sol médiéval, mais aussi que — du moins dans ses aspects fondamentaux et essentiels — par son inspiration méthodologique et philosophique, elle est une invention médiévale. Ou, pour reprendre les termes mêmes de M. Crombie (p. 1) :

« Le trait distinctif de la méthode scientifique du XVIIe siècle, si on la compare à celle de la Grèce ancienne, était sa conception de la manière dont une théorie devait être reliée aux faits observés qu'elle se proposait d'expliquer, la série de démarches logiques qu'elle comportait pour édifier des théories et les soumettre aux contrôles expérimentaux. La science moderne doit très largement son succès à l'usage de ces méthodes inductives et expérimentales, qui constituent ce que l'on appelle souvent la *méthode expérimentale*. La thèse de ce livre est la suivante : la compréhension systématique, moderne, du moins des aspects qualitatifs de cette méthode, est due aux philosophes occidentaux du XIIIe siècle. Ce sont eux qui ont transformé la méthode géométrique des Grecs, et en ont fait la science expérimentale moderne. »

S'ils ont pu le faire, estime M. Crombie, c'est parce que, contrairement à leurs prédécesseurs grecs — et même arabes — ils furent capables d'utiliser l'empirisme pratique des arts et des métiers tout en recherchant une explication rationnelle, et de surmonter ainsi les limitations de l'un et de l'autre, et que, ici encore contrairement aux Grecs, ils furent capables de se former une conception

---

1. Ainsi, M. Crombie voit une différence de degré dans le fait que la méthode quantitative ait remplacé la méthode qualitative (cf. *Robert Grosseteste...* pp. 4, 25 et sq.), tandis que, pour moi, il y a là une différence de nature.

2. A. C. Crombie, *Robert Grosseteste and the Origins of Experimental Science, 1100-1700*, XII-369 pp., Oxford, Clarendon Press, 1953. — Cf. aussi A. C. Crombie, *Augustine to Galileo*, XVI-463 pp., London, Falcon Press, 1952.

beaucoup plus unifiée de l'existence. En conséquence, si les différents types et modes de connaissance distingués par les Grecs — physique, mathématique et métaphysique — correspondaient pour ceux-ci à différents types d'existence, les philosophes chrétiens de l'Occident, au contraire, « y virent essentiellement des différences de méthodes » (p. 2).

Les problèmes méthodologiques jouent un rôle important pendant les périodes critiques de la science — comme nous l'avons vu nous-mêmes à une époque récente. Il n'est donc pas étonnant qu'ils aient tenu une telle place au xiiie siècle, à une époque où, par suite de l'afflux toujours croissant de traductions de l'arabe et du grec, le monde occidental devait assimiler un volume presque accablant de connaissances scientifiques et philosophiques nouvelles. Or, les problèmes les plus importants traités par la méthodologie scientifique concernent le rapport des théories avec les faits; son objectif est de fixer les conditions auxquelles la théorie doit satisfaire pour être acceptée et d'établir les diverses méthodes nous permettant de décider si une théorie donnée est valable ou non. En d'autres termes, pour reprendre les expressions médiévales, les méthodes de « vérification » et de « falsification ».

Selon M. Crombie, les hommes de science-philosophes du xiiie siècle eurent pour grand mérite de comprendre l'intérêt que présente, pour cette « vérification » et cette « falsification », la méthode expérimentale en tant qu'elle se distingue de la simple observation qui est la base de l'induction aristotélicienne; ils ont ainsi découvert et élaboré les structures fondamentales de la « méthode expérimentale » de la science moderne. A vrai dire, ils ont découvert plus que cela, à savoir le véritable sens et la fonction véritable d'une théorie scientifique, et reconnu qu'une telle théorie « ne pourrait jamais être certaine »; et ne pouvait donc prétendre être nécessaire, c'est-à-dire unique et définitive.

Naturellement, M. Crombie ne dit pas que la science médiévale (celle du xiiie et du xive siècle) a utilisé la méthode expérimentale aussi bien et aussi largement que celle du xviie siècle. Il déclare ainsi (p. 19) :

« La méthode expérimentale n'était certainement pas au point dans tous ses détails au xiiie siècle, ni même au xive siècle. Et cette méthode n'était pas, non plus, toujours appliquée systématiquement. La thèse de ce livre est qu'une théorie systématique de la science expérimentale était déjà comprise et appliquée par un nombre suffisant de philosophes pour produire la révolution méthodologique à laquelle la science moderne doit son origine. Avec cette révolution apparut dans le monde latin occidental une notion claire du rapport entre la théorie et l'observation, notion sur laquelle sont fondées la conception et l'application pratique modernes de la recherche scientifique et de l'explication, un ensemble clair de méthodes permettant de traiter les problèmes physiques. »

Quant à la science du xviiᵉ siècle, et à sa philosophie, elles n'entraînèrent, selon M. Crombie, aucune modification fondamentale des méthodes scientifiques existantes. Elles remplacèrent seulement le procédé qualitatif par le procédé quantitatif et adaptèrent à la recherche expérimentale un type nouveau de mathématiques (pp. 9, 10) :

« L'amélioration la plus importante apportée ultérieurement à cette méthode scolastique est le passage, général au xviiᵉ siècle, des méthodes qualitatives aux méthodes quantitatives. Les appareils et les instruments de mesures spéciaux devinrent plus nombreux et plus précis; on eut recours à des moyens de contrôle pour isoler les facteurs essentiels dans des phénomènes complexes; on établit des méthodes de mesures systématiques afin de déterminer les variations concomitantes et de pouvoir exprimer les problèmes sous une forme mathématique. Cependant tout ceci ne représentait que des progrès accomplis dans des procédés déjà connus. La contribution originale et remarquable du xviiᵉ siècle fut d'associer l'expérience à la perfection d'un nouveau type de mathématiques et à la nouvelle liberté qu'on avait de résoudre les problèmes physiques par des théories mathématiques dont les plus étonnantes sont celles de la dynamique moderne. »

La science du xviiᵉ siècle a proclamé sa totale originalité, et se jugeait elle-même comme fondamentalement opposée à celle de la scolastique médiévale qu'elle prétendait renverser. Cependant (p. 2) :

« La conception de la structure logique de la science expérimentale, défendue par des savants aussi éminents que Galilée, Francis Bacon, Descartes et Newton, était précisément celle qui s'était élaborée au xiiiᵉ et au xivᵉ siècle. Ils héritèrent aussi de l'apport concret que reçurent les diverses sciences pendant cette période. »

★

Nous voyons que la théorie historique de M. Crombie, en dehors de sa conception générale d'une continuité du développement de la pensée scientifique du XIIIᵉ au XVIIᵉ siècle, comporte une vue fort intéressante sur le rôle joué par la méthodologie dans ce développement même. Selon lui, les penseurs du XIIIᵉ siècle ont *d'abord* acquis une conception de la science et de la méthode scientifique qui, dans ses aspects fondamentaux — notamment dans l'utilisation des mathématiques pour formuler des théories et des expériences pour leur « vérification › et leur « falsification » — était identique à celle du XVIIᵉ siècle; *ensuite*, appliquant délibérément cette méthode à des recherches scientifiques particulières, ils ont établi une science du même type que celle de Galilée, Descartes et Newton. Et c'est pour prouver cette thèse très originale que M. Crombie nous présente dans son livre une histoire extrêmement intéressante des discussions médiévales de *methodo,* c'est-à-dire du développement de la logique *inductive* (domaine assez négligé par les historiens de cette discipline), ainsi qu'une étude suggestive et pleine d'intérêt du développement de l'optique au Moyen Age. En effet, c'est plus au domaine de l'optique qu'à celui de la *physique* proprement dite (ou dynamique) que M. Crombie se réfère pour la « vérification » de sa théorie.

Les discussions méthodologiques des philosophes médiévaux suivent le modèle fixé par les Grecs et sont étroitement liées à la façon dont Aristote traite le problème de la science (méthode inductive et déductive) dans ses *Seconds Analytiques.* Le plus souvent, elles nous sont présentées comme des *Commentaires* de ces *Analytiques.* Et cependant, ces *Commentaires* du Moyen Age, du moins certains d'entre eux et, en tout cas, ceux de Robert Grosseteste, le héros de l'histoire contée par M. Crombie, représentent un progrès net par rapport à leurs modèles grecs — ou arabes. Citons une fois de plus M. Crombie (p. 10-11) :

« La manœuvre stratégique par laquelle Grosseteste et ses successeurs des XIIIᵉ et XIVᵉ siècles ont créé la science expérimentale moderne consistait à unir l'habitude expérimentale des arts pratiques au rationalisme de la philosophie du XIIᵉ siècle.

« Grosseteste semble avoir été le premier écrivain du Moyen Age à reconnaître et à traiter les deux problèmes méthodologiques fondamentaux de l'induction et de la « vérification » et « falsification » expérimentales qui se posèrent lorsque la conception grecque de la démonstration géométrique fut appliquée au monde de l'expérience. Il semble avoir été le premier à établir une théorie systématique et cohérente de l'investigation expérimentale et de l'explication rationnelle, théorie qui fit de la méthode géométrique grecque la science expérimentale moderne. Avec ses successeurs, il fut, autant qu'on le sache, le premier à utiliser et à illustrer par des exemples une telle théorie dans les détails de la recherche originale de problèmes concrets. Ils croyaient eux-mêmes créer une nouvelle science et, en particulier, une nouvelle méthodologie. Une grande partie du travail expérimental des XIIIe et XIVe siècles fut, en fait, effectuée à seule fin d'illustrer cette théorie de la science expérimentale, et toutes leurs œuvres reflètent cet aspect méthodologique. »

Ainsi, par exemple, l'une des plus importantes et des plus fructueuses idées méthodologiques de Grosseteste, celle selon laquelle la science mathématique peut souvent fournir la *raison* d'une connaissance acquise empiriquement en science physique, semble avoir été d'abord développée par lui comme une conception purement épistémologique, plus tard mise en application pour l'examen de problèmes physiques particuliers et illustrée par des exemples pris dans l'optique (cf. pp. 51-52). Ce qui, en fait, est assez naturel, étant donné que l'optique (comme l'astronomie et la musique) avait été classée par Aristote comme des *mathematica media*, c'est-à-dire placée dans une catégorie de sciences qui, quoique distinctes des mathématiques pures, étaient néanmoins des sciences *mathématiques* dans la mesure où leur sujet — contrairement à ce qui est le cas pour sa *physique* — pouvait être traité mathématiquement (telles nos mathématiques appliquées). Mais, en ce qui concerne Grosseteste, ce recours à l'optique a aussi un autre sens, beaucoup plus profond. En effet, comme le souligne M. Crombie à plusieurs reprises et, je crois, tout à fait à juste titre, « la métaphysique platonicienne... a toujours comporté la possibilité d'une explication mathématique ». Le néo-platonicien Grosseteste, pour qui la lumière *(lux)* était la « forme » du monde créé qui a « informé » la matière informe et par son expansion a donné naissance à l'étendue même de l'espace, pensait que « l'optique était la clé permettant de comprendre le monde physique » (pp. 104-105) parce que, comme Ibn

Gabirol l'avait déjà soutenu avant, et comme Roger Bacon le soutiendra après lui, Grosseteste croyait « que toute action causale suivait le modèle de la lumière ». Ainsi la métaphysique de la lumière fait de l'optique la base de la physique qui devient ainsi — ou du moins *peut* devenir — une physique *mathématique.*

Toutefois, malgré cette tendance — potentielle — à la mathématisation de la physique, Grosseteste ne s'avance pas très loin dans le sens d'une géométrisation de la nature. Bien au contraire : il établit une distinction soigneuse et nette entre les mathématiques et les sciences naturelles (il nous dit par exemple que la raison de l'égalité des angles d'incidence et de réflexion ne réside pas dans la géométrie mais dans la nature de l'énergie radiante) : il insiste toujours sur l'incertitude des théories physiques par opposition à la certitude des mathématiques — selon M. Crombie, il aurait même affirmé que toute connaissance physique n'était que probable [1] — incertitude qui est précisément la raison pour laquelle la vérification expérimentale de leur exactitude est nécessaire.

« Dans la conception de la science », dit M. Crombie (p. 52) « que Grosseteste, comme les philosophes du XIIe siècle qui l'ont précédé, avait apprise d'Aristote, il y avait un double mouvement de la théorie à l'expérience et de l'expérience à la théorie ». Ainsi dans son commentaire des *Seconds Analytiques* Grosseteste dit : « Il y a un double chemin de la connaissance déjà existante à la (nouvelle) connaissance, à savoir du plus simple au composé, et inversement », c'est-à-dire des principes aux effets, et des effets aux principes. « On connaissait scientifiquement un fait, estimait-il, lorsqu'il était possible de déduire le fait de principes antérieurs mieux connus qui étaient ses causes. Cela signifiait, en réalité, relier le fait à d'autres faits par un système de déductions; il trouvait l'illustration d'une telle démarche dans les *Éléments* d'Euclide. »

En mathématiques, la progression du plus simple et du

---

1. Cela me semble une exagération. En fait, dans le passage cité par M. Crombie (p. 59, n. 2), Grosseteste déclare seulement que dans les sciences naturelles il y a *minor certitudo propter mutabilitatem rerum naturalium* soulignant que, *selon Aristote,* la science et la démonstration *maxime dicta* n'existe qu'en mathématique, tandis que dans les autres sciences, il y a aussi science et démonstration, mais *non maxime dicta.* Grosseteste a tout à fait raison, étant donné qu'Aristote fait une distinction très nette entre les choses qui sont nécessairement telles, et les choses qui ne sont telles que dans la plupart des cas ou habituellement. Ainsi l'affirmation de Grosseteste n'a rien d'une innovation et ne doit pas être interprétée comme annonçant la science physique « probabiliste ».

mieux connu au composé était appelée « synthèse » par
les Grecs et la progression du plus complexe au plus
simple « analyse ». Mais, dans un certain sens, il n'y a pas
de différence fondamentale entre ces processus, ou méthodes, étant donné que les prémisses comme les conclusions
sont indiscutables, nécessaires et même évidentes en
elles-mêmes.

La situation est toute différente en science naturelle.
Les principes simples ne sont nullement évidents, ni même
mieux connus que les faits complexes donnés. La seule
induction empirique ne nous conduit pas au but souhaité :
il y a un bond entre celle-ci et l'assertion explicatrice,
causale. Afin de préparer ce bond, nous devons utiliser
une méthode analogue à celle de l'analyse et de la synthèse :
celle de la « résolution » et de la composition ». Mais cela
n'est pas assez : nous devons vérifier l'exactitude des principes (causes) auxquels nous parvenons par ce procédé
en les mettant à l'épreuve de l'expérimentation. Ceci
parce que la « résolution » peut être faite de plus d'une
façon et les effets à expliquer peuvent être déduits de plus
d'une cause ou série de causes (pp. 82 et suiv.).

« Ainsi, Grosseteste estimait qu'en science naturelle,
afin de distinguer la véritable cause des autres causes
possibles, un processus de vérification et de falsification
devait prendre place à la fin de la composition. Une théorie
obtenue par résolution et intuition devait, a-t-il souligné,
permettre de trouver par déduction des conséquences
dépassant les faits originaux sur lesquels l'induction était
basée. Car lorsque l'argument procède par composition,
des principes aux conclusions... il peut procéder à l'infini
par subsomption de la mineure extrême sous le moyen
terme. En se basant sur ces conséquences, on procédait
à des expériences contrôlées grâce auxquelles les causes
fausses pouvaient être éliminées. »

Toute méthode scientifique implique une base métaphysique ou du moins quelques axiomes sur la nature de
la réalité. Les deux axiomes de Grosseteste, hérités naturellement des Grecs et, en fait, admis par tous, ou presque
tous, les représentants de la science de la nature, tant
avant qu'après lui, sont les suivants : le premier est le
principe de l'uniformité de la nature, à savoir que les
formes sont toujours identiques dans leur fonctionnement.
Comme il le dit dans *De generatione stellarum: Res eiusdem naturae eiusdem operationis secundum naturam suam
effectivae sunt. Ergo si secundum naturam suam non sunt*

eiusdem operationis effectivae, non sunt eiusdem naturae.
A l'appui de ce principe, il cite le *De Generatione II*,
d'Aristote : *Idem similiter se habens non est natum facere
nisi idem;* « la même cause dans les mêmes conditions,
ne peut que produire le même effet » (p. 85).

Le second axiome était celui du principe d'économie
ou *lex parsimoniae*, emprunté, lui aussi, à Aristote qui y
voyait un principe pragmatique, et que Grosseteste, ainsi
que ses précurseurs médiévaux et ses successeurs modernes, employait en tant que principe gouvernant non seulement la science, mais la nature elle-même :

« Partant de ces présuppositions concernant la réalité,
la méthode de Grosseteste était d'établir une distinction
entre les causes possibles par l'expérience et la raison.
Il tirait des déductions de théories rivales, rejetait celles
qui contredisaient soit les données de l'expérience, soit
ce qu'il considérait comme étant une théorie établie,
vérifiée par l'expérience, et utilisait les théories qui étaient
vérifiées par l'expérience pour expliquer de nouveaux
phénomènes.

« Cette méthode fut explicitement appliquée par lui
dans ses *Opuscula* sur des questions scientifiques diverses,
dans lesquels les théories par lesquelles il aborde son étude
sont quelquefois originales mais le plus généralement tirées
d'auteurs antérieurs tels qu'Aristote, Ptolémée ou divers
naturalistes arabes. Ses dissertations sur la nature des
étoiles et des comètes » (p. 87), ainsi que celles sur la nature
et la cause de l'arc-en-ciel et sur la raison pour laquelle
certains animaux ont des cornes, en sont de bons exemples.

★

C'est Roger Bacon, bien que celui-ci n'ait probablement
jamais assisté aux conférences de Robert Grosseteste, que
M. Crombie considère comme le meilleur disciple de ce
dernier. Il dit notamment (p. 139) :

« L'écrivain qui a pénétré le plus profondément et qui
a le plus complètement développé l'attitude de Grosseteste en ce qui concerne la nature et la théorie de la science,
fut Roger Bacon. De récentes recherches ont montré que,
par bien des aspects de sa science, Bacon reprenait simplement la tradition d'Oxford et de Grosseteste, bien
qu'il ait été en mesure de puiser à de nouvelles sources,
inconnues de Grosseteste, comme par exemple l'*Optique*
d'Alhazen et, par conséquent, non seulement de répéter,

mais aussi d'améliorer, parfois du moins, les théories optiques de Grosseteste. D'autres fois, en revanche, il les
remplaça par des théories beaucoup moins parfaites.

« Ainsi, tandis que dans sa théorie de la propagation de
la lumière (multiplication des *species*), il acceptait l'explication de Grosseteste qui y voyait un processus d'auto-
génération et de régénération de la *lux*, ainsi que l'analogie
que celui-ci établissait entre la lumière et le son, il a nota-
blement clarifié cette conception en déclarant que la lumière
n'était pas le flux d'un corps, mais une pulsation; il accepta
aussi la position d'Alhazen qui repoussait la conception
d'une propagation instantanée de la lumière. Mais tandis
que Grosseteste expliquait la formation de l'arc-en-ciel
par une série de réfractions de la lumière « au milieu d'un
nuage convexe », Bacon, tout en soulignant avec justesse
le rôle joué par chaque goutte de pluie et en faisant remarquer que chaque observateur voyait un arc-en-ciel différent [1], substitua assez malencontreusement la réflexion
à la réfraction. Quant à sa position générale, logico-métho-
dologique, Roger Bacon souligne *à la fois* les aspects
mathématiques et expérimentaux de la science.

« Les mathématiques, selon Roger Bacon, sont la porte
et la clé des sciences et des choses de ce monde et donnent
une connaissance certaine de celles-ci. En premier lieu,
toutes les catégories dépendent d'une connaissance de la
qualité dont traitent les mathématiques et, par conséquent, toute l'excellence de la logique dépend des mathématiques » (p. 143).

Mais il n'y avait pas que la science de la logique, celle
de la nature dépendait aussi, selon lui, des mathématiques,
du moins dans une large mesure *(ibid.)*; ainsi Roger
Bacon déclare :

« En mathématiques seulement, comme l'a dit Averroès
dans le premier livre de sa *Physique*..., les choses qui nous
sont connues et celles qui sont dans la nature, ou absolument, sont les mêmes...; c'est seulement en mathématiques
qu'on trouve les démonstrations les plus convaincantes,
fondées sur les causes nécessaires. D'où il est évident que
si, dans les autres sciences, nous désirons parvenir à une
certitude où il ne reste aucun doute et à une vérité sans
erreur possible, nous devons fonder la connaissance sur
les mathématiques. Robert, évêque de Lincoln, et F. Adam

---

1. Il l'a appris d'Alexandre d'Aphrodise ou d'Avicenne, cf. p. 158, n. 3;
ou même de Sénèque.

de Marisco ont suivi cette méthode et si quelqu'un descendait jusqu'aux choses particulières, en appliquant la force des mathématiques aux différentes sciences particulières, il verrait que rien de grand ne peut être discerné en elles sans les mathématiques. »

On peut facilement s'en rendre compte en remarquant que l'astronomie est entièrement basée sur les mathématiques, et que c'est par calculs et raisonnements mathématiques que nous arrivons — dans le comput du calendrier — à déterminer les faits.

D'autre part, personne n'a placé la science expérimentale aussi haut que Roger Bacon, qui lui a non seulement attribué la prérogative de confirmer — ou d'infirmer — les conclusions du raisonnement déductif *(vérification* et *falsification)* mais aussi celle, beaucoup plus importante, d'être la source de vérités nouvelles et importantes qui ne peuvent pas être découvertes par d'autres moyens. En fait, qui pourrait, sans l'expérience, savoir quoi que ce soit sur le magnétisme? Comment serait-il possible, sans l'expérience, de découvrir les secrets de la nature et, par exemple, de faire avancer la médecine? C'est la science expérimentale qui unit raisonnement et travail manuel, qui nous permettra de construire les instruments et les machines qui donneront à l'humanité — ou à la chrétienté — à la fois connaissance et pouvoir.

Mais je n'ai pas besoin d'insister : tout le monde connaît les anticipations étonnantes — et la crédulité étonnante — de Roger Bacon.

Je ne puis, hélas, analyser ici l'exposé que nous donne M. Crombie de l'optique médiévale et de la façon dont le Moyen Age avait expliqué l'arc-en-ciel : sous sa conduite experte, nous abordons Albert le Grand (pp. 197-200), Witelo (pp. 213-232) qui connaissait certainement et Grosseteste et Roger Bacon, bien qu'il ne les cite pas, et qui, de plus, était un partisan convaincu de la métaphysique néoplatonicienne de la lumière du grand penseur d'Oxford, et finalement Thierry de Freiberg (pp. 232-259), le plus grand théoricien de l'optique du Moyen Age qui a été le premier à admettre une double réfraction des rayons lumineux dans les gouttes de la pluie. Je dois revenir à l'histoire de la méthodologie où M. Crombie nous présente, comme successeurs de Grosseteste qui ont repris en la développant la logique inductive de ce dernier, Duns Scot — ce qui est assez naturel — et Guillaume d'Ockham, ce qui est plutôt surprenant, étant donné

qu'Ockham — M. Crombie insiste lui-même sur ce point
(p. 17) — « a réagi violemment contre le platonisme augus-
tinien de son temps » dont Robert Grosseteste fut un
partisan si fervent.

M. Crombie croit, en effet, que l'épistémologie positiviste d'Ockham (laquelle, selon lui, était favorable au
développement de la science empirique) était, pour ainsi
dire, l'aboutissement normal du mouvement méthodologique lancé par Robert Grosseteste, et même son *akmé*.
Ainsi, résumant les vues de Grosseteste, il nous dit (p. 13)
qu'il a soutenu que la fonction des mathématiques était
seulement de décrire et de mettre en corrélation les faits
et les événements. Les mathématiques ne pouvaient faire
connaître ni les causes efficientes ni les autres causes produisant des changements dans la nature, parce qu'elles
faisaient explicitement abstraction de ces causes dont la
recherche était le rôle propre de la science de la nature,
science dans laquelle, « toutefois, la connaissance des
causes n'était qu'incomplète et seulement probable ».
De plus, dans sa présentation générale de l'évolution
intellectuelle (épistémologique) de la philosophie scientifique au Moyen Age, que j'ai citée ci-dessus (p. 19),
M. Crombie nous disait déjà (p. 11) que :

« Le principal résultat de cet effort pour comprendre
comment il faut employer la théorie pour coordonner les
faits en une discipline pratique correcte, fut de montrer
qu'en science le seul « critère de vérité » était la cohérence
logique et la vérification expérimentale. La question
métaphysique sur le *pourquoi* des choses, à laquelle il
était répondu en termes de substances et de causes, en
termes de *quod quid est*, fut progressivement remplacée
par la question scientifique sur le *comment* des choses,
à laquelle on répondit simplement par la mise en corrélation des faits, par n'importe quel moyen, logique ou
mathématique, qui conduisait à cette fin. »

Quant à Ockham, qui n'était rien moins qu'expérimentateur, il incitait néanmoins les philosophes de la nature à
s'efforcer de la connaître par l'expérimentation; car il criti-
quait violemment les conceptions traditionnelles de la
causalité — non seulement celles des causes finales qui,
selon lui, n'étaient que « métaphoriques », mais aussi celles
des causes efficientes — et réduisait la connaissance à la
simple observation des séquences de faits et d'événements.
En conséquence, son programme pratique pour les sciences
de la nature prescrivait simplement de mettre en corréla-

tion les faits observés, « ou de sauver les apparences au moyen de la logique et des mathématiques » (p. 175). De plus, en appliquant sans pitié le principe de la parcimonie — le célèbre « rasoir d'Ockham » — « il forma une conception du mouvement qui devait être reprise dans la théorie de l'inertie du xviie siècle » *(ibid.)*.

Il y parvint en rejetant à la fois la conception aristotélicienne et celle de la théorie de l'*impetus*, définissant (p. 176) « le mouvement comme un concept n'ayant pas de réalité en dehors des corps en mouvement » et répondit à la célèbre question : *a quo moventur projecta?* en affirmant que « la chose mouvante dans un tel mouvement (à savoir le mouvement d'un projectile) après que le corps mû s'est séparé du premier propulseur, est la chose mue elle-même, non pas parce qu'il y aurait en celle-ci une force quelconque : car cette chose mouvante et la chose mue ne peuvent pas être distinguées. Si vous dites que tout effet nouveau implique une cause propre et qu'un mouvement local est un effet nouveau, je dis qu'un mouvement local n'est pas un effet nouveau... parce qu'il n'est rien d'autre que le fait que le corps qui se meut est dans des parties différentes de l'espace de manière telle qu'il n'est jamais en une seule de ces parties uniquement, puisque deux choses contradictoires ne peuvent être vraies toutes les deux ».

★

Arrêtons-nous ici quelques instants et, avant de procéder à l'analyse des rapports de la science médiévale et de la science moderne, tels que les présente M. Crombie, voyons si nous pouvons considérer sa thèse comme prouvée. Je dois avouer que j'en doute fortement. Personnellement, j'irais même plus loin ; en fait, il me semble que le contenu même des recherches de M. Crombie conduit à une conception tout à fait différente, et à certains égards contraire, du développement de la science médiévale et de son *anima motrix*.

M. Crombie estime que l'avènement de la *science expérimentale* du Moyen Age, science qu'il oppose à la science purement théorique des Grecs, par l'association de la théorie à la *praxis*, fut déterminé par l'attitude active de la civilisation chrétienne qui s'oppose par là même à la passivité qui caractérise celle de l'Antiquité [1].

1. M. Crombie insiste sur la tendance pratique de l'enseignement de l'École de Chartres, de Kilwardby, etc.

Je ne discuterai pas ici la conception de M. Crombie sur les origines chrétiennes de la *scientia activa et operativa :* en effet, il est tout à fait certain que nous pouvons trouver dans la tradition chrétienne — même médiévale — suffisamment d'éléments impliquant une haute idée du travail (travail manuel) et que la conception biblique du Dieu-créateur peut servir de modèle à l'activité humaine et contribuer au développement de l'industrie et même du commerce — comme ce fut le cas pour les Puritains. Cependant il est assez amusant de noter que les tendances activistes et la conversion vers la pratique ont généralement été considérées comme caractérisant l'esprit moderne que l'intérêt qu'il porte à ce monde oppose au détachement de l'esprit médiéval pour lequel cette « vallée de larmes » n'est qu'un lieu de passage et d'épreuves où l'*homo viator* doit se préparer à la vie éternelle. En conséquence, les historiens de la science et de la philosophie ont opposé la science industrielle de Francis Bacon et celle de Descartes qui faisait de l'homme le « maître et possesseur de la nature », à l'idéal contemplatif tant du Moyen Age que des Grecs. Quoi qu'il en soit d'ailleurs de cette conception — je ne la prends aucunement à mon compte — je suis cependant certain que M. Crombie reconnaîtra que, malgré les exemples qu'il cite, la Chrétienté médiévale était beaucoup plus préoccupée de l'autre monde que de celui-ci et que le développement de l'intérêt accordé à la technologie — comme semble le montrer de façon assez convaincante toute l'histoire moderne — est assez étroitement associé à la sécularisation de la civilisation occidentale et au fait que l'intérêt s'est détourné de la vie future au profit de la vie dans le monde.

Quant à moi, je ne crois pas que la naissance et le développement de la science moderne puissent s'expliquer par le fait que l'esprit se soit détourné de la théorie au profit de la *praxis.* J'ai toujours pensé que cette explication ne concordait pas avec le véritable développement de la pensée scientifique, même au XVIIe siècle ; elle me paraît s'accorder encore moins avec celui de la pensée au XIIIe et au XIVe siècle. Je ne nie pas, bien entendu, que, malgré son détachement supposé — et souvent réel — le Moyen Age ou, pour être plus exact, un certain nombre et même un nombre assez grand de personnes du Moyen Age se soient vivement intéressées à la technique, ni qu'elles aient donné à l'humanité un certain nombre d'inventions d'une haute importance, dont quelques-unes auraient probablement pu, si elles avaient été faites par les Anciens, sauver l'Antiquité de l'effondrement et de la destruction dus aux invasions des Barbares [1]. Mais, en fait, l'invention de la charrue, du harnais, de la bielle-manivelle et du gouvernail arrière n'a rien à voir avec le développement scientifique; des merveilles telles que l'arc gothique, les vitraux, le foliot ou la fusée des horloges et des montres à la fin du Moyen Age, n'ont pas été les résultats du progrès des théories scientifiques correspondantes, et n'ont pas suscité celui-ci non plus. Aussi curieux que cela puisse paraître, une découverte aussi révolutionnaire que celle des armes à feu n'a pas plus eu d'incidence scientifique qu'elle n'avait eu de base scientifique. Les boulets de canon ont abattu la féodalité et les châteaux médiévaux, mais la dynamique médiévale n'en a pas été modifiée. En fait, si l'intérêt pratique était la condition nécessaire et suffisante du développement de la science expérimentale — dans notre acception de ce mot — cette science aurait été créée un millier d'années — au moins — avant Robert Grosseteste, par les ingénieurs de l'Empire romain, sinon par ceux de la République romaine.

L'histoire de l'optique au Moyen Age, telle que nous la raconte M. Crombie lui-même, me semble confirmer mes doutes sur l'interdépendance profonde — du moins jusqu'au développement de la technologie scientifique qui est un phénomène tout récent — des réalisations pratiques et théoriques. Il est possible, naturellement, quoique très peu vraisemblable, que le génie inconnu qui a inventé les lunettes ait été conduit par des considérations théoriques; il est d'autre part certain que cette découverte n'a influencé en rien le développement de la science optique du Moyen Age, tandis que cette dernière, quoi que Roger Bacon ait pu dire, n'a été à l'origine ni de la technologie optique ni de la construction d'instruments optiques [2]. Au XVIIe siècle, au contraire, l'invention du télescope a été l'occasion d'un développement de la théorie, et fut suivie par l'essor de la technique.

Et si M. Crombie affirme que la « révolution méthodo-

---

1. En fait, la ruine de l'Antiquité est fondamentalement due au fait qu'elle a été incapable de résoudre les problèmes du transport.

2. L'optique n'a fait aucun progrès entre Thierry de Freiberg et Maurolico ou, pratiquement (les œuvres de Maurolico n'ayant pas été publiées avant le XVIe siècle), entre Thierry de Freiberg et Kepler. Mais l'optique de Kepler, comme l'a montré Vasco Ronchi, n'est pas basée sur des conceptions médiévales, mais marque la « catastrophe de l'optique médiévale », cf. Vasco Ronchi, *Storia della luce*, 2e éd., Bologne, 1952; trad. française, Paris, 1956.

logique du xiiie siècle » a donné naissance à la science nouvelle, et que, d'une façon générale, la méthodologie était le
moteur et le facteur déterminant du progrès scientifique,
je ne crois pas qu'il l'ait prouvé non plus. Une fois de plus,
il me semble que les résultats mêmes de ses recherches
sapent sa thèse.

M. Crombie nous a effectivement montré que la célèbre
« méthode de résolution et de composition » qui, bien souvent, nous a été présentée comme le *proprium* de l'épistémologie galiléenne (et que M. Randall a découverte dans les
travaux des aristotéliciens de Padoue [1]) n'était aucunement
une invention « moderne », mais qu'elle était bien comprise,
décrite et enseignée par les logiciens du Moyen Age depuis
le xiiie et même le xiie siècle. De plus, qu'elle remonte à la
méthode de l'*analyse* et de la *synthèse* (les termes de *resolutio*
et de *compositio* n'étant que la traduction de ces mots grecs),
utilisée par les Grecs et décrite par Aristote dans ses *Seconds
Analytiques.* Cependant s'il en est ainsi — et on peut difficilement en douter après la démonstration de M. Crombie —
la seule conclusion que nous puissions tirer de ce fait très
important semble être que la méthodologie abstraite a
relativement peu d'importance pour le développement
concret de la pensée scientifique. Il semble que tout le
monde a toujours su qu'il fallait essayer de réduire les
combinaisons complexes aux éléments simples et que les
suppositions (hypothèses) devaient être « vérifiées » ou « falsi-
fiées » par déduction et confrontation avec les faits. On est
tenté d'appliquer à la méthodologie le mot célèbre de
Napoléon au sujet de la stratégie : ses principes sont très
simples ; c'est l'application qui compte.

L'histoire du développement de la science semble confirmer ce point de vue. M. Crombie admet lui-même que la
« révolution méthodologique » accomplie par Grosseteste
n'avait mené celui-ci à aucune découverte importante,
même en optique. Et quant aux sciences de la nature en
général, la détermination donnée par Grosseteste de la
« cause » des cornes de certains animaux [2], détermination
qui est entièrement fondée sur la conception aristotélicienne des « quatre causes », ressemble fort peu à ce que

---

1. J. H. Randall, Jr., « The Developement of Scientific Method in the
School of Padua », *Journal of the History of Ideas*, 1940, cf. mon « Galileo
and Plato », *ibid.*, 1944.
2. Cf. p. 69 : « La cause pour laquelle ils ont des cornes est qu'ils n'ont
pas de dents aux deux mâchoires, et le fait qu'ils n'ont pas de dents aux
deux mâchoires est la cause pour laquelle ils ont plusieurs estomacs. »

nous appelons habituellement science, qu'elle soit expérimentale ou non.

Il en est à peu près de même en ce qui concerne Roger Bacon : ses expériences, même celles qui ne sont pas fantaisistes ou purement littéraires, ne sont guère supérieures à celles de Grosseteste et, de toute façon, ne représentent pas un progrès révolutionnaire — si elles représentent un progrès quelconque — par rapport à celles de la science grecque. Par ailleurs, le progrès réel de la pensée scientifique semble avoir été, dans une large mesure, indépendant de celui de la méthodologie : il y a une méthode — mais non une méthodologie — dans les travaux de Jordan de Nemore ; et quant au xiiie siècle, il n'y a aucune raison de croire que Petrus Peregrinus — le seul véritable expérimentateur de cette époque — s'appuyait d'une façon quelconque sur Grosseteste [1]. Même dans le domaine de l'optique, les réels progrès de cette science dans les travaux de Bacon, de Witelo et de Thierry de Freiberg sont déterminés non pas par des considérations méthodologiques, mais par des apports nouveaux, en premier lieu par celui de l'*Optique* d'Alhazen qui, pour des raisons évidentes, ne pouvait être influencé par la « révolution méthodologique » de l'Occident.

A vrai dire, M. Crombie sait fort bien — assurément mieux que personne — que sa « révolution méthodologique » a été d'une portée assez limitée et que le développement continu des discussions méthodologiques à la fin du Moyen Age ne s'est pas accompagné d'un développement parallèle de la science. Il va même jusqu'à expliquer cette absence de progrès scientifique par le fait que les philosophes de cette époque se consacraient exclusivement à l'étude de problèmes purement méthodologiques, ce qui entraîna un divorce entre la méthodologie et la science — ainsi ni Duns Scot ni Guillaume d'Ockham ne s'intéressèrent réellement à la science — divorce qui fut hautement nuisible à cette dernière, bien que, semble-t-il, il ne l'ait pas été à la première.

M. Crombie a certainement raison : un excès de métho-

---

1. Petrus Peregrinus et, après lui, Roger Bacon insistent sur le fait qu'un expérimentateur doit pouvoir exécuter un travail manuel. Tel est, en effet, le cas à une époque où les « artisans » ne sont pas capables d'exécuter les instruments nécessaires au savant. Ainsi, Galilée, Newton et Huygens devaient polir leurs lentilles ou leurs miroirs eux-mêmes, etc. Cependant, cela n'eut qu'un temps et, sous l'influence de la science et de ses besoins, il se créa une industrie de fabrication d'instruments qui reprit ce « travail manuel » : les astronomes — à quelques rares exceptions près — ne préparèrent pas eux-mêmes leurs astrolabes.

dologie est dangereux et bien souvent, sinon la plupart du temps, conduit à la stérilité, comme nous en avons suffisamment d'exemples à notre époque. Quant à moi, j'irais même plus loin : j'estime que la place de la méthodologie n'est pas au commencement du développement scientifique, mais, pour ainsi dire, au milieu de celui-ci. Aucune science n'a jamais débuté par un *tractatus de methodo*, ni n'a jamais progressé grâce à l'application d'une méthode élaborée d'une façon purement abstraite, le *Discours de la méthode* de Descartes nonobstant. Celui-ci, comme chacun sait, fut écrit non pas *avant* mais *après* les *Essais* scientifiques dont il constitue la préface. En fait, il codifie les règles de la géométrie algébrique cartésienne. Ainsi, la science cartésienne elle-même n'était pas l'aboutissement d'une révolution méthodologique ; pas plus que celle de Galilée ne fut le résultat de la « révolution méthodologique » de R. Grosseteste. De plus, même si nous admettions que la méthodologie a eu une influence prépondérante sur le développement scientifique, nous nous heurterions à un paradoxe, celui de voir une méthodologie essentiellement aristotélicienne engendrant — avec trois siècles de retard — une science fondamentalement anti-aristotélicienne.

Enfin, je ne suis nullement certain que nous soyons autorisés à appliquer à l'enseignement logique de Grosseteste le terme de « révolution [1] ». Comme je l'ai déjà indiqué, il me semble qu'en réalité M. Crombie a démontré la continuité parfaite et étonnante du développement de la pensée logique : depuis Aristote et ses commentateurs grecs — et arabes — à Robert Grosseteste, Duns Scot et Ockham, aux grands logiciens italiens et espagnols... et jusqu'à John Stuart Mill, il y a une chaîne ininterrompue, dont l'évêque de Lincoln est l'un des maillons les plus importants car il a ressuscité cette tradition et l'a implantée en Occident. Toutefois, c'est la logique et la méthodologie d'Aristote qu'il a transplantées, et comme cette logique et cette méthodologie font partie intégrante de la physique et de la métaphysique aristotéliciennes, elles se trouvaient en parfait accord avec la science aristotélicienne du Moyen Age, et non avec celle du XVIIe siècle qui ne l'était pas, ou ne l'était que très peu. Mais la métaphysique de Grosseteste n'était aucunement aristotélicienne ; en fait, si elle comportait une bonne dose d'aristotélisme, elle était, dans ses

---

1. En fait, tout en soulignant son aspect révolutionnaire, M. Crombie reconnaît lui-même que la méthodologie de Grosseteste est essentiellement aristotélicienne.

principaux aspects, une métaphysique néo-platonicienne, ce qui nous mène au problème de l'influence de la philosophie, ou de la métaphysique, en général, et non uniquement de la logique ou de la méthodologie, sur la pensée scientifique.

M. Crombie souligne — et je suis heureux de me déclarer entièrement d'accord avec lui — que le platonisme et le néoplatonisme ont toujours eu tendance, du moins en principe, à traiter par les mathématiques les phénomènes naturels et à donner ainsi aux mathématiques un rôle beaucoup plus important dans le système des sciences que celui que leur attribuait l'aristotélisme. Il insiste aussi, ce en quoi il a parfaitement raison, sur le fait que la métaphysique de la lumière de Robert Grosseteste, dont celui-ci a fait de plus le fondement de la physique, constituait la première étape du développement d'une science mathématique de la nature. Là également, je me sens en parfait accord avec lui. Je crois en effet que c'est ici que Grosseteste fait preuve de très grande originalité (nous ne devons pas oublier que, malgré l'harmonie naturelle entre le platonisme et la mathématisation de la nature, le néo-platonisme a, finalement, développé une conception du monde dialectique et magique et non mathématique — l'arithmologie n'est pas la mathématique), et d'une profondeur d'intuition que seul le développement scientifique contemporain nous permet d'apprécier pleinement. Il est exact, naturellement, qu'il était tout à fait prématuré de vouloir réduire, comme il l'a fait, la physique à l'optique, et personne, à l'exception de Roger Bacon, n'accepta son point de vue. Il est également vrai que l'évolution de l'optique ne joua pas un rôle déterminant dans la formation de la physique du xviie siècle et que Galilée ne s'est pas inspiré de l'optique. Cependant — et je suis assez surpris que M. Crombie ne mentionne pas ce fait — la grande œuvre de Descartes devait s'appeler *Le Monde* ou *Traité de la lumière*, bien que, en fait, sa physique n'ait pas été modelée sur l'optique et, de plus, n'ait été que très peu mathématique; de toute façon, ce fut le platonisme (et, naturellement, le pythagorisme) qui inspira la science mathématique de la nature au xviie siècle (et ses méthodes) et l'opposa à l'empirisme des Aristotéliciens (et à leur méthodologie). Cependant, comme nous l'avons vu, ce n'est pas seulement au mathématisme platonisant mais aussi, et encore bien plus, à l'empirisme de la tradition nominaliste et positiviste que M. Crombie veut attribuer le mérite d'avoir inspiré la science « moderne ».

Une fois de plus, hélas, je ne puis accepter son point de vue. Naturellement, je ne mets pas en doute que la critique de la conception aristotélicienne traditionnelle (qui atteint son point culminant lorsque Ockham attaque la validité des causes finales et nie la possibilité de connaître toutes les autres) ait joué un rôle important en déblayant le terrain sur lequel pouvait s'édifier la science moderne et en supprimant certains des obstacles qui arrêtaient cette édification. Par ailleurs, je doute beaucoup qu'elle ait jamais été un facteur positif dans le développement scientifique.

En effet, ni les brillants travaux mathématiques et cinématiques de Nicole Oresme — qui dérivent directement de ceux de l'École d'Oxford inspirés par le grand Bradwardine — ni l'élaboration de la théorie de l'*impetus* par lui-même et par Jean Buridan, ni même le fait qu'ils aient accepté la possibilité d'un mouvement diurne de la Terre, n'ont rien à voir avec le nominalisme ou le positivisme.

M. Crombie ne le nie pas. Il considère donc que le plus grand mérite du nominalisme consiste, non pas dans le développement de la théorie de l'*impetus*, mais dans son rejet par Ockham en faveur d'une conception qu'il assimile — comme bien d'autres historiens [1] — à la conception de l'inertie du XVIIe siècle. Je ne pense pas que cette interprétation soit tout à fait exacte, ni que le texte cité par M. Crombie corrobore, ni même admette, celle-ci, bien qu'elle soit, *pour nous*, assez naturelle. *Pour nous* qui nous rappelons la déclaration apparemment analogue de Descartes, qui affirme ne pas faire de différence entre le mouvement et le corps en mouvement; *pour nous* qui oublions que pour Descartes, comme pour nous-mêmes, le mouvement est essentiellement un *état* opposé à l'*état* de repos — ce qu'il n'est pas pour Ockham — et qu'il est par conséquent — contrairement à l'affirmation d'Ockham — un *effet nouveau*, et un effet qui pour être produit requiert non seulement une cause, mais même une cause parfaitement déterminée. Il me semble que si nous avons tout cela présent à l'esprit et si nous n'introduisons pas dans le texte d'Ockham ce qui n'y est pas, nous reconnaîtrons qu'il est impossible d'en déduire des conceptions comme, par exemple, celles de la conservation de la direction et de la

---

1. Ainsi, récemment, H. Lange, *Geschichte der Grundlagen der Physik*, Bd. I, p. 159, München-Freiburg, 1952; cf. *Études sur Léonard de Vinci*, de Pierre Duhem, vol. II, p. 193; et contre cette thèse Anneliese Maier, *op. cit.*, n. 1.

vitesse qu'implique la conception moderne du mouvement et nous ne lui imputerons pas la découverte du principe de l'inertie.

Je ne nie pas que, comme l'a dit Mˡˡᵉ Anneliese Maier, la conception d'Ockham *aurait pu* être développée et aboutir à celle du mouvement conçu comme état. Pour moi, il est suffisant de constater que tel n'a pas été le cas. Et qu'aucun des nombreux disciples du *Venerabilis Inceptor* n'a jamais essayé de le faire. Ce qui est, pour moi du moins, la preuve de sa parfaite stérilité. En fait, la méthode nominaliste conduit au scepticisme et non pas au renouvellement de la science.

Le positivisme est fils de l'échec et du renoncement. Il est né de l'astronomie grecque et sa meilleure expression est le système de Ptolémée. Le positivisme fut conçu et développé non pas par les philosophes du xiiie siècle mais par les astronomes grecs qui, ayant élaboré et perfectionné la méthode de la pensée scientifique — observation, théorie hypothétique, déduction et finalement vérification par de nouvelles observations — se trouvèrent dans l'incapacité de pénétrer le mystère des mouvements vrais des corps célestes, et qui, en conséquence, limitèrent leurs ambitions à un « sauvetage des phénomènes », c'est-à-dire à un traitement purement formel des données de l'observation. Traitement qui leur permettait de faire des prédictions valables, mais dont le prix était l'acceptation d'un divorce définitif entre la théorie mathématique et la réalité sous-jacente [1].

C'est cette conception — qui n'est nullement progressive comme semble croire M. Crombie, mais au contraire rétrograde au plus haut point — que les positivistes du xive siècle, assez proches en cela de ceux du xixe et du xxe siècle qui ont seulement remplacé la résignation par la fatuité, ont essayé d'imposer à la science de la nature. Et c'est par révolte contre ce défaitisme traditionnel que la science moderne, de Copernic (que M. Crombie classe de façon assez surprenante parmi les positivistes [2]) à Galilée et à

1. Tel est le point de vue formulé par Proclus et Simplicius, et auquel Averroès a étroitement adhéré.
2. Cette étrange erreur sur Copernic, que M. Crombie oppose de plus à Galilée en déclarant (p. 309) : « Il [Galilée] a refusé d'accepter la déclaration de Copernic lui-même selon lequel [sa théorie] était simplement une construction mathématique, déclaration qui est en accord avec l'opinion des astronomes occidentaux depuis le xiiie siècle; la théorie héliostatique était [pour Galilée] une vue exacte de la Nature », est la seule erreur réellement importante que M. Crombie ait faite dans son excellent ouvrage; erreur qu'il corrige d'ailleurs lui-même dans son *Augustine to Galileo,*

Newton, a mené sa révolution contre l'empirisme stérile des Aristotéliciens, révolution qui est basée sur la conviction profonde que les mathématiques sont plus qu'un moyen formel d'ordonner les faits et sont la clef même de la compréhension de la Nature.

En fait, la façon dont M. Crombie conçoit les motifs qui ont inspiré la science mathématique moderne n'est pas en désaccord avec la mienne. Ainsi, dans son excellente description de la position épistémologique de Galilée, il déclare (p. 309) :

Si, en pratique, Galilée jugeait l'exactitude d'une « proposition hypothétique », d'après le critère familier de la vérification expérimentale et de la simplicité, il est évident que son but n'était pas simplement d'élaborer une méthode pratique pour « sauver les apparences ». En fait, il s'efforçait de découvrir la structure réelle de la Nature, de lire dans le vrai livre de l'Univers. Il était tout à fait exact que « le principal résultat des recherches des astronomes a seulement été de rendre raison des apparences des corps célestes »; mais dans la critique qu'il a formulée au sujet du système de Ptolémée, il a dit, précisément, que « s'il satisfaisait un astronome seulement arithméticien, il ne satisfaisait ni ne contentait un astronome philosophe ». Copernic, en revanche, avait fort bien compris que si l'on pouvait sauver les apparences célestes avec de fausses suppositions sur la Nature, on pouvait le faire bien plus facilement encore avec des suppositions vraies. Ainsi ce n'était pas seulement par application pragmatique du principe d'économie que l'hypothèse simple devait être choisie. C'était la Nature elle-même « qui ne fait pas par de causes nombreuses ce qu'elle peut faire par peu », la Nature elle-même qui ordonnait d'approuver le système de Copernic.

Tel était du moins le point de vue de Galilée qui était profondément convaincu du caractère mathématique de la structure profonde de la Nature. En fait, comme l'a dit M. Crombie (pp. 305-306) :

En concevant la science comme une description mathématique des rapports, Galilée permit à la méthodologie de se libérer de la tendance vers un empirisme excessif, tendance qui constituait le principal défaut de la tradition aristotélicienne, et lui donna un pouvoir de généralisation qui demeurait néanmoins strictement rapporté aux données de l'expérience, quelque chose que les néo-platoniciens qui l'avaient précédé n'avaient encore atteint que rarement. Galilée y est parvenu en premier lieu en n'hésitant

p. 326, London, 1953 et 1956. En réalité, Copernic n'a jamais considéré sa théorie comme n'étant qu'une simple construction mathématique, et n'a jamais rien dit qui puisse être interprété dans ce sens. C'est Osiander, et non Copernic lui-même, qui a exprimé ce point de vue dans la préface qu'il a écrite pour la première édition du *De revolutionibus orbium cœlestium*, en 1543.

pas à utiliser dans ses théories mathématiques des concepts dont aucun exemple n'avait été ou ne pouvait être observé. Il exigeait seulement que de ces concepts on puisse déduire des faits observés. Ainsi, par exemple, il n'existe pas de plan absolument parfait ni de corps isolé se mouvant dans un espace euclidien vide, infini, et cependant, c'est à partir de ces concepts que Galilée a, le premier, élaboré la théorie de l'inertie du xviie siècle. « Et, dit-il, mon admiration n'a plus de bornes lorsque je vois comment leur raison fut capable, chez Aristarque et chez Copernic, de faire si bien violence à leurs sens que, malgré ceux-ci, elle s'est rendue maîtresse de leur crédulité. »

On le voit : la manière dont Galilée conçoit une méthode scientifique correcte implique une prédominance de la raison sur la simple expérience, la substitution de modèles idéaux (mathématiques) à une réalité empiriquement connue, la primauté de la théorie sur les faits. C'est seulement ainsi que les limitations de l'empirisme aristotélicien ont pu être surmontées et qu'une véritable méthode *expérimentale* a pu être élaborée ; une méthode dans laquelle la théorie mathématique détermine la structure même de la recherche expérimentale, ou, pour reprendre les termes propres de Galilée, une méthode qui utilise le langage mathématique (géométrique) pour formuler ses questions à la nature et pour interpréter les réponses de celle-ci ; qui, substituant l'Univers rationnel de la précision au monde de l'à-peu-près connu empiriquement, adopte la mensuration comme principe expérimental fondamental et le plus important. C'est cette méthode qui, fondée sur la mathématisation de la nature, a été conçue et développée — sinon par Galilée lui-même, dont le travail expérimental est pratiquement sans valeur, et qui doit sa renommée d'expérimentateur aux efforts infatigables des historiens positivistes — du moins par ses disciples et ses successeurs. En conséquence, M. Crombie me semble exagérer quelque peu l'aspect « expérimental » de la science de Galilée et l'étroitesse des rapports de celle-ci avec les faits expérimentaux[1] — en fait, Galilée se trompe chaque fois qu'il s'en tient à l'expérience. Il semble cependant bien reconnaître la transformation radicale que la nouvelle ontologie a apportée dans les sciences physiques et même le sens très spécial des célèbres affirmations, apparemment positivistes, du grand Florentin. Ainsi, il écrit (p. 310) :

---

1. Cf. mon article « An Experiment in Measurement in the XVIIth Century », dans les *Proceedings of the American Philosophical Society,* 1952, pp. 253-283.

Le changement capital introduit par Galilée, avec d'autres mathématiciens platonisants, comme Kepler, dans l'ontologie scientifique, fut d'identifier la substance du monde réel aux entités mathématiques contenues dans les théories utilisées pour décrire les apparences.

Changement réellement capital qui conduisit à des changements tout aussi importants de *méthodes* — distinguées de la pure *méthodologie*. Toutefois, M. Crombie préfère employer ce dernier terme et écrit en conséquence, en « nominalisant » Galilée (pp. 305-306) :

Le résultat pratique important obtenu fut d'ouvrir le monde physique à l'utilisation illimitée des mathématiques. Galilée a effacé les plus graves inconvénients de la conception d'Aristote, selon lequel il y avait une science de la « physique » placée en dehors du domaine des mathématiques, en déclarant que les substances et les causes que cette physique posait en postulats n'étaient que de simples mots.

On est donc assez surpris lorsque, après avoir appris de M. Crombie que la science moderne — celle de Galilée et de Descartes — non seulement utilise des modes de raisonnement tout à fait nouveaux (de l'impossible au réel) mais est aussi fondée sur une ontologie tout à fait différente de celle de la science traditionnelle à laquelle elle s'oppose, et que cette lutte contre la tradition a une profonde signification philosophique, on lit comme conclusion de ses recherches (p. 318) que :

Malgré les énormes moyens que les nouvelles mathématiques ont apportés au xviie siècle, la structure logique et les problèmes de la science expérimentale étaient fondamentalement restés les mêmes depuis le début de son histoire moderne, quelque quatre siècles auparavant. L'histoire de la théorie de la science expérimentale, de Grosseteste à Newton, est en fait une série de variations sur le thème d'Aristote selon lequel le but de la recherche scientifique était de découvrir des prémisses vraies pour parvenir à une connaissance démontrée des observations, en introduisant le nouvel instrument de l'expérience et en le transposant dans la clé des mathématiques. Le chercheur s'efforçait d'édifier un système vérifié de propositions au sein duquel le rapport du plus particulier au plus général était celui d'une conséquence nécessaire.

Le nom de Newton donne apparemment la clef de l'assertion de M. Crombie. M. Crombie croit en fait en la conception positiviste de Newton au sujet duquel il écrit (p. 317) :

Sa méthode mathématique était en fait reliée aux observations de la même manière que la « science supérieure » mathématique des commentateurs latins d'Aristote, science qui « donne la raison de telle chose dont la science inférieure donne le fait » mais qui ne parle pas des causes de cette chose.

Le but de Newton, distinguant sa « voie mathématique » de « l'investigation des causes », par exemple l'étude de l'optique et de la dynamique, de celle de la « nature et la qualité de la gravitation et de la lumière », était, ainsi que le remarque M. Crombie, de dégager son œuvre à lui de tout rapport avec les deux ontologies scientifiques les plus populaires de son temps, à savoir celles qui dérivaient d'Aristote et de Descartes, qu'il estimait n'avoir pas été « déduites des phénomènes ». Non pas que Newton niât que « discuter des causes réelles des phénomènes puisse être de la compétence de la science » (p. 316), mais simplement il a hésité « d'affirmer qu'il ait fait une telle découverte dans aucun cas particulier ».

Ceci est juste ; je ne pense pas, toutefois, que M. Crombie rende justice au réalisme brutal que Newton combine avec la croyance que les causes réelles des phénomènes soit sont inconnues, soit appartiennent à un domaine de l'être qui dépasse l'être physique. Tels, par exemple, l'*esprit* ou les *esprits* qui causent l'attraction et la répulsion et sont les *forces réelles* qui maintiennent l'unité et la structure du monde, ainsi que les *forces réelles* qui lient ensemble les atomes de la matière qui composent les corps. Nous avons à les traiter mathématiquement, nous enjoint Newton et, en le faisant, à ne pas nous occuper de leur nature réelle. Mais nous devons, d'autre part, en tenir compte, puisqu'elles sont toutes *réelles*, et que leur détermination constitue un but essentiel de la recherche scientifique.

M. Crombie ne croit pas qu'il en soit ainsi. Il estime, en conséquence, que la science de Galilée et de Descartes, fondée sur une ontologie mathématique inspirée de Platon, une science qui tendait vers une connaissance réelle, bien que naturellement partielle et provisoire, du monde réel, poursuivait un but impossible, et même faux. Newton, qui avait renoncé à rechercher les causes ou, du moins, avait rejeté. leur recherche dans un avenir lointain et avait proclamé le divorce entre la « philosophie expérimentale » et la métaphysique — et même la physique — était plus avisé : il est revenu à la méthodologie aristotélicienne et à l'épistémologie nominaliste du Moyen Age.

M. Crombie considère la science moderne comme résolument positiviste. C'est donc dans l'histoire — ou la préhistoire — du positivisme qu'il voit la progression de la « science expérimentale ». Selon lui, cette histoire comporte une leçon philosophique (p. 319) :

La vérité philosophique qu'a mise en lumière l'histoire entière de la science expérimentale depuis le xiiie siècle, c'est que la méthode expérimentale, conçue à l'origine comme une méthode permettant de découvrir les vraies causes des phénomènes, se révèle être une méthode permettant d'en faire simplement la vraie description.

Une théorie scientifique a donné toute l'explication qu'on pouvait en attendre lorsqu'elle a mis en corrélation les données de l'expérience d'une façon aussi exacte, aussi complète et aussi pratique que possible. Toute autre question qui pourrait être posée ne saurait l'être en langage scientifique. Par sa nature, une telle description est provisoire, et le programme pratique de la recherche est de remplacer des théories limitées par d'autres toujours plus complètes.

Accepterons-nous la leçon philosophico-historique de M. Crombie? Quant à moi, je ne pense pas que nous devions le faire. Pour moi qui ne crois pas à l'interprétation positiviste de la science — ni même à celle de Newton — l'histoire racontée de façon si brillante par M. Crombie contient une leçon bien différente : l'empirisme pur — et même la « philosophie expérimentale » — ne conduisent nulle part; et ce n'est pas en renonçant au but apparemment inaccessible et inutile de la connaissance du réel, mais au contraire en le poursuivant avec hardiesse, que la science progresse sur la voie sans fin qui la conduit à la vérité. En conséquence, l'histoire de cette progression de la science moderne devrait être consacrée à son aspect *théorique* au moins autant qu'à son aspect *expérimental*. En fait, comme je l'ai déjà dit, et comme le montre bien l'histoire de la logique des sciences racontée par M. Crombie, non seulement ce premier est étroitement associé au dernier, mais il le domine et détermine sa structure. Les grandes révolutions scientifiques du xxe siècle — autant que celles du xviie ou du xixe — bien que fondées naturellement sur la découverte de faits nouveaux — ou sur l'impossibilité de les vérifier — sont fondamentalement des révolutions *théoriques* dont le résultat ne fut pas de mieux relier entre elles les « données de l'expérience », mais d'acquérir une nouvelle conception de la réalité profonde qui sous-tend ces « données ».

Cependant les demeures du royaume de Dieu sont nombreuses. Et l'on peut traiter l'histoire de bien des façons. Disons donc que dans le royaume de l'histoire, M. Crombie a édifié une très belle demeure.

LES ÉTAPES
DE LA COSMOLOGIE SCIENTIFIQUE *

M. Masson-Oursel vient de présenter des conceptions du monde pour lesquelles l'homme et le monde forment une unité indivise et ne sont pas séparés et opposés l'un à l'autre. Il est certain que, dans ce que nous appelons la science — et la science cosmologique — nous avons affaire à une attitude toute différente, à une certaine opposition entre l'homme dans le monde, et le monde dans lequel il vit.

Si j'avais pris tout à fait à la lettre le titre de ma communication : les cosmologies scientifiques, c'est-à-dire celles qui poussent jusqu'au bout la séparation, et donc la déshumanisation, du cosmos, je n'aurais vraiment pas grand-chose à dire et j'aurais dû commencer tout de suite avec l'époque moderne, probablement avec Laplace. Tout au plus aurais-je pu évoquer, en guise de préhistoire, les conceptions des premières époques de l'astronomie grecque, celle d'Aristarque de Samos, d'Apollonius, d'Hipparque ; ceci parce que les conceptions cosmologiques, même celles que nous considérons comme scientifiques, n'ont été que très rarement — et même presque jamais — indépendantes de notions qui ne le sont pas, à savoir de notions philosophiques, magiques et religieuses.

Même chez un Ptolémée, même chez un Copernic, même chez un Kepler, et même chez un Newton, la théorie du cosmos n'était pas indépendante de ces autres notions.

Je prendrai donc « cosmologies scientifiques » dans un

* Texte d'une communication présentée le 31 mai 1948 à la « Quatorzième Semaine de Synthèse », *Revue de Synthèse* (Paris, Albin Michel), nouvelle série t. 29, juill.-déc. 1951, pp. 11-22.

sens plus large, capable d'englober les doctrines des penseurs que je viens de citer.

Les théories cosmologiques scientifiques nous ramènent nécessairement à la Grèce, car il semble bien que c'est en Grèce que, pour la première fois dans l'histoire, soit apparue l'opposition de l'homme au cosmos qui aboutit à la déshumanisation de ce dernier. Sans doute n'y a-t-elle jamais été complète, et dans ses grandes métaphysiques, telles que celles de Platon ou d'Aristote, nous avons affaire, et jusque dans la notion même du cosmos, aux idées de perfection, d'ordre, d'harmonie qui le pénètrent, ou à la notion platonicienne du règne de la proportion aussi bien dans le cosmique que dans le social et l'humain, c'est-à-dire à des conceptions unitaires.

Mais c'est là, en tout cas, que l'étude des phénomènes cosmiques en tant que tels et pour eux-mêmes me semble être née.

On peut se demander sans doute si nous ne devons pas remonter plus avant dans le temps, et si nous ne devons pas placer l'origine de l'astronomie et de la cosmologie scientifique non pas en Grèce, mais en Babylonie. Il y a, me semble-t-il, deux raisons à ne pas le faire. L'une tient au fait que les Babyloniens ne se sont jamais débarrassés de l'astrobiologie que vient d'évoquer M. Masson-Oursel et que la Grèce a réussi à le faire (il se pourrait d'ailleurs que l'astrobiologie en Grèce ne soit nullement un phénomène original, mais, au contraire, un phénomène tardif, de beaucoup postérieur à l'origine de l'astronomie). L'autre raison est moins historique : elle tient à la notion même que nous donnons à l'idée de la science et du travail scientifique. Si, en effet, nous en admettions une certaine conception ultrapositiviste et ultrapragmatiste, nous devrions dire sans doute que ce sont les Babyloniens qui ont commencé ; ils ont, en effet, observé les cieux, fixé les positions des étoiles et en ont constitué des catalogues, en notant jour par jour les positions respectives des planètes ; si vous le faites soigneusement pendant quelques siècles, vous aboutirez, en fin de compte, à avoir des catalogues qui vous révéleront la périodicité des mouvements planétaires et vous donneront la possibilité de prévoir, pour chaque jour de l'année, la position des étoiles et des planètes, que vous retrouverez lorsque vous regarderez le Ciel. Ce qui est très important pour les Babyloniens, puisque de cette prévision des positions de planètes dépend, par la voie de l'astrologie, une prévision des événements qui se passeront sur la Terre. Ainsi, si prévision et prédiction égalent science, rien n'est plus scientifique que l'astronomie babylonienne. Mais si l'on voit dans le travail scientifique surtout un travail théorique, et si on croit — comme je le fais — qu'il n'y a pas de science là où il n'y a pas de théorie, on récusera la science babylonienne et l'on dira que la cosmologie scientifique fait ses débuts en Grèce, puisque ce sont les Grecs qui, pour la première fois, ont conçu et formulé l'exigence intellectuelle du savoir théorique : *sauver les phénomènes*, c'est-à-dire formuler une théorie explicative du donné observable; quelque chose que les Babyloniens n'ont jamais fait.

J'insiste sur le mot « observable », car il est certain que le sens premier de la fameuse formule, σώζειν τὰ φαινομένα, veut dire justement : expliquer les phénomènes, les sauver, c'est-à-dire révéler la réalité sous-jacente, révéler, sous le désordre apparent du donné immédiat, une unité réelle, ordonnée et intelligible. Il ne s'agit pas seulement, ainsi que nous l'enseigne une mésinterprétation positiviste très courante, de les relier par le moyen d'un calcul, afin d'aboutir à la prévision : il s'agit véritablement de découvrir une réalité plus profonde et qui en fournisse l'explication.

C'est là quelque chose d'assez important, et qui nous permet de comprendre la liaison essentielle, souvent négligée par les historiens, des théories astronomiques avec les théories physiques. Car c'est un fait que les grandes découvertes — ou les grandes révolutions dans les théories astronomiques — ont toujours été en liaison avec des découvertes ou des modifications dans les théories physiques.

Je ne peux pas vous faire une esquisse, même très brève, de cette histoire extrêmement passionnante et instructive. Je veux simplement marquer quelques étapes de la mathématisation du réel, qui est le travail propre de l'astronome.

J'ai déjà dit qu'elle commence avec la décision de découvrir sous l'apparence désordonnée un ordre intelligible; aussi trouvons-nous chez Platon une formule très claire des exigences et des présupposés de l'astronomie théorique : réduire les mouvements des planètes à des mouvements réguliers et circulaires. Programme qui est à peu près exécuté par son élève Eudoxe, et perfectionné par Calippe; ceux-ci, en effet, substituent au mouvement irrégulier des astres errants des mouvements bien ordonnés de sphères homocentriques, c'est-à-dire emboîtées les unes dans les autres.

On s'est beaucoup moqué — on le fait moins maintenant — de cette hantise grecque pour le circulaire, de ce désir de ramener tous les mouvements célestes à des mouvements circulaires. Quant à moi, je ne trouve pas que ce soit ridicule ou stupide : le mouvement de rotation est un type propre et tout à fait remarquable de mouvement, le seul qui, dans un monde fini, se poursuit éternellement sans changement, et c'est là justement ce que cherchaient les Grecs : quelque chose qui puisse se poursuivre ou se reproduire éternellement. L'éternalisme des Grecs est quelque chose de tout à fait caractéristique de leur mentalité scientifique. Les théoriciens grecs ne parlent jamais de l'origine des choses, ou, s'ils en parlent, c'est d'une façon très consciemment mythique. Quant à l'idée que le mouvement circulaire est un mouvement *naturel*, elle semble paradoxalement se confirmer de nos jours : le Soleil tourne, les nébuleuses tournent, les électrons tournent, les atomes tournent, tout tourne. Comment nier que ce soit là quelque chose de tout à fait « naturel »?

Revenons maintenant à ceux qui ont essayé de représenter les mouvements célestes comme résultant d'un emboîtement de sphères tournant les unes dans les autres. Ils ont assez bien réussi, à un phénomène près, qui ne se laissait pas très bien expliquer — il est très important de voir l'attention donnée par les Grecs à la nécessité d'expliquer vraiment un phénomène — à savoir la variation dans la luminosité des planètes, qui tantôt étaient très brillantes et tantôt ne l'étaient pas, fait que l'on ne pouvait expliquer qu'en admettant des changements dans leurs distances à la Terre.

C'est ce fait-là qui a nécessité l'invention d'une théorie explicative nouvelle, théorie dite des épicycles et des excentriques, qui a été élaborée surtout par l'École d'Alexandrie, par Apollonius, Hipparque et Ptolémée.

Entre les deux se place un intermède extraordinaire; un génie de premier ordre, Aristarque de Samos, pose comme hypothèse explicative le double mouvement de la Terre autour du Soleil et autour d'elle-même. Il est assez curieux qu'il n'ait pas été suivi. Il a eu un seul élève, semble-t-il. Plutarque le dit : « Aristarque a proposé cette théorie comme hypothèse, et Séleucos l'a affirmée comme vérité. » Le texte est important, car il confirme le désir et la distinction que faisaient les Grecs entre une simple hypothèse calculatoire et l'hypothèse physiquement vraie : la révélation de la vérité.

Aristarque n'a pas eu de succès, et l'on ne sait pas pourquoi. On a dit parfois que l'idée du mouvement de la Terre contredisait trop fortement les conceptions religieuses des Grecs. Je pense que ce sont plutôt d'autres raisons qui ont déterminé l'insuccès d'Aristarque, les mêmes sans doute qui, depuis Aristote et Ptolémée et jusqu'à Copernic, s'opposent à toute hypothèse non géocentrique : c'est l'invincibilité des objections *physiques* contre le mouvement de la Terre. Il y a, je l'ai dit, une liaison nécessaire entre l'état de la physique et l'état de l'astronomie. Or, pour la physique antique, le mouvement circulaire (rotationnel) de la Terre dans l'espace paraissait — et devait paraître — comme s'opposant à des faits incontestables et contredisant l'expérience journalière ; bref, comme une impossibilité physique. Autre chose encore faisait obstacle à l'acceptation de la théorie d'Aristarque, à savoir la grandeur démesurée de son Univers ; car si les Grecs admettaient que l'Univers était assez grand par rapport à la Terre — il était même très grand ! — tout de même, les dimensions postulées par l'hypothèse d'Aristarque leur semblaient par trop inconcevables. Je suppose qu'il en était ainsi, puisqu'en plein xviie siècle il paraissait encore impossible à beaucoup de bons esprits d'admettre de telles dimensions. On disait aussi — et c'est là quelque chose de tout à fait raisonnable — que si la Terre tournait autour du Soleil, cela se verrait par l'observation des étoiles fixes ; que si aucune parallaxe ne se constate, c'est que la Terre ne tourne pas. Admettre que la voûte céleste soit tellement grande que les parallaxes des fixes soient inobservables, paraissait contraire au bon sens et à l'esprit scientifique.

L'astronomie dite des épicycles doit son origine au grand mathématicien Apollonius, et elle a été développée par Hipparque et par Ptolémée. Elle a régné sur le monde jusqu'à Copernic, et même longtemps au-delà. Elle constitue un des plus grands efforts de la pensée humaine.

On a quelquefois dit du mal de Ptolémée, et l'on a cherché à le rabaisser par rapport à ses prédécesseurs : je crois que c'est sans raison. Ptolémée a fait ce qu'il a pu ; s'il n'a pas inventé, il a développé les idées astronomiques de son époque ; il a calculé d'une façon admirable les éléments du système. Et s'il a rejeté la doctrine d'Aristarque, il l'a fait pour des raisons scientifiques.

Jetons un coup d'œil sur la théorie en question. On avait

bien compris que la distance des planètes à la Terre n'était pas toujours la même; il fallait donc que les planètes, dans leur course, puissent s'approcher et s'éloigner de la Terre; il fallait en outre expliquer les irrégularités de leurs mouvements — tantôt elles semblent aller en avant, tantôt elles s'arrêtent, tantôt elles vont en arrière — aussi a-t-on imaginé de les faire tourner non pas sur un cercle, mais sur deux ou trois cercles, en accrochant au premier cercle un cercle plus petit, ou en plaçant le grand cercle lui-même sur un cercle plus petit. Le cercle portant s'appelle le déférant, le cercle porté, l'épicycle. On peut également, pour simplifier le mécanisme, remplacer le cercle portant et l'épicycle porté par un seul cercle, mais décentré par rapport à la Terre, c'est-à-dire que, si la Terre se trouve en un point T, le grand cercle tourne non pas autour de la Terre, mais autour d'un point excentrique à celui-ci. Les deux façons de représenter les mouvements célestes sont absolument équivalentes et peuvent se combiner l'une avec l'autre. Rien n'empêche, par exemple, de placer un épicycle sur un excentrique.

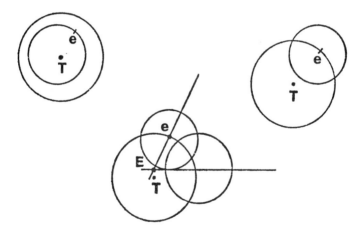

En mettant des cercles les uns sur les autres et en les faisant tourner à des vitesses différentes, on peut dessiner n'importe quelle courbe fermée. Et l'on peut, en en mettant un nombre suffisant, dessiner tout ce que l'on voudra : on peut même dessiner une ligne droite, ou un mouvement en ellipse. Il faut, évidemment, accumuler parfois un nombre considérable de cercles, ce qui complique les calculs, mais ce qui, en théorie, est toujours permis.

La théorie des épicycles est une conception d'une profondeur et d'une puissance mathématique extraordinaire, et il fallait tout le génie des mathématiciens grecs pour pouvoir la formuler.

Il n'y avait, dans cette théorie, qu'un seul point, ou un seul fait, difficilement acceptable : pour ne pas augmenter indéfiniment le nombre des cercles, Ptolémée a dû renoncer au principe du mouvement circulaire uniforme, ou, plus exactement, il a trouvé un moyen apparent de concilier l'acceptation du principe avec l'impossibilité de le suivre en fait. Il s'est dit qu'on peut se tirer d'affaire en admettant que le mouvement est uniforme, non pas par rapport au centre du cercle lui-même — les cercles ne tournent pas d'une façon uniforme par rapport à leurs propres centres — mais par rapport à un certain point intérieur excentrique, point qu'il appelle l'*équant*.

C'était là une chose très grave, car en abandonnant le principe du mouvement circulaire uniforme, on abandonnait l'explication physique des phénomènes. C'est à partir de Ptolémée justement que nous trouvons une rupture entre l'astronomie mathématique et l'astronomie physique.

En effet, tandis que les philosophes et les cosmologues continuaient à admettre que les corps célestes étaient mus par des mouvements uniformes des orbes corporels, en insistant sur la valeur de cette conception du point de vue physique, les astronomes mathématiciens répondaient que le problème physique ne les regardait pas et que leur but était de déterminer les positions des planètes sans s'occuper du mécanisme qui les amenait à la place déterminée par le calcul.

Je pense, pour ma part, que Ptolémée se résout à cette rupture entre l'astronomie physique et l'astronomie mathématique parce qu'il croit à l'astrologie, et que, du point de vue astrologique autant que du point de vue pratique, il était en effet inutile de savoir comment, physiquement et réellement, les planètes arrivent à telle place donnée. Ce qui est important, c'est de savoir calculer leurs positions pour pouvoir en déduire les conséquences astrologiques.

Je ne peux pas m'étendre sur ce problème, bien qu'il soit important et que la divergence entre les deux astronomies ait subsisté pendant un temps très long : en fait, jusqu'à Copernic et Kepler. Les astronomes arabes, au Moyen Age, ont, très raisonnablement, essayé de rétablir l'unité en substituant des sphères ou des orbes corporels aux cercles purement mathématiques de Ptolémée. Ils ont été suivis dans le monde chrétien. Je cite le grand astronome Peurbach, qui a réussi à constituer un modèle des mouvements planétaires (sans cependant pouvoir réduire ces mouvements planétaires à des révolutions uniformes), et, avec un nombre relativement très petit de sphères matérielles, est parvenu à expliquer tous leurs mouvements.

La grande révolution qui a délogé la Terre du centre de l'Univers et l'a lancée dans l'espace date d'hier ; et pourtant, il est très difficile de comprendre les motifs qui ont guidé la pensée de Copernic. Il est certain qu'il y a eu d'une part un motif physique. L'impossibilité d'explication physique, mécanique, de l'astronomie ptoléméenne, ce fameux équant qui introduisait dans les cieux un mouvement non uniforme, lui semblait vraiment inadmissible ; aussi son disciple Rhæticus nous dit-il que le grand avantage de la nouvelle astronomie consiste dans le fait qu'elle nous libère des équants, c'est-à-dire qu'elle nous livre enfin une image cohérente de la réalité cosmique, et non pas deux images, l'une celle des philosophes, et l'autre celle des astronomes mathématiciens, qui, au surplus, ne concordaient pas entre elles.

De plus, cette nouvelle image simplifiait la structure générale de l'Univers, en expliquant — et vous voyez que c'est toujours la même tendance : recherche de la cohérence intelligible du réel expliquant le désordre du pur phénomène — les irrégularités apparentes des mouvements planétaires, en les réduisant justement à de pures « apparences » irréelles ; en effet, ces irrégularités apparentes (arrêts, rétrogradations, etc.) se révélaient le plus souvent n'être que des effets secondaires, à savoir des projections dans le Ciel des mouvements de la Terre elle-même.

Un troisième avantage de cette théorie était la liaison systématique qu'elle établissait entre les phénomènes célestes du fait que les apparences, c'est-à-dire les données de l'observation concernant les diverses planètes, se trouvaient expliquées, du moins en partie, par un seul facteur, à savoir, le mouvement de la Terre. On pouvait donc plus facilement en déduire les mouvements vrais et les mouvements réels.

Comment Copernic est-il arrivé à sa conception ? C'est très difficile à dire, parce que ce qu'il nous en dit lui-même ne conduit pas vers son astronomie. Aussi, il nous raconte avoir trouvé des témoignages concernant les auteurs anciens qui avaient essayé d'expliquer les choses autrement que ne le fait Ptolémée, qui, notamment, avaient proposé de faire du Soleil le centre des mouvements des planètes inférieures (Vénus et Mercure), et qu'il s'est dit qu'on pouvait tenter de faire la même chose pour les autres.

Mais cela l'aurait amené à constituer une astronomie dans le genre de celle que Tycho Brahé a développée après lui. Il est d'ailleurs curieux de constater que personne n'a essayé de faire cela plus tôt, avant Copernic. C'est là quelque chose qui, logiquement, devrait se placer entre Ptolémée et Copernic. Ce qui nous montre que l'histoire de la pensée scientifique n'est pas entièrement logique. Aussi, pour en comprendre l'évolution, faut-il tenir compte de facteurs extra-logiques. Ainsi, une des raisons — probablement la plus profonde — de la grande réforme astronomique, opérée par Copernic, n'était pas scientifique du tout.

Je pense, pour ma part, que si Copernic ne s'est pas arrêté au stade tycho-brahien — en admettant qu'il l'ait jamais envisagé — c'est pour une raison d'esthétique, ou de métaphysique, pour des considérations d'harmonie. Le Soleil étant la source de la lumière et la lumière étant ce qu'il y a de plus beau et de meilleur dans le monde, il lui semblait conforme à la raison qui gouverne le monde et qui le crée, que ce luminaire soit placé au centre de l'Univers qu'il est chargé d'éclairer. Copernic le dit expressément, et je crois qu'il n'y a aucune raison de ne pas croire à son adoration du Soleil ; d'autant plus que le grand astronome qu'est Kepler, celui qui inaugure véritablement l'astronomie moderne, est encore plus héliolâtre que Copernic.

Je ne peux pas ne pas mentionner Tycho Brahé, dont le système astronomique, qui aurait dû paraître avant Copernic, est un exact équivalent de ce dernier, à cette différence près que Tycho Brahé admet que la Terre est immobile et que le Soleil, avec toutes les planètes tournant autour de lui, tourne autour de la Terre.

Quelles raisons avait-il de rétrograder ainsi par rapport à Copernic ? Je crois qu'il fut poussé par deux sortes de considérations, d'ordre très différent : ses convictions religieuses d'une part, qui ne lui permettaient pas d'accepter une doctrine contraire à l'Écriture sainte, et d'autre part l'impossibilité d'admettre le mouvement de la Terre du point de vue physique. Aussi insiste-t-il sur les objections physiques contre ce mouvement, en quoi d'ailleurs il a parfaitement raison : les objections physiques contre le mouvement de la Terre étaient irréfutables avant la révolution scientifique du xviie siècle.

Il me reste encore à parler de Kepler, dont l'œuvre non plus n'est pas entièrement scientifique, et qui est profondément inspirée par l'idée d'harmonie, par l'idée que Dieu a organisé le monde selon des lois d'harmonie mathématique; c'est là, pour Kepler, la clef de la structure de l'Univers. Quant aux places respectives qu'il attribue au Soleil et à la Terre, il est, bien entendu, copernicien, et ce pour la même raison que Copernic : le Soleil, pour lui, représente Dieu; c'est le Dieu visible de l'Univers, symbole du Dieu créateur, qui s'exprime dans l'Univers créé; et c'est pour cela qu'il faut qu'il soit au centre de celui-ci.

C'est sur cette base métaphysique que Kepler édifie son œuvre scientifique, qui, dans ses intentions autant que dans ses résultats, dépasse de loin celle de Copernic. En effet, le but que poursuit Kepler est très ambitieux, et très moderne : il veut reconstituer (ou plus exactement établir) l'unité de la conception scientifique du monde, l'unité entre la physique et l'astronomie. Aussi le grand ouvrage astronomique, l'ouvrage fondamental de Kepler, consacré à la planète Mars, s'appelle-t-il *Astronomia nova* Αἰτιολογήτος *seu physica cœlestis (L'Astronomie nouvelle ou physique céleste.)*

Le raisonnement de Kepler est guidé par l'idée de l'explication causale : si le Soleil se trouve au centre du monde, il faut que les mouvements des planètes ne soient pas ordonnés par rapport à lui d'une manière géométrique ou optique — comme chez Copernic — mais le soient aussi d'une façon physique et dynamique. L'effort de Kepler est ainsi de trouver, non seulement une conception astronomique permettant d'ordonner et de « sauver » les phénomènes, mais encore une conception physique permettant d'expliquer par des causes physiques le mouvement réel des corps célestes dans le monde.

Aussi insiste-t-il, dans la préface de l'*Astronomia nova*, sur la nécessité de cette unification de la physique céleste et de la physique terrestre, sur le fait que le Soleil n'est pas simplement le centre du monde et qu'il ne se borne pas à l'éclairer, tout en laissant marcher en dehors et indépendamment de lui les mécanismes moteurs des planètes, chacun complet en lui-même, mais qu'il doit exercer une influence physique sur les mouvements des corps astraux.

Je n'ai malheureusement pas le temps de vous en dire

davantage sur la structure de la pensée keplérienne, et l'élaboration technique de sa doctrine. Ce qui est curieux et amusant, c'est que Kepler, dans la déduction des fameuses lois qui portent son nom et que tout le monde connaît, à savoir que les corps célestes se meuvent sur des ellipses et que les espaces balayés par leurs rayons vecteurs sont proportionnels au temps, fait une double erreur. Mais les erreurs se compensent, si bien que sa déduction en arrive à être juste grâce précisément à cette double erreur.

C'est probablement parce que Kepler voulait dès le début trouver une solution nouvelle du problème des mouvements planétaires, une physique céleste, une astronomie causale (Αἰτιολογήτος), qu'il n'a pas essayé — ce qui était faisable — après avoir trouvé que la trajectoire réelle de Mars était une ellipse, de reproduire cette ellipse par un arrangement de cercles, mais a tout de suite substitué au mécanisme des cercles, des sphères ou des orbes qui guident et transportent les planètes, l'idée d'une force magnétique, émanant du Soleil, qui dirige leurs mouvements.

On pourrait dire, en jetant un coup d'œil d'ensemble sur l'évolution de la pensée astronomique, qu'elle s'était tout d'abord efforcée de découvrir la réalité ordonnée des mouvements astraux, sous-jacents au désordre des apparences. Pour le faire, les Grecs ont employé les seuls moyens mathématiques et physiques que leur permettait l'état des connaissances scientifiques de leur époque, c'est-à-dire l'idée du mouvement naturel circulaire, d'où la nécessité d'expliquer les mouvements apparents par une superposition et une accumulation de mouvements circulaires. L'échec de Ptolémée a fini par nécessiter une transformation de la physique elle-même, et l'astronomie n'a réussi avec Kepler, et davantage encore avec Newton, qu'en se fondant sur une physique nouvelle.

On pourrait également concevoir cette évolution sous l'aspect de l'étude des dimensions de l'Univers. Je vous ai dit que l'Univers grec, le Cosmos grec (et médiéval) était fini; il était sans doute assez grand — par rapport aux dimensions de la Terre — mais pas assez grand pour pouvoir y loger une Terre mobile, une Terre tournant autour du Soleil. La conception de la finitude nécessaire de l'Univers stellaire, de l'Univers visible, est toute naturelle : nous *voyons* une voûte céleste; nous pouvons la penser comme étant très loin, mais il est extrêmement difficile d'admettre qu'il n'y en a pas, et que les étoiles sont distribuées dans l'espace sans ordre, sans rime ni raison, à des distances invraisemblables et différentes les unes des autres. Ceci implique une véritable révolution intellectuelle.

Les objections contre l'infinité, et même contre l'extension démesurée de l'Univers sont d'une portée considérable; aussi se retrouvent-elles pendant tout le cours de l'histoire de l'astronomie. Ainsi Tycho Brahé objecte à Copernic que, dans son système, la distance entre le Soleil et les étoiles serait *au minimum* de 700 fois la distance du Soleil à la Terre, ce qui lui paraît être absolument inadmissible et n'être nullement requis par les données de l'observation (non armée de télescopes). Or, c'est en vertu de raisons analogues que Kepler, qui admet le mouvement orbital de la Terre et qui, par conséquent, est obligé d'étendre les dimensions de notre Univers dans la mesure nécessaire pour expliquer l'absence de parallaxes des étoiles fixes, ne peut tout de même pas admettre l'infinité du monde. La voûte céleste, ou notre monde céleste, reste pour lui nécessairement finie. Le monde céleste est immensément grand, son diamètre vaut six millions de fois le diamètre terrestre, mais il est fini. L'infinitude du monde est métaphysiquement impossible. En outre, aucune considération scientifique ne lui paraît l'imposer.

Giordano Bruno est à peu près le seul à l'admettre; mais justement Bruno n'est ni un astronome, ni un savant; c'est un métaphysicien dont la vision du monde devance celle de la science de son temps. Car c'est avec Newton seulement, pour des raisons scientifiques sans doute, puisque la physique classique, la physique galiléenne, postule l'infinité de l'Univers et l'identité de l'espace réel avec celui de la géométrie, mais aussi pour des raisons théologiques, que l'on trouve affirmée l'infinité de l'Univers astral.

LÉONARD DE VINCI
500 ANS APRÈS [*]

« De temps à autre le Ciel nous envoie quelqu'un qui n'est pas seulement humain mais aussi divin de sorte qu'à travers son esprit et la supériorité de son intelligence nous puissions atteindre le Ciel. » — C'est ainsi que Vasari commence sa biographie de Léonard de Vinci. Tels étaient les sentiments des contemporains de Vasari à l'égard du grand Florentin, tels auraient été sans doute, bien que formulés d'une autre manière, les sentiments de nos propres contemporains : sentiments de respect, d'admiration, de vénération même pour le grand artiste, pour le grand savant de la Renaissance.

C'est pour cela qu'en 1952, 500 ans après la naissance de Léonard de Vinci, il y eut dans le monde entier, en Italie, en France, en Angleterre, aux États-Unis un grand nombre de célébrations et de commémorations de cet événement, et encore un certain nombre de réunions où des artistes, des historiens, des savants et des hommes de sciences se rencontrèrent non seulement pour commémorer mais aussi pour comparer leurs points de vue et élaborer ensemble une meilleure compréhension de Léonard de Vinci, une meilleure appréciation de la place qui doit lui être assignée dans l'histoire de l'esprit humain.

C'est toujours une tâche difficile que d'interpréter le rôle d'un grand homme dans l'histoire. Un grand homme, cela va de soi, appartient à son temps ; et pourtant — c'est précisément pourquoi nous l'appelons « grand » — il ne lui appartient pas, du moins pas entièrement, mais

[*] Texte inédit d'une conférence faite à Madison (Wisconsin) en 1953, traduit de l'anglais par D. K.

il le transcende et lui impose sa propre empreinte. Il transforme pour ainsi dire son passé et modifie son avenir.

Afin de le situer exactement, nous devons le confronter avec ses prédécesseurs, ses contemporains et ses successeurs — tâche difficile et compliquée — qui devient d'autant plus difficile que l'homme dont nous parlons est plus grand dans ses aspirations, sa pensée et son œuvre.

Cela devient encore plus écrasant quand il s'agit de Léonard, un génie universel si jamais il en fut un.

En outre, dans ce cas, nous sommes mis en présence d'une difficulté particulière et unique en son genre; il n'y a pas un seul Léonard de Vinci, il y en a deux.

Il y a d'une part, le Léonard de Vinci que j'aurais pu appeler homme « public » ou homme « extérieur ». L'adolescent doué, né le 15 avril 1452, fils de Ser Piero da Vinci qui, à l'âge de 14 ou 15 ans, devint un élève ou plutôt un apprenti d'Andrea Verrocchio et par la suite son associé.

Il y a le jeune homme beau, brillant et doté de dons exceptionnels : musicien, peintre, sculpteur, architecte, ingénieur que Laurent le Magnifique prêta en 1481 à Ludovic Sforza, surnommé Il Moro, duc régnant de Milan. Entré en 1482 au service de ce dernier, il le servit pendant presque 20 ans jusqu'à la chute de ce prince lors de la prise de Milan par les Français. Il travailla pour lui comme une sorte d' « homme à tout faire » : comme maître de cérémonies, organisant des spectacles et des fêtes, comme ingénieur et surveillant, creusant des canaux et construisant des fortifications et des douves, comme artiste faisant pour Ludovic le portrait de sa belle-sœur Isabella d'Este et aussi ceux de ses belles maîtresses, Cecilia Callerani (1485) et Lucrezia Crivelli (1495); mais d'abord et avant tout comme sculpteur travaillant pendant des années à la grande statue équestre de Francesco Sforza, laquelle, surpassant en dimensions celles de Donatello et de Verrochio, devait faire connaître au monde la puissance de la dynastie des Sforza et la gloire de Léonard.

C'est l'homme qui, en même temps qu'il travaillait pour Il Moro, peignit *La Cène* et *La Vierge au Rocher* pour les dominicains de Santa Maria delle Grazie; qui plus tard, à Florence, où il retourna après la chute de son maître, a peint *La Sainte Famille*, et *Léda* et *Mona Lisa* et *La Bataille d'Anghiari*, établissant ainsi sa réputation de plus grand peintre de son temps.

C'est l'homme qui servit César Borgia et qui en 1507

retourna à Milan pour y travailler cette fois pour les
Français, pour Charles d'Amboise et le maréchal Trivulzio ;
puis, étant obligé de repartir quand les Français abandon-
nèrent la ville, alla à Rome servir les Médicis, le pape
Léon X et qui, enfin, fatigué mais non brisé, vaincu par
le monde mais non découragé, accepta en 1515 l'invitation
du roi de France, François Ier, et passa les dernières
années de sa vie à Cloux près d'Amboise où il mourut
paisiblement le 2 mai 1519.

Voilà l'homme public ou l'homme extérieur que le
xixe siècle considère avec admiration comme le plus grand
représentant de son temps, l'artiste et l'artisan incomparable, exemple parfait de l'individualisme libre et créateur,
s'affirmant dans des œuvres d'une perfection et d'une
beauté impérissables.

Figure tragique en même temps, car le destin a été dur
pour cet homme extérieur et ses œuvres. Certains portraits
sont perdus. Perdus aussi les fameux dessins de *La Bataille
d'Anghiari*. *La Cène* se détériore. La grande statue de
Francesco Sforza, Il Cavallo, n'a jamais été coulée :
il n'y a pas eu d'argent pour payer le métal ; ou plutôt
le métal était nécessaire pour les armes. Quant au modèle
d'argile qui fut érigé en 1493 sur le piédestal où devait
être placé le monument en bronze, il disparut sans laisser
de traces sous l'action conjointe de la pluie et des flèches
des soldats du maréchal Trivulzio qui l'utilisèrent comme
cible pour leurs traits.

Si grand soit-il, cet homme public n'est pas Léonard
tout entier. Il y en a un autre, l'homme « intérieur »,
l'homme secret. L'homme que François Ier appelait res-
pectueusement « Mon Père » et dont il disait à Benvenuto
Cellini vingt ans après la mort de Léonard que celui-ci
n'était pas seulement l'homme qui connaissait mieux que
quiconque la sculpture, la peinture et l'architecture, mais
aussi et avant tout un très grand philosophe ; l'homme
qui avait rempli de notes et d'essais philosophiques et
scientifiques d'innombrables feuilles de papier et les
avait couvertes de dessins géométriques, mécaniques,
anatomiques, de projets de livres à écrire et de machines
à construire ; l'homme qui écrivit ces notes et ces essais
en caractères inversés ne pouvant être déchiffrés que
dans un miroir pour les protéger des regards indiscrets,
et qui, de plus, les garda secrets et ne les montra jamais
à quiconque — ou du moins très rarement. Ainsi, en
1517, il les fit voir à Antonio de Beatis, secrétaire du

cardinal d'Aragon, qui par la suite fit un rapport à son
maître en signalant que ces manuscrits étaient très beaux
et pourraient être très utiles s'ils étaient publiés.

Ces papiers ne furent jamais publiés. Au lieu de les
laisser à François Ier qui du moins les aurait gardés réunis
tous ensemble, Léonard, avant de mourir, les légua par
testament à Francesco Melzi, son *domesticus*, élève, secrétaire et ami. Melzi les emporta en Italie et, de même
que son maître, les garda à peu près secrets. Après sa
mort, ils passèrent à ses héritiers qui en perdirent une
partie et finalement vendirent, à la fin du xvie siècle,
ce qui restait à un certain Pompeo Leoni, sculpteur italien,
au service de la Cour d'Espagne.

La suite de l'histoire de ces papiers est plutôt compliquée
et trop longue pour être contée ici. On les trouva en
Espagne, puis à nouveau en Italie, avant qu'ils ne fussent
dispersés entre Paris et Windsor, Turin et Milan; ce
qui importe, c'est qu'à l'exception des parties des
manuscrits traitant de la peinture qui furent à la base
du *Trattato della Pittura* publié à Paris en 1651, du
manuscrit portant le nom d' « Arundel » (Thomas Howard
Lord Arundel le rapporta en 1638 d'Espagne en Angleterre, où l'anthropologue allemand Blumenbach le vit en
1788), d'un certain nombre de pages traitant des problèmes
scientifiques que Libri déroba aux Archives de l'Institut
de France et qu'il mentionna dans son *Histoire des sciences
mathématiques en Italie* en 1841, tous les autres manuscrits
demeurèrent inconnus.

Ce n'est que dans le dernier quart du xixe siècle que
furent découverts dans les grandes bibliothèques publiques,
où ils dormaient paisiblement depuis plusieurs siècles,
certains de ces manuscrits; ils furent transcrits, traduits
et finalement publiés par Jean-Paul Richter (1888),
Ravaisson-Mollien, Mac Curdy et d'autres encore.

L'impression produite par ces publications fut considérable. Le personnage de Léonard prit des proportions
surhumaines. Il fut proclamé le plus grand esprit moderne,
fondateur des techniques et de la science modernes,
précurseur de Copernic, de Vésale, de Bacon et de Galilée,
apparaissant miraculeusement comme un *proles sine matre*
au commencement du monde moderne.

Puis, dans les premières années du xxe siècle, le grand
savant et érudit français, Pierre Duhem, à qui nous devons
la redécouverte de la science médiévale, publia son célèbre
ouvrage *Léonard de Vinci, ceux qu'il a lus et ceux qui*

l'ont lu (1906-1913) dans lequel il essaya de détruire cette image plutôt mythique de Léonard, que je viens d'évoquer, en la remplaçant par une autre, strictement historique.

Le livre de Duhem est le point de départ de toute recherche moderne et, en comparaison avec ses immenses mérites, il importe peu que, ébloui et transporté par sa double découverte, celle de la science médiévale, d'une part, et d'éléments médiévaux dans la pensée de Léonard, d'autre part, il nous ait finalement présenté une image plutôt étrange et paradoxale de ce dernier : l'image d'un Léonard qui n'était pas seulement un homme de science, mais aussi un savant aussi grand que Duhem lui-même : un Léonard, dernier fruit de la tradition médiévale, celle surtout des nominalistes parisiens, qu'il avait soigneusement étudiée et qu'il avait préservée et transmise par ses manuscrits aux hommes de science du XVIᵉ et même du XVIIᵉ siècle. Il s'ensuivit que Léonard n'apparut plus comme un génie unique, tel que l'avaient vu les historiens du XIXᵉ siècle. Bien au contraire, dans la conception de Duhem, il devint un lien — le lien le plus important — entre le Moyen Age et les Temps modernes, rétablissant ainsi l'unité et la continuité du développement de la pensée scientifique.

Les érudits contemporains, tout en reconnaissant de nombreux éléments médiévaux dans la pensée de Léonard de Vinci (en effet sa dynamique, sa conception de la science, le rôle attribué à l'expérience et aux mathématiques, ont des contreparties médiévales), n'ont pas accepté l'image tracée par Duhem.

Nous qui, grâce au mouvement déclenché par Duhem, connaissons bien mieux qu'il n'aurait pu les connaître, à la fois la pensée du Moyen Age et celle de la Renaissance, nous avons appris que pour s'imprégner de la tradition médiévale Léonard n'avait pas besoin de méditer sur les manuscrits et les *incunabula* d'Albert de Saxe ou de Bradwardine, de Nicole Oresme ou de Buridan, de Suisset ou de Nicolas de Cues, bien qu'il ait probablement lu ou parcouru certains d'entre eux. En effet, cette tradition anti-aristotélicienne, la tradition de la dynamique basée sur le concept de l'*impetus*, force, puissance motrice présente dans les corps en mouvement, que les nominalistes parisiens opposaient à la dynamique d'Aristote [1],

---

1. D'après la dynamique d'Aristote tout mouvement violent implique l'action continue d'un moteur lié à un corps mû. Il n'y a pas de mouvement sans moteur — séparons-les et le mouvement s'arrêtera. Ainsi, si vous

était dans l'air; c'était une tradition encore vivante qu'on retrouvait aussi bien dans l'enseignement universitaire que dans les livres populaires en langue vulgaire — particulièrement en italien — dont nous savons maintenant apprécier l'importance et la large diffusion.

Nous savons aussi que, pour retrouver cette tradition, les hommes de science du xvie siècle, les Bernardino Baldi, Cardan, Tartaglia ou Benedetti n'avaient pas besoin de chercher dans les manuscrits de Léonard : ils pouvaient la retrouver plus facilement dans un grand nombre de livres nouvellement imprimés.

La conception de Duhem, bien que soulignant la continuité du développement historique, eut pour résultat paradoxal de présenter Léonard comme un esprit médiéval tardif, plus ou moins isolé en son temps.

Des historiens plus récents tendent à établir un lien plus étroit entre Léonard et son époque. Ils nous font remarquer l'existence d'une littérature scientifique et technique en langue vulgaire que je viens de mentionner. Ils soulignent en particulier que la dissection des corps humains était assez fréquente au xve siècle et au début du xvie. Ils mettent aussi en relation les études techniques et les dessins de Léonard avec l'intérêt très vif à cette époque pour ces questions, une époque bien plus avancée sous ce rapport qu'on ne le croyait il y a quelque temps encore; en effet, un grand nombre des machines représentées dans les dessins de Léonard semblent ne pas avoir été engendrées par son esprit mais être des épures d'objets qui existaient, qu'il avait pu voir et avait probablement vus autour de lui. D'autres savants, en violente réaction contre la tentative de Duhem pour médiévaliser Léonard et en faire un bouquineur érudit, ont tendance à le rattacher directement aux Grecs : à Archimède,

---

cessez de tirer ou de pousser une voiture, elle cessera de se mouvoir et s'arrêtera.

Très bonne théorie qui explique assez bien la plupart des phénomènes de la vie quotidienne, mais qui rencontre les plus grandes difficultés dans les cas où les corps continuent à se mouvoir, même quand ils ne sont plus poussés ou tirés par un moteur : flèches projetées par un arc, pierres lancées par la main.

C'est pour cela que la critique de la dynamique d'Aristote a toujours été centrée sur le problème *a quo moveantur projecta?* Qu'est-ce qui fait se mouvoir l'objet projeté? C'est pour expliquer ce mouvement que les nominalistes parisiens adoptèrent la théorie de *l'impetus*, force motrice transmise par le moteur au corps mû, force qui demeurait dans le corps mû, de même que la chaleur reste dans le corps chauffé et devient ainsi en quelque sorte un moteur intérieur continuant son action sur le corps après que celui-ci se soit séparé de son premier moteur.

pour lequel Léonard montra en effet un intérêt profond, à Euclide, dont il tenta de toute évidence d'imiter la méthode. Quant aux autres, ils sont enclins à accepter l'opinion des contemporains de Léonard : *uomo senza lettere*, c'est-à-dire sans culture.

C'est ainsi que, à l'image que donne Duhem d'un Léonard qui avait tout lu et que tout le monde avait lu, ils substituèrent l'image d'un Léonard qui n'avait rien lu et que personne n'avait lu. Il me semble que, dans leur réaction contre la théorie de Pierre Duhem, les savants contemporains allèrent trop loin. En effet, Léonard est un *uomo senza lettere :* il nous le dit lui-même, en ajoutant néanmoins que ce furent ses ennemis qui le surnommèrent ainsi et en revendiquant contre eux les droits supérieurs de l'expérience. Pourtant que veut dire tout ceci? Rien je crois, si ce n'est qu'il n'était pas « un homme de lettres », un humaniste, qu'il manquait de culture littéraire, qu'il ne fit jamais d'études universitaires, qu'il ne savait pas le grec et le latin, qu'il ne pouvait employer l'italien fleuri et raffiné de la Cour des Médicis ou des Sforza ou des membres de l'Académie. Tout ceci est certainement vrai. En effet, d'après le dernier éditeur de ses écrits, sa langue est celle d'un fermier ou d'un artisan toscan; sa grammaire est incorrecte, son orthographe est phonétique. Bref, cela signifie qu'il a tout appris de lui-même. Mais autodidacte ne signifie pas ignorant et *uomo senza lettere* ne peut se traduire par *personne illettrée,* surtout dans ce cas-là. Nous ne devons donc pas admettre que, parce qu'il ne pouvait pas *écrire* le latin, il ne pouvait pas non plus le lire. Pas très bien peut-être, cependant s'il a pu lire Ovide, ce que de toute évidence il a fait, il a pu lui être beaucoup moins difficile de lire un livre de sciences — géométrie, optique, physique ou médecine — sujets qu'il connaissait parfaitement bien. Les ouvrages scientifiques sont, en effet, faciles à lire, à condition que leur sujet vous soit familier. C'est à propos de textes littéraires que l'on rencontre des difficultés.

Je me demande d'ailleurs si, imprégnés comme nous le sommes par notre tradition intellectuelle, en même temps académique et visuelle, nous pouvons toujours nous représenter les conditions dans lesquelles la connaissance, du moins une certaine espèce de connaissance, pouvait être acquise et transmise pendant les époques qui précédèrent la nôtre. Le grand historien français Lucien Febvre, qui a tant fait pour le renouveau des études historiques en France, avait coutume d'insister sur la différence entre notre structure mentale — ou du moins nos habitudes mentales, habitudes des peuples qui lisent en *silence* et qui apprennent tout visuellement — et celle ou celles des gens du Moyen Age, et même du xvᵉ et du xviᵉ siècle, qui lisaient à *voix haute*, devaient *prononcer* les mots et apprendre tout, ou du moins la plupart des choses qu'ils savaient, par *l'oreille*. Ces gens-là, pour qui non seulement la foi — *fides* — mais aussi la connaissance — *scientia* — était *ex auditu*, ces gens-là ne croyaient pas qu'ils avaient à lire un livre afin de savoir de quoi il s'agissait, tant qu'il y avait quelqu'un pour le leur apprendre de vive voix.

Ainsi nous ne devons pas minimiser tout ce que le jeune Léonard avait pu apprendre par ouï-dire à Florence — les Florentins sont plutôt bavards — sur Ficino et Pico et sur les Actes de l'Académie, sans jamais avoir eu besoin d'ouvrir leurs grands in-folios. Par ouï-dire, il aurait pu en apprendre suffisamment sur leur connaissance du monde : un mélange de platonisme et de scolastique, de magie et d'hermétisme, pour en faire un libre choix.

Nous ne devons pas minimiser non plus les connaissances philosophiques et scientifiques qu'il aurait pu acquérir à Milan par le *commercium* (contact) avec ses amis Marliani, un médecin célèbre, descendant d'une sorte de dynastie de scientifiques, Luca Pacioli, mathématicien, auteur d'une immense *Summa* d'arithmétique, d'algèbre et de géométrie, écrite d'ailleurs en italien et non en latin, que Léonard acheta à Padoue en 1494, ou encore avec les adhérents et les disciples de Nicolas de Cues, dont un certain nombre se trouvaient à Milan comme nous le savons aujourd'hui. Ils auraient pu, et ils l'ont certainement fait, lui montrer des textes importants et lui raconter bien des choses concernant les discussions médiévales entre les partisans de la dynamique aristotélicienne pure, et ceux de la théorie de l'*impetus*, adoptée par Nicolas de Cues ainsi que par Giovanni Marliani, oncle de son ami.

Ils auraient pu lui parler aussi des discussions concernant *l'unité* et la *pluralité* des mondes, question chaudement débattue pendant le Moyen Age et pour laquelle les philosophes médiévaux, pour des raisons théologiques, afin de ne pas limiter l'omnipotence divine, défendirent contre Aristote et ses *sequaces* la thèse de la pluralité, ou du moins de la possibilité de la pluralité des mondes, dont ils disaient que Dieu aurait pu en créer autant qu'il aurait voulu, bien qu'en fait il n'en ait créé qu'un seul.

Il n'est pas concevable que Léonard n'ait pas entendu parler de ces choses, même s'il n'a pas lu le texte de ces discussions. Je crois pour ma part que le dilemme : « rat de bibliothèque » qui répète ce qu'il a lu, ou pur génie original qui crée et invente toute chose, est un faux dilemme : tout aussi faux que les images contradictoires de Léonard philosophe et savant ou praticien ignorant. Ces deux images proviennent d'une projection dans le passé des conditions prépondérantes de nos jours. En effet, nous sommes tellement habitués à tout apprendre à l'école — les sciences et les arts — la médecine et le droit — que nous oublions facilement que jusqu'au XIXe siècle, et même plus tard, les techniciens, ingénieurs, architectes, constructeurs de navires et même de machines, sans parler des peintres et des sculpteurs, n'étaient pas instruits dans les écoles, mais apprenaient leur métier sur place, dans les ateliers.

Nous oublions également, ou ne comprenons pas assez bien, que pour toutes ces raisons précises, les ateliers d'un Ghiberti, d'un Brunelleschi ou d'un Verrocchio étaient en même temps des endroits où l'on apprenait énormément de choses. Autant, si ce n'est plus, que l'on en apprend de nos jours à l'école : le calcul, la perspective — c'est-à-dire la géométrie — l'art de tailler les pierres et de couler le bronze, l'art de dessiner une carte et celui de fortifier une ville, l'art de bâtir des voûtes et celui de creuser des canaux.

Ils n'étaient pas ignorants, ces « illettrés » instruits dans ces fameux ateliers, et, si leur savoir était surtout empirique, il n'était en aucun cas négligeable. C'est pourquoi Léonard avait parfaitement raison en opposant les connaissances qu'il avait acquises par l'expérience à la science livresque de ses adversaires humanistes. D'ailleurs, ces ateliers, celui de Verrocchio surtout, étaient bien plus que des lieux où était conservée et maintenue une habileté traditionnelle : ils étaient au contraire des endroits où les problèmes anciens et nouveaux étaient étudiés, où de nouvelles solutions étaient discutées et appliquées, où l'on faisait des expériences et où l'on était impatient d'apprendre tout ce qui se passait ailleurs.

L'atelier de Verrocchio n'explique pas le miracle de Léonard — rien n'explique le miracle d'un génie; mais c'est cependant cet atelier qui le forma et donna à son esprit une certaine orientation qui l'entraîna vers la *praxis* et non vers la *théorie* pure.

Cette tendance pratique est assez importante pour nous permettre de comprendre et d'apprécier l'œuvre scientifique de Léonard de Vinci.

En effet, il est bien davantage un ingénieur qu'un homme de science. Un ingénieur artiste, bien entendu. Semblable à Verrocchio, que George Sarton avait surnommé le saint Jean de Léonard : semblable à Alberti ou à Brunelleschi; un genre d'esprit dans lequel celui de la Renaissance trouve une de ses incarnations les meilleures et les plus attirantes.

Léonard, un homme de la Renaissance... N'est-ce pas trop simple? N'ai-je pas moi-même souligné l'opposition entre Léonard et les savants érudits et hommes de lettres du *Quattrocento?* Certes, je l'ai fait et je suis prêt à admettre que dans une large mesure l'esprit et l'œuvre de Léonard dépassent la Renaissance et même s'y opposent, s'opposent surtout aux tendances mythiques et magiques de l'esprit de la Renaissance, dont Léonard est complètement libéré.

Je sais aussi que le concept même de *Renaissance*, pour clairement qu'il ait été déterminé par un Burckhardt ou un Wölflin, a été soumis à une critique si poussée par les érudits de notre temps que ceux-ci l'ont presque détruit en découvrant des phénomènes typiques de la Renaissance au milieu du Moyen Age, et *vice versa*, un grand nombre d'éléments médiévaux dans la pensée et la vie de la Renaissance.

Il me semble cependant que le concept de Renaissance, malgré la critique à laquelle il a été soumis, ne peut être rejeté : que le phénomène historique qu'il désigne possède une unité réelle bien que, évidemment, complexe — tous les phénomènes historiques sont complexes et les éléments, identiques ou analogues, produisent dans différentes combinaisons ou différents mélanges des résultats différents.

C'est pourquoi je me sens autorisé à soutenir que Léonard de Vinci, tout au moins dans certains traits de sa personnalité — un génie, je le répète, n'appartient jamais complètement à son temps — est un homme de la Renaissance, et même en représente les aspects les plus significatifs et les plus fondamentaux.

Il est un homme de la Renaissance par la vigoureuse affirmation de sa personnalité, par l'universalisme de sa pensée et par sa curiosité, par sa perception directe et aiguë du monde *visible*, sa merveilleuse intuition de l'espace, son sens de l'aspect dynamique de l'être. On pourrait même dire qu'à certains égards, dans son humanisme — bien qu'il soit moderne par son rejet de l'autorité et du savoir livresque — dans son indifférence évidente envers la conception chrétienne de l'Univers, certaines des plus profondes tendances de la Renaissance trouvent leur accomplissement dans l'esprit de Léonard.

Mais revenons à notre point de départ. Léonard, je l'ai dit, est un ingénieur artiste. Un des plus grands, sans aucun doute, que le monde ait jamais vus. Il est un homme de la *praxis*, c'est-à-dire un homme qui ne construit pas de théories mais des objets et des machines et qui, le plus souvent, pense comme tel. De là vient son attitude presque pragmatique envers la science, qui, pour lui, est non pas sujet de contemplation mais instrument d'action.

Même en mathématique, c'est-à-dire en géométrie, bien que nous lui devions quelques découvertes purement théoriques, telles que la détermination du centre de gravité de la pyramide et quelques théorèmes curieux sur les lunules, son attitude est généralement celle d'un ingénieur : ce qu'il cherche, ce sont des solutions pratiques, solutions qui peuvent être accomplies dans *rerum naturae*, au moyen d'instruments mécaniques. Si ceux-ci ne sont pas toujours strictement corrects, mais seulement approximatifs, il pense que cela n'a pas d'importance à condition qu'ils soient le plus proche possible du point de vue de la *praxis :* en effet pourquoi devrions-nous être gênés par des différences théoriques, si celles-ci sont si insignifiantes que ni un œil humain ni un instrument ne peuvent jamais les découvrir? Ainsi la géométrie de Léonard de Vinci est le plus souvent dynamique et pratique.

Rien n'est plus caractéristique à cet égard que sa manière de traiter ou de résoudre le vieux problème de la quadrature du cercle. Léonard le résout en faisant rouler le cercle sur une ligne droite... solution élégante et facile qui, malheureusement, n'a rien à voir avec le problème posé et traité par les géomètres grecs. Mais, du point de vue de la *praxis*, pourquoi ne pas employer des méthodes non orthodoxes? Pourquoi devrions-nous limiter nos façons et nos moyens d'agir? Pourquoi devrait-il être permis de tracer des lignes droites et des cercles et non pas de rouler ces derniers sur ces lignes? Pourquoi devrions-nous ignorer ou oublier l'existence des roues? Or, si la géométrie de Léonard est d'ordre *pratique*, elle n'est nullement *empirique*. Léonard n'est pas un empiriste. Malgré sa profonde compréhension du rôle décisif et de l'importance prédominante de l'observation et de l'expérience dans la poursuite de la connaissance scientifique, ou peut-être justement *à cause* de cela, il n'a jamais sous-estimé la valeur de la théorie. Au contraire, il la place bien au-dessus de l'expérience dont le mérite principal consiste justement, selon lui, à nous permettre d'élaborer une bonne théorie. Une fois élaborée, cette théorie (bonne, c'est-à-dire mathématique) absorbe et même remplace l'expérience.

Dans l'œuvre scientifique de Léonard, cette exaltation de la pensée théorique demeure, hélas, quelque peu théorique. Il ne peut la mettre en pratique; il n'a pas appris à penser d'une manière abstraite. Il a un don merveilleux d'intuition, mais il ne peut faire une déduction correcte à partir des principes qu'il saisit instinctivement, de sorte qu'il ne peut formuler la loi d'accélération de la chute des corps bien qu'il soit capable de comprendre la vraie nature de ce genre de mouvement; ainsi, il ne peut énoncer, comme principe abstrait, le principe de l'égalité entre l'action et la réaction qu'il applique instinctivement dans son analyse des cas concrets — ou plus exactement semi-concrets — de la percussion des corps qu'il traite avec une précision extraordinaire et qui restera inégalée pendant plus d'un siècle.

Il y a cependant un champ de connaissance dans lequel la manière concrète de penser de Léonard n'était pas un désavantage : c'est celui de la géométrie. En effet, Léonard est un géomètre-né et il possède au plus haut degré le don — don extrêmement rare — de l'intuition de l'espace. Ce don lui permet de surmonter son manque de formation théorique. Non seulement il traite toutes sortes de problèmes concernant les lunules et la transformation des figures et des corps les uns dans les autres, la construction de figures régulières, et la détermination des centres de gravité, fabriquant des compas pour tracer les sections coniques, mais aussi, comme je l'ai déjà dit, il réussit à faire quelques véritables découvertes.

En même temps, et ceci me paraît très important, la géométrie, chez lui, domine la science de l'ingénieur. Ainsi sa géométrie est le plus souvent celle d'un ingénieur et *vice versa* son art d'ingénieur est toujours celui d'un géomètre. C'est précisément pour cette raison qu'il interdit d'exercer cet art et même de l'enseigner à ceux qui ne sont pas des géomètres. « La mécanique, nous dit-il, est le paradis des sciences mathématiques. » La mécanique, c'est-à-dire — le sens de ce terme a changé depuis le xve siècle — la science des machines, une science — ou un art — dans lequel Léonard, génie technique s'il en fut jamais, déploie une capacité absolument stupéfiante. Que n'a-t-il pas construit! Machines de guerre et machines pour la paix, chars d'assaut et machines à creuser, armes et grues, bombes et métiers à filer, ponts et turbines, tours pour faire des vis et pour meuler les lentilles, scènes tournantes pour spectacles de théâtre, presses à imprimer et roulements sans friction, véhicules et bateaux se mouvant par eux-mêmes, sous-marins et machines volantes, machines destinées à rendre le travail des hommes plus facile et à augmenter leur bien-être et leur puissance. Cependant, à vrai dire, ces considérations pratiques et utilitaires ne me semblent pas avoir joué un rôle prépondérant dans l'esprit de Léonard ni dans son action. Et, peut-être me suis-je trompé en l'appelant : constructeur de machines; inventeur serait une désignation plus correcte.

En effet, de toutes ces merveilleuses machines dont les dessins couvrent d'innombrables pages de ses manuscrits, il n'est pas du tout sûr qu'il en ait jamais construit une seule. Il semble avoir été beaucoup plus préoccupé par l'élaboration de ses projets que par leur réalisation; beaucoup plus intéressé par la puissance intellectuelle de l'esprit humain capable de concevoir et d'inventer ces machines, que par la puissance véritable qu'elles auraient pu procurer aux hommes et les réalisations pratiques qu'elles leur auraient permis d'accomplir. C'est, peut-être, la raison profonde pour laquelle il tenta si rarement de faire usage de ses propres inventions, ou même de celles des autres : par exemple, contrairement à Dürer, il ne s'est jamais servi, du moins pas pour lui-même, des deux grandes inventions techniques de son temps, l'imprimerie et la gravure, bien qu'il ait inventé et perfectionné la presse à imprimer, et gravé lui-même les planches représentant les corps géométriques réguliers pour le *De divina proportione* de son ami Luca Pacioli. Et c'est probablement pour cette même raison que les dessins de Léonard qui incarnent l'imagination du théoricien et non l'expérience du praticien, sont tellement différents des ouvrages et des recueils techniques des xve et xvie siècles; tandis que ces derniers sont des croquis ou des peintures, les dessins de Léonard sont des « épures », les premières qui aient été dessinées.

De même, tandis qu'il est extrêmement difficile de reconstruire les machines du Moyen Age dont nous avons seulement la description ou les dessins, rien n'est plus facile que de construire celles de Léonard, ou plus exactement, rien n'est plus facile que de les construire aujourd'hui. Ainsi, par exemple, Robert Guatelis a construit une belle collection de modèles de Léonard que l'International Business Machines Corporation a exposée en 1952, avant de la donner au musée de Vinci — lieu de naissance de Léonard. Mais je doute fort que quiconque, y compris Léonard lui-même, eût pu les construire à son époque. Cela ne diminue en rien le génie de Léonard, mais le fait apparaître dans son jour véritable : celui d'un *technologue*, bien plus que d'un *technicien*.

Léonard l'ingénieur est certainement l'un des plus grands technologues de tous les temps. Mais que dire de Léonard le physicien? Des historiens modernes, par une réaction justifiée contre les exagérations de leurs prédécesseurs, ont fait remarquer que ses expressions sont souvent vagues et assez souvent contradictoires; que sa technologie manque de précision; que sa conception de la *forza* — force motrice qui est la cause du mouvement des corps libres — est mythique ou poétique : en effet, il la définit ou la décrit comme la seule entité en ce monde, où tout s'efforce de persister dans l'être, qui tende, au contraire, vers son annihilation et sa mort; que sa notion de la pesanteur (gravité), parfois présentée comme une cause et parfois comme un effet du mouvement, est inconsistante. Ils soulignent, également, les variations de Léonard dans sa conception du taux d'accélération de la chute (libre) des corps, proportionnel, dans certains passages, à l'espace (trajectoire) traversé par le corps, et dans d'autres passages, au temps écoulé pendant la chute.

Tout ceci est vrai, bien entendu. Nous ne devons pas oublier cependant que ces concepts et ces questions sont difficiles et que, par exemple, la confusion entre l'accélération par rapport à l'espace et celle par rapport au temps est très facile à faire, si facile qu'elle persista jusqu'à Galilée et Descartes qui, eux aussi, l'ont faite et eurent quelque mal à débrouiller ces concepts ambigus.

Nous ne devons pas oublier non plus que les écrits de Léonard s'étendent sur une longue période et que nous ne savons pas exactement quand tel ou tel autre texte fut écrit. Il est fort possible que les contradictions et les variations ne proviennent pas de l'inconsistance mais du développement, du changement de l'esprit, du progrès. Ne pourrions-nous pas admettre — pour ma part cela me semble extrêmement probable — qu'ayant commencé à penser d'une manière confuse — la pensée commence toujours ainsi — Léonard se fraya progressivement un chemin vers la clarté. S'il en était ainsi, le tableau serait très différent et nous devrions attribuer à Léonard le mérite d'avoir compris la vraie structure de l'accélération du mouvement de chute des corps pesants, bien que, comme je l'ai déjà mentionné, il ait été incapable d'exprimer son intuition en termes mathématiques et d'en déduire la relation exacte entre le temps écoulé et l'espace traversé en un tel mouvement. Il est possible cependant que, même dans ce cas-là, son intuition ait été fondamentalement correcte.

Je crois, pour ma part, qu'il en fut ainsi. Mais il est difficile de le démontrer, car la terminologie de Léonard est en effet extrêmement vague et inconsistante — c'est la terminologie d'un *uomo senza lettere*. Il nous dit, par exemple que l'espace parcouru par le corps qui tombe croît à la manière d'une pyramide, mais il ne spécifie pas à quoi il fait allusion : l'arête, le volume ou la section de la pyramide. C'est bien dommage, en effet, que Léonard n'ait pas été, ainsi que le voudrait Duhem, un élève des nominalistes parisiens. Il aurait eu, dans ce cas, à sa disposition une terminologie précise et subtile et il eût été facile pour moi d'exposer avec exactitude ce qu'il entendait par cette affirmation. Malheureusement, il n'était pas leur successeur, pas plus qu'il ne fut le prédécesseur de Galilée dont il est séparé précisément par la conception de la *forza* ou de l'*impetus*, cause inhérente du mouvement — conception dont Galilée s'est libéré, en même temps qu'il libérait la physique, en remplaçant cette conception par celle de l'*inertia*.

Cependant, malgré son retard dans le domaine théorique, il est très intéressant pour un philosophe ou un historien des sciences d'étudier Léonard en tant que physicien.

L'historien doit admettre que, bien qu'il n'ait pas connu le principe d'inertie, Léonard n'en a pas moins énoncé des faits qui, pour nous, l'impliquent de toute évidence et qui, en outre, ne furent énoncés de nouveau qu'après la découverte de ce principe par Galilée. Léonard fut donc le seul — et ceci pendant plus d'un siècle — qui, en opposition à l'opinion unanime des théoriciens et des praticiens — c'est-à-dire les artificiers et les canonniers — affirma que la trajectoire d'un boulet de canon était une courbe continue et non pas, comme on le croyait, une ligne composée de deux segments de droite reliés entre eux par un arc de cercle Pour en revenir au cas que j'ai déjà mentionné, à l'étude du phénomène du choc, il fut le premier — et en outre le seul pendant près de 150 ans — à établir non seulement, pour deux mobiles égaux qui se rencontrent, la loi générale de l'égalité de la vitesse après le choc et celle des angles d'incidence et de réflexion mais aussi à démontrer que, si deux corps égaux se déplacent l'un vers l'autre à des vitesses différentes, ils échangeront ces vitesses après le choc. Quant aux philosophes, ils pourront admirer et analyser cette faculté étrange qui a permis à Léonard d'atteindre de telles conclusions, tout en ignorant les prémisses sur lesquelles elles sont fondées.

Ceci présent à l'esprit, nous pouvons découvrir en l'examinant de plus près que non seulement le physicien mais aussi sa physique offrent plus d'intérêt qu'on ne l'admettait récemment, et que dans son imperfection et sa faiblesse mêmes, cette physique est plus originale, du moins dans ses intentions, qu'il n'apparaît à première vue.

Il semble qu'avec leurs hésitations, leurs contradictions et leurs inconsistances, les textes de Léonard révèlent un effort persistant pour réformer la physique en la rendant à la fois dynamique et mathématique. Ainsi, le caractère dialectique de sa conception de la *forza* pourrait être expliqué comme une tentative pour transformer l'idée même de la cause physique en faisant fusionner celles de la *causa efficiens* et de la *causa finalis* dans le concept de puissance ou de force qui tend à disparaître dans l'effet qu'elle produit et dans lequel elle s'accomplit. Il se peut aussi que les variations dans la conception de la pesanteur — source et effet du mouvement — ne puissent être comprises que comme une succession d'efforts pour « dynamiser » ce concept et pour fondre ensemble statique et dynamique en rattachant l'une à l'autre l'énergie potentielle d'un corps pesant et celle qu'il acquiert dans et par son mouvement de chute.

Quant à la tendance à mathématiser la physique, outre sa tentative infructueuse pour déduire la loi de l'accélération de la chute et sa réussite dans l'analyse des lois du choc, elle se manifeste dans son intérêt profond pour Archimède, qu'il cite à plusieurs reprises et dont il rechercha les manuscrits toute sa vie : cette tendance se manifeste bien davantage encore dans sa conception de la science physique en général, conception à laquelle la géométrie euclidienne a de toute évidence fourni le modèle.

La physique, selon Léonard, devrait commencer par un ensemble de principes et de propositions premières qui fourniraient la base de développements ultérieurs. Idéal admirable, en effet, et qui demeure un idéal.

Je n'ai pas besoin d'insister sur l'œuvre de Léonard dans le domaine des sciences naturelles, de la géologie, de la botanique et de l'anatomie. Elle est beaucoup mieux connue et elle est indiscutable. Mais on ne peut pas ne pas admirer la précision, la qualité artistique de ses dessins, sa vision aiguë, l'ingéniosité de sa technique souvent supérieure à celle de Vésale; je dois insister cependant sur le fait que toute son œuvre sur l'anatomie vise un but très défini et précis : *découvrir* la structure interne mécanique du corps humain, pour la rendre accessible à l'observation directe, c'est-à-dire à la *vue*.

Nous voici ramenés à une question que j'ai déjà traitée dans cette conférence : l'importance relative et le rapport entre voir et entendre, *visus* et *auditus*, en tant que sources et instruments du savoir à différentes époques et dans différentes cultures.

Il me semble qu'à travers Léonard et avec lui, pour la première fois peut-être dans l'histoire, l'*auditus* est relégué à la seconde place, le *visus* occupant la première.

Le fait que l'*auditus* soit repoussé au second plan implique dans le domaine des arts la promotion de la peinture au sommet de leur hiérarchie respective. Cela, comme nous l'explique avec soin Léonard, parce que la peinture est le seul art qui soit capable de *vérité*, c'est-à-dire le seul capable de nous montrer les choses telles qu'elles sont. Mais dans le domaine de la connaissance et de la science cela veut dire quelque chose d'autre, quelque chose de beaucoup plus important. Cela veut dire en effet, le remplacement de *fides* et de *traditio*, du savoir des autres, par la *vue* et l'*intuition* personnelles, libres et sans contrainte.

Léonard de Vinci n'a pas développé la science dont il rêvait. Il n'aurait pas pu le faire. C'était trop tôt et il avait très peu d'influence sur la pensée scientifique de ses contemporains et de ses successeurs immédiats; pourtant sa place dans l'histoire de la pensée humaine est très importante : grâce à lui et à travers lui, comme nous l'avons vu, la *technique* est devenue *technologie* et l'esprit humain s'est élevé à l'idéal de connaissance dont, un siècle plus tard, s'inspirèrent Galilée et ses amis, les Membres de l'*Accademia dei Lincei*, qui rejetèrent l'autorité et la tradition et voulurent *voir* les choses telles qu'elles étaient.

LA DYNAMIQUE
DE NICOLO TARTAGLIA *

Dans l'histoire de la dynamique, Tartaglia occupe une
place assez importante. Encore faut-il remarquer que
ce sont les idées foncièrement traditionalistes de la *Nova
Scientia*[1] et non celles, beaucoup plus avancées, des
Quesiti et Inventioni Diverse[2] qui ont eu le plus d'influence
sur ses contemporains.

La science nouvelle qu'annonce le petit livre de Tartaglia est la science de la balistique. Or, s'il exagère, sans
doute, en s'en prétendant l'inventeur — en effet, Léonard
de Vinci s'en est occupé bien avant lui — il n'en reste
pas moins vrai qu'il a été le premier à avoir traité de
cette « science » dans un livre imprimé ; le premier aussi
à avoir soumis à un traitement mathématique, c'est-à-
dire géométrique, quelque chose qui, jusqu'alors, ne fut
qu'un « art » purement et simplement empirique. Par
là même, la *Nova Scientia* marque une date ; et les mérites
de Tartaglia restent très grands quoique les théories qu'il
y expose soient tout à fait fausses : les sciences, généralement parlant, débutent toujours par des théories fausses.
Mais la possession d'une théorie, même fausse, constitue
un progrès énorme par rapport à l'état préthéorique.

La base de dynamique de la *Nova Scientia* est presque
purement traditionnelle. Mais sa présentation ne l'est
pas. Tartaglia, en effet, semble vouloir éviter toute discus-

---

* Article publié dans *La science au XVIᵉ siècle*, Colloque International
de Royaumont, 1-4 juillet 1957, Paris, Hermann, 1960, pp. 93-116. Cet
article a été également partiellement publié dans le *Philosophisches Jahrbuch*,
1958 (Festschrift Hedwig Conrad-Martius).
1. *Nova Scientia inventa da Nicolo Tartalea*, Venise, 1537.
2. *Quesiti et Inventioni Diverse di Nicolo Tartalea, Brisciano*, Venise,
1546.

sion philosophique au sujet des concepts qu'il emploie
— mouvement naturel et violent, etc. — ainsi que toute
discussion concernant les causes des phénomènes qu'il
est en train d'étudier. Aussi ne pose-t-il jamais la question : *a quo moventur projecta?* et ne mentionne-t-il pas
l'existence de théories concurrentes — celle d'Aristote
et celle de l'*impetus* — qui expliquent de manières différentes l'action du moteur sur le mobile dans le cas du
mouvement violent, ou l'accélération spontanée des corps
graves dans celui du mouvement naturel. Il procède
modo geometrico en commençant par donner une série
de *définitions*, que suivent des *suppositions* (axiomes) et
des *sentences communes* dont, finalement, il déduit les
propositions de la science nouvelle. Il en résulte un certain
caractère fruste de l'ouvrage. Mais il est certainement
voulu par Tartaglia qui, sans doute, se veut empiriste
— les canons sont des faits, les boulets volent et tombent —
et qui s'adresse au praticien et non pas au philosophe.
Ce sont justement des données empiriques et des concepts
empiriques — du moins à ce qu'il croit — qu'il veut
soumettre à un traitement mathématique (géométrique)
sans passer par une théorie explicative qui en formerait
le lien. C'est en cela que consiste l'intérêt de la tentative.
Et l'échec de son positivisme avant la lettre nous montre
bien la difficulté de son entreprise. Et le danger que
comporte, pour une science naissante, une confiance
exagérée dans l' « empirie ».

La « Science nouvelle » de Tartaglia n'est pas un traité
de motu ; elle n'étudie pas tous les mouvements possibles
des corps donnés dans la réalité concrète; elle ne s'occupe
pas des corps « légers »; elle fait abstraction de certaines
conditions réelles du mouvement, notamment, de l'existence et de la résistance du milieu; elle ne s'occupe que
du mouvement des corps « également graves », c'est-à-
dire tels que « par suite de la gravité de leur matière et
par suite de leur forme [ils] ne sont pas susceptibles d'éprouver une opposition sensible de l'air à leur mouvement »
(I, déf. I), ce qui veut dire, pratiquement, des corps
sphériques en plomb, en fer, en pierre ou en une autre
matière semblable en gravité (p. B. verso); autrement
dit : des boulets.

Cette définition du « corps également grave » est suivie
par les définitions de l'instant : « ce qui n'a pas de parties »
(déf. III); du temps : « mesure du mouvement et du
repos » (déf. IV); du mouvement : « transmutation (trans-

fert) qu'un corps fait d'un lieu dans un autre lieu », les termes de ce transfert étant des « instants ». A cette définition Tartaglia ajoute la remarque que certains savants distinguent six sortes de mouvements, bien qu'Aristote n'en connaisse que trois; quant à lui, Tartaglia, il ne s'occupe que du mouvement local; d'où sa définition.

Le mouvement local des corps également graves peut être soit un mouvement naturel, c'est-à-dire (déf. VI) « celui qu'ils font, sans violence aucune, d'un lieu supérieur à un lieu inférieur »; soit un mouvement violent (déf. VII), à savoir celui qu'ils font, « en y étant forcés, de bas en haut, de haut en bas, de çà de là, en vertu (cause), de quelque puissance mouvante ». Ainsi, pour Tartaglia, et c'est là quelque chose d'important, bien que, sans doute, purement traditionnel, comme nous le verrons tout à l'heure, le mouvement descendant d'un corps également grave est son seul et unique mouvement naturel; tous les autres, celui d'un corps se déplaçant horizontalement, sont tout aussi violents que le mouvement vers le haut.

Quant à la puissance mouvante dont il vient d'être question, elle est définie par Tartaglia (déf. XIII) comme « n'importe quelle machine artificielle qui soit capable de lancer ou de tirer violemment par l'air un corps également grave. »

La *supposition première* nous dit que si un corps en mouvement produit un effet (un choc) plus grand, c'est qu'il va plus vite; la *sentence commune* I ajoute qu'un corps également grave fait un effet d'autant plus grand [en heurtant] un autre corps qu'il vient de plus haut par un mouvement naturel, et la *sentence commune* IV, qu'un corps également grave, animé d'un mouvement violent, fera un effet d'autant plus grand sur un autre corps que celui-ci sera plus proche du point de départ (principe) de ce mouvement.

De ces *suppositions* et *sentences communes* — et cela par un raisonnement assez curieux qui se fonde sur le fait qu'un corps qui tombe de plus haut (du sommet d'une tour) heurte le sol avec une force plus grande que celui qui tombe d'une fenêtre qui se trouve à sa mi-hauteur, et donc, va plus vite — Tartaglia déduit (prop. 1) que « dans le mouvement naturel tout corps également grave va d'autant plus vite qu'il s'éloigne du point de départ (principe) ou s'approche du point d'arrivée (de la fin) de son mouvement ». Cette identification de l'éloignement du point de départ avec le rapprochement au point d'arri-

vée, identification parfaitement naturelle et dont Benedetti
sera le premier à reconnaître le caractère fallacieux,
implique qu'un corps qui se dirigerait vers le centre du
monde, à condition bien entendu de pouvoir s'y rendre,
mettons par un canal qui traverserait la Terre par un
des diamètres, y arriverait avec une vitesse maximale.
En effet le mouvement du grave vers le centre du monde
est semblable à celui d'un voyageur qui va vers un lieu
désiré :

> Plus il va s'approchant de ce lieu, plus il se presse et s'efforce
> de cheminer; comme il paraît en un pèlerin, qui vient d'un lieu
> lointain; plus il est proche de son pays, plus il s'efforce de cheminer
> de toute sa puissance et cela d'autant plus qu'il vient d'un pays
> plus lointain; ainsi fait le corps grave; il se hâte de même vers son
> propre nid, qui est le centre du monde et, plus il vient d'un endroit
> éloigné, plus il va vite en s'approchant de lui.

Mais que fera le grave lorsqu'il aura atteint son « nid »?
S'y arrêtera-t-il comme le pèlerin rentré dans son pays?
ou continuera-t-il sa course? Dans la première édition
de la *Nova Scientia* Tartaglia, ne nous le dit pas. Mais
la seconde édition (1550) prend résolument parti contre
la possibilité de l'arrêt :

> Nous venons de rappeler, écrit Tartaglia, que l'opinion d'un
> grand nombre de philosophes était que s'il existait un canal percé
> d'outre en outre à travers la Terre et passant par son centre, dans
> lequel pourrait se mouvoir un corps uniformément grave, de la
> manière que l'on a expliquée ci-dessus, ce corps s'arrêterait tout à
> coup en arrivant au centre du monde. Mais cette opinion, suivant
> moi, n'est pas exacte [1]. Bien loin de s'arrêter tout à coup en arrivant
> au centre, le mobile, animé qu'il était d'une grande vitesse, dépas-
> serait ce point, comme lancé d'un mouvement violent, et se diri-
> gerait vers le ciel de l'hémisphère opposé au nôtre, pour, ensuite,
> revenir vers le même centre, le dépasser de nouveau quand il y
> serait arrivé en vertu d'un mouvement violent qui cette fois-ci
> le porterait vers nous, de là il recommencerait encore à se mouvoir
> d'un mouvement naturel vers le même centre, etc., en diminuant
> graduellement de vitesse jusqu'à ce qu'enfin il s'arrête en effet au
> centre de la Terre.

La structure générale des mouvements des graves étant
désormais fixée, Tartaglia nous présente deux corollaires
assez importants, à savoir : *a)* que le corps grave va le
plus lentement au début de son mouvement et le plus

---

1. Tartaglia a tort de dire « suivant moi », car l'opinion qu'il défend
est commune aux partisans de la dynamique de l'*impetus*. Mais Tartaglia
est assez porté à s'attribuer une originalité exagérée.

vite à la fin; *b*) que sa vitesse varie constamment, c'est-à-dire, qu'elle ne peut être la même à deux instants divers du parcours.

C'est seulement maintenant, dans la proposition II, que Tartaglia établit que :

tous les corps également graves semblables et égaux, partent du principe de leur mouvement naturel avec une vitesse [1] égale, mais augmentent leurs vitesses de façon telle que celui qui traversera un espace plus grand ira plus vite.

La vitesse du mouvement de descente — Tartaglia ne dit pas expressément qu'elle lui soit proportionnelle — augmente donc en fonction de l'espace parcouru.

Les propriétés du mouvement violent sont rigoureusement contraires de celles du mouvement naturel. Ainsi (prop. III) :

Plus un corps également grave s'éloigne du principe ou s'approche de la fin du mouvement violent, plus il va lentement.

D'où ce corollaire très important, en vertu duquel Tartaglia rejette la croyance commune à l'accélération initiale du projectile, rejet fondé, en outre, sur la négation de l'accroissement de la puissance du choc avec l'éloignement dudit projectile de son point de lancement :

De là il est manifeste qu'un corps également grave a, au commencement de son mouvement violent, la vitesse la plus grande et, à la fin, la plus petite qu'à aucun autre endroit de sa course; et que, plus grand est l'espace qu'il a à parcourir, plus il ira vite au principe de son mouvement (cor. I).

Pas plus que le corps en mouvement naturel, celui qui se meut d'un mouvement violent ne peut avoir une même vitesse à deux instants différents de sa course (cor. 2); d'autre part (la situation ici est strictement inverse de celle du mouvement naturel), tous les corps également graves semblables et égaux iront à la fin de leur mouvement avec une vitesse égale, quelle qu'ait été celle qu'ils avaient au commencement [2].

Ceci implique une conséquence importante, bien que prématurée puisque l'on n'a pas encore déterminé la forme de la trajectoire du mouvement violent — la ques-

---

1. Tartaglia évite la question difficile de la détermination de cette vitesse.
2. Là encore Tartaglia ne dit pas quelle sera cette vitesse terminale, et ne l'assimile pas au repos.

tion sera d'ailleurs réétudiée par Tartaglia dans le livre II de l'ouvrage —, à savoir que si deux corps sont lancés sous un même angle mais avec des vitesses différentes, la trajectoire du plus lent sera exactement pareille à celle qui, à partir d'un certain point, notamment celui où sa vitesse est égale à la vitesse initiale du plus lent, sera décrite par le plus rapide (fig. 1).

Venons-en maintenant au problème général de la forme de la trajectoire décrite par un corps également grave dans son mouvement violent. Sa solution est d'autant plus difficile pour Tartaglia que, non seulement il accepte la thèse commune de l'incompatibilité du mouvement naturel et du mouvement violent, mais qu'il lui attribue une valeur absolue, en d'autres termes, qu'il nie résolument la possibilité du mouvement « mixte » sur lequel Nicolas de Cues et Léonard de Vinci avaient si fortement insisté. Aussi nous dit-il dans la proposition V :

Aucun corps également grave ne peut pendant aucun espace de temps ni de lieu marcher d'un mouvement composé (mixte) à la fois de mouvement violent et de mouvement naturel.

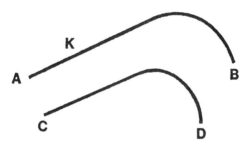

Fig. 1. *La vitesse du premier corps (le plus rapide), en K, est égale à celle du second (le plus lent), en C.*

En effet, s'il le faisait, il devrait se mouvoir en augmentant continuellement sa vitesse et, en même temps, en la diminuant non moins continuellement. Ce qui, de toute évidence, est impossible.

La trajectoire du corps lancé obliquement en l'air se présentera donc comme décrivant tout d'abord une ligne droite, puis une courbe (arc de cercle), puis de nouveau une droite (fig. 2).

La solution de Tartaglia, on le voit bien, est tout à fait traditionnelle, mais, quoi qu'il en dise, elle ne découle aucunement du principe qu'il a si vigoureusement affirmé. Tout au contraire, de l'impossibilité du mouvement mixte devrait résulter une trajectoire tout autre : angulaire;

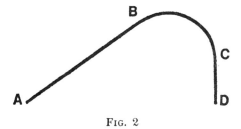

FIG. 2

le corps devrait suivre un parcours rectiligne jusqu'à ce qu'il ait atteint le point de vitesse *minima* qui marque la fin de son mouvement violent; puis, redescendre en ligne droite, et d'un mouvement naturel, jusqu'au sol (fig. 3)[1]. Pourquoi, en effet, la trajectoire s'incurverait-elle

FIG. 3

vers le bas? La théorie du mouvement « mixte » pouvait l'expliquer. Tartaglia ne le peut pas. En effet, le ralentissement du projectile ne fait rien à l'affaire; car ce n'est pas le mouvement violent *rapide*, c'est tout mouvement violent qui est incompatible avec le mouvement naturel; inversement, si l'on admet que le mouvement violent rectiligne s'incurve, à un moment donné, sous l'influence de la pesanteur, il faut, pour être conséquent, admettre

---

1. De telles trajectoires apparaissent dans des livres consacrés à l'art du canon en plein XVIe siècle.

cette influence comme s'exerçant pendant tout le parcours, et non seulement vers sa fin.

Tartaglia, au fond, le sait bien. Aussi ajoute-t-il à la supposition II du livre II de son ouvrage (supposition qui nous dit justement que toute trajectoire d'un corps grave lancé obliquement sera composée d'abord d'une partie rectiligne, puis d'une partie curviligne [circulaire] à laquelle va se joindre la verticale de la chute), une remarque qui corrige l'énoncé précédent. En effet, à parler strictement, la trajectoire en question ne peut pas posséder de partie parfaitement rectiligne; à cause de la pesanteur qui, continuellement, tire le corps grave vers le centre du monde, elle sera entièrement incurvée. Tartaglia estime toutefois qu'elle le sera si peu que sa déviation sera parfaitement imperceptible à nos sens et que nous pouvons ne pas en tenir compte. Nous pouvons donc supposer qu'elle sera vraiment droite et que la partie visiblement courbe sera vraiment circulaire [1].

La simplification introduite par Tartaglia dans le tracé de la trajectoire n'est pas une abstraction théorique, c'est une simplification pratique. Il semble donc certain qu'il a adopté le tracé traditionnel de la trajectoire — celui

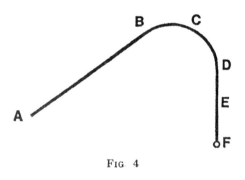

Fig. 4

des artilleurs — comme un fait et qu'il a été obligé d'introduire dans sa théorie certaines conceptions, telle l'incur-

---

1. Il est curieux de constater que le frontispice de la *Nova Scientia* offre la représentation d'une bombarde tirant un obus à trajectoire sensiblement courbe.

vation du mouvement violent, qui lui permettaient de
ne pas s'écarter des données expérientielles que lui four-
nissaient les praticiens. Il admet donc — dès la proposition III du livre I — que le mouvement violent peut
être tout aussi bien rectiligne que courbe et fait dépendre
le ralentissement de ce mouvement de la longueur du
chemin parcouru (cf. *supra*) sans se préoccuper de la
forme de ce chemin [1].

Appliquée au problème de la trajectoire du boulet de
canon, cette conception permet d'affirmer que son mouvement violent peut s'effectuer en cercle tout aussi bien
qu'en ligne droite, et même qu'il reste violent jusqu'au
moment où le boulet commence sa descente verticale,
c'est-à-dire jusqu'au point C (cf. dessin de la fig. 5).

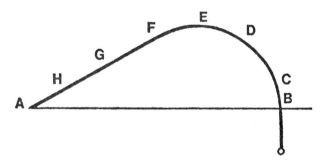

Fɪɢ. 5

C'est là, et non au sommet de la courbe, que se trouve
le point de vitesse *minima*, car c'est là que s'épuise et
disparaît le mouvement violent (liv. II, sup. III). La
portée maximale ou, pour employer les termes mêmes
de Tartaglia, « l'effet le plus lointain » (liv. II, sup. IV)
d'une projection dans un plan donné est mesurée par la
distance entre le point de départ et le point où commence
la retombée verticale. Elle varie avec l'élévation du canon
et dépend de la longueur de la partie rectiligne du parcours
autant que de celle de sa partie circulaire. Si Tartaglia

1. En fait, les théoriciens de la dynamique de l'*impetus* ont toujours
admis (avec Aristote d'ailleurs) que le mouvement circulaire sur la Terre
était un mouvement violent.

avait été conséquent avec lui-même, il aurait dû admettre
que la longueur totale du chemin parcouru en mouvement
violent est toujours égale à elle-même, quel que soit
l'angle de projection du boulet; ce qui lui aurait permis
de calculer la longueur relative des parties rectilignes
et circulaire de la trajectoire. Mais il ne tire pas cette
conséquence — pourtant immédiate — de sa conception
du mouvement violent; peut-être parce qu'il se rend compte
du caractère artificiel de celle-ci. Tout ce qu'il nous dit,
c'est que la partie circulaire de la trajectoire est d'autant
plus grande que l'angle de la projection est plus grand,
exception faite, bien entendu, pour le cas où la projection
se fait perpendiculairement vers le haut, ou le bas (fig. 6).

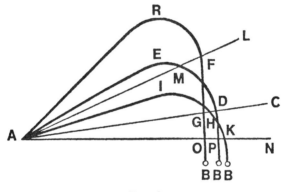

Fig. 6

En effet, pour raccorder une projection horizontale à
la descente verticale, il suffit d'un quadrant de cercle
(prop. IV) ainsi qu'on le voit par la figure 7, page suivante.

Lorsque la projection est dirigée (obliquement) vers
le haut, un quadrant de cercle ne suffit pas : le segment EF
sera donc plus grand (prop. V).

Lorsque, en revanche, le coup est dirigé obliquement
vers le bas, la courbe de raccordement sera plus petite
qu'un quadrant (prop. VI).

De là — en ayant visiblement oublié ce qu'il avait dit dans la proposition IV du livre I — Tartaglia déduit (prop. VII) que :

« les trajectoires des mouvements violents des corps également graves, projetés au-dessus de l'horizon avec une inclination égale,

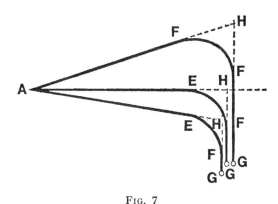

Fig. 7

seront semblables et, par conséquent, proportionnelles ainsi que les distances parcourues »,

ce qui veut dire que les rapports des distances dans ce cas ne dépendent que de ceux des vitesses initiales et sont proportionnels à celles-ci (fig. 8).

Les propositions VIII et IX, en expliquant que la même distance (horizontale) peut correspondre à deux élévations différentes du canon, et que cette portée est *minima* pour l'élévation 0 — coup horizontal — et l'élévation de 90° — canon pointé verticalement — démontrent que la portée la plus grande correspond à un angle de 45°, qui se trouve juste au milieu, et que la portée d'un tel coup est de dix fois celle du coup horizontal. Tartaglia ajoute même que la partie rectiligne de la trajectoire sera quatre fois plus grande que celle du coup horizontal.

La suite de la *Nova Scientia* (liv. III) est consacrée
à des questions pratiques : comment déterminer les distances et les élévations des buts visés..., et à la description

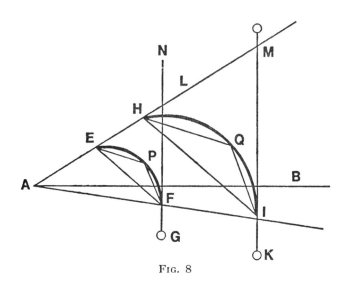

Fɪɢ. 8

d'un instrument de mesure d'angles, très proche, d'ailleurs,
du quadrant de Regiomontanus. Elles ne nous intéressent
pas directement.

Tartaglia affirme dans la préface de son livre — épître
dédicatoire à Francesco Maria dalla Rovere, duc d'Urbino,
préfet de Rome et capitaine général du Sénat de Venise —
qu'il a élaboré une théorie permettant de calculer, à partir
d'une portée donnée, c'est-à-dire, établie par expérience
pour un angle déterminé, la portée des coups de canons et
de mortiers en fonction de leurs élévations. Il ne l'a jamais
publiée ; et les livres IV et V de la *Nova Scientia* ne furent
jamais imprimés.

En revanche, en 1646, Tartaglia fait paraître ses *Quesiti
et Inventioni diverse*, dont les deux premiers livres contiennent une étude de la balistique, étude dans laquelle il
reprend, complète et parfois modifie les théories exposées
dans la *Nova Scientia*.

Du point de vue de la dynamique, la modification la plus importante et, à certains égards, décisive, consiste dans l'abandon de la simplification pratique qui permettait d'affirmer la rectilinéarité d'une partie de la trajectoire du projectile. En conséquence, Tartaglia rejette la croyance vénérable à l'existence d'un mouvement violent en ligne droite, à moins que celui-ci ne soit dirigé directement vers le ciel ou, au contraire, vers le centre du monde. La trajectoire d'une balle d'arquebuse ou d'un boulet de canon ne comporte pas de partie rectiligne; ni lorsque le coup est dirigé (obliquement) vers le haut ou le bas; ni lorsque sa direction est horizontale : la trajectoire est toujours tout entière en ligne courbe, et le boulet de canon commence à s'abaisser dès le premier instant de sa projection. Tartaglia ajoute que, s'il n'avait pas soutenu cette théorie dans sa *Nova Scientia*, c'est qu'il voulait être compris par les vulgaires. Cela se peut. Il se peut aussi — c'est ce que je crois — que ses conceptions aient, entre temps, évolué.

Théorie parfaitement inouïe, et qui semble être tout à fait contraire à l'expérience. Aussi l'interlocuteur de Tartaglia — les *Quesiti* sont écrits sous forme de dialogues-discussions — en l'occurrence le duc Francesco Maria d'Urbino, proteste-t-il violemment [1]. Il veut bien admettre, cela va de soi, que les mouvements vers le haut et le bas soient rectilignes. Mais que dans aucune autre direction, et sur aucune longueur de la trajectoire, le projectile ne se meuve en ligne droite, c'est là quelque chose qui n'est pas croyable, et qu'il ne croit pas, d'autant plus que des expériences faites à Vérone avec une couleuvrine de 20 livres lui ont bien montré qu'à la distance de 200 pas le boulet se plaçait dans le point de mire, ce qui veut dire qu'il volait en ligne droite. Que si ladite couleuvrine était élevée pour tirer à une distance plus grande, la trajectoire ne serait pas entièrement en ligne droite, c'est très probable, et le duc veut bien le concéder. Mais on ne peut conclure de là qu'elle soit incapable de lancer un boulet en ligne droite à une distance de 200 pas, ou de 100, ou de 50.

A quoi Tartaglia rétorque que, non seulement le boulet ne parcourra pas 50 pas en ligne droite, mais qu'il n'en parcourra même pas un seul. La croyance contraire est due à la faiblesse de l'intellect humain [2] qui a du mal à distinguer le vrai du faux. Aussi Tartaglia demande-t-il à Son

1. *Quesito*, III, pp. 11 sq.
2. Ainsi ce ne sont plus les sens, c'est l'intellect qui désormais est rendu responsable de l'erreur.

Excellence, qui croit que la balle fera une partie de sa course en ligne droite, et le restant en ligne courbe, pour quelle raison et cause propre cette balle ira ainsi en ligne droite, en quelle partie de sa trajectoire et jusqu'où ira-t-elle de la sorte, et, de même, quelle est la cause pour laquelle elle ira ensuite en ligne courbe, en quelle partie de sa trajectoire, et à partir de quel point, le fera-t-elle? Le duc répond que c'est la grande vitesse de la balle, dont elle est animée à sa sortie de la bouche de la pièce, qui est la cause propre pour laquelle, durant peu de temps, ou d'espace, elle ira en ligne droite; mais que plus tard, manquant à quelque degré de vigueur et de vitesse, elle commencera à se ralentir et à s'abaisser successivement vers la Terre et continuera ainsi jusqu'à ce qu'elle y tombe.

Réponse admirable, confirme Tartaglia; en effet, c'est la vitesse de la balle qui s'oppose à l'incurvation de la trajectoire, dont la déclinaison augmente avec son ralentissement, car un corps mû de mouvement violent devient d'autant moins lourd qu'il va plus vite et, par conséquent, plus droitement il va à travers l'air, qui le soutient d'autant plus facilement qu'il est plus léger [1]. Inversement, moins il va vite, plus il devient lourd, et plus fortement donc il est, par cette gravité, tiré vers la Terre. Cet allégement du corps grave en fonction de sa vitesse n'empêche pas toutefois que, dans les effets produits, c'est-à-dire, dans la percussion, le corps en question agit avec toute sa gravité naturelle, augmentée encore en raison de sa vitesse, et de ce fait agit avec d'autant plus de force qu'il va plus vite, et inversement. Le duc est d'accord, mais Tartaglia poursuit :

Supposons donc que tout le chemin, ou toute la trajectoire (transit) que doit faire ou qu'a fait le boulet tiré par ladite couleuvrine soit [représentée] par la ligne *abcd* tout entière; s'il est possible que dans une quelconque de ses parties elle soit parfaitement droite, nous poserons que telle sera la partie *ab ;* que celle-ci soit divisée en deux parties égales en *e ;* la balle alors traversera plus rapidement l'espace *ae* (selon la proposition II du livre I de notre *Nova Scientia*) que l'espace *eb.* Or donc, pour des raisons susexpliquées, la balle ira plus droitement par l'espace *ae* que par l'espace *eb,* ce pourquoi la ligne *ae* sera plus droite que la ligne *eb,* ce qui est une chose impossible, parce que si toute la ligne *ab* est supposée être parfaitement droite, une moitié d'icelle ne peut être ni plus ni moins droite que l'autre moitié, et si une moitié était plus

---

1. L'allégement du grave par son mouvement rapide résulte de l'incompatibilité des *impetus* naturel et violent.

droite que l'autre, il s'ensuivrait nécessairement que cette autre moitié n'était pas droite, et par conséquent que la ligne *ab* n'était pas droite.

Le même raisonnement s'appliquant à la partie *ae* — on la divise en deux en *f* — il s'ensuit qu'aucune partie de la trajectoire ne peut être droite, si minime soit-elle, et qu'elle est courbe tout entière (fig. 9). Le duc, cependant, n'est pas

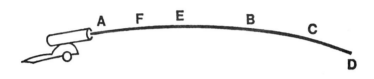

F<small>IG</small>. 9

convaincu. Aussi, au raisonnement mathématique de Tartaglia, oppose-t-il le témoignage irréfragable de l'expérience : les balles arrivent directement dans le point de mire, ce qui ne pourrait se faire si elles n'allaient pas en ligne droite.

Argument fallacieux, répond Tartaglia. Il est vrai que nous croyons voir la balle aller directement dans le point visé : or, c'est une illusion. La balle ne va pas en ligne droite, pas plus qu'elle ne s'élève sur l'horizon [lorsque le canon est pointé horizontalement], tout cela est impossible. Mais nos sens ne sont pas assez aigus et précis pour distinguer la courbe très tendue du début de la trajectoire d'une ligne droite ; ainsi une mer calme nous paraît être parfaitement plane, tandis qu'en réalité sa surface est celle d'une sphère.

Le duc admet la valeur du raisonnement, bien que la thèse de Tartaglia continue à lui paraître étrange. Mais il ne se rend pas : car, même si l'on admettait qu'une balle tirée horizontalement soit, sur tout son parcours, déviée de sa course par la gravité qui agit sur elle dans les conditions les plus favorables à cette action, ce ne sera certainement pas le cas là où elle est tirée obliquement en l'air et où la gravité est moins apte à la faire dévier. La trajectoire oblique comporte certainement une partie rectiligne.

Tartaglia, cependant, maintient sa position. Ce qui est impossible est impossible ; aussi la balle n'ira-t-elle en ligne droite que si elle est tirée verticalement vers le haut (ou vers la Terre ou le centre du monde) ; dans toute autre position elle décrira une courbe. Il est vrai, assurément, que la gravité agira d'autant moins que l'élévation du tir est plus grande et que, de ce fait, l'incurvation sera d'autant plus faible. Jamais, toutefois, elle ne deviendra nulle. Jamais une balle ne pourra aller en ligne droite « dans aucune partie, si minime soit-elle, de son mouvement ».

Ceci étant admis, il n'en reste pas moins vrai que l'« allégement » du boulet en fonction de la rapidité de son mouvement et, bien davantage encore, en fonction de l'obliquité (élévation) du tir, comporte des conséquences théoriques et pratiques d'une grande importance : c'est elle qui explique, d'une part, l'allongement de la partie pratiquement rectiligne de la trajectoire avec l'accroissement de la vitesse du boulet et de l'angle d'élévation du canon. C'est elle qui explique, d'autre part, pourquoi le tir horizontal est, de tous, le moins efficace et pourquoi, par conséquent, en bombardant une forteresse située sur le sommet d'une colline, il est préférable de placer le canon non pas à son niveau (sur une colline voisine), mais bien en contrebas.

L'allongement du parcours pratiquement horizontal en fonction de la vitesse de l'obus est une conséquence immédiate de la similitude des trajectoires des projectiles, lancés sous le même angle d'obliquité, établie par Tartaglia dans la *Nova Scientia*. Son allongement dans le cas du tir oblique nécessite des considérations plus subtiles, fondées sur la doctrine d'Archimède concernant les centres de gravité et l'équilibre de la balance. Or, cet équilibre se trouve réalisé de la manière la plus parfaite lorsque deux corps égaux sont suspendus aux bras égaux de la balance (p. 12 v.) (fig. 10 et 11).

Dans ce cas-là, le fléau occupe une position horizontale et les corps sont dits être « en position d'égalité ». C'est dans cette position que les corps en question sont le plus lourds, ou, ce qui est la même chose, c'est lorsque les corps se trouvent en position d'égalité que la gravité naturelle a le plus d'efficacité pour les tirer en bas. Éloignons le fléau de la balance de sa position d'égalité en le faisant tourner sur son axe : les corps en question deviendront plus légers dans la mesure même où ils s'éloignent de cette position, ou qu'ils se rapprochent de la verticale. Il en est de même en ce qui concerne le plan incliné : la gravité naturelle du corps placé sur un tel plan agit d'autant moins — ce corps exerce d'autant moins de pression sur ce plan — que l'inclinaison est plus grande. Tartaglia conclut donc d'une manière générale que « un corps pesant équilibré partant de la position d'égalité devient plus léger en s'éloignant de cette

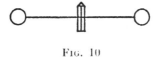

Fig. 10

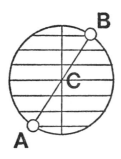

Fig. 11

position, et ce d'autant plus qu'il s'en éloigne davantage » (fig. 12).

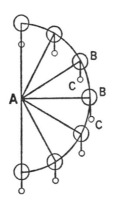

Fig. 12

A la suite de quoi, oubliant, si l'on peut dire, que les boulets ne sont pas suspendus aux bras d'une balance, mais tenant compte du fait qu'ils ne sont pas, non plus, soutenus par des plans inclinés, Tartaglia poursuit, en assimilant le mouvement horizontal à celui d'un corps qui se meut « dans le plan de l'égalité ».

Lorsqu'une pièce est pointée horizontalement, on peut dire que le boulet y est dans la position d'égalité, et que, chassé dans cette position, il est plus pesant qu'il ne l'est dans toute autre position de la pièce par rapport à la direction horizontale. Ainsi le boulet, dans ce cas-ci, chemine avec plus de difficulté, et commence beaucoup plus tôt à descendre qu'il ne le ferait dans toute autre position de la pièce. Autrement dit, et pour employer l'expression usitée par les artilleurs, il va beaucoup moins longtemps « de but en blanc » qu'en toute autre élévation et par suite fait moins d'effet.

En revanche, lorsqu'il se meut sur une ligne oblique (« lorsqu'il s'éloigne de la position d'égalité »), le boulet devient d'autant plus léger que cette obliquité est plus grande, ou, ce qui est la même chose, la gravité naturelle agit sur lui d'autant plus faiblement. Il en résulte que la même force (la même quantité de poudre) le lancera d'autant plus loin, et que la distance qu'il traverse d'un mouvement pratiquement rectiligne, c'est-à-dire la partie de la trajectoire qu'il parcourt avec une très grande vitesse, sera d'autant plus longue — quatre fois plus longue pour une élévation de 45° que pour le tir horizontal. Or, nous savons bien que la trajectoire commence à s'incurver *sensiblement* lorsque la vitesse du boulet a, elle aussi, *sensiblement* diminué : nous savons également que la force du choc du boulet sur un mur dépend essentiellement de la vitesse avec laquelle il se meut. Les conséquences pratiques de ces considérations sont claires : admettons que la longueur de la trajectoire pratiquement rectiligne du boulet en tir horizontal soit de 200 pas : cette longueur, pour une élévation de 45°, sera de 800. Admettons d'autre part que le but à atteindre — la forteresse construite sur une colline voisine de celle sur laquelle nous nous trouvons nous-mêmes — soit à une distance de 60 pas (en ligne horizontale). Le boulet de canon que nous tirerons horizontalement arrivera sur l'obstacle avec une vitesse suffisante pour lui faire parcourir encore 140 pas en ligne droite. Plaçons maintenant le canon en contrebas : la distance que le boulet devra parcourir sera sans doute plus grande ; mettons qu'elle soit de

100 pas : lorsqu'il frappera le mur, il se mouvra cependant avec une vitesse suffisante pour en parcourir encore 700 et son choc sera plus fort. Il en serait de même si l'éloignement du canon placé sur la colline était de 130 pas et celui du canon qui est placé dans la plaine, de 600. En revanche, si ce dernier était éloigné de 760 pas, le coup horizontal serait le plus fort.

Ne nous moquons pas de ces raisonnements absurdes : appliquer les mathématiques à la science du mouvement est une chose très difficile; et quant à l'application du schéma de la balance, là où il n'a rien à faire, le XVIe siècle, depuis Léonard de Vinci et jusqu'à Kepler, le fait avec une unanimité touchante et compréhensible : comment, en effet, ne pas succomber à la tentation d'étendre à la dynamique un schéma qui a si bien réussi en statique?

Le problème de la trajectoire rectiligne ou courbe est repris par Tartaglia dans une série de dialogues avec le chevalier de Rhodes, prieur de Barletta, Gabriel Tadino di Martinengo (*Ques.* VI, VII, VIII, IX et X). Tartaglia répète les arguments qu'il a présentés au duc d'Urbino et y ajoute une explication supplémentaire — et très raisonnable — de l'erreur des canonniers qui, tous, croient à la « droiture » du coup tiré de but en blanc, à savoir le fait que la ligne de visée et l'axe du canon non seulement ne sont pas identiques, mais même ne sont presque jamais parallèles. Aussi, s'il arrive — comme il arrive effectivement — que la balle touche le but visé, ce n'est pas parce que celle-ci va en ligne droite, en suivant la ligne de visée, ou une ligne parallèle à celle-ci; c'est parce que la ligne de visée et la trajectoire — courbe — de la balle se croisent et de ce fait possèdent un, ou même deux points communs (fig. 13 et 14).

Nous avons vu Tartaglia défendre avec acharnement et obstination, la vérité théorique (géométrique) contre les prétentions de l'expérience — pseudo-expérience — du sens commun, et des canonniers que, maintes et maintes fois, invoque le prieur de Barletta. Il est évident, toutefois, qu'il ne s'agit aucunement de rejeter, en bloc, le témoignage des bombardiers; ni, encore moins, les faits que leur expérience a permis d'établir et qu'elle a rendus indubitables et certains. Ainsi, par exemple, il est certain que si, d'un seul et même canon, on tire, l'un après l'autre, deux coups — l'élévation et la charge étant identiques — le second portera plus loin que le premier; comme il est certain que, pour frapper une muraille avec la force *maximale*, il faut se mettre à une certaine distance de celle-ci, ni trop près, ni

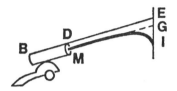

Fig. 13

Fig. 14

trop loin. Tartaglia, donc, se fait un devoir de nous expliquer ces faits. Ainsi à la question — rhétorique — que lui pose le prieur de Barletta (*Quesito* IV, p. 13 r.) :

« Si l'on tire d'une même pièce d'artillerie deux fois, coup sur coup, avec une même hausse, vers le même but, avec une charge égale, les deux tirs seront-ils égaux? » répond-il avec assurance : — « Sans aucun doute ils seront inégaux; le second coup portera plus loin que le premier. » — « Pour quelle raison? » demande le prieur, et Tartaglia explique : « Pour deux raisons. La première est que, lors du premier tir, le boulet a trouvé l'air en repos, tandis que lors du second tir, il le trouve non seulement tout ébranlé par le boulet lancé au premier tir, mais encore tendant ou courant fortement vers le lieu vers lequel on tire. Or, il est plus facile de mouvoir et de pénétrer une chose déjà mue et pénétrée qu'une chose qui est en repos et en équilibre. Par conséquent lors du second tir, le boulet rencontrant un moindre obstacle que lors du premier, ira plus loin que le premier boulet. »

La seconde raison est technique : la première explosion de la poudre sera plus faible que la deuxième : en effet, la première se produit dans un canon plein d'humidité, la deuxième, dans un canon parfaitement sec. On aurait tort, cependant, d'en conclure, comme le fait le prieur, que si l'on tire une série de coups, leur portée ira toujours en augmentant. En effet, l'échauffement de la pièce provoque un contre-courant; de plus, dans une pièce trop chaude, l'explosion se fera trop vite.

Le mécanisme imaginé par Tartaglia pour expliquer l'allongement de la trajectoire du deuxième coup de canon ne peut pas être invoqué dans le cas de la variation de la force de la percussion : en effet, celle-ci se manifeste déjà au premier coup... Tartaglia, donc, en imagine un autre. Écoutons Signor Jacomo de Achaia lui poser la question (*Quesito* XVIII, p. 24 r.) :

« *S. Jacomo.* J'ai vu par expérience que tirant avec un canon sur une muraille et me tenant tout près [de celle-ci] je n'ai pas pu causer un effet aussi puissant que celui que j'ai obtenu en me tenant un peu plus loin; or, pour les raisons alléguées par vous dans votre *Nova Scientia*, il devrait en être tout le contraire, parce que le boulet tiré d'une pièce d'artillerie, d'autant plus il s'éloigne de la bouche de cette pièce, d'autant plus il se ralentit et perd de vitesse, ce qui veut dire qu'il va moins vite et là où il va moins vite, il produit un effet moindre. Inversement, autant le lieu d'où est tiré le boulet est plus proche du lieu de la percussion, autant plus grand doit être l'effet produit, parce que ce boulet se meut d'un mouvement d'autant plus rapide, et néanmoins, ainsi que je viens de le dire, je trouve, par expérience, qu'il en est tout le contraire. Je vous demande donc la cause de cet inconvénient. »

Un théoricien de la trempe de Galilée aurait répondu en niant le fait. Mais les Galilée sont rares dans l'histoire. Tartaglia donc — comme avant lui Dulaert de Gand et Louis Coronel [1] — se borne à expliquer que l'augmentation de la puissance du choc est parfaitement compatible avec la diminution de la vitesse du projectile dont la *Nova Scientia* avait donné la démonstration.

Le fait est, nous dit-il, que toute chose qui se meut, meut quelque autre chose; ainsi le boulet projeté par une certaine ventosité de la poudre, ensemble avec cette ventosité, pousse devant lui une colonne d'air, laquelle colonne d'air, qui peut être comparée à une poutre en bois, se meut cependant beaucoup plus lentement que le boulet qui, de

1. Cf. P. Duhem, *Études sur Léonard de Vinci*, III, Paris, 1913; Marshall Clagett, *The Science of Mechanics in the Middle Ages*, Madison, Wisconsin, 1959.

ce fait, la pénètre et la traverse dans toute sa longueur en très peu de temps. Or si le canon est placé trop près du mur, la colonne d'air — qui, normalement, s'élargit et se dissipe à une certaine distance de la bouche du canon, mais qui, du fait de la proximité du canon au mur, n'a pas eu le temps de le faire — arrive au contact du mur avant d'être traversée par le boulet; elle reflue donc en arrière et, par là même, oppose une résistance au mouvement du boulet (elle s'interpose entre le boulet et le mur comme une espèce de coussin); mais si la distance séparant le canon et le mur est plus grande, le boulet a le temps de traverser toute la colonne et de frapper le mur sans que la force de ce coup soit entravée par le choc en retour de la colonne d'air que le boulet a laissée derrière lui.

On le voit bien : le double effort de Tartaglia essayant d'asseoir la théorie balistique directement sur l'expérience et, en même temps, de rejeter les prétentions de l' « expérience » confuse de la vie quotidienne et de la pratique technicienne, n'a pas abouti; et ne pouvait pas aboutir. Il était à la fois, prématuré, et trop peu radical. Aussi n'eut-il pas beaucoup d'influence sur ses contemporains : surtout en ce qu'il avait de plus précieux. Car, si la théorie de la trajectoire tripartite exposée dans la *Nova Scientia* eut beaucoup de succès au xviᵉ siècle et même plus tard, celle de la trajectoire entièrement curviligne exposée dans les *Quesiti* n'en eut aucun. Personne, pas même les mathématiciens, tels que Cardan ou Bernardino Baldi[1] qui, pourtant, auraient dû en être séduits, pas même Jean-Baptiste Benedetti, qui oppose à la tradition les fondements solides de la philosophie mathématique, ne l'ont ni adoptée, ni même discutée : Benedetti, en effet, critique certaines des opinions de Tartaglia, émises par celui-ci dans les *Quesiti*, mais ne se réfère jamais à la théorie générale qui y est exposée. J.-B. Benedetti, toutefois, n'est pas particulièrement caractéristique — il ne s'intéresse pas à la balistique, et s'il traite de la théorie du jet, point d'attaque traditionnel des adversaires d'Aristote, il n'essaye pas de déterminer la trajectoire décrite par le projectile — la carence de Cardan, de Baldi, de quelques autres, l'est bien davantage : elle nous montre la puissance de la tradition empirico-technicienne. C'est elle, et non l'influence de

---

1. Cf. Alexandre Koyré, « J. B. Benedetti critique d'Aristote », in *Mélanges E. Gilson*, Paris, 1959, et ici-même, à la suite, pp. 140-165.

Léonard de Vinci, comme l'aurait voulu Duhem, que nous retrouvons chez eux. En même temps se révèle une autre puissance, celle de l'effort qu'a dû accomplir la pensée de Galilée pour surmonter l'obstacle formé par la tradition.

JEAN-BAPTISTE BENEDETTI
CRITIQUE D'ARISTOTE *

Jean-Baptiste Benedetti [1] est, très certainement, le physicien italien le plus intéressant du XVIe siècle; il est aussi celui dont le rôle historique fut le plus important : en effet, son influence sur le jeune Galilée qui, dans son traité *de Motu*, le suit pas à pas, est indéniable et profonde.

Benedetti, sans doute, n'a pas franchi la borne qui sépare la science médiévale — et celle de la Renaissance — de la science moderne; l'avoir fait est le mérite insigne de Galilée. Mais il a poussé beaucoup plus loin que Tartaglia, son maître et prédécesseur immédiat, l'effort de mathématisation de la science; bien plus : dans une opposition consciente et réfléchie à la physique empiriste et qualitative d'Aristote, il a essayé d'ériger, sur les bases de la statique d'Archimède, une physique, ou, pour employer son terme propre, une « philosophie mathématique » de la nature.

Sa tentative n'a pas abouti, et ne pouvait aboutir, puisque, à l'encontre de Galilée, il n'a pas pu se libérer de l'idée confuse de l'*impetus*, cause du mouvement : bien au contraire, c'est là-dessus qu'il base sa dynamique. Il réussit pourtant — et ce n'est pas un mince titre de gloire — à démontrer, mathématiquement, l'inexistence de la *quies media* et la continuité paradoxale du mouve-

* Article extrait des *Mélanges offerts à Étienne Gilson*, Toronto-Paris, Pontifical Institute of Mediaeval Studies, 1959, pp. 351-372.

1. Giambattista Benedetti est né à Venise en 1530. Quoiqu'il appartînt à une famille patricienne (ce qu'il n'oublie jamais de mentionner sur la page de garde de ses livres), il devint, en 1567, « mathématicien du duc de Savoie » et le demeura jusqu'à sa mort (en 1590). Cf. sur Benedetti le travail de R. Bordiga dans les *Atti di Reale Istituto Veneto*, 1925-1926, mes *Études galiléennes*, I et II, Paris, 1939, et Raffaele Giacomelli, *Galileo Galilei giovane e il suo « De motu »*, Pisa, 1949.

ment de va-et-vient; ainsi qu'à faire voir, à l'encontre
de toute la tradition millénaire, que deux corps, du moins
s'ils sont de « nature » ou d' « homogénéité » (c'est-à-dire,
de poids spécifique) identique, tombent avec la même
vitesse, quel que soit le poids individuel de chacun d'eux.
Là aussi c'est à Galilée que revient le mérite d'avoir su
généraliser la proposition de Benedetti et l'étendre à
tous les corps sans distinction de « natures » — mais,
encore qu'il ne soit pas vrai que ce soit le premier pas qui
compte, il est certain qu'il facilite le second.

Dans la préface (lettre-dédicace à Gabriel de Guzman)
de son ouvrage *Résolution de tous les problèmes d'Euclide...* [1],
dans lequel, à peine âgé de vingt-trois ans, il donna la
première manifestation de son brillant talent de géomètre,
Benedetti explique à son illustre correspondant que la
doctrine d'Aristote, selon laquelle les corps lourds tombent
plus vite que les légers, et ce dans la proportion même de
leurs poids, est à corriger sur deux points essentiels :
d'abord ce n'est pas le *poids* en tant que tel, mais l'*excès*
du poids du mobile sur celui du milieu ambiant qui détermine la vitesse de la chute; ensuite, ce n'est pas le *poids*
individuel du corps en question, mais seulement son poids
spécifique qui entre en jeu. Mais donnons la parole à Benedetti lui-même. Il est intéressant de voir la pensée, encore
malhabile, du jeune géomètre se frayer péniblement le
chemin vers la grande découverte. Ceci d'autant plus que,
vingt ans plus tard, Benedetti va reprendre les mêmes
problèmes et les traiter alors avec une clarté et une précision parfaites [2].

Comme Tartaglia dans sa *Nova Scientia* (de 1537)

---

1. *Resolutio omnium Euclidis problematum aliorumque una tantummodo
circuli data apertura*, Venetiis, 1553.
2. La préface en question fut republiée par Benedetti en 1554 sous le
titre *Demonstratio proportionum motuum localium contra Aristotelem* (Venise,
1554) et réimprimée par G. Libri dans le volume III de son *Histoire des
sciences mathématiques en Italie*, note XXV (Paris, 1840, 258 p.). Comme
le petit livre de Benedetti est extrêmement rare, je vais le citer d'après
la réimpression de Libri. — Malgré son importance, l'œuvre de Benedetti
ne semble pas avoir attiré l'attention de ses contemporains : on ne la trouve
citée nulle part, du moins à ma connaissance. En revanche, elle fut l'objet
d'un plagiat impudent par Jean Taisnier, qui la reproduit textuellement,
et avec les figures, dans son *Opusculum... de natura magnetis... item de
motu continuo*, etc., Coloniae, 1562. Or, chose curieuse, malgré la protes-
tation véhémente de Benedetti dans l'introduction à son *De Gnomonum
umbrarumque solarium usu*, Turin, 1574, c'est à Taisnier (et non à Benedetti)
que se réfère Stevin comme à celui qui, le premier, a enseigné que les corps
graves (de poids spécifique identique) exécutent leur mouvement de chute
en même temps; cf. Simon Stevin, Appendice de la statique, *Œuvres mathématiques*, Leide, 1634, p. 501.

Benedetti ne va s'occuper que des mouvements de corps « homogènes » de forme semblable : « Sache donc », écrit-il à Guzman, « que la proportion d'un corps à [un autre] corps (à condition qu'ils soient homogènes et de mêmes formes) est la même que celle d'une vertu à l'autre » (Libri, III, note XXV, p. 258). Mais ce n'est pas cette proportion-là qu'observent les vitesses des corps en chute libre, mais une autre (*ibid.*, p. 259) :

« Je suppose donc que la proportion des mouvements [vitesses] des corps semblables, mais d'homogénéités différentes, se mouvant dans le même milieu, et [à travers] le même espace, est [celle] qui se trouve entre les excès (notamment de leurs poids, ou de leurs légèretés) par rapport au milieu, à condition que ces corps soient d'une forme pareille. Et *vice versa*, c'est-à-dire, que la proportion qui se trouve entre les susdits excès par rapport au milieu, est la même que celle [qui se trouve entre] leurs mouvements. Ce qui est démontré de la manière suivante :

« Posons un milieu uniforme *bfg* (par exemple, de l'eau), dans lequel soient placés deux corps [sphériques] d'homogénéités différentes, c'est-à-dire d'espèces différentes (fig. 1). Admettons que le corps *d.e.c.* soit en plomb, et le corps *a.u.i.*, en bois, et que chacun d'eux soit plus lourd qu'un corps pareil, mais fait d'eau; admettons que ces corps

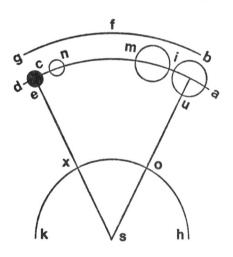

F𝘪𝘨. 1

sphériques et aqueux soient m et n; posons le centre du monde en s; admettons que le terme *ad quem* du mouvement soit la ligne *h.o.x.k*, et le terme *a quo*, la ligne *a.m.d*... [et que] toutes les deux [soient] circulaires autour du centre du monde; alors, si l'on prolonge les lignes *s.o* et *s.x* jusqu'aux termes *a quo* de ces lignes, les lignes interceptées par ces termes seront égales... Posons, en plus, que le centre du corps *a.u.i.* soit placé dans le point d'intersection de la ligne *s.o* prolongée avec la ligne *a.m.d*, et [le centre] du corps *d.e.c* [dans celui] de la ligne *s.x* [avec *a.m.d*]; admettons ensuite que le corps aqueux égal au corps *a.u.i* soit m et que [le corps] n soit égal au corps *d.e.c:* [admettons enfin] que le corps *d.e.c* soit huit fois plus lourd que le corps n, et le corps *a.u.i*, deux fois [plus lourd] que le corps m.

« Je dis donc que la proportion du mouvement du corps *d.e.c* au mouvement du corps *a.u.i* (dans l'hypothèse admise) est la même que celle qui se trouve entre les excès de poids des corps *d.e.c* et *a.u.i* par rapport aux corps n et m, c'est-à-dire que le temps dans lequel sera mû le corps *a.u.i*, sera septuple du temps dans lequel [sera mû] le corps *d.e.c*. Car il est clair par la proposition III du livre d'Archimède *De insidentibus* que, si les corps *a.u.i* et *d.e.c* étaient également graves que les corps m et n, ils ne se mouvraient d'aucune façon, ni vers le haut, ni vers le bas, et, par la proposition VII du même [livre], que les corps plus lourds que le milieu [dans lequel ils sont placés] se portent vers le bas; en conséquence les corps *a.u.i* et *c.e.d* se porteront vers le bas, et la résistance de l'humide (c'est-à-dire de l'eau) au [mouvement du] corps *a.u.i* sera en proportion sous-double, et à celui du corps *d.e.c*, suboctuple; il s'ensuit que le temps dans lequel le centre du corps *d.e.c* traversera l'espace donné sera en proportion septuple (sept fois plus long) au temps dans lequel le traversera le centre du corps *a.u.i* (je parle du mouvement naturel, car la nature agit partout par les lignes les plus courtes, c'est-à-dire par les lignes droites, à moins que quelque chose ne l'empêche) : ce pourquoi, ainsi qu'on peut le déduire du livre d'Archimède susnommé, la proportion du mouvement au mouvement n'est pas conforme à la proportion des gravités *a.u.i* et *d.e.c* mais à la proportion de la gravité de *a.u.i* à m et de *d.e.c* à n. L'inverse de cette supposition est suffisamment clair, de par cette supposition même.

« Je dis donc que, s'il y avait deux corps, de la même

forme, et de la même espèce, [ces corps], qu'ils soient égaux ou inégaux, se mouvraient, dans le même milieu, par un espace égal dans un temps égal. Cette proposition est très évidente, car, s'ils se mouvaient dans un temps inégal, ils devraient être d'espèces différentes, ou se mouvoir à travers des milieux différents... choses qui, toutes, s'opposent à l'hypothèse.

« Mais, pour le montrer plus clairement, [admettons que] *g* et *o* soient deux corps semblables (sphériques) et homogènes, et que *a.c* soit le milieu uniforme (fig. 2); que les

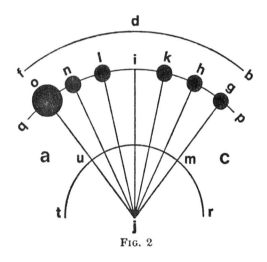

Fig. 2

lignes *b.d.f*, *p.i.q* et *r.m.u.t* soient des lignes terminales circulaires équidistantes ayant *s* pour centre; que la ligne *p.i.q* passe par le terme *a quo* et la ligne *r.m.u.t*, par le terme *ad quem* [du mouvement]. Je démontre maintenant que les corps *g* et *o* se mouvront à travers l'espace susdit dans le milieu susdit dans des temps égaux.

« Que, par exemple, le corps *o* soit, en quantité [volume], quadruple du corps *g*; il est clair par ce qui a été dit plus haut qu'il sera également quatre fois plus lourd que *g* (car s'il lui était égal en quantité et en poids, il n'y aurait aucun doute que ces corps se mouvraient dans des temps égaux); je divise donc, en imagination, le corps *o* en qua-

tre parties égales, [formant des corps] semblables à leur
tout (de forme sphérique); qu'ils [ces corps] soient donc
h k l n dont je pose les centres sur la ligne *p.q*, de façon
telle que la distance entre *l* et *k* soit la même que la distance entre *l* et *n*. Je divise ensuite la ligne *k.l* en deux
parties égales dans le point *i*; celui-ci, selon la science
commune et aussi selon Archimède, sera le centre de gravité des corps *h k l n*; de plus il est évident que chacun
des corps *h k l n* se mouvra de [la ligne] *p.i.q* jusqu'en
r.m.u.l dans le même temps que le corps *g*... et, donc, que
tous les corps *h k l n* ensemble, lâchés dans le même instant, se mouvront également, c'est-à-dire dans le même
temps, et que toujours la ligne passant par leurs centres
de gravité sera équidistante de la ligne *r.m.u.l*.

« Enfin, si l'on s'imagine que la ligne menée par le centre
du corps *o* et le point *i* soit divisée en deux parties égales...
alors ce point de division sera le centre de gravité des
[corps] *h k l n* et du corps *o ;* or donc, si ladite ligne mue
par la force des corps susdits était lâchée de la ligne *p.q*
ou [d'une ligne] équidistante à celle-ci, le corps *o*, mû
d'un mouvement naturel, se mouvrait dans un temps égal
par un espace égal à celui [qui est traversé] par les corps
h k l n (ceci parce que la ligne *o.i*, ayant été équidistante
de *m.u.r.l* au début du mouvement, lui demeurera toujours
équidistante), espace qui est le même que [l'espace] traversé par le corps *g*.

« Je puis donc en partant de là démontrer une partie
de la supposition susdite : à savoir que, s'il y avait deux
corps, de même forme, mais d'homogénéités différentes
et de corporéités inégales, chacun d'eux étant plus lourd
que le milieu dans lequel ils se meuvent, et si le plus petit
était d'une espèce plus lourde que le plus grand, mais le
plus grand plus lourd que le plus petit, la supposition susdite serait vraie.

« Soient, par exemple deux corps *m* et *n*, de la même
forme, mais d'homogénéités différentes; qu'ils soient, en
outre, inégaux (car, s'ils étaient égaux, il n'y aurait aucun
doute); que, de ces corps, *m* soit le plus grand, mais que
l'espèce du corps *n* soit plus grave que l'espèce du corps
m; que le corps *m* soit cependant plus lourd que le corps *n*,
et chacun d'eux, plus lourd que le milieu dans lequel ils
se meuvent. Je dis donc que la supposition est vraie.
Admettons que le premier corps soit *a.u.i*, [qu'il soit]
égal et semblable par sa forme au corps *m* mais de l'espèce
du corps *n*. Alors, pour les corps *a.u.i* et *m* la supposition

est parfaitement évidente; mais, selon la démonstration donnée plus haut, le corps *n* se mouvra dans le même temps que le corps *a.u.i ;* par là même, la proposition est constante.

« D'où il appert, que le mouvement plus rapide n'est pas causé par l'excès de la gravité ou de la légèreté du corps plus rapide par rapport à celles du corps plus lent (les corps étant de formes semblables), mais, en vérité, par la différence spécifique des corps par rapport à la gravité et la légèreté [du milieu]; ce qui n'est pas conforme à la doctrine d'Aristote, ni d'aucun de ses commentateurs que j'ai eu l'occasion de voir ou de lire; ou avec lesquels j'ai pu m'entretenir. »

J.-B. Benedetti tient beaucoup à l'originalité de sa pensée [1] et à l'authenticité de ses découvertes, et nous n'avons aucune raison de le soupçonner de manquer de véracité. Au surplus, sa théorie, telle quelle, ne se trouve effectivement pas chez les commentateurs anciens, médiévaux ou modernes, de la *Physique* d'Aristote. Il n'en reste pas moins vrai que l'on trouve chez eux des théories assez analogues — à savoir celles qui font dépendre la vitesse du corps mû non pas du rapport géométrique de la puissance à la résistance *(V = P : R)*, mais de celui de l'*excès* de la première sur la seconde *(V = P-R)* —, pour nous permettre de les rapprocher et nous faire voir dans la doctrine de Benedetti — essentiellement substitution d'un schéma archimédien à celui d'Aristote — non pas un accident historique, mais l'aboutissement d'une longue tradition.

★

Une trentaine d'années après la publication du *Resolutio omnium problematum* Benedetti fit paraître un recueil d'articles, de lettres et de petits traités *(Diversarum speculationum mathematicarum et physicarum liber* [2], Taurini,

---

1. Il y tient peut-être même un peu trop. Ainsi il tient à nous apprendre que, s'il a été un élève de Tartaglia, celui-ci ne lui a enseigné que les quatre premiers livres d'Euclide.
2. Je ne vais pas exposer ici le contenu du recueil de Benedetti dans lequel on trouve beaucoup de choses intéressantes, tels par exemple, le calcul des diagonales du quadrilatère inscrit dans un cercle (15 ans avant Viète) et une étude de l'équilibre des liqueurs dans des vases communicants, avec la théorie d'une presse hydraulique (presque vingt ans avant la publication des *Wisconstighe Gedachtnissen* de Stevin), ainsi qu'un excellent exposé du système du monde de Copernic : je me bornerai à étudier sa dynamique.

1585) qui, dans sa partie physique, contient une attaque
en règle de la physique d'Aristote, au sujet de laquelle
Benedetti n'est pas loin de professer l'assertion fameuse
de Pierre Ramus (« tout ce qu'a dit Aristote est faux »);
et un exposé — sans doute le meilleur qui en ait jamais
été fait — de la dynamique de l'*impetus*, dont Benedetti
se proclame un partisan résolu. Comme tous ses devanciers, il dirige, tout d'abord, sa critique contre la théorie
aristotélicienne du jet et, plus radical qu'un grand nombre
d'entre eux, il estime que cette théorie ne vaut rien.

Ainsi, nous dit-il (p. 184) : « Aristote, à la fin du VIIIe
livre de la *Physique* estime que le corps mû par la violence,
et séparé de son moteur, se meut, parce qu'il est mû, pendant quelque temps, par l'air, ou par l'eau, qui le suivent.
Ce qui ne peut pas se faire, car l'air qui, pour fuir le vide,
pénètre dans le lieu abandonné par le corps, non seulement
ne pousse pas le corps, mais plutôt le retient; en effet
[lors d'un tel mouvement] l'air est, par violence, repoussé
par le corps et séparé par lui de sa partie antérieure;
aussi lui résiste-t-il; en outre, autant l'air est condensé
dans la partie antérieure, autant devient-il plus rare dans
la partie postérieure. Ainsi, se raréfiant par violence, il
ne permet pas au corps d'avancer avec la même vitesse
avec laquelle il s'est lancé; car tout agent pâtit en agissant. C'est pourquoi, lorsque l'air est entraîné par le corps,
le corps lui-même est retenu par l'air. Car cette raréfaction de l'air n'est pas naturelle, mais violente; et, pour
cette raison, l'air lui résiste, et tire le mobile vers soi,
car la nature ne souffre pas qu'entre l'un et l'autre de ces
corps [c'est-à-dire, entre le mobile et l'air] il y ait un vide;
aussi sont-ils toujours contigus et, comme le mobile ne
peut pas se séparer de l'air, sa vitesse en est entravée. »

Ainsi, ce n'est pas la réaction du milieu qui explique le
mouvement persistant du projectile; bien au contraire,
cette réaction ne peut que l'empêcher. Quant au mouvement lui-même, qu'il soit violent ou naturel, il s'explique
toujours par une force motrice immanente au mobile. En
effet, « la vitesse d'un corps séparé de son premier moteur
provient d'une certaine impression naturelle, d'une certaine impétuosité reçue dans ledit mobile » *(ibid.)*. « Car
tout corps grave, qu'il se meuve naturellement ou violemment, reçoit en lui-même un *impetus*, une impression du
mouvement, de telle sorte que, séparé de la vertu mouvante, il continue, pendant un certain laps de temps, de
se mouvoir de lui-même. Lors donc que le corps se meut

d'un mouvement naturel, sa vitesse augmente sans cesse, en effet, l'*impetus* et l'*impressio* qui existent en lui croissent sans cesse, car il est constamment uni à la vertu mouvante. De là aussi, il résulte que si, après avoir mis la roue en mouvement avec la main, on enlève la main, la roue ne s'arrête pas tout de suite, mais continue de tourner pendant un certain temps » (*ibid.*, p. 286).

Qu'est-ce que cet *impetus*, cette force motrice, cause du mouvement immanente au mobile? C'est difficile à dire. C'est une espèce de qualité, puissance ou vertu qui s'imprime au mobile ou, mieux, qui l'imprègne, du fait, et par suite, de son association avec le moteur (qui, lui, la possède), du fait, et par suite, de sa participation à son mouvement. C'est aussi une espèce d'*habitus* qu'acquiert le mobile, et cela d'autant plus qu'il est *plus longtemps* soumis à l'action du moteur [1]. Ainsi, par exemple, si une pierre est lancée par la fronde plus loin qu'elle n'est jetée par la main, c'est parce qu'elle fait dans la fronde des révolutions *nombreuses*, ce qui l' « impressionne » davantage... (p. 160) :

« La raison véritable pour laquelle un corps grave est lancé plus loin par la fronde que par la main, la voici : lorsqu'il tourne dans la fronde, le mouvement produit dans le corps grave une plus grande impression de l'*impetus* que ne le ferait la main; de telle façon que le corps libéré de la fronde, guidé par la nature, poursuit son chemin par une ligne contiguë à la rotation qu'il fit en dernier lieu. Et il ne faut pas mettre en doute que la fronde peut imprimer au corps un *impetus* plus grand, car, par suite des révolutions nombreuses, le corps reçoit un *impetus* toujours plus grand. Quant à la main, tant qu'elle fait tourner le corps, elle n'est pas le centre de son mouvement (quoi qu'en dise Aristote), et la corde n'est pas le semi-diamètre. » Ce qui veut dire que la circularité du mouvement alléguée par Aristote ne fait rien à l'affaire. D'ail-

---

1. Le raisonnement de Benedetti peut nous paraître absurde; toutefois si, avec les partisans de la dynamique de l'*impetus*, on conçoit — ou on imagine — la force motrice comme une qualité, *qualitas motiva* analogue, par exemple, à la chaleur, l'absurdité apparente disparaît : il est clair qu'un corps devient d'autant plus chaud — s'imprègne d'autant plus de la chaleur — qu'il reste plus longtemps près du feu.

C'est ainsi que raisonne encore le jeune Galilei dans son *de Motu* et, bien plus tard, Gassendi qui, dans son *De motu impresso a motore translato* (Paris, 1652) explique la persistance du mouvement dans le mobile par l'accoutumance de ce dernier au mouvement; ce contre quoi proteste, très justement, G. A. Borelli dans sa *Theorica planetarum medicearum...*, Florence, 1664, p. 57.

leurs, le mouvement circulaire produit dans le corps un *impetus* à se mouvoir *en ligne droite*. En effet (p. 160) : « La main tourne, autant que possible, suivant un cercle ; ce mouvement en cercle de la main oblige le projectile à prendre, lui aussi, un mouvement circulaire, tandis que, par son inclination naturelle, ce corps, dès lors qu'il a reçu un *impetus*, voudrait continuer son chemin en ligne droite, comme on le voit par la figure ci-jointe (fig. 3), dans

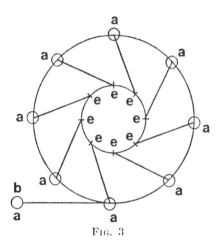

Fɪɢ. 3

laquelle *e* désigne ce corps, et *a.b* la ligne droite tangente à la circonvolution *a.a.a.a* lorsque le corps demeure libre[1] ».

Ainsi, c'est en suivant la ligne droite, tangente à la circonférence que lui faisait décrire la main ou la fronde, que va se mouvoir le corps laissé libre de poursuivre la course conforme à son « inclination naturelle », c'est-à-dire à la nature propre de l'*impetus* que lui a conféré le mouvement circulaire. Mais il ne poursuivra pas longtemps son mouvement rectiligne. Car « cet *impetus impressus* décroît continuellement et, petit à petit, l'inclination de la gravité s'y glisse, laquelle, se composant (se mélangeant) avec l'impression faite par la force, ne permet pas que la ligne *a.b* reste droite pendant longtemps ; bien vite elle devient courbe, parce que le corps en question est mû

1. Cité par P. Duhem, *Études sur Léonard de Vinci*, vol. III, Paris, 1913, p. 216.

par deux vertus, dont l'une est la violence imprimée, et l'autre, la nature. Ceci contrairement à l'opinion de Tartaglia qui nie qu'un corps quelconque puisse être mû simultanément par des mouvements naturel et violent [1] ».

L'explication donnée par Benedetti, assez conforme d'ailleurs à la tradition, peut, à bon droit, paraître assez confuse. Ce qui, à vrai dire, ne devrait pas nous étonner outre mesure : la notion de l'*impetus* est, en effet, une notion très confuse. Au fond, elle ne fait que traduire en termes « scientifiques » une conception fondée sur l'expérience quotidienne, sur une donnée du sens commun.

Qu'est-ce, en effet, que l'*impetus*, la *forza*, la *virtus motiva*, sinon une condensation, si l'on peut dire, de l'effort musculaire et de l'*élan?* Aussi s'accorde-t-elle très bien avec « les faits », — réels ou non — qui forment la base expérientielle de la dynamique médiévale; et tout particulièrement avec le « fait » de l'accélération initiale du projectile; ce fait, elle l'explique même : ne faut-il pas du temps pour que l'*impetus* s'empare du mobile? Tout le monde sait, d'ailleurs, qu'il faut « prendre un élan » pour sauter un obstacle; que le chariot que l'on pousse, ou que l'on tire, démarre lentement et augmente progressivement sa vitesse : il prend de l'élan, lui aussi; et tout le monde sait — même les enfants jouant à la balle — que, pour bien frapper le but, on se met à une certaine distance — pas trop près — de celui-ci : ceci pour permettre à la balle de prendre son élan [2].

Impetus, impression, qualité ou vertu motrice; tout cela est quelque chose qui passe du mouvant au mobile, et qui, étant entré dans le mobile ou l'ayant imprégné et impressionné, l'affecte; aussi s'oppose-t-il à d'autres qualités ou vertus (ce pourquoi les *impetus* se gênent mutuellement et peuvent difficilement coexister dans le mobile) même naturelles. Ainsi l'*impetus* du mouvement violent entrave l'action de la pesanteur naturelle; il empêche les corps

---

1. Benedetti fait allusion à la théorie, exposée par Tartaglia dans sa *Nova Scientia* (Venise, 1537), selon laquelle un mélange ou une mixtion du mouvement violent avec le mouvement naturel est rigoureusement impossible; cf. *Nova Scientia*, liv. I, prop. V.

2. Les artilleurs et les arquebusiers du Moyen Age et de la Renaissance (et même ceux des Temps modernes) ont tous cru à l'accélération du boulet au début de sa course; en quoi ils n'avaient pas tout à fait tort puisque la pression des gaz engendrés par l'explosion de la poudre ne cesse pas lorsque l'obus sort de la bouche de la pièce. Mais ce n'est pas de là que provient la croyance à l'accélération, fermement établie bien avant l'invention des armes à feu : dès l'Antiquité tout le monde croyait à l'accélération initiale de la flèche.

graves de se mouvoir vers le bas; en d'autres termes il les rend plus légers.

Il faut remarquer toutefois que la conception de l'*impetus* est, chez Benedetti, un peu plus précise que chez ses devanciers médiévaux. Aussi insiste-t-il beaucoup plus fortement que ces derniers sur le caractère *linéaire* de l'*impetus*, en rejetant, semble-t-il, la notion de l'*impetus* « rotatoire », bien que, d'autre part, il reproche à Aristote de s'être trompé même dans sa classification des mouvements en naturels et violents, et de n'avoir pas compris que le mouvement circulaire seul est un mouvement vraiment naturel, et non pas le mouvement rectiligne qui ne l'est jamais entièrement; même pas celui de la chute des graves et de l'élévation des légers (p. 184) : « Le mouvement rectiligne des corps naturels vers le haut ou le bas n'est pas naturel *primo* et *per se* parce que le mouvement naturel est perpétuel ou, pour mieux dire, incessable, et ne peut être autre que circulaire, et qu'aucune partie conjointe à son tout ne peut avoir un mouvement naturel autre que celui qui appartient au tout. Mais si [une telle partie] était rejetée et séparée de son tout, et qu'elle se mouvait librement, elle procéderait spontanément et par la voie la plus courte au lieu assigné par la nature à son tout. Ce dernier mouvement n'est pas, *primo* et *per se*, [mouvement] naturel dudit corps, puisqu'il a son origine dans une cause contraire à sa nature, c'est-à-dire, dans le fait qu'il est en dehors de son lieu [propre, mais dans un autre] où il se trouve être en opposition à sa nature. Par conséquent, un tel mouvement est partiellement et non entièrement naturel. Or, le mouvement propre et naturel est celui qui dérive de la nature dudit corps, ce qui n'est pas le cas du mouvement droit. *Ergo*... [1] ».

Le raisonnement de Benedetti que je viens de citer devrait le conduire, semble-t-il, à l'affirmation du caractère privilégié du mouvement circulaire, et de celui de rotation, par rapport au mouvement en ligne droite. Or, nous l'avons vu, c'est exactement le contraire qu'il nous dit : le mouvement circulaire de la main, ou de la fronde, imprime au projectile un *impetus* en ligne droite (p. 160) : « Ne passons pas sous silence un effet qui se produit en cette circonstance. Plus l'accroissement de vitesse du

---

1. La théorie de la pesanteur développée ici par Benedetti est celle de Copernic.

mouvement giratoire fait croître l'*impetus* du projectile, plus il faut que la main se sente tirée par ce corps, et cela au moyen de la corde; plus est grand, en effet, l'*impetus* du mouvement qui est imprimé au corps, plus est puissante l'inclination de ce corps à se mouvoir en ligne droite; plus grande aussi est la force avec laquelle il tire afin de pouvoir prendre ce mouvement. »

En effet, d'une manière générale (p. 287) : « Tout corps grave qui se meut soit par nature, soit par violence, désire naturellement se mouvoir en ligne droite; nous pouvons clairement le reconnaître lorsque nous tournons le bras pour lancer des pierres avec une fronde; les cordes acquièrent un poids d'autant plus grand et tirent la main d'autant plus [fortement] que la fronde tourne plus vite et que le mouvement est plus rapide; cela provient de l'appétit naturel qui a son siège en la pierre et qui la pousse à se mouvoir en ligne droite. »

Et ce n'est pas seulement le mouvement de circonvolution qui engendre un *impetus* rectilinéaire, et donc une force centrifuge, dans un corps qui accomplit un circuit autour d'un centre qui lui est extérieur; il en est de même en ce qui concerne le mouvement de rotation. Car le mouvement de rotation n'est rien d'autre qu'un ensemble de mouvements de circonvolution autour de son axe des parties du corps tournant sur lui-même : celles-ci sont toutes animées d'un *impetus* linéaire, et c'est là justement l'explication du fait qu'un tel mouvement n'est pas perdurant, ainsi qu'il semblait devoir l'être : en effet, dans un mouvement de rotation nous n'avons pas affaire à un mouvement naturel, mais à un ensemble de mouvements violents, et même soumis à une double violence (p. 159; cf. Duhem, *op cit.*, p. 216).

« Ce n'est pas dans un mouvement de rotation, c'est dans un mouvement rectiligne que chacune des petites parties de la meule serait entraînée par son *impetus*, si elle était libre; pendant le mouvement de rotation, chacun de ces *impetus* partiels est violent et, partant, il se corrompt.

« Imaginons une roue horizontale, aussi parfaitement égale que possible et reposant sur un seul point; imprimons-lui un mouvement de rotation avec toute la force que nous pourrions employer, puis abandonnons-la; d'où vient que son mouvement de rotation ne sera pas perpétuel?

« Cela a lieu pour quatre causes.

« La première est qu'un tel mouvement n'est pas naturel à la roue.

« La seconde consiste en ceci que la roue, lors même qu'elle reposerait sur un point mathématique, requerrait nécessairement, au-dessus d'elle, un second pôle capable de la maintenir horizontale, et que ce pôle devrait être réalisé par quelque mécanisme corporel; il en résulterait un certain frottement d'où proviendrait une résistance.

« La troisième cause est due à l'air contigu à cette roue, qui la freine continuellement; et, par ce moyen, résiste au mouvement.

« Voici maintenant la quatrième cause : considérons chacune des parties corporelles qui se meut elle-même à l'aide de l'*impetus* qui lui a été imprimé par une vertu mouvante extrinsèque; cette partie a une inclination naturelle au mouvement rectiligne, et non pas au mouvement curviligne; si une particule prise en la circonférence de ladite roue était disjointe de ce corps, il n'est point douteux que, pendant un certain temps, cette partie détachée se mouvrait en ligne droite à travers l'air; nous pouvons le reconnaître en un exemple tiré des frondes à l'aide desquelles on jette des pierres; en ces frondes, l'*impetus* du mouvement, qui a été imprimé au projectile, décrit, par une sorte de propension naturelle, un chemin rectiligne; la pierre lancée commence un chemin rectiligne suivant la droite qui est tangente au cercle qu'elle décrivait tout d'abord, et qui le touche au point où la pierre se trouvait lorsqu'elle a été abandonnée, comme il est raisonnable de l'admettre.

« Cette même raison fait que, plus une roue est grande, plus grand est l'*impetus* que reçoivent les diverses parties de la circonférence de cette roue; aussi arrive-t-il bien souvent, que lorsque nous voulons l'arrêter, nous n'y parvenons pas sans effort, ni difficulté; plus est grand, en effet, le diamètre d'un cercle, moins est courbe la circonférence de ce cercle, et moins, donc, l'*impetus* rectiligne est affaibli par la déviation qui lui est imposée par la trajectoire circulaire.

« Le mouvement des parties qui se trouvent sur ladite circonférence approche donc d'autant plus du mouvement conforme à l'inclination que la nature leur a attribuée, inclination qui consiste à se déplacer suivant la ligne droite »; aussi est-il d'autant plus difficile de le contrecarrer.

★

Benedetti reprend l'étude des problèmes en question (rapport du mouvement circulaire et du mouvement en ligne droite, la non-persistance du mouvement rotatoire) dans une lettre à Paul Capra de Novara, duc de Savoie, dans laquelle il applique sa conception à l'explication du fait que la toupie se maintient en position verticale tant qu'elle tourne (rapidement), et tombe lorsqu'elle cesse de tourner. Benedetti accepte, bien entendu, l'explication traditionnelle de ce fait par l'incompatibilité des *impetus*, qui s'entravent mutuellement dans leur action, et par l'allégement du corps en mouvement par comparaison avec ce même corps en repos, mais il la complète, ou, mieux, l'éclaire, par sa conception du caractère violent de la rotation (pp. 285-286) :

« Vous me demandez dans vos lettres si le mouvement circulaire d'une meule de moulin qui aurait été une fois lancée pourrait durer perpétuellement, au cas où cette meule reposerait, pour ainsi dire, sur un point mathématique et où elle serait supposée parfaitement ronde et parfaitement polie.

« Je réponds qu'un tel mouvement ne saurait être perpétuel et même qu'il ne saurait durer bien longtemps : tout d'abord il est refréné par l'air qui lui oppose une certaine résistance sur le pourtour de la meule; mais, en outre, il est refréné par la résistance des parties du mobile. Une fois ces parties mises en mouvement, elles ont un *impetus* qui les porte naturellement à se mouvoir en ligne droite; mais comme elles sont jointes ensemble et qu'elles se continuent l'une l'autre, elles souffrent violence lorsqu'elles sont mues en cercle; c'est par force qu'en un tel mouvement elles demeurent unies entre elles; plus leur mouvement devient rapide, plus s'accroît en elles cette naturelle inclination à se mouvoir en ligne droite, plus est contraire à leur propre nature l'obligation de tourner en cercle. Afin donc qu'elles demeurent en leur naturelle liaison malgré leur tendance propre à se mouvoir en ligne droite une fois qu'elles sont lancées, il faut que chacune d'elles résiste d'autant plus à l'autre et que chacune d'elles tire, pour ainsi dire, d'autant plus vivement en arrière celle qui se trouve devant elle que le mouvement de rotation est plus rapide. »

« De l'inclination des parties des corps ronds à la rectitude du mouvement il résulte qu'une toupie, qui tourne autour d'elle-même avec une grande violence, demeure, pendant un certain laps de temps, presque droite sur sa pointe en fer, ne s'inclinant pas plus d'un côté que de l'autre vers le centre du monde, parce que, dans un tel mouvement, chacune de ses parties ne tend pas uniquement et absolument vers le centre du monde, mais, bien davantage tend à se mouvoir perpendiculairement à la ligne de rotation, de telle façon qu'un tel corps, nécessairement, doit demeurer droit. Et si je dis que ses parties n'inclinent pas absolument vers le centre du monde, je le dis parce que, malgré tout, elles ne sont jamais absolument privées de cette sorte d'inclination, grâce à laquelle le corps lui-même tend vers ce point. Il est vrai cependant que, plus il est rapide, moins il tend vers celui-ci ; autrement dit, le corps en question devient d'autant plus léger. Ce que montre bien l'exemple de la flèche de l'arc, ou de n'importe quelle autre machine, qui, plus elle est rapide dans son mouvement violent, plus elle a la propension d'aller droit, ce qui veut dire qu'elle incline d'autant moins vers le centre du monde, autrement dit, qu'elle devient plus légère [1]. Mais si tu veux voir cette vérité d'une manière plus claire, imagine-toi que ce corps, à savoir la toupie, pendant qu'elle tourne très rapidement, est coupée ou divisée en un grand nombre de parties ; tu verras alors que celles-ci ne descendront pas tout de suite vers le centre du monde, mais se mouvront, pour ainsi dire, droitement vers l'horizon. Ce qui (autant que je sache) n'a jamais encore été observé au sujet de la toupie [2]. Et l'exemple d'une telle toupie, ou d'un autre corps de ce genre, montre bien à quel point les péripatéticiens se trompent au sujet du mouvement violent, mouvement qu'ils estiment provoqué par la réaction de l'air... tandis que, en fait, le milieu joue un tout autre rôle, à savoir, celui de résister au mouvement. »

Le milieu, dans la physique aristotélicienne, joue un rôle double ; il est, à la fois, résistance et moteur : la physique de l'*impetus* nie l'action motrice du milieu. Benedetti ajoute

1. Le raisonnement de Benedetti est un bel exemple de la confusion conceptuelle qui règne dans la dynamique pré-galiléenne au sujet de la pesanteur. Que la toupie puisse devenir plus légère du fait de sa rotation rapide nous paraît être une absurdité trop flagrante pour pouvoir être admise par quiconque ; pourtant Benedetti, en l'affirmant, ne fait que tirer une conclusion correcte de la doctrine, communément admise, de l'incompatibilité — relative ou absolue — des *impetus* naturel et violent d'où il résulte qu'un corps animé d'un mouvement horizontal est moins lourd que ce même corps en repos.

2. Benedetti a raison : la rectilinéarité de l'*impetus* du mouvement circulaire n'a jamais été enseignée avant lui.

que même son action retardatrice a été mal comprise et, surtout, mal évaluée par Aristote. C'est qu'Aristote a mal compris, ou plus exactement, n'a pas du tout compris le rôle des mathématiques dans la science physique. Aussi est-il presque partout arrivé à l'erreur; or, ce n'est qu'en partant des « fondements inébranlables » de la philosophie mathématique — ce qui veut dire, en fait, en partant d'Archimède et en s'inspirant de Platon — que l'on peut, à la physique d'Aristote, substituer une physique meilleure, fondée sur les vérités que l'intellect humain connaît de soi.

Aussi Benedetti est-il pleinement conscient de l'importance de son entreprise. Il prend même des poses héroïques (pp. 168 sq.) : « Telle est assurément, nous dit-il, la grandeur et l'autorité d'Aristote qu'il est difficile et dangereux d'écrire quelque chose contre ce qu'il a enseigné; pour moi particulièrement, à qui la sagesse de cet homme a toujours paru admirable. Néanmoins, poussé par le souci de la vérité, par l'amour de laquelle, s'il vivait, il aurait été lui-même enflammé, ... je n'hésite pas à dire, dans l'intérêt commun, en quoi le fondement inébranlable de la philosophie mathématique me force de me séparer de lui.

« Comme nous avons accepté la charge de prouver qu'Aristote s'est trompé dans la question des mouvements naturels locaux, nous devons commencer par avancer certaines choses très vraies et que l'intellect connaît de soi [1] : en premier lieu, que deux corps quelconques, graves ou légers, d'un volume égal et de figure semblable, mais composés de matières différentes, et disposés de la même manière, observeront dans leurs mouvements naturels locaux la proportion de leurs gravités ou légèretés dans les mêmes milieux. Ce qui est tout à fait évident de par la nature, dès que nous prenons en considération que la plus grande vitesse ou lenteur (tant que le milieu reste uniforme et en repos) ne provient de rien d'autre que des quatre causes suivantes, à savoir : *a*) de la plus ou moins grande gravité ou légèreté; *b*) de la diversité de la forme; *c*) de la position de cette forme par rapport à la ligne de direction qui s'étend, droite, entre la circonférence et le centre du monde; et enfin *d*) de la grandeur inégale des mobiles. D'où il est clair que, si l'on ne modifie ni la forme (ni en qualité, ni en quantité), ni la position de cette forme, le mouvement sera proportionné à la vertu mouvante, qui est le poids ou la légèreté. Or, ce que je dis de la qualité, de la quantité et

---

1. Notons cette profession de foi platonicienne.

de la position de la même figure, je le dis par rapport à la résistance du même milieu. Car la dissimilitude ou l'inégalité des figures, ou la position différente, modifie d'une manière non négligeable le mouvement des corps en question, puisque la forme petite divise plus facilement la continuité du milieu que la grande, de même que l'aiguë le fait plus rapidement que l'obtuse. De même, le corps qui se meut la pointe en avant se mouvra plus vite que celui qui ne le fait pas. Chaque fois donc que deux corps auront affaire à une même résistance, leurs mouvements seront proportionnels à leurs vertus mouvantes; et inversement, chaque fois que deux corps auront une seule et même gravité ou légèreté, et des résistances diverses, leurs mouvements auront, entre eux, la proportion inverse de celle des résistances... et si le corps qui est comparé à l'autre, est de la même gravité ou légèreté, mais d'une résistance moindre, il sera plus rapide que l'autre dans la même proportion dans laquelle sa surface engendre une résistance moindre de celle de l'autre corps... Ainsi, par exemple, si la proportion de la surface du corps plus grand à celle du corps moindre était de 4/3, la vitesse du corps plus petit serait plus grande que celle du corps plus grand comme le nombre quaternaire est plus grand que le ternaire. »

Un aristotélicien pourrait, et même devrait, admettre tout cela. Mais, ajoute Benedetti, reprenant la théorie exposée par lui vingt ans plus tôt, il y a encore quelque chose à admettre, à savoir (p. 168), « que le mouvement naturel d'un corps grave dans divers milieux est proportionnel au poids de ce corps dans les mêmes milieux. Ainsi, par exemple, si le poids total d'un certain corps grave était représenté par *a.i* (fig. 4), et si ce corps était posé dans un

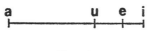

Fig. 4

milieu quelconque, moins dense que lui-même (car, s'il était placé dans un milieu plus dense, il ne serait pas grave, mais léger, ainsi que l'a montré Archimède), ce milieu en soustrairait la partie *e.i*, de telle façon que la partie *a.e* de ce poids agirait seule; et si ce corps était placé dans quelque autre milieu, plus dense, mais cependant moins dense que le corps lui-même, ce milieu en soustrairait la partie *u.i* dudit poids, et en laisserait libre la partie *a.u.*

« Je dis que la proportion de la vitesse d'un corps dans le milieu moins dense, à la vitesse du même corps dans le milieu plus dense, sera comme *a.e* à *a.u*, ce qui est bien plus conforme à la raison que si nous disions que ces vitesses seront comme *u.i* à *e.i*, puisque les vitesses se proportionnent seulement aux forces mouvantes (lorsque la figure est la même en qualité, quantité et position). Ce que nous disons maintenant est évidemment conforme à ce que nous avons écrit plus haut, car dire que la proportion des vitesses de deux corps hétérogènes, mais semblables quant à la figure, la grandeur, etc., dans le même milieu est égale à la proportion des poids eux-mêmes, est la même chose que dire que les vitesses d'un seul et même corps dans divers milieux sont en proportion des poids dudit corps dans ces mêmes milieux. »

Sans doute, de son point de vue, Benedetti a-t-il entièrement raison. Si les vitesses sont proportionnelles aux forces mouvantes, et si une partie de la force mouvante (du poids) est neutralisée par l'action du milieu, ce n'est que la partie restante qui entre en ligne de compte et, dans des milieux de plus en plus denses, la vitesse du grave diminuera en suivant une progression arithmétique, et non géométrique, ainsi que le voulait Aristote. Mais le raisonnement de Benedetti, fondé sur l'hydrostatique d'Archimède, ne part pas du tout des mêmes bases que celui d'Aristote : pour Aristote le poids du corps est une de ses propriétés constantes et absolues, et non pas une propriété relative, comme pour Benedetti et les « Anciens ». C'est pourquoi pour Aristote, il agit en quelque sorte, tout entier, dans les milieux divers qui lui résistent. Aussi Benedetti estime-t-il que la physique d'Aristote montre bien (p. 185) que celui-ci « ne connaît la cause ni de la gravité, ni de la légèreté des corps, qui consiste dans la densité ou la rareté du corps grave ou léger, et la densité ou la rareté plus ou moins grande des milieux ». La densité, ou la rareté, voilà les propriétés absolues des corps. Le poids, c'est-à-dire la lourdeur, et la légèreté, n'en sont que des résultantes. En eux-mêmes, tous les corps sont « graves », et les « légers » ne le sont que par rapport au milieu où ils se trouvent[1]. Le bois est lourd

---

1. Il est intéressant de noter que cette doctrine se trouve chez Marco Trevisano, dans son traité inédit *De Macrocosmo;* cf. G. Boas, A fourteenth century cosmology, *Proceedings of the American Philosophical Society,* vol. XCVIII (1954), pp. 50 sq. et Marshall Clagett, *The Science of Mechanics in the Middle Ages,* p. 97. Madison (Wisc.), 1958.

dans l'air et léger dans l'eau, comme le fer est lourd dans l'eau et léger dans le mercure. Et Benedetti, afin de nous éviter une erreur dans laquelle il nous serait facile de tomber, nous prévient « que les proportions des poids du même corps dans différents milieux ne suivent pas les proportions de leurs densités. D'où, nécessairement, se produisent des proportions inégales des vitesses, et notamment, les vitesses des corps graves ou légers de même figure ou matière, mais de grandeurs différentes, suivent dans leurs mouvements naturels dans le même milieu une proportion très différente de celle qu'affirme Aristote »; entre autres, « à poids égal, un corps plus petit ira plus vite », parce que la résistance du milieu sera moindre...

En fait, selon Benedetti, Aristote n'a jamais rien compris au mouvement. Ni au mouvement naturel; ni non plus au mouvement violent. Quant au premier, c'est-à-dire, au mouvement de la chute, « Aristote n'aurait pas dû déclarer (dans le chap. 8 du premier livre du *De Cœlo*) que le corps est d'autant plus rapide qu'il s'approche davantage de son but, mais plutôt que le corps est d'autant plus prompt qu'il s'éloigne davantage de son point de départ ».

L'opposition proclamée par Benedetti est-elle réelle? Est-ce qu'un corps qui s'éloigne de son point de départ *(terminus a quo)* ne se rapproche-t-il pas, par là même, de son point d'arrivée *(terminus ad quem)?* On pourrait le croire. Ainsi Tartaglia, qui a bâti sa dynamique sur la considération du point de départ des corps dans leurs mouvements naturels et violents, écrit-il : « Si un corps également grave se meut d'un mouvement naturel, *plus il va s'éloignant de son principe* (point de départ) *ou s'approchant de sa fin, plus il va vite* [1] ». Ajoutons que Benedetti lui-même est loin de négliger la considération du point d'arrivée, du but naturel du mouvement des graves : en effet, au moment même où il adresse à Aristote le reproche, et la correction, que je viens de citer, il écrit : « Dans les mouvements naturels et rectilignes, l'impression, l'impétuosité reçue croît continuellement, car le mobile a en lui-même sa cause mouvante, c'est-à-dire, *la propension à se rendre dans le lieu qui est assigné par nature.* » Et, quelques lignes plus bas, pour expliquer le mécanisme du mouvement de la chute, Benedetti ajoute : « Car l'impression croît au fur et à mesure que le mouvement se prolonge, le corps recevant continuellement un nouvel *impetus :* en effet, il contient en

1. Cf. Nicolo Tartaglia, *Nova Scientia*, liv. I, prop. II et III.

lui-même la cause de son mouvement, qui est l'inclination de regagner son lieu naturel hors duquel il est placé par violence. » Ainsi, nous le voyons bien, la *cause* du mouvement de la chute est, pour Benedetti, exactement la même que pour Aristote, à savoir la tendance naturelle du corps à rejoindre son lieu naturel. Mais le mécanisme en vertu duquel se réalise ce mouvement et son accélération, est emprunté, par Benedetti, à la dynamique de l'*impetus* : ce sont des *impetus* consécutifs, continuellement engendrés par la cause mouvante au cours du mouvement qui, causes secondaires, poussent ou portent le corps vers son lieu destiné. Or, ces *impetus* s'engendrent avec et dans le mouvement, à mesure que le corps s'éloigne de son point de départ. Sans doute se rapproche-t-il en même temps de son point d'arrivée. Mais, bien que Tartaglia ait cru le contraire, mathématiquement, ce n'est pas du tout la même chose [1].

En ce qui concerne le mouvement violent, Aristote n'y a pas compris grand-chose, non plus, puisqu'il ne s'est aperçu ni du caractère essentiellement violent du mouvement vers le haut qui n'est aucunement effet d'une légèreté substantielle, non existante *in rerum natura*, mais celui d'une extrusion d'un corps, moins grave (moins dense) que le milieu dans lequel il plonge, par ce milieu ; ni de la continuité du mouvement de va-et-vient et de l'inexistence du moment de repos *(quies media)* entre l'aller et le retour ; ni de la possibilité pour un mouvement sur une droite d'être infini dans le temps. En ce qui concerne le mouvement de va-et-vient (p. 183) :

« Aristote, dans le liv. VIII, chap. 8 de la *Physique*, dit qu'il est impossible que quelque chose se meuve en ligne droite tantôt dans un sens, tantôt dans l'autre, c'est-à-dire, en allant et en revenant par ladite ligne, sans qu'il y ait un repos dans ces extrêmes. Ce que je dis, au contraire, être

---

1. La conception du mécanisme de l'accélération de J.-B. Benedetti est la même que celle de Nicole Oresme ; cf. P. Duhem, *Études sur Léonard de Vinci*, vol. III, pp. 358 sq. ; *Le Système du monde*, vol. VIII, pp. 299 sq., Paris, 1958. La prise en considération de l'éloignement du point de départ de préférence au rapprochement du point d'arrivée se trouve déjà chez Straton de Lampsaque et Jean Philopon ; au Moyen Age, chez Gilles de Rome et Walter Burley ; cf. P. Duhem, *Le Système du monde*, vol. VIII, pp. 266 sq. ; Anneliese Maier, *An der Grenze von Scholastik und Naturwissenschaft*, 2e éd., pp. 195 sq., Rome, 1952 ; Marshall Clagett, *The Science of Mechanics...*, pp. 525 sq. En ce qui concerne Tartaglia, toute sa dynamique est, en fait, construite sur le principe de l'accélération des mouvements naturels et de la retardation des mouvements violents *à partir du point de départ*. — La proportionnalité de l'accélération du mouvement de la chute avec la distance parcourue avait été, tout d'abord, admise par Galilée, et rejetée ensuite comme impossible ; cf. mes *Études galiléennes*, II, La loi de la chute des corps, Paris, 1939.

possible. Pour l'examen de cette question imaginons (fig. 5) le cercle *u.a.n* se mouvant d'un mouvement continu, dans

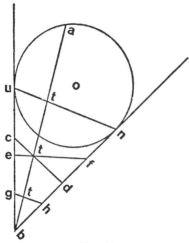

Fig. 5

un sens quelconque, soit vers la droite, soit vers la gauche autour du centre *o;* imaginons aussi le point *b* en dehors de ce cercle, là où cela nous plaira le mieux, et menons de ce point deux lignes droites, *b.u* et *b.n* contiguës (tangentes) à ce cercle dans les points *u* et *n*. Imaginons en plus, quelque part entre ces deux lignes, une autre qui pourra être *u.n* ou *c.d* ou *e.f* ou *g.h;* prenons ensuite le point *a* de la circonférence dudit cercle et, de ce point, menons une ligne jusqu'au point *b*. Cette ligne, *a.b*, imaginons-la être fixe dans le point *b*, et cependant mobile de façon à pouvoir suivre le point *a* dans son mouvement de rotation autour du point *o*. Alors cette ligne [*a.b*] coïncidera tantôt avec *b.u.*, tantôt avec *b.n;* tantôt elle avancera de *b.u* vers *b.n* et tantôt de *b.n* vers *b.u* comme cela se passe pour la ligne des directions et des rétrogradations des planètes; en conséquence, le cercle *u.a.n* sera comme l'épicycle et *b* comme le centre de la Terre. Il est donc clair que lorsque la ligne *b.a* coïncide avec *b.u* ou avec *b.n*, elle n'est pas immobile, parce qu'elle rebrousse chemin dans l'instant même et que *b.n* et *b.u*

touchent le cercle dans un point (seulement). Il est clair
aussi que ladite ligne *b.a* coupe toujours les lignes *u.n* ou *c.d*
ou *e.f* ou *g.h* dans un point *t*. Imaginons maintenant que
quelqu'un se meut en suivant le point *t* sur une quelconque
de ces lignes ; il est clair que celui-ci ne sera jamais en repos,
même s'il était dans un des points extrêmes. L'opinion
d'Aristote n'est donc pas vraie [1]. »

Quant au mouvement continu et infiniment prolongé sur
une droite finie, il suffit de se représenter celui du point
d'intersection *i* des lignes *r.x* et *o.a* du dessin ci-joint (fig. 6) :

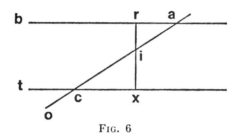

Fɪɢ. 6

La ligne *o.a* étant supposée tourner autour du point *a* qui
lui, est supposé fixe, il est clair que la distance entre *x* et *c*
(point d'intersection entre *o.a* et *x.t*) peut croître à l'infini,
et que le point *i* peut bien se rapprocher indéfiniment du
point *r*, mais ne pourra jamais l'atteindre. Son mouvement
se ralentira progressivement — et indéfiniment — mais ne
connaîtra jamais de fin, ou d'arrêt [2].

L'erreur première d'Aristote, on le voit bien, a été d'avoir
négligé, ou même exclu, le raisonnement géométrique de la
physique et de ne pas l'avoir construite sur les fondements
inébranlables de la philosophie mathématique.

Mais nous n'avons pas encore épuisé la liste des erreurs
physiques d'Aristote. Nous arrivons maintenant à la plus
grave : la négation du vide. En effet, Benedetti nous le dit
sans ambages : la démonstration aristotélicienne de la non-
existence du vide ne vaut rien (p. 172).

1. La négation de la *quies media* se trouve, au Moyen Age, chez François
de Meyronnes et Jean Buridan ; cf. P. Duhem, *Le Système du monde*, vol. VIII,
pp. 272 sq.

2. Selon Nicole Oresme un mouvement sur une distance finie pourrait
être indéfiniment prolongé à condition que les espaces parcourus dans les
temps successifs égaux soient diminués de moitié ; cf. Anneliese Maier, *op. cit.*,
pp. 214 sq. ; Marshall Clagett, *op. cit.*, pp. 528 sq.

L'impossibilité du vide, on le sait bien, est démontrée par Aristote par l'absurde : dans le vide, c'est-à-dire dans l'absence de toute résistance, le mouvement s'effectuerait avec une vitesse infinie. Or, rien n'est plus faux, estime Benedetti. Étant donné que la vitesse est proportionnelle au poids relatif du corps, c'est-à-dire à son poids absolu, diminué de — et non pas divisé par — la résistance du milieu, il s'ensuit immédiatement que la vitesse n'augmente pas indéfiniment et, la résistance s'annulant, la vitesse ne devient aucunement infinie. « Mais afin de le montrer plus facilement, comprenons par l'imagination une infinité de milieux corporels, dont l'un est plus rare que l'autre dans les proportions qu'il nous plaira, en commençant par l'unité, et imaginons aussi un corps *q*, plus dense que le premier milieu. » La vitesse de ce corps, dans ce premier milieu, sera évidemment finie. Or, si nous le plaçons dans les divers milieux que nous avons imaginés, sa vitesse augmentera sans doute, mais ne pourra jamais dépasser une limite. Ainsi le mouvement dans le vide est parfaitement possible [1].

Mais quel sera-t-il? C'est-à-dire, quelle sera sa vitesse? Aristote avait estimé que si le mouvement dans le vide avait été possible, les rapports de vitesse des différents corps y seraient les mêmes que dans le plein. Erreur encore (p. 174). Assertion « entièrement erronée. Car dans le plein, la proportion des résistances extérieures se soustrait de la proportion des poids, et ce qui reste détermine la proportion des vitesses, qui serait nulle si la proportion des résistances était égale à la proportion des poids; à cause de cela, ils auront dans le vide des proportions de vitesses autres que dans le plein, à savoir : les vitesses des corps différents (c'est-à-dire des corps composés de matières différentes) seront proportionnelles à leurs poids spécifiques absolus, c'est-à-dire à leurs densités. Quant aux corps composés de la même matière, ils auront, dans le vide, la même vitesse naturelle »; ce qui se prouve par les raisons suivantes : « Soient, en effet, deux corps homogènes *o* et *g*, et soit *g* la moitié de *o*. Soient aussi deux autres corps homogènes aux premiers, *a* et *e* dont chacun soit égal à *g ;* comprenons par l'imagination que ces deux corps soient placés aux extrémités d'une ligne dont *i* soit le milieu (fig. 7); il est clair que le point *i* aura autant de poids que le centre de *o ;* aussi *i*, par la vertu des corps *a* et *e* se mouvra dans le vide avec la

---

1. La possibilité du mouvement dans le vide est affirmée, en vertu de raisonnements analogues à ceux de Benedetti, déjà par Jean Philopon.

même vitesse que le centre de *o*. Mais si lesdits corps *a* et *e* étaient disjoints de ladite ligne, ils ne modifieraient pas pour cela leur vitesse, et chacun d'eux serait aussi rapide que *g*. Donc, *g* serait aussi rapide que *o* [1]. »

Le mouvement dans le vide, la chute simultanée des

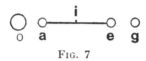

Fig. 7

graves homogènes : nous sommes déjà fort loin de la physique d'Aristote. Mais les fondements inébranlables de la philosophie mathématique, le modèle toujours présent à l'esprit de Benedetti de la science archimédienne, ne lui permet pas de s'arrêter là. L'erreur d'Aristote ne fut pas seulement de ne pas avoir admis la possibilité du vide dans le monde ; elle fut de s'être forgé une image fausse du monde et d'y avoir adapté la physique. C'est sa fausse cosmologie — Benedetti est favorable à Copernic et c'est pour cela, probablement, qu'il insiste sur le caractère naturel du mouvement circulaire du tout et de ses parties (v. *supra* p. 151) — cosmologie fondée sur le finitisme, qui est à la base de sa théorie du « lieu naturel ». En fait, « il n'y a aucun corps, qu'il soit dans le monde ou en dehors du monde (peu importe ce qu'en dit Aristote), qui n'ait pas son lieu ». Des lieux extramondains? Pourquoi pas? Y aurait-il « un inconvénient quelconque à ce qu'en dehors du Ciel se trouve un corps infini? » Sans doute, Aristote le nie-t-il ; mais ses raisons ne sont nullement évidentes, pas plus que celles qu'il nous donne de l'impossibilité d'une pluralité des mondes, de l'inaltérabilité du Ciel et de beaucoup d'autres choses encore. Tout cela parce que, encore une fois, Aristote n'a jamais rien compris aux mathématiques. La preuve c'est qu'il a nié la réalité de l'infini (p. 181) :

« En effet, il pense, mais sans le prouver et même sans en donner quelque raison, que les parties infinies du continu ne sont pas en acte mais seulement en puissance ; ce qui ne

---

1. Il est assez amusant de constater que la même « expérience », imaginée par Léonard de Vinci, a conduit celui-ci à une conclusion rigoureusement opposée à celle qu'en tire Benedetti. Selon Léonard, deux corps A et B liés ensemble tomberaient deux fois plus vite que chacun d'eux pris séparément.

doit pas lui être concédé, parce que si le *continuum* tout entier et existant réellement est en acte, toutes ses parties seront en acte, car il est stupide de croire que les choses qui sont en acte se composent de celles qui n'existent qu'en puissance. Et l'on ne doit pas dire, non plus, que la continuité de ces parties fait qu'elles sont en puissance et privées de tout acte. Soit, par exemple, la ligne continue *a.u;* divisons-la en parties égales au point *e;* il n'y a aucun doute que, avant la division, la médiété *a.e* (bien qu'elle soit conjointe à l'autre, *e.u*), est autant en acte que toute la ligne *a.u,* bien qu'elle n'en soit pas distinguée par les sens. Et j'affirme la même chose de la médiété de *a.e,* c'est-à-dire, de la quatrième partie de toute la ligne *a.u,* et de même de la huitième, de la millième et de celle qu'on voudra. » Aussi, la multiplicité infinie est-elle non moins réelle que la finie; l'infini se trouve dans la nature comme actuel et non seulement comme potentiel; et l'infini actuel peut être compris tout aussi bien que le potentiel.

L'incompréhension des mathématiques que Benedetti reproche si souvent à Aristote nous révèle ainsi quelque chose de beaucoup plus grave, à savoir, son anti-infinitisme. C'est là la source dernière de toutes ses erreurs : de celles, notamment, qui concernent la structure de la pensée.

Inversement, c'est son rejet du finitisme qui explique en dernière analyse, l'opposition de Jean-Baptiste Benedetti à la doctrine, et à la tradition d'Aristote, et détermine sa place parmi ceux qui ont conduit l'humanité du monde clos des anciens à l'Univers infini des modernes.

GALILÉE ET PLATON *

Le nom de Galileo Galilei est indissolublement lié à la révolution scientifique du xvɪᵉ siècle, l'une des plus profondes, sinon la plus profonde révolution de la pensée humaine depuis la découverte du Cosmos par la pensée grecque : une révolution qui implique une « mutation » intellectuelle radicale dont la science physique moderne est à la fois l'expression et le fruit [1].

On caractérise quelquefois cette révolution, et on l'explique en même temps, par une sorte de soulèvement spirituel, par une transformation complète de toute l'attitude fondamentale de l'esprit humain; la vie active, *vita activa*, prenant la place de la *theoria, vita contemplativa*, qui avait été considérée jusqu'alors comme sa forme la plus haute. L'homme moderne cherche à dominer la nature, tandis que l'homme médiéval ou antique s'efforçait avant tout de la contempler. On doit donc expliquer par ce désir de dominer, d'agir, la tendance mécaniste de la physique classique — physique de Galilée, de Descartes, de Hobbes, *scientia activa, operativa*, qui devait rendre l'homme « maître et possesseur de la nature »; on doit la considérer comme découlant tout simplement de cette attitude, comme application à la nature des catégories de pensée de l'*homo faber* [2]. La science de Descartes — *a*

* Traduction par Mᵐᵉ Georgette P. Vignaux d'un article « Galileo and Plato », paru dans le *Journal of the History of Ideas* (vol. IV, n° 4, oct. 1943, pp. 400-428).
  1. Cf. J. H. Randall, Jr., *The Making of the Modern Mind*, Boston, 1926, pp. 220 sq., 231 sq.; cf. aussi A. N. Whitehead, *Science and the Modern World*, New York, 1925.
  2. Il ne faut pas confondre cette conception largement répandue avec celle de Bergson pour qui toute la physique, aristotélicienne aussi bien que newtonienne, est en dernière analyse l'œuvre de l'*homo faber*.

fortiori celle de Galilée — n'est rien d'autre (comme on l'a dit) que la science de l'artisan ou de l'ingénieur [1].

Cette explication ne me paraît pas, je dois l'avouer, entièrement satisfaisante. Il est vrai, bien entendu, que la philosophie moderne, aussi bien que l'éthique et la religion modernes, met l'accent sur l'action, sur la *praxis*, bien plus que ne le faisait la pensée antique et médiévale. C'est tout aussi vrai de la science moderne : je pense à la physique cartésienne, à ses comparaisons avec des poulies, des cordes et des leviers. Pourtant l'attitude que nous venons de décrire est davantage celle de Bacon — dont le rôle dans l'histoire des sciences n'est pas du même ordre [2] — que celle de Galilée ou de Descartes. Leur science n'est pas le fait d'ingénieurs ou d'artisans, mais d'hommes dont l'œuvre dépassa rarement l'ordre de la théorie [3]. La nouvelle balistique fut élaborée non par des artificiers ou des artilleurs, mais contre eux. Et Galilée n'apprit pas *son* métier des gens qui besognaient dans les arsenaux et les chantiers navals de Venise. Bien au contraire : il leur enseigna *le leur* [4]. En outre, cette théorie explique

1. Cf. L. Laberthonnière, *Études sur Descartes*, Paris, 1935, II, pp. 288 sq., 297, 304 : « Physique de l'exploitation des choses. »

2. Bacon est le héraut, le *buccinator* de la science moderne, non l'un de ses créateurs.

3. La science de Descartes et de Galilée a été, bien entendu, extrêmement importante pour l'ingénieur et le technicien ; elle a finalement provoqué une révolution technique. Cependant, elle ne fut créée et développée ni par des ingénieurs ni par des techniciens, mais par des théoriciens et des philosophes.

4. « Descartes artisan » est la conception du cartésianisme que développa Leroy dans son *Descartes social*, Paris, 1931, et que poussa jusqu'à l'absurdité F. Borkenau dans son livre *Der Uebergang vom feudalen zum bürgerlichen Weltbild*, Paris, 1934. Borkenau explique la naissance de la philosophie et de la science cartésiennes par celle d'une nouvelle forme d'entreprise économique, c'est-à-dire la manufacture. Cf. la critique du livre de Borkenau, critique beaucoup plus intéressante et instructive que le livre lui-même, par H. Grossman, « Die gesellschaftlichen Grundlagen der mechanistischen Philosophie und die Manufaktur », *Zeitschrift für Sozialforschung*, Paris, 1935. Quant à Galilée, il est relié aux traditions des artisans, constructeurs, ingénieurs, etc., de la Renaissance par L. Olschki, *Galileo und seine Zeit*, Halle, 1927, et plus récemment par E. Zilsel, « The sociological roots of science», *The American Journal of Sociology*, XLVII, 1942. Zilsel souligne le rôle qu'ont joué les « artisans qualifiés » de la Renaissance dans le développement de la mentalité scientifique moderne. Bien entendu, il est vrai que les artistes, ingénieurs, architectes, etc., de la Renaissance jouèrent un rôle important dans la lutte contre la tradition aristotélicienne et que certains d'entre eux — comme Léonard de Vinci et Benedetti — essayèrent même de développer une dynamique nouvelle, anti-aristotélicienne; cependant cette dynamique, comme l'a montré de façon concluante Duhem, était dans ses traits principaux celle des nominalistes parisiens, la dynamique de l'*impetus* de Jean Buridan et de Nicole Oresme. Et si Benedetti, de loin le plus remarquable de ces « précurseurs » de Galilée, transcende quelquefois le niveau de la dynamique « parisienne », ce n'est pas en raison de son travail comme ingénieur et artilleur, mais parce qu'il étudia Archimède et décida d'appliquer « la philosophie mathématique » à l'investigation de la nature.

trop et trop peu. Elle explique le prodigieux développement de la science du XVIIe siècle par celui de la technologie. Cependant, ce dernier était infiniment moins frappant que le premier. En outre, elle oublie les réussites
techniques du Moyen Age. Elle néglige l'appétit de puissance et de richesse qui inspira l'alchimie tout au long
de son histoire.

D'autres érudits ont insisté sur la lutte de Galilée contre
l'autorité, contre la tradition, en particulier celle d'Aristote :
contre la tradition scientifique et philosophique que maintenait l'Église et qu'elle enseignait dans les universités.
Ils ont souligné le rôle de l'observation et de l'expérience
dans la science nouvelle de la nature [1]. Il est parfaitement
vrai, bien entendu, que l'observation et l'expérimentation constituent l'un des traits les plus caractéristiques
de la science moderne. Il est certain que dans les écrits
de Galilée nous trouvons d'innombrables appels à l'observation et à l'expérience, et une ironie amère à l'égard
d'hommes qui ne croyaient pas au témoignage de leurs
yeux parce que ce qu'ils voyaient était contraire à l'enseignement des autorités ou, pire encore, qui ne voulaient
pas (comme Cremonini) regarder dans le télescope de
Galilée par peur de voir quelque chose qui aurait contredit
leurs théories et croyances traditionnelles. Or, c'est précisément en construisant un télescope et en l'utilisant, en
observant soigneusement la Lune et les planètes, en
découvrant les satellites de Jupiter, que Galilée porta
un coup mortel à l'astronomie et à la cosmologie de son
époque.

Cependant, on ne doit pas oublier que l'observation ou
l'expérience, au sens de l'expérience spontanée du sens
commun, ne joua pas un rôle majeur — ou, si elle le fit,
ce fut un rôle négatif, celui d'obstacle — dans la fondation
de la science moderne [2]. La physique d'Aristote, et plus
encore celle des nominalistes parisiens, de Buridan et de
Nicole Oresme, était beaucoup plus proche, selon Tannery
et Duhem, de l'expérience du sens commun que celle de

---

1. Tout récemment, un critique m'a reproché amicalement d'avoir négligé
cet aspect de l'enseignement de Galilée. (Cf. L. Olschki, « The Scientific Personality of Galileo », *Bulletin of the History of Medicine*, XII, 1942). Je ne crois
pas, je dois l'avouer, avoir mérité ce reproche, bien que je croie profondément
que la science est essentiellement théorie et non collecte de « faits ».

2. E. Meyerson, *Identité et réalité*, 3e éd., Paris, 1926, p. 156, montre de
façon très convaincante le manque d'accord entre « l'expérience » et les principes de la physique moderne.

Galilée et de Descartes[1]. Ce n'est pas « l'expérience »,
mais « l'expérimentation », qui joua — plus tard seulement
— un rôle positif considérable. L'expérimentation consiste
à interroger méthodiquement la nature; cette interroga-
tion présuppose et implique un *langage* dans lequel formuler les questions, ainsi qu'un dictionnaire nous permettant de lire et d'interpréter les réponses. Pour Galilée,
nous le savons bien, c'était en courbes, cercles et triangles,
en langage mathématique ou même plus précisément en
langage géométrique — non celui du sens commun ou de
purs symboles — que nous devons parler à la nature et
recevoir ses réponses. Le choix du langage, la décision
de l'employer, ne pouvaient évidemment pas être déterminés par l'expérience que l'usage même de ce langage
devait rendre possible. Il leur fallait venir d'autres sources.

D'autres historiens de la science et de la philosophie[2]
ont essayé plus modestement de caractériser la physique
moderne en tant que *physique*, par certains de ses traits
marquants : par exemple le rôle qu'y joue le principe
d'inertie. Exact, de nouveau : le principe d'*inertie* occupe
une place éminente dans la mécanique classique par
contraste avec celle des Anciens. Il y est la loi fondamentale du mouvement; il règne implicitement sur la physique
de Galilée, explicitement sur celle de Descartes et de
Newton. Mais s'arrêter à cette caractéristique me semble
quelque peu superficiel. A mon avis, il ne suffit pas d'établir simplement le fait. Nous devons le comprendre et
l'expliquer — expliquer pourquoi la physique *moderne*
fut capable d'adopter ce principe; comprendre pourquoi,
et comment, le principe d'inertie qui nous semble si simple,

---

1. **P.** Duhem, *Le Système du monde*, Paris, 1913, I, pp. 194 sq. : « Cette
dynamique, en effet, semble s'adapter si heureusement aux observations
courantes qu'elle ne pouvait manquer de s'imposer, tout d'abord, à l'acceptation des premiers qui aient spéculé sur les forces et les mouvements... Pour
que les physiciens en viennent à rejeter la dynamique d'Aristote et à construire la dynamique moderne, il leur faudra comprendre que les faits dont ils
sont chaque jour les témoins ne sont aucunement les faits simples, élémentaires, auxquels les lois fondamentales de la dynamique se doivent immédiatement appliquer; que la marche du navire tiré par les haleurs, que le roulement
sur une route de la voiture attelée doivent être regardés comme des mouvements d'une extrême complexité; en un mot que pour le principe de la
science du mouvement, on doit, par abstraction, considérer un mobile qui,
sous l'action d'une force unique, se meut dans le vide. Or, de sa dynamique,
Aristote va jusqu'à conclure qu'un tel mouvement est impossible. »

2. Kurd Lasswitz, *Geschichte der Atomistik*, Hamburg und Leipzig, 1890,
II, pp. 23 sq.; E. Mach, *Die Mechanik in ihrer Entwicklung*, 8e éd., Leipzig,
1921, pp. 117 sq.; E. Wohlwill, « Die Entdeckung des Beharrunggesetzes »,
Zeitschrift für Völkerpsychologie und Sprachwissenschaft, vol. XIV et XV,
1883 et 1884, et E. Cassirer, *Das Erkenntnisproblem in der Philosophie und
Wissenschaft der neueren Zeit*, 2e édit., Berlin, 1911, I, pp. 394 sq.

si clair, si plausible et même évident, acquit ce statut
d'évidence et de vérité *a priori* alors que, pour les Grecs,
aussi bien que pour les penseurs du Moyen Age, l'idée
d'un corps qui, une fois mis en mouvement, continuerait
pour toujours à se mouvoir, semblait bien évidemment
fausse, et même absurde [1].

Je n'essaierai pas d'expliquer ici les raisons et les causes
qui provoquèrent la révolution spirituelle du xvie siècle.
Il suffit à notre propos de la décrire, de caractériser l'attitude mentale ou intellectuelle de la science moderne
par deux traits solidaires. Ce sont : 1º la destruction du
Cosmos, par conséquent la disparition dans la science
de toutes les considérations fondées sur cette notion [2];
2º la géométrisation de l'espace — c'est-à-dire la substitution de l'espace homogène et asbtrait de la géométrie
euclidienne à la conception d'un espace cosmique qualitativement différencié et concret, celui de la physique
prégaliléenne. On peut résumer et exprimer comme suit
ces deux caractéristiques : la mathématisation (géométrisation) de la nature et, par conséquent, la mathématisation (géométrisation) de la science.

La dissolution du Cosmos signifie la destruction d'une
idée : celle d'un monde de structure finie, hiérarchiquement
ordonné, d'un monde qualitativement différencié du point
de vue ontologique; elle est remplacée par celle d'un Univers ouvert, indéfini et même infini, qu'unifient et gouvernent les mêmes lois universelles; un Univers dans lequel
toutes choses appartiennent au même niveau d'Être, à
l'encontre de la conception traditionnelle qui distinguait
et opposait les deux mondes du Ciel et de la Terre. Les
lois du Ciel et celles de la Terre sont désormais fondues
ensemble. L'astronomie et la physique deviennent inter-
dépendantes, et même unifiées et unies [3]. Cela implique
que disparaissent de la perspective scientifique toutes
considérations fondées sur la valeur, la perfection, l'harmonie, la signification et le dessein [4]. Elles disparaissent

---

1. Cf. E. Meyerson, *op. cit.*, pp. 124 sq.

2. Le *terme* demeure, bien entendu, et Newton parle toujours du Cosmos et
de son ordre (comme il parle d'*impetus*), mais dans un sens entièrement nouveau.

3. Comme j'ai essayé de le montrer ailleurs (*Études galiléennes*, III, *Galilée
et la loi d'inertie*, Paris, 1940), la science moderne résulte de cette unification
de l'astronomie et de la physique qui lui permet d'appliquer les méthodes de
la recherche mathématique, utilisées jusqu'alors pour l'étude des phénomènes
célestes, à l'étude des phénomènes du monde sublunaire.

4. Cf. E. Bréhier, *Histoire de la philosophie*, t. II, fasc. I, Paris, 1929,
p. 95 : « Descartes dégage la physique de la hantise du Cosmos hellénique,

dans l'espace infini du nouvel Univers. C'est dans ce
nouvel Univers, dans ce nouveau monde d'une géométrie
faite réelle, que les lois de la physique classique trouvent
valeur et application.

La dissolution du Cosmos, je le répète, voilà me semble-
t-il la révolution la plus profonde accomplie ou subie par
l'esprit humain depuis l'invention du Cosmos par les
Grecs. C'est une révolution si profonde, aux conséquences
si lointaines, que pendant des siècles, les hommes — à de
rares exceptions, dont Pascal — n'en ont pas saisi la portée
et le sens ; maintenant encore elle est souvent sous-estimée
et mal comprise.

Ce que les fondateurs de la science moderne, et parmi
eux Galilée, devaient donc faire, ce n'était pas de critiquer
et de combattre certaines théories erronées, pour les corriger ou les remplacer par de meilleures. Ils devaient faire
tout autre chose. Ils devaient détruire un monde et le
remplacer par un autre. Ils devaient réformer la structure
de notre intelligence elle-même, formuler à nouveau et
réviser ses concepts, envisager l'Être d'une nouvelle
manière, élaborer un nouveau concept de la connaissance,
un nouveau concept de la science — et même substituer à
un point de vue assez naturel, celui du sens commun, un
autre qui ne l'est pas du tout [1].

Ceci explique pourquoi la découverte de choses, de lois,
qui aujourd'hui paraissent si simples et si faciles qu'on les
enseigne aux enfants — lois du mouvement, loi de la chute
des corps — exigea un effort si long, si ardu, souvent vain,
de quelques-uns des plus grands génies de l'humanité, un
Galilée, un Descartes [2]. Ce fait, à son tour, me semble
réfuter les essais modernes pour minimiser, voire nier
l'originalité de la pensée de Galilée, ou du moins son caractère révolutionnaire ; il rend manifeste aussi que l'apparente continuité dans le développement de la physique,
du Moyen Age aux Temps modernes (continuité que

c'est-à-dire de l'image d'un certain état privilégié des choses qui satisfait nos
besoins esthétiques... Il n'y a pas d'état privilégié puisque tous les états sont
équivalents. Il n'y a donc aucune place en physique pour la recherche des
causes finales et la considération du meilleur. »

1. Cf. P. Tannery, « Galilée et les principes de la dynamique », *Mémoires
scientifiques*, VI, Paris, 1926, p. 399 : « Si pour juger le système dynamique
d'Aristote, on fait abstraction des préjugés qui dérivent de notre éducation
moderne, si on cherche à se replacer dans l'état d'esprit que pouvait avoir
un penseur indépendant au commencement du XVIIe siècle, il est difficile de
méconnaître que ce système est beaucoup plus conforme que le nôtre à l'observation immédiate des faits. »

2. Cf. mes *Études galiléennes*, II, *La loi de la chute des corps*, Paris, 1940.

Caverni et Duhem ont si énergiquement soulignée) est illusoire [1]. Il est vrai, bien sûr, qu'une tradition ininterrompue conduit des œuvres des nominalistes parisiens à celles de Benedetti, Bruno, Galilée et Descartes. (J'ai moi-même ajouté un chaînon à l'histoire de cette tradition [2]). Cependant, la conclusion qu'en tire Duhem est trompeuse : une révolution bien préparée reste néanmoins une révolution, et, en dépit du fait que Galilée lui-même dans sa jeunesse (comme Descartes parfois) partagea les vues et enseigna les théories des critiques médiévaux d'Aristote, la science moderne, la science née de ses efforts et de ses découvertes *ne suit pas* l'inspiration des « précurseurs parisiens de Galilée »; elle se place immédiatement à un niveau tout autre — un niveau que j'aimerais appeler archimédien. Le véritable précurseur de la physique moderne n'est ni Buridan, ni Nicole Oresme, ni même Jean Philopon, mais Archimède [3].

I

On peut diviser en deux périodes l'histoire de la pensée scientifique du Moyen Age et de la Renaissance, que nous commençons à connaître un peu mieux [4]. Ou plutôt,

1. Cf. Caverni, *Storia del metodo sperimentale in Italia*, 5 vol., Firenze, 1891-1896, en particulier les volumes IV et V. — P. Duhem, *Le Mouvement absolu et le mouvement relatif*, Paris, 1905; « De l'accélération produite par une force constante », *Congrès international de l'Histoire des Sciences*, IIIᵉ session, Genève, 1906; *Études sur Léonard de Vinci : Ceux qu'il a lus et ceux qui l'ont lu*, 3 vol., Paris, 1909-1913, en particulier le volume III : *Les précurseurs parisiens de Galilée*. Tout récemment la thèse de la continuité a été soutenue par J. H. Randall, Jr., dans son brillant article : « Scientific method in the school of Padua », *Journal of the History of Ideas*, I, 1940; Randall montre de façon convaincante l'élaboration progressive de la méthode de « résolution et composition » dans l'enseignement des grands logiciens de la Renaissance. Cependant Randall lui-même déclare qu'« un élément fit défaut dans la méthode formulée par Zabarella : il n'exigea pas que les principes de la science naturelle soient mathématiques » (p. 204), et que le *Tractatus de paedia* de Cremonini « retentit comme l'avertissement solennel à l'égard des mathématiciens triomphants de la grande tradition aristotélicienne d'empirisme rationnel » (*ibid.*). Or « cette insistance sur le rôle des mathématiques qui s'ajouta à la méthodologie logique de Zabarella » (p. 205) constitue précisément, selon moi, le contenu de la révolution scientifique du xviiᵉ siècle et, dans l'opinion de l'époque, la ligne de partage entre les partisans de Platon et ceux d'Aristote.
2. Cf. *Études galiléennes*, I : *A l'aube de la science classique*, Paris, 1940.
3. Le xviᵉ siècle, du moins dans sa seconde moitié, est la période où l'on reçut, étudia, et comprit peu à peu Archimède.
4. Nous devons cette connaissance principalement aux travaux de P. Duhem (aux ouvrages cités plus haut (n. 1), il faut ajouter : *Les Origines de la statique*, 2 vol., Paris, 1905 et *Le Système du monde*, 5 vol., Paris, 1913-1917) et à ceux de Lynn Thorndike, cf. sa monumentale *History of Magic and Experimental Science*, 6 vol., New York, 1923-1941. Cf. également F. J. Dijksterhuis, *Wal en Worp*, Groningen, 1924.

comme l'ordre chronologique ne correspond que très grossièrement à cette division, on pourrait distinguer *grosso modo* l'histoire de la pensée scientifique en trois étapes ou époques qui correspondent à leur tour à trois types différents de pensée : la physique aristotélicienne d'abord ; ensuite la physique de l'*impetus*, issue, comme tout le reste, de la pensée grecque et élaborée dans le courant du xive siècle par les nominalistes parisiens ; enfin, la physique moderne, mathématique, du type d'Archimède ou de Galilée.

Ces étapes, nous les trouvons dans les œuvres du jeune Galilée : elles ne nous renseignent pas seulement sur l'histoire — ou la préhistoire — de sa pensée, sur les mobiles et les motifs qui l'ont dominée et inspirée, mais elles nous offrent en même temps, ramassé et pour ainsi dire clarifié par l'admirable intelligence de son auteur, un tableau frappant et profondément instructif de toute l'histoire de la physique prégaliléenne. Retraçons brièvement cette histoire, en commençant par la physique d'Aristote.

La physique d'Aristote est fausse, bien entendu, et complètement périmée. Néanmoins c'est une « physique », c'est-à-dire une science hautement élaborée, bien qu'elle ne le soit pas mathématiquement [1]. Ce n'est pas de l'imaginaire puéril ni un grossier énoncé logomachique de sens commun, mais une théorie, c'est-à-dire une doctrine qui, partant naturellement des données du sens commun, les soumet à un traitement extrêmement cohérent et systématique [2].

Les faits ou données qui servent de fondement à cette élaboration théorique sont très simples et, en pratique, nous les admettons exactement comme le faisait Aristote. Tous, nous trouvons toujours « naturel » de voir un corps lourd tomber « en bas ». Exactement comme Aristote ou saint Thomas, nous serions profondément étonnés de voir un grave — pierre ou taureau — s'élever librement en l'air. Cela nous semblerait assez « contre nature » et nous chercherions à l'expliquer par quelque mécanisme caché.

De la même manière, nous trouvons toujours « naturel »

---

1. La physique aristotélicienne est par essence non mathématique. La présenter comme le fait Duhem (*De l'accélération produite par une force constante*, p. 859) comme simplement fondée sur une autre formule mathématique que la nôtre, est une erreur.

2. Souvent l'historien moderne de la pensée scientifique n'apprécie pas assez le caractère systématique de la physique aristotélicienne.

de voir la flamme d'une allumette se diriger vers « le haut » et de placer nos casseroles « sur » le feu. Nous serions surpris et chercherions une explication si nous voyions, par exemple, la flamme se retourner et pointer vers « le bas ». Qualifierons-nous cette conception ou plutôt cette attitude de puérile et simpliste? Peut-être. Nous pouvons même signaler que, selon Aristote lui-même, la science commence précisément lorsqu'on cherche à expliquer les choses qui paraissent naturelles. Cependant, quand la thermodynamique énonce comme un principe que la « chaleur » passe d'un corps chaud à un corps froid, mais non d'un corps froid à un corps chaud, ne traduit-elle pas simplement l'intuition du sens commun qu'un corps « chaud » devient « naturellement » froid mais qu'un corps froid ne devient pas « naturellement » chaud? Et même quand nous déclarons que le centre de gravité d'un système tend à prendre la position la plus basse et ne s'élève pas tout seul, ne traduisons-nous pas simplement une intuition du sens commun, celle-là même qu'exprime la physique aristotélicienne en distinguant le mouvement « naturel » du mouvement « violent [1] »?

En outre, la physique aristotélicienne, pas plus que la thermodynamique, ne se satisfait d'exprimer simplement dans son langage le « fait » de sens commun que nous venons de mentionner; elle le transpose; la distinction entre mouvements « naturels » et mouvements « violents » se situe dans une conception d'ensemble de la réalité physique, conception dont les principaux traits semblent être : *a*) la croyance à l'existence de « natures » qualitativement définies; et *b*) la croyance à l'existence d'un Cosmos — en somme la croyance à l'existence de principes d'ordre en vertu desquels l'ensemble des êtres réels forme un tout hiérarchiquement ordonné.

Tout, ordre cosmique, harmonie : ces concepts impliquent que dans l'Univers les choses sont (ou doivent être) distribuées et disposées dans un certain ordre déterminé; que leur localisation n'est indifférente ni pour elles, ni pour l'Univers; qu'au contraire chaque chose a, selon sa nature, une « place » déterminée dans l'Univers, la sienne propre en un sens [2]. Une place pour chaque chose et chaque chose à sa place : le concept de « lieu naturel » exprime cette exigence théorique de la physique aristotélicienne.

---

1. Cf. E. Mach, *Die Mechanik*, pp. 124 sq.
2. C'est seulement à « sa » place qu'un être atteint son accomplissement et devient vraiment lui-même. Et voilà pourquoi il tend à atteindre cette place.

La conception de « lieu naturel » est fondée sur une conception purement statique de l'ordre. En effet, si chaque chose était « en ordre », chaque chose serait à sa place naturelle et, bien entendu, y resterait et y demeurerait pour toujours. Pourquoi devrait-elle la quitter? Au contraire, elle offrirait une résistance à tout effort pour l'en chasser. On ne pourrait l'en expulser qu'en exerçant quelque espèce de *violence*, et si, du fait d'une telle *violence*, le corps se trouvait hors de « sa » place, il chercherait à y revenir.

Ainsi, tout mouvement implique quelque espèce de désordre cosmique, un dérangement dans l'équilibre de l'univers, car il est soit l'effet direct de la *violence*, soit, au contraire, l'effet de l'effort de l'Être pour compenser cette *violence*, pour recouvrer son ordre et son équilibre perdus et troublés, pour ramener les choses à leurs lieux naturels, lieux où elles doivent reposer et demeurer. C'est ce retour à l'ordre qui constitue précisément ce que nous avons appelé mouvement « naturel[1] ».

Troubler l'équilibre, revenir à l'ordre : il est parfaitement clair que l'ordre constitue un état solide et durable qui tend à se perpétuer lui-même indéfiniment. Il n'y a donc pas besoin d'expliquer l'état de repos, du moins l'état d'un corps au repos dans son lieu naturel, propre; c'est sa propre nature qui l'explique, qui explique par exemple que la Terre soit au repos au centre du monde. De même il est évident que le mouvement est nécessairement un état transitoire : un mouvement naturel se termine naturellement quand il atteint son but. Quant au mouvement violent, Aristote est trop optimiste pour admettre que cet état anormal pourrait durer; en outre, le mouvement violent est un désordre qui engendre du désordre, et admettre qu'il pourrait durer indéfiniment signifierait en fait que l'on abandonne l'idée même d'un Cosmos bien ordonné. Aristote maintient donc la croyance rassurante que rien de ce qui est *contra naturam possit esse perpetuum*[2].

Ainsi, comme nous venons de le dire, le mouvement, dans la physique aristotélicienne, est un état essentiellement transitoire. Pris à la lettre, cependant, cet énoncé serait incorrect et même doublement incorrect. Le fait est que le mouvement, bien qu'il soit pour *chacun des*

1. Les conceptions de « lieux naturels » et de « mouvements naturels » impliquent celle d'un Univers fini.
2. Aristote, *Physique*, VIII, 8, 215 *b*.

corps mus, ou du moins pour ceux du monde sublunaire, pour les objets mobiles de notre expérience, un état nécessairement transitoire et éphémère, est néanmoins pour l'ensemble du monde un phénomène nécessairement éternel, et par conséquent éternellement nécessaire [1] — un phénomène que nous ne pouvons pas expliquer sans découvrir son origine et sa cause dans la structure physique aussi bien que métaphysique du Cosmos. Une telle analyse montrerait que la structure ontologique de l'Être matériel l'empêche d'atteindre l'état de perfection qu'implique la notion de repos absolu et nous permettrait de voir la cause physique dernière des mouvements temporaires, éphémères et variables des corps sublunaires dans le mouvement continu, uniforme et perpétuel des sphères célestes [2]. D'autre part, le mouvement n'est pas, à proprement parler, un *état :* c'est un processus, un flux, un *devenir,* dans et par lequel les choses se constituent, s'actualisent et s'accomplissent [3]. Il est parfaitement vrai que l'Être est le terme du devenir et le repos le but du mouvement. Cependant, le repos immuable d'un être pleinement actualisé est quelque chose d'entièrement différent de l'immobilité lourde et impuissante d'un être incapable de se mouvoir lui-même; le premier est quelque chose de positif, « perfection et *actus* », la seconde n'est qu'une « privation ». Par conséquent, le mouvement — *processus,* devenir, changement — se trouve placé du point de vue ontologique entre les deux. C'est l'être de tout ce qui change, de tout ce dont l'être est altération et modification et qui n'*est* qu'en changeant et se modifiant. La célèbre définition aristotélicienne du mouvement — *actus entis in potentia in quantum est in potentia* — que Descartes trouvera parfaitement inintelligible — exprime admirablement le fait : le mouvement est l'être — ou l'*actus* — de tout ce qui n'est pas Dieu.

Ainsi, se mouvoir c'est changer, *aliter et aliter se habere,* changer en soi-même et par rapport aux autres. Ceci implique d'une part un terme de référence par rapport auquel la chose mue change son être ou sa relation; ce qui

---

1. Le mouvement ne peut résulter que d'un mouvement antérieur. Par conséquent tout mouvement effectif implique une série infinie de mouvements précédents.

2. Dans un Univers fini le seul mouvement uniforme qui peut persister indéfiniment est un mouvement circulaire.

3. Cf. Kurt Riezler, *Physics and Reality,* New Haven, 1940.

implique — si nous examinons le mouvement local [1] —
l'existence d'un point fixe par rapport auquel le mû se
meut, un point fixe immuable; lequel, évidemment, ne
peut être que le centre de l'Univers. D'autre part, le fait
que chaque changement, chaque processus, a besoin pour
s'expliquer d'une cause, implique que chaque mouvement
a besoin d'un moteur pour le produire, moteur qui le maintient en mouvement aussi longtemps que le mouvement
dure. Le mouvement en effet ne se maintient pas, comme
le repos. Le repos — état de privation — n'a pas besoin
de l'action d'une cause quelconque pour expliquer sa persistance. Le mouvement, le changement, n'importe quel
processus d'actualisation ou de dépérissement, et même
d'actualisation ou de dépérissement continu, ne peut se
passer d'une telle action. Otez la cause, le mouvement
s'arrêtera. *Cessante causa cessat effectus* [2].

Dans le cas du mouvement « naturel », cette cause, ce
moteur est la nature même du corps, sa « forme » qui cherche à le ramener à sa place et maintient ainsi le mouvement.
Vice versa, le mouvement qui est *contra naturam* exige
pendant toute sa durée l'action *continue* d'un moteur
externe joint au corps mû. Otez le moteur, le mouvement
s'arrêtera. Détachez-le du corps mû, le mouvement
s'arrêtera aussi. Aristote, nous le savons bien, n'admet
pas l'action à distance [3]; chaque transmission de mouvement implique selon lui un contact. Il n'y a donc que deux
genres d'une telle transmission : la pression et la traction.
Pour faire bouger un corps, il faut soit le pousser, soit le
tirer. Il n'existe pas d'autres moyens.

La physique aristotélicienne forme ainsi une admirable
théorie parfaitement cohérente qui, à dire le vrai, ne présente qu'un défaut (outre celui d'être fausse) : le défaut
d'être démentie par l'usage quotidien du lancer. Mais un
théoricien qui mérite ce nom ne se laisse pas troubler par
une objection tirée du sens commun. S'il rencontre un
« fait » qui ne cadre pas avec sa théorie, il en nie l'existence.
S'il ne peut pas le nier, il l'explique. C'est dans l'explication de ce fait quotidien, celui du lancer, mouvement qui

1. Le mouvement local — déplacement — n'est qu'une espèce, quoique
particulièrement importante, de « mouvement » *(kinesis)*, mouvement dans
le domaine de l'espace, par contraste avec l'altération, mouvement dans le
domaine de la qualité, et la génération et la corruption, mouvement dans le
domaine de l'être.
2. Aristote a parfaitement raison. Aucun processus de changement ou
de devenir ne peut se passer de cause. Si le mouvement, dans la physique
moderne, persiste par lui-même, c'est parce qu'il n'est plus qu'un processus.
3. Le corps *tend* vers son lieu naturel, mais il n'est pas *attiré* par lui.

continue en dépit de l'absence d'un « moteur », fait apparemment incompatible avec sa théorie, qu'Aristote nous donne la mesure de son génie. Sa réponse consiste à expliquer le mouvement apparemment sans moteur du projectile par la réaction du milieu ambiant, air ou eau[1]. La théorie est un coup de génie. Malheureusement (outre que c'est faux), c'est absolument impossible du point de vue du sens commun. Il n'est donc pas étonnant que la critique de la dynamique aristotélicienne en revienne toujours à la même *questio disputata : a quo moveantur projecta?*

II

Nous reviendrons dans un moment à cette *questio* mais nous devons d'abord examiner un autre détail de la dynamique aristotélicienne : la négation de tout vide et du mouvement dans un vide. Dans cette dynamique en effet, un vide ne permet pas au mouvement de se produire plus facilement; au contraire, il le rend complètement impossible; ceci pour des raisons très profondes.

Nous avons déjà dit que, dans la dynamique aristotélicienne, chaque corps est conçu comme doué d'une tendance à se trouver dans son lieu naturel et à y revenir s'il en est écarté par violence. Cette tendance explique le mouvement naturel d'un corps : mouvement qui l'apporte à son lieu naturel par le chemin le plus court et le plus rapide. Il s'ensuit que tout mouvement naturel procède en ligne droite et que chaque corps chemine vers son lieu naturel aussi vite que possible; c'est-à-dire aussi vite que son milieu, qui résiste à son mouvement et s'y oppose, lui permet de le faire. Si donc il n'y avait rien pour l'arrêter, si le milieu ambiant n'opposait aucune résistance au mouvement qui le traverse (tel serait le cas dans un vide) le corps cheminerait vers « sa » place avec une vitesse infinie[2]. Mais un tel mouvement serait instantané, ce qui — à juste titre — semble absolument impossible à Aristote. La conclusion est évidente : un mouvement (naturel) ne peut pas se produire dans le vide. Quant au mouvement violent, celui par exemple de lancer, un mouvement dans le vide équivaudrait à un mouvement sans moteur; il est évident que le vide n'est pas un milieu physique et ne peut

1. Cf. Aristote, *Physique*, IV, 8, 215 *a*; VIII, 10, 267 *a*; *De Cœlo*, III, 2, 301 *b*. — E. Meyerson, *Identité et réalité*, p. 84.
2. Cf. Aristote, *Physique*, VII, 5, 249 *b*, 250 *a*; *De Cœlo*, III, 2, 301 *e*.

pas recevoir, transmettre et maintenir un mouvement. En outre, dans le vide (comme dans l'espace de la géométrie euclidienne), il n'y a pas de lieux privilégiés ou de directions. Dans le vide il n'y a pas, et il ne peut pas y avoir, de lieux « naturels ». Par conséquent, un corps placé dans le vide ne saurait pas où aller, n'aurait aucune raison de se diriger dans une direction plutôt que dans une autre, et donc aucune raison du tout de bouger. *Vice versa*, une fois mis en mouvement, il n'aurait pas plus de raison de s'arrêter ici que là, et donc aucune raison du tout de s'arrêter [1]. Les deux hypothèses sont complètement absurdes.

Aristote, une fois encore, a parfaitement raison. Un espace vide (celui de la géométrie) détruit entièrement la conception d'un ordre cosmique : dans un espace vide, non seulement il n'existe pas de lieux naturels [2], mais pas de *lieux* du tout. L'idée d'un vide n'est pas compatible avec la compréhension du mouvement comme changement et comme processus — peut-être même pas avec celle du mouvement concret de corps concrets « réels », perceptibles : je veux dire les corps de notre expérience quotidienne. Le vide est un *non-sens* [3]; placer les choses dans un tel *non-sens* est absurde [4]. Les corps géométriques seuls peuvent être « placés » dans un espace géométrique.

Le physicien examine des choses réelles, le géomètre des raisons au sujet d'abstractions. Par conséquent, soutient Aristote, rien ne pourrait être plus dangereux que de mêler géométrie et physique et d'appliquer une méthode et un raisonnement purement géométriques à l'étude de la réalité physique.

III

J'ai déjà signalé que la dynamique aristotélicienne, en dépit — ou peut-être à cause — de sa perfection théorique, présentait un grave inconvénient; celui d'être absolument non plausible, complètement incroyable et inacceptable pour le gros bon sens, et évidemment en contradiction avec l'expérience quotidienne la plus commune. Rien d'étonnant donc à ce qu'elle n'ait jamais joui d'une recon-

---

1. Cf. Aristote, *Physique*, IV, 8, 214 *b*; 215 *b*.
2. Si on le préfère, on peut dire que dans un vide tous les lieux sont les lieux naturels de toute espèce de corps.
3. Kant appelait l'espace vide un *Unding*.
4. Telle était, nous le savons, l'opinion de Descartes et de Spinoza.

naissance universelle et à ce que les critiques et les adversaires de la dynamique d'Aristote lui aient toujours opposé cette observation de bon sens qu'un mouvement se poursuit, séparé de son moteur originaire. Les exemples classiques d'un tel mouvement, rotation persistante de la roue, vol de la flèche, jet d'une pierre, furent toujours invoqués à son encontre, depuis Hipparque et Jean Philopon, puis Jean Buridan et Nicole Oresme, jusqu'à Léonard de Vinci, Benedetti et Galilée [1].

Je n'ai pas l'intention d'analyser ici les arguments traditionnels qui, depuis Jean Philopon [2], ont été répétés par les partisans de sa dynamique. On peut les classer *grosso modo* en deux groupes : *a*) Les premiers arguments sont d'ordre matériel et soulignent combien est improbable la supposition selon laquelle un corps gros et lourd, balle, meule qui tourne, flèche qui vole contre le vent, peut être mû par la réaction de l'air; *b*) Les autres sont d'ordre formel, et signalent le caractère contradictoire de l'attribution à l'air d'un double rôle, celui de résistance et celui de moteur, ainsi que le caractère illusoire de toute la théorie : elle ne fait que déplacer le problème, du corps à l'air, et se trouve, par là, obligée d'attribuer à l'air ce qu'elle refuse à d'autres corps, la capacité de maintenir un mouvement séparé de sa cause externe. S'il en est ainsi, demande-t-on, pourquoi ne pas supposer que le moteur transmet au corps mû, ou lui imprime, quelque chose qui le rend capable de se mouvoir — quelque chose appelé *dynamis*, *virtus motiva*, *virtus impressa*, *impetus*, *impetus impressus*, quelquefois *forza* ou même *motio*, et qui est toujours représenté comme quelque espèce de puissance

1. Pour l'histoire de la critique médiévale d'Aristote, cf. les ouvrages cités plus haut (p. 172, n. 1), et B. Jansen, Olivi, « Der älteste scholastische Vertreter des heutigen Bewegungsbegriffes », *Philosophisches Jahrbuch* (1920); K. Michalsky, « La Physique nouvelle et les différents courants philosophiques au XIVe siècle », *Bulletin international de l'Académie polonaise des sciences et des lettres*, Cracovie, 1927; S. Moser, *Grundbegriffe der Naturphilosophie bei Wilhelm von Occam* (Innsbruck, 1932); E. Borchert, *Die Lehre von der Bewegung bei Nicolaus Oresme* (Münster, 1934); R. Marcolongo « La Meccanica di Leonardo da Vinci », *Atti della reale accademia delle scienze fisiche e matematiche*, XIX (Napoli, 1933).

2. Sur Jean Philopon, qui semble être le véritable inventeur de la théorie de l'*impetus*, cf. E. Wohlwill., « Ein vorgänger Galileis im VI. Jahrhundert », *Physicalische Zeitschrift*, VII (1906), et P. Duhem, *Le Système du monde*, I : La *Physique* de Jean Philopon, n'ayant pas été traduite en latin resta inaccessible aux scolastiques qui n'avaient à leur disposition que le bref résumé donné par Simplicius. Mais elle fut bien connue des Arabes, et la tradition arabe semble avoir influencé, directement et par la traduction d'Avicenne, l'école « parisienne » à un point insoupçonné jusqu'ici. Cf. le très important article de S. Pines, « Études sur Awhad al-Zamān Abū'l Barakāt al-Baghdādī », *Revue des études juives* (1938).

ou de force qui passe du moteur au *mobile*, et continue alors le mouvement ou, mieux, produit le mouvement comme sa cause.

Il est évident, comme Duhem lui-même l'a reconnu, que nous sommes revenus au bon sens. Les partisans de la physique de l'*impetus* pensent en termes d'expérience quotidienne. N'est-il pas certain que nous avons besoin de faire un *effort*, de déployer et de dépenser de la force pour mouvoir un corps, par exemple pour pousser un chariot, lancer une pierre ou tendre un arc? N'est-il pas clair que c'est cette force qui meut le corps, ou plutôt, qui le fait se mouvoir? — que c'est la force que le corps reçoit du moteur qui le rend capable de surmonter une résistance (comme celle de l'air) et de s'attaquer à des obstacles?

Les partisans médiévaux de la dynamique de l'*impetus* discutent longuement, et sans succès, du statut ontologique de l'*impetus*. Ils essaient de le faire entrer dans la classification aristotélicienne, de l'interpréter comme une espèce de *forme* ou une espèce d'*habitus*, ou comme une espèce de qualité telle que la chaleur (Hipparque et Galilée). Ces discussions montrent seulement la nature confuse, imaginative de la théorie qui est directement un produit ou, si l'on peut dire, un condensé de sens commun.

Comme telle, elle s'accorde mieux encore que le point de vue aristotélicien avec les « faits » — réels ou imaginaires — qui constituent le fondement expérimental de la dynamique médiévale; en particulier avec le « fait » bien connu que tout projectile commence par accroître sa vitesse et acquiert le maximum de rapidité quelque temps après s'être séparé du moteur [1]. Chacun sait que pour sauter un obstacle, il faut

---

1. Il est intéressant de remarquer que cette croyance absurde, qu'Aristote partagea et enseigna (*De Cœlo*, II, 6), était si profondément enracinée et si universellement acceptée que Descartes lui-même n'osa pas la nier ouvertement et, comme il le fit si souvent, préféra l'expliquer. En 1630, il écrit à Mersenne (A.-T., I, p. 110) : « Je voudrais bien aussi sçavoir si vous n'avez point expérimenté si une pierre jettée avec une fronde, ou la bale d'un mousquet, ou un traist d'arbaleste, vont plus viste et ont plus de force au milieu de leur mouvement qu'ils n'en ont au commencement, et s'ils font plus d'effet. Car c'est là la créance du vulgaire, avec laquelle toutefois mes raisons ne s'accordent pas; et je trouve que les choses qui sont poussées et qui ne se meuvent pas d'elles-mêmes, doivent avoir plus de force au commencement qu'incontinent après. » En 1632 (A.-T., I, p. 259) et une fois de plus en 1640 (A.-T., II, pp. 37 sq.) il explique à son ami ce qui est vrai dans cette croyance : « *In motu projectorum*, je ne croie point que le Missile aille jamais moins vite au commencement qu'à la fin, à conter dès le premier moment qu'il cesse d'être poussé par la main ou la machine; mais je crois bien qu'un mousquet, n'estant éloigné que d'un pied et demi d'une muraille n'aura pas tant d'effet que s'il en était éloigné de quinze ou de vingt pas, à cause que la bale, en sortant du mousquet ne peut si aisément chasser l'air qui est entre lui et cette muraille et ainsi doit aller moins viste que si cette muraille estoit moins

« prendre son élan »; qu'un chariot que l'on pousse ou tire démarre lentement et gagne de la vitesse peu à peu; lui aussi prend de l'élan et acquiert sa force vive; de même que chacun — même un enfant qui lance une balle — sait que pour frapper fort le but, il faut se placer à une certaine distance, pas trop près, afin de laisser la balle prendre de la vitesse. La physique de l'*impetus* n'a pas de difficulté à expliquer ce phénomène; de son point de vue, il est parfaitement naturel qu'il faille quelque temps à l'*impetus* pour « s'emparer » du *mobile* — exactement comme la chaleur, par exemple, a besoin de temps pour se répandre dans un corps.

La conception du mouvement qui sous-tend et appuie la physique de l'*impetus* est tout à fait différente de celle de la théorie aristotélicienne. Le mouvement n'est plus interprété comme un processus d'actualisation. Cependant c'est toujours un changement et, comme tel, il faut l'expliquer par l'action d'une force ou d'une cause déterminée. L'*impetus* est précisément cette cause immanente qui produit le mouvement, lequel est *converso modo* l'effet produit par elle. Ainsi l'*impetus impressus produit* le mouvement; il *meut* le corps. Mais en même temps il joue un autre rôle très important : il surmonte la résistance que le milieu oppose au mouvement.

Étant donné le caractère confus et ambigu de la conception de l'*impetus*, il est assez naturel que ses deux aspects et fonctions doivent se fondre et que certains des partisans de la dynamique de l'*impetus* doivent arriver à la conclusion que, du moins dans certains cas particuliers, tels que le mouvement circulaire des sphères célestes ou, plus généralement, le roulement d'un corps circulaire sur une surface plane, ou plus généralement encore dans tous les cas où il n'y a pas de résistance externe au mouvement, comme dans un *vacuum*, l'*impetus* ne faiblit pas, mais reste « immortel ». Cette vue semble assez proche de la loi d'inertie et il est

proche. Toutefois c'est à l'expérience de déterminer si cette différence est sensible et je doute fort de toutes celles que je n'ai pas faites moi-même. » Au contraire l'ami de Descartes, Beeckman, nie péremptoirement la possibilité d'une accélération du projectile et écrit (*Beeckman à Mersenne*, 30 avril 1630, cf. *Correspondance du P. Mersenne*, Paris, 1936, II, p. 457) : « Funditores verò ac pueri omnes qui existimant remotiora fortius ferire quàm eadem propinquiora, certò certius falluntur. » Il admet cependant qu'il doit y avoir quelque chose de vrai dans cette croyance et essaie de l'expliquer : « Non dixeram plenitudinem nimiam aeris impedire effectum tormentorii globi, sed pulverem pyrium extra bombardam jam existentem forsitan adhuc rarefieri, ideoque fieri posse ut globus tormentarius extra·bombardam nova vi (simili tandem) propulsus velocitate aliquamdiu cresceret. »

donc particulièrement intéressant et important de remarquer que Galilée lui-même, qui dans son *De Motu* nous donne l'un des meilleurs exposés de la dynamique de l'*impetus*, nie résolument la validité d'une telle supposition et affirme très vigoureusement la nature essentiellement périssable de l'*impetus*.

Évidemment, Galilée a parfaitement raison. Si l'on comprend le mouvement comme l'effet de l'*impetus* considéré comme sa cause — une cause immanente mais non interne à la manière d'une « nature » — il est impensable et absurde de ne pas admettre que la cause ou force qui le produit doive nécessairement se dépenser et finalement s'épuiser dans cette production. Elle ne peut demeurer sans changement pendant deux moments consécutifs, par conséquent le mouvement qu'elle produit doit nécessairement ralentir et s'éteindre [1]. Ainsi le jeune Galilée nous donne une leçon très importante. Il nous enseigne que la physique de l'*impetus*, quoique compatible avec le mouvement dans un *vacuum*, est comme celle d'Aristote *incompatible* avec le principe d'inertie. Ce n'est pas la seule leçon que Galilée nous enseigne eu égard à la physique de l'*impetus*. La seconde est au moins aussi précieuse que la première. Elle montre que, comme celle d'Aristote, la dynamique de l'*impetus* est incompatible avec une méthode mathématique. Elle ne conduit nulle part. C'est une voie sans issue.

La physique de l'*impetus* fit très peu de progrès pendant les mille ans qui séparent Jean Philopon de Benedetti. Mais dans les travaux de ce dernier, et de façon plus claire, plus cohérente et plus consciente dans ceux du jeune Galilée, nous trouvons un effort résolu pour appliquer à cette physique les principes de la « philosophie mathématique [2] », sous l'influence évidente, indéniable, d'« Archimède le surhumain [3] ».

Rien n'est plus instructif que l'étude de cet essai — ou, plus exactement, de ces essais — et de leur échec. Ils nous montrent qu'il est impossible de mathématiser, c'est-à-dire de transformer en concept exact, mathématique, la grossière, vague et confuse théorie de l'*impetus*. Il fallut abandonner cette conception afin d'édifier une physique mathé-

---

1. Cf. Galileo Galilei, *De Motu, Opere*, ed. Naz., I, pp. 314 sq.
2. J.-B. Benedetti, *Diversarum speculationum mathematicarum liber*, Taurini, 1585, p. 168.
3. Galileo Galilei, *De Motu*, p. 300.

matique dans la perspective de la statique d'Archimède [1].
Il fallut former et développer un concept nouveau et original du mouvement. C'est ce nouveau concept que nous
devons à Galilée.

IV

Nous connaissons si bien les principes et les concepts de
la mécanique moderne, ou plutôt nous y sommes si accoutumés, qu'il nous est presque impossible de voir les difficultés
qu'il fallut surmonter pour les établir. Ces principes nous
semblent si simples, si naturels, que nous ne remarquons
pas les paradoxes qu'ils impliquent. Cependant, le simple
fait que les esprits les plus grands et les plus puissants de
l'humanité — Galilée, Descartes — eurent à lutter pour les
faire leurs, suffit de soi à montrer que ces notions claires et
simples — la notion de mouvement ou celle d'espace — ne
sont pas aussi claires et simples qu'elles le semblent. Ou
bien elles sont claires et simples d'un certain point de vue
seulement, uniquement comme partie d'un certain ensemble
de concepts et d'axiomes, à part duquel elles ne sont plus
du tout simples. Ou bien, peut-être, sont-elles trop claires
et trop simples : si claires et si simples que, comme toutes
les notions premières, elles sont très difficiles à saisir.

Le mouvement, l'espace — essayons d'oublier pour un
moment tout ce que nous avons appris à l'école; essayons
de nous représenter ce qu'ils signifient en mécanique.
Essayons de nous placer dans la situation d'un contemporain de Galilée, d'un homme accoutumé aux concepts de la
physique aristotélicienne qu'*il* a apprise dans *son* école, et
qui, pour la première fois, rencontre le concept moderne de
mouvement. Qu'est-ce? En fait, quelque chose d'assez
étrange. Quelque chose qui n'affecte d'aucune manière le
corps qui en est doué : être en mouvement ou être en repos
ne fait pas de différence pour le corps en mouvement ou au
repos, ne lui apporte aucun changement. Le corps, en tant
que tel, est totalement indifférent à l'un et à l'autre [2]. Par
conséquent, nous ne pouvons pas attribuer le mouvement
à un corps déterminé considéré en lui-même. Un corps n'est

---

1. La persistance de la terminologie — le mot *impetus* est employé par
Galilée et ses élèves et même par Newton — ne doit pas nous empêcher de
constater la disparition de l'idée.

2. Dans la physique aristotélicienne, le mouvement est un processus de
changement et affecte toujours le corps en mouvement.

en mouvement qu'en relation avec quelque autre corps que nous supposons être au repos. Tout mouvement est relatif. Et donc nous pouvons l'attribuer à l'un ou l'autre des deux corps, *ad libitum* [1].

Ainsi, le mouvement semble être une relation. Mais il est en même temps un *état;* exactement comme le repos est un autre *état,* entièrement et absolument opposé au premier; en outre, ils sont l'un et l'autre des *états persistants* [2]. La célèbre première loi du mouvement, la loi d'inertie, nous enseigne qu'un corps laissé à lui-même persiste éternellement dans son état de mouvement ou de repos et que nous devons mettre en œuvre une force pour transformer un état de mouvement en état de repos, et *vice versa* [3]. Cependant, l'éternité n'appartient pas à toute espèce de mouvement, mais au seul mouvement uniforme en ligne droite. La physique moderne affirme, comme chacun sait, qu'un corps une fois mis en mouvement, conserve éternellement sa direction et sa vitesse, à condition bien entendu qu'il ne subisse pas l'action de quelque force externe [4]. En outre, l'aristotélicien objectant que, bien qu'il connaisse, c'est un fait, le mouvement éternel, le mouvement éternel circulaire des sphères célestes, il n'a cependant jamais rencontré un mouvement rectiligne persistant, la physique moderne répond : bien sûr! un mouvement rectiligne uniforme est absolument impossible et ne peut se produire que dans un vide.

Réfléchissons-y et peut-être ne serons-nous pas trop durs pour l'aristotélicien qui se sentait incapable de saisir et d'accepter cette notion inouïe, celle d'une relation-état persistante, substantielle, concept de quelque chose qui, pour lui, apparaissait tout aussi abstrus et tout aussi impossible que nous semblent, à nous, les malencontreuses formes substantielles des scolastiques. Il n'est pas étonnant que l'aristotélicien se soit senti étonné et égaré par ce stupéfiant effort pour expliquer le réel par l'impossible — ou, ce

1. Un corps donné peut, par conséquent, être doté de n'importe quel nombre de mouvements différents qui n'interfèrent pas les uns avec les autres. Dans la physique aristotélicienne aussi bien que dans celle de l'*impetus,* chaque mouvement interfère avec chacun des autres et quelquefois même l'empêche de se produire.

2. Le mouvement et le repos sont ainsi placés sur le même niveau ontologique; la persistance du *mouvement* devient donc aussi évidente d'elle-même, sans qu'il soit besoin de l'expliquer, que l'avait été précédemment la persistance du *repos.*

3. En termes modernes : dans la dynamique aristotélicienne et dans celle de l'*impetus,* la force produit le mouvement; dans la dynamique moderne, la force produit l'accélération.

4. Ceci implique nécessairement l'infinité de l'Univers.

qui revient au même — pour expliquer l'être réel par l'être mathématique parce que, comme je l'ai déjà dit, ces corps qui se meuvent en lignes droites dans un espace vide infini ne sont pas des corps *réels* se déplaçant dans un espace *réel*, mais des corps *mathématiques* se déplaçant dans un espace *mathématique*.

Encore une fois, nous sommes si habitués à la science mathématique, à la physique mathématique, que nous ne sentons plus l'étrangeté d'un point de vue mathématique sur l'Être, l'audace paradoxale de Galilée déclarant que le livre de la Nature est écrit en caractères géométriques [1]. Pour nous, cela va de soi. Mais non pour les contemporains de Galilée. Par conséquent, ce qui constitue le véritable sujet du *Dialogue sur les deux plus grands systèmes du monde*, c'est le droit de la science mathématique, de l'explication mathématique de la Nature, par opposition à celle non mathématique du sens commun et de la physique aristotélicienne, bien plus que l'opposition entre deux systèmes astronomiques. C'est un fait que le *Dialogue*, comme je crois l'avoir montré dans mes *Études galiléennes*, n'est pas tant un livre sur la *science*, au sens que nous donnons à ce mot, qu'un livre sur la philosophie — ou, pour être tout à fait exact et employer une expression tombée en désuétude mais vénérable, un livre sur la *philosophie de la Nature* — pour la bonne raison que la solution du problème astronomique dépend de la constitution d'une nouvelle Physique ; laquelle à son tour implique la solution de la question *philosophique* du rôle que jouent les mathématiques dans la constitution de la science de la Nature.

Le rôle et la place des mathématiques dans la science n'est pas en fait un problème très nouveau. Bien au contraire : pendant plus de deux mille ans, il a fait l'objet de la méditation, de la recherche et de la discussion philosophiques. Galilée en est parfaitement conscient. Rien d'étonnant à cela ! Même tout jeune, comme étudiant à l'Université de Pise, les conférences de son maître, Francesco Buonamici, pouvaient lui avoir enseigné que la « question » du rôle et de la nature des mathématiques constitue le principal sujet d'opposition entre Aristote et

---

1. G. Galilei, *Il Saggiatore, Opere*, VI, p. 232 : « La filosofia è scritta in questo grandissimo libro, che continuamente ci sta aperto innanzi a gli occhi (io dico l'universo), ma non si può intendere se prima non s'impara a intender la lingua, e conoscer i caratteri, ne' quali è scritto. Egli è scritto in lingua matematica, e i caratteri son triangoli, cerchi, ed altre figure geometriche, senza i quali mezi è impossibile a intenderne umanamente parola. » Cf. *Lettre à Liceti* du 11 janvier 1641, *Opere*, XVIII, p. 293.

Platon [1]. Et quelques années plus tard, quand il revint à Pise, comme professeur cette fois, il pouvait avoir appris de son ami et collègue, Jacopo Mazzoni, auteur d'un livre sur Platon et Aristote, que « aucune autre question n'a donné lieu à de plus nobles et plus belles spéculations... que celle de savoir si l'usage des mathématiques en physique comme instrument de preuve et moyen terme de la démonstration, est opportun ou non ; autrement dit, s'il nous est avantageux ou bien au contraire dangereux et nuisible. » « Il est bien connu, dit Mazzoni, que Platon croyait que les mathématiques sont particulièrement appropriées aux recherches de la physique, ce pourquoi lui-même y eut recours à plusieurs reprises pour expliquer des mystères physiques. Mais Aristote soutenait un point de vue tout à fait différent et il expliquait les erreurs de Platon par son trop grand attachement aux mathématiques [2] ».

1. L'énorme compilation de Buonamici (1 011 pages *in folio*) est un inestimable ouvrage de référence pour l'étude des théories médiévales du mouvement. Bien que les historiens de Galilée en aient souvent *fait mention*, ils ne l'ont jamais utilisé. Le livre de Buonamici est très rare. Je me permets donc d'en donner une assez longue citation : Francisci Bonamici, Florentini, e primo loco philosophiam ordinariam in Almo Gymnasio Pisano profitentis, *De Motu, libri X, quibus generalia naturalis philosophiae principia summo studio collecta continentur* (Florentiae, 1591), lib. X, cap. XI. *Jurene mathematicae ex ordine scientiarum expurgantur*, p. 56 : « ... Itaque veluti ministri sunt mathematicae, nec honore dignae et habitae *propaideia*, id est apparatus quidam ad alias disciplinas. Ob eamque potissime caussam, quod de bono mentionem facere non videntur. Etenim omne bonum est finis, is vero cuiusdam actus est. Omnis vero actus est cum motu. Mathematicae autem motum non respiciunt. Haec nostri addunt. Omnem scientiam ex propriis effici : propria vero sunt necessaria quae alicui (?) quatenus ipsum et per se insunt. Atqui talia principia mathematicae non habent... Nullum causae genus accipit... proptereaquod omnes caussae definiuntur per motum : efficiens enim est principium motus, finis cuius gratia motus est, forma et materia sunt naturae ; et motus igitur principia sint necesse est. At vero mathematica sunt immobilia. Et nullum igitur ibi caussae genus existit. » *Ibid.*, lib. I, p. 54 : « Mathematicae cum ex notis nobis et natura simul efficiant id quod cupiunt, sed caeteris demonstrationis perspicuitate praeponentur, nam vis rerum quas ipsae tractant non est admodum nobilis ; quippe quod sunt accidentia, id est habeant rationem substantiae quatenus subiicitur et determinatur quanto ; eaque considerentur longe secus atque in natura existant. Attamen non-nullarum rerum ingenium tale esse comperimus ut ad certam materiam sese non applicent, neque motum consequantur, quia tamen in natura quicquid est, cum motu existit ; opus est abstractione cuius beneficio quantum motu non comprehenso in eo munere contemplamur ; et cum talis sit earum natura nihil absurdi exoritur. Quod item confirmatur, quod mens in omni habitu verum dicit ; atqui verum est ex eo, quod res ita est. Huc accedit quod Aristoteles distinguit scientias non ex ratione notionum sed entium. »

2. Jacobi Mazzoni, Caesenatis, in Almo Gymnasio Pisano Aristotelem ordinarie Platonem vero extra ordinem profitentis, *In Universam Platonis et Aristotelis Philosophiam Praeludia, sive de comparatione Platonis et Aristotelis,* Venetiis, 1597, pp. 187 sq., *Disputatur utrum usus mathematicarum in Physica utilitatem vel detrimentum afferat, et in hoc Platonis et Aristotelis comparatio.* « Non est enim inter Platonem et Aristotelem quaestio, seu differentia, quae

On voit que pour la conscience scientifique et philosophique de l'époque — Buonamici et Mazzoni ne font
qu'exprimer la *communis opinio* — l'opposition, ou plutôt
la ligne de partage entre l'aristotélicien et le platonicien est
parfaitement claire. Si vous revendiquez pour les mathématiques un statut supérieur, si de plus vous leur attribuez
une réelle valeur et une position décisive en physique, vous
êtes un platonicien. Si au contraire, vous voyez dans les
mathématiques une science abstraite, donc de moindre
valeur que celles — physique et métaphysique — qui
traitent de l'être réel; si en particulier vous soutenez que
la physique n'a besoin d'aucune autre base que l'expérience
et doit s'édifier directement sur la perception, que les
mathématiques doivent se contenter du rôle secondaire et
subsidiaire d'un simple auxiliaire, vous êtes aristotélicien.

Ce qui est en question ici, ce n'est pas la certitude —
aucun aristotélicien n'a jamais mis en doute la certitude
des propositions ou démonstrations géométriques — mais
l'Être; pas même l'emploi des mathématiques en physique
— aucun aristotélicien n'a jamais nié notre droit à mesurer
ce qui est mesurable et à compter ce qui est nombrable —
mais la structure de la science, et donc la structure de
l'Être.

Telles sont les discussions auxquelles Galilée fait contu-
nuellement allusion au cours de ce *Dialogue*. Ainsi, au tout
début, Simplicio, l'aristotélicien, souligne que « en ce qui
touche les choses naturelles, nous n'avons pas toujours
besoin de chercher la nécessité des démonstrations mathématiques [1] ». A quoi Sagredo, qui s'offre le plaisir de ne pas
comprendre Simplicio, réplique : « Naturellement, quand
vous ne pouvez pas l'atteindre. Mais, si vous le pouvez,
pourquoi pas? » Naturellement. S'il est possible, dans des

tot pulchris, et nobilissimis speculationibus scateat, ut cum ista, ne in minima
quidem parte comparari possit. Est autem differentia, utrum usus mathematicarum in scientia Physica tanquam ratio probandi et medius terminus
demonstrationum sit opportunus, vel inopportunus, id est, an utilitatem aliquam afferat, vel potius detrimentum et damnum. Credidit Plato Mathematicas ad speculationes physicas apprime esse accommodatas. Quapropter
passim eas adhibet in reserandis mysteriis physicis. At Aristoteles omnino
secus sentire videtur, erroresque Platonis adscribet amori Mathematicarum...
Sed si quis voluerit hanc rem diligentius considerare, forsan, et Platonis
defensionem inveniet, videbit Aristotelem in nonnullos errorum scopulos
impegisse, quod quibusdam in locis Mathematicas demonstrationes proprio
consilio valde consentaneas, aut non intellexerit, aut certe non adhibuerit.
Utramque conclusionem, quarum prima ad Platonis tutelam attinet, secunda
errores Aristotelis ob Mathematicas male rejectas profitetur, brevissime
demonstrabo. »

1. Cf. Galileo Galilei, *Dialogo sopra i due Massimi Sistemi del Mondo,
Opere*, ed. Naz., VII, 38; cf. p. 256.

questions relatives aux choses de la nature, d'atteindre une démonstration douée de rigueur mathématique, pourquoi ne devrions-nous pas essayer de le faire? Mais est-ce possible? Voilà exactement le problème, et Galilée, dans la marge du livre, résume la discussion et exprime la véritable pensée de l'aristotélicien : « Dans les démonstrations relatives à la nature, dit-il, on ne doit pas chercher l'exactitude mathématique. »

On ne le doit pas. Pourquoi? Parce que c'est impossible. Parce que la nature de l'être physique est qualitative et vague. Elle ne se conforme pas à la rigidité et à la précision des concepts mathématiques. C'est toujours du « plus ou moins ». Donc, comme l'aristotélicien nous l'expliquera plus tard, la philosophie, qui est la science du réel, n'a pas besoin d'examiner les détails ni d'avoir recours aux déterminations numériques en formulant ses théories du mouvement; tout ce qu'elle doit faire, c'est d'en énumérer les principales catégories (naturel, violent, rectiligne, circulaire) et d'en décrire les traits généraux, qualitatifs et abstraits [1].

Le lecteur moderne est probablement loin d'en être convaincu. Il trouve difficile d'admettre que « la philosophie » ait dû se contenter d'une généralisation abstraite et vague et ne pas essayer d'établir des lois universelles précises et concrètes. Le lecteur moderne ne connaît pas la véritable raison de cette nécessité mais les contemporains de Galilée la connaissaient fort bien. Ils savaient que la qualité, aussi bien que la forme, étant par nature non mathématique, ne pouvait pas être analysée en termes mathématiques. La physique n'est pas de la géométrie appliquée. La matière terrestre ne peut jamais montrer de figures mathématiques exactes; les « formes » ne l'« informent » jamais complètement et parfaitement. Il reste toujours une distance. Dans les cieux, bien entendu, il en va autrement; par conséquent, l'astronomie mathématique est possible. Mais l'astronomie n'est pas la physique. Que ceci ait échappé à Platon, voilà précisément son erreur et celle de ses partisans. Il est inutile d'essayer d'édifier une philosophie mathématique de la nature. L'entreprise est condamnée avant même de commencer. Elle ne conduit pas à la vérité mais à l'erreur.

« Toutes ces subtilités mathématiques, explique Simplicio, sont vraies *in abstracto*. Mais, appliquées à la

---

1. Cf. *Dialogo*, p. 242.

matière sensible et physique, elles ne fonctionnent pas [1]. »
Dans la vraie nature, il n'y a ni cercles, ni triangles, ni
lignes droites. Il est donc inutile d'apprendre le langage des
figures mathématiques : ce n'est pas en elles qu'est écrit,
en dépit de Galilée et de Platon, le livre de la Nature. En
fait, c'est non seulement inutile, c'est dangereux : plus un
esprit est accoutumé à la précision et à la rigidité de la
pensée géométrique, moins il sera capable de saisir la
diversité mobile, changeante, qualitativement déterminée
de l'Être.

Cette attitude de l'aristotélicien n'a rien de ridicule [2].
A moi, du moins, elle semble parfaitement sensée. Vous ne
pouvez pas établir une théorie mathématique de la qualité,
objecte Aristote à Platon ; pas même du mouvement. Il n'y
a pas de mouvement dans les nombres. Mais *ignorato motu
ignoratur natura*. L'aristotélicien du temps de Galilée
pouvait ajouter que le plus grand des platoniciens, le *divin*
Archimède lui-même [3], ne put jamais élaborer autre chose
qu'une statique. Pas de dynamique. Une théorie du repos.
Non du mouvement.

L'aristotélicien avait parfaitement raison. Il est impossible de fournir une déduction mathématique de la qualité.
Nous savons bien que Galilée, comme Descartes un peu
plus tard, et pour la même raison, fut obligé de supprimer
la notion de qualité, de la déclarer subjective, de la bannir
du domaine de la nature [4]. Ce qui implique en même temps
qu'il fut obligé de supprimer la perception des sens comme
la source de connaissance et de déclarer que la connaissance
intellectuelle, et même *a priori*, est notre seul et unique
moyen d'appréhender l'essence du réel.

Quant à la dynamique et aux lois du mouvement, le
posse ne doit être prouvé que par l'*esse ;* pour montrer qu'il
est possible d'établir les lois mathématiques de la nature,
il faut le faire. Il n'y a pas d'autre moyen et Galilée en est
parfaitement conscient. C'est donc en donnant des solutions
mathématiques à des problèmes physiques concrets — celui
de la chute des corps, celui du mouvement d'un projectile
— qu'il amène Simplicio à confesser que « vouloir étudier
des problèmes de la nature sans mathématiques, c'est
essayer de faire quelque chose qui ne peut être fait. »

---

1. *Ibid.*, p. 229, p. 423.
2. Comme on le sait, elle fut celle de Pascal et même de Leibniz.
3. Il vaut peut-être la peine de noter que pour toute la tradition doxogra-
phique Archimède est un *philosophus platonicus*.
4. Cf. E. A. Burtt, *The Metaphysical Foundations of Modern Physical
Science*, London and New York, 1925.

Il me semble que nous pouvons maintenant comprendre le sens de ce texte significatif de Cavalieri qui, en 1630, écrit dans son *Specchio Ustorio:* « Tout ce qu'apporte (ajoute) la connaissance des sciences mathématiques, que les célèbres écoles des pythagoriciens et des platoniciens regardaient comme suprêmement nécessaire à la compréhension des choses physiques, apparaîtra clairement bientôt, je l'espère, avec la publication de la nouvelle science du mouvement promise par ce merveilleux vérificateur de la nature, Galileo Galilei [1]. »

Nous comprenons aussi l'orgueil de Galilée le platonicien, qui dans ses *Discours et démonstrations* annonce qu' « il va promouvoir une science tout à fait nouvelle à propos d'un problème très ancien », et qu'il prouvera quelque chose que personne n'a prouvé jusque-là, c'est-à-dure que le mouvement de la chute des corps est sujet à la loi des nombres [2]. Le mouvement gouverné par des nombres; l'objection aristotélicienne se trouvait enfin réfutée.

Il est évident que pour les disciples de Galilée, de même que pour ses contemporains et aînés, mathématique signifie platonisme. Par conséquent, quand Torricelli nous dit « que parmi les arts libéraux, *seule* la géométrie exerce et aiguise l'esprit et le rend capable d'être un ornement de la Cité en temps de paix et de le défendre en temps de guerre » et que « *caeteris paribus*, un esprit entraîné à la gymnastique géométrique est doué d'une force tout à fait particulière et *virile* [3] », il ne se montre pas seulement un disciple authentique de Platon, il se reconnaît et se proclame tel. Ce faisant, il reste un fidèle disciple de son maître Galilée qui dans sa *Réponse aux exercices*

---

1. Bonaventura Cavalieri, *Lo Specchio Ustorio overo trattato Delle Settioni Coniche e alcuni loro mirabili effetti intorno al Lume*, etc., Bologne, 1632, pp. 152 sq. : « Ma quanto vi aggiunga la cognitione delle scienze Matematiche, giudicate da quelle famosissime scuole de' Pithagorici et de' " Platonici ", sommamente necessarie per intender le cose Fisiche, spero in breve sarà manifesto, per la nuova dottrina del moto promessaci dall'esquisitissimo Saggiatore della Natura, dico dal Sig. Galileo Galilei, ne' suoi Dialoghi... »

2. Galileo Galilei, *Discorsi e dimostrazioni mathematiche intorno a due nuove scienze, Opere*, ed. Naz., VIII, p. 190 : « Nullus enim, quod sciam, demonstravit, spatia a mobile descendente ex quiete peracta in temporibus aequalibus, eam inter se retinere rationem, quam habent numeri impares ab unitate consequentes. »

3. Evangelista Torricelli, *Opera Geometrica*, Florentiae, 1644, II, p. 7 : « Sola enim Geometria inter liberales disciplinas acriter exacuit ingenium, idoneumque reddit ad civitates adornandas in pace et in bello defendendas : caeteris enim paribus, ingenium quod exercitatum sit in Geometrica palestra, peculiare quoddam et virile robur habere solet : praestabitque semper et antecellet, circa studia Architecturae, rei bellicae, nauticaeque, etc. »

philosophiques d'Antonio Rocco, s'adresse à ce dernier,
lui demandant de juger par lui-même la valeur des deux
méthodes rivales — la méthode purement physique et
empirique, et la mathématique — et ajoute : « Décidez
en même temps qui raisonna le mieux, Platon qui dit
que sans mathématiques on ne pourrait pas apprendre
la philosophie, ou Aristote qui fit à ce même Platon le
reproche d'avoir trop étudié la Géométrie [1]. »

Je viens d'appeler Galilée un platonicien. Je crois que
personne ne mettra en doute qu'il le soit [2]. De plus, il
le dit lui-même. Dans les toutes premières pages du
Dialogue, Simplicio fait la remarque que Galilée, étant
mathématicien, éprouve probablement de la sympathie
pour les spéculations numériques des pythagoriciens.
Ceci permet à Galilée de déclarer qu'il les tient pour totalement dépourvues de sens et de dire en même temps :
« Je sais parfaitement bien que les pythagoriciens avaient
la plus haute estime pour la science des nombres et que
Platon lui-même admirait l'intelligence de l'homme et
croyait qu'il participe à la divinité pour la seule raison
qu'il est capable de comprendre la nature des nombres.
Je suis moi-même enclin à porter le même jugement [3]. »

Comment aurait-il pu avoir une opinion différente,
celui qui croyait que dans la connaissance mathématique,
l'esprit humain atteint la perfection même de l'entendement divin? Ne dit-il pas que « sous le rapport de l'*extension*, c'est-à-dire eu égard à la multiplicité des choses

---

1. Galileo Galilei, *Esercitazioni filosofiche di Antonio Rocco, Opere*, ed. Naz.,
VII, p. 744.
2. Le platonisme de Galilée a été plus ou moins clairement reconnu par
certains historiens modernes des sciences et de la philosophie. Ainsi l'auteur
de la traduction allemande du *Dialogo* souligne l'influence platonicienne (doctrine de la réminiscence) sur la forme même du livre (cf. G. Galilei, *Dialog
über die beiden hauptsächlichsten Weltsysteme*, aus dem italienischen übersetzt
und erläutert von E. Strauss, Leipzig, 1891, p. XLIX); E. Cassirer, *Das
Erkenntnisproblem in der Philosophie und Wissenschaft der neueren Zeit*,
2ᵉ éd., Berlin, 1911, I, pp. 389 sq., insiste sur le platonisme de Galilée dans
son idéal de la connaissance; L. Olschki, *Galileo und seine Zeit*, Leipzig, 1927,
parle de la « vision platonicienne de la Nature » de Galilée, etc. C'est E.
A. Burtt, *The Metaphysical Foundations of Modern Physical Science* New York,
1925, qui me semble avoir le mieux exposé l'arrière-plan métaphysique de la
science moderne (le mathématisme platonicien). Malheureusement Burtt n'a
pas su reconnaître l'existence de *deux* (et non une) traditions platoniciennes,
celle de la spéculation mystique sur les nombres et celle de la science mathématique. La même erreur, péché véniel dans le cas de Burtt, fut faite par son
critique, E. W. Strong, *Procedures and Metaphysics*, Berkeley, Cal., 1936, et
dans son cas ce fut un péché mortel. — Sur la distinction des deux plato-
nismes, cf. L. Brunschvicg, *Les Étapes de la philosophie mathématique*, Paris,
1922, pp. 69 sq., et *Le Progrès de la conscience dans la philosophie occidentale*,
Paris, 1937, pp. 37 sq.
3. *Dialogo*, p. 35.

à connaître, qui est infinie, l'esprit humain est comme un rien (même s'il comprenait un millier de propositions, parce que un millier comparé à l'infinité est comme zéro) : mais sous le rapport de l'*intensité*, pour autant que ce terme signifie saisir intensément, c'est-à-dire parfaitement une proposition donnée, je dis que l'esprit humain comprend quelques propositions aussi parfaitement et en a une certitude aussi absolue qu'en peut avoir la Nature elle-même; à cette espèce appartiennent les sciences mathématiques pures, c'est-à-dire la géométrie et l'arithmétique dont l'intellect divin connaît bien entendu infiniment plus de propositions pour la simple raison qu'il les connaît toutes; mais quant au petit nombre que comprend l'esprit humain je crois que notre connaissance égale la connaissance divine en certitude objective parce qu'elle réussit à comprendre leur nécessité, au-delà de laquelle il ne semble pas qu'il puisse exister une certitude plus grande [1] ».

Galilée aurait pu ajouter que l'entendement humain est une œuvre de Dieu si parfaite que *ab initio* il est en possession de ces idées claires et simples dont la simplicité même est une garantie de vérité et qu'il lui suffit de se tourner vers lui-même pour trouver dans sa « mémoire » les véritables fondements de la science et de la connaissance, l'alphabet, c'est-à-dire les éléments du langage — le langage mathématique — que parle la Nature créée par Dieu. Il faut trouver le vrai fondement d'une science *réelle*, une science du monde *réel* — non d'une science n'atteignant que la vérité purement formelle, la vérité intrinsèque du raisonnement et de la déduction mathématiques, une vérité qui ne serait pas affectée par la non-existence dans la Nature des objets qu'elle étudie; il est évident que Galilée, pas plus que Descartes, ne se satisferait d'un tel ersatz de science et de connaissance réelles.

C'est de cette science, la vraie connaissance « philosophique » qui est connaissance de l'essence même de l'Être, que Galilée proclame : « Et moi, je vous dis que si quelqu'un ne connaît pas la vérité par lui-même, il est impossible à quiconque de lui donner cette connaissance. En effet, il est possible d'enseigner ces choses qui ne sont ni vraies ni fausses; mais les vraies, par quoi j'entends les choses nécessaires, c'est-à-dire celles qui

1. *Dialogo*, pp. 128 sq.

ne peuvent être autrement, tout esprit moyen soit les connaît par lui-même, soit ne peut jamais les apprendre [1]. » Assurément. Un platonicien ne peut pas avoir une opinion différente, puisque, pour lui, connaître n'est rien d'autre que comprendre.

Dans les œuvres de Galilée, les allusions si nombreuses à Platon, la mention répétée de la maïeutique socratique et de la doctrine de la réminiscence ne sont pas des ornements superficiels provenant du désir de se conformer à la mode littéraire issue de l'intérêt que porte à Platon la pensée de la Renaissance. Elles ne visent pas non plus à gagner à la science nouvelle la sympathie du « lecteur moyen », fatigué et dégoûté par l'aridité de la scolastique aristotélicienne ; ni à se revêtir contre Aristote de l'autorité de son maître et rival, Platon. Tout au contraire : ces allusions sont parfaitement sérieuses et doivent être prises telles quelles. Ainsi, pour que personne ne puisse avoir le moindre doute quant à son point de vue philosophique, Galilée insiste [2] :

Salviati. — « La solution du problème en question implique la connaissance de certaines vérités que vous connaissez aussi bien que moi. Mais comme vous ne vous les rappelez pas, vous ne voyez pas cette solution. De cette manière, sans vous enseigner, parce que vous les connaissez déjà, par le seul fait de vous les rappeler, je vous ferai résoudre le problème vous-même. »

Simplicio. — « Bien des fois j'ai été frappé par votre manière de raisonner qui me fait penser que vous penchez vers l'opinion de Platon, *nostrum scire sit quoddam reminisci;* je vous en prie, libérez-moi de ce doute et dites-moi votre propre pensée. »

Salviati. — « Ce que je pense de cette opinion de Platon, je peux l'expliquer par des mots mais aussi par des faits. Dans les arguments avancés jusqu'ici, je me suis déjà plus d'une fois déclaré moi-même de fait. Maintenant, je veux appliquer la même méthode à la recherche en cours, recherche qui peut servir d'exemple pour vous aider à comprendre plus facilement mes idées quant à l'acquisition de la science... »

La recherche « en cours » n'est rien d'autre que la déduction des propositions fondamentales de la mécanique. Nous sommes prévenus que Galilée juge avoir fait plus

1. *Dialogo*, p. 183.
2. *Ibid.*, p. 217.

que se dire simplement un adepte et un partisan de l'épistémologie platonicienne. En outre, en appliquant cette
épistémologie, en découvrant les vraies lois de la physique,
en les faisant déduire par Sagredo et Simplicio, c'est-à-
dire *par le lecteur* lui-même, par *nous*, il croit avoir démontré la vérité du platonisme « en fait ». Le *Dialogue* et
les *Discours* nous donnent l'histoire d'une expérience
intellectuelle — d'une expérience concluante puisqu'elle
se termine par l'aveu plein de regrets de l'aristotélicien
Simplicio qui reconnaît la nécessité d'étudier les mathématiques et regrette de ne pas les avoir étudiées lui-
même dans sa jeunesse.

Le *Dialogue* et les *Discours* nous disent l'histoire de
la découverte, ou mieux encore, de la redécouverte du
langage que parle la Nature. Ils nous expliquent la manière
de l'interroger, c'est-à-dire la théorie de cette expérimentation scientifique dans laquelle la formulation des postulats et la déduction de leurs conséquences précèdent
et guident le recours à l'observation. Ceci aussi, du moins
pour Galilée, est une preuve « de fait ». La science nouvelle
est pour lui une preuve expérimentale du platonisme.

GALILÉE
ET LA RÉVOLUTION SCIENTIFIQUE
DU XVIIᵉ SIÈCLE *

La science moderne n'a pas jailli parfaite et complète, telle Athéna de la tête de Zeus, des cerveaux de Galilée et de Descartes. Au contraire, la révolution galiléenne et cartésienne — qui reste malgré tout une révolution —, avait été préparée par un long effort de pensée. Et il n'y a rien de plus intéressant, de plus instructif ni de plus saisissant que l'histoire de cet effort, l'histoire de la pensée humaine traitant avec obstination les mêmes éternels problèmes, rencontrant les mêmes difficultés, luttant sans répit contre les mêmes obstacles, et se forgeant lentement et progressivement les instruments et les outils, c'est-à-dire les nouveaux concepts, les nouvelles méthodes de pensée qui permettront enfin de les surmonter.

C'est une longue et passionnante histoire, trop longue pour être contée ici. Et cependant, pour comprendre l'origine, la portée et la signification de la révolution galiléo-cartésienne, nous ne pouvons nous dispenser de jeter au moins un regard en arrière sur certains des contemporains et des prédécesseurs de Galilée.

La physique moderne étudie en premier lieu le mouvement des corps pesants, c'est-à-dire le mouvement des corps qui nous entourent. Aussi est-ce de l'effort d'expliquer les faits et les phénomènes de l'expérience journalière — le fait de la chute, l'acte du jet — que procède

* Texte d'une conférence faite au Palais de la Découverte le 7 mai 1955 (« Les Conférences du Palais de la Découverte », série D, nᵒ 37; Paris, Palais de la Découverte, 1955, 19 p.). Une version en langue anglaise de ce texte avait été publiée antérieurement (« Galileo and the Scientific Revolution of the xviith Century », *Philosophical Review*, 1943, pp. 333-348).

le mouvement d'idées qui conduit à l'établissement de ses lois fondamentales. Et pourtant il n'en découle ni exclusivement, ni même principalement, ou directement. La physique moderne ne doit pas son origine à la Terre seule. Elle la doit tout aussi bien aux cieux. Et c'est dans les cieux qu'elle trouve sa perfection et sa fin.

Ce fait, le fait que la physique moderne a son prologue et son épilogue dans les cieux ou, plus simplement, le fait que la physique moderne prend sa source dans l'étude des problèmes astronomiques et maintient ce lien à travers toute son histoire, a un sens profond et implique d'importantes conséquences. Il implique notamment l'abandon de la conception classique et médiévale du Cosmos — unité fermée d'un Tout, Tout qualitativement déterminé et hiérarchiquement ordonné, dans lequel les parties différentes qui le composent, à savoir le Ciel et la Terre, sont sujettes à des lois différentes — et son remplacement par celle de l'Univers, c'est-à-dire d'un ensemble ouvert et indéfiniment étendu de l'Être, uni par l'identité des lois fondamentales qui le gouvernent; il détermine la fusion de la *Physique céleste* avec la *Physique terrestre*, qui permet à cette dernière d'utiliser et d'appliquer à ses problèmes les méthodes mathématiques hypothético-déductives développées par la première; il implique l'impossibilité d'établir et d'élaborer une physique terrestre ou, du moins, une mécanique terrestre, sans développer en même temps une mécanique céleste. Il explique l'échec partiel de Galilée et de Descartes.

La physique moderne, c'est-à-dire celle qui est née avec et dans les œuvres de Galileo Galilei et s'est achevée dans celles d'Albert Einstein, considère la loi d'inertie comme sa loi la plus fondamentale. Elle a bien raison, car, ainsi que le dit le vieil adage, *ignorato motu ignoratur natura*, et la science moderne tend à tout expliquer par « le nombre, la figure et le *mouvement* ». En fait, c'est Descartes, et non pas Galilée [1] qui, pour la première fois, en a entièrement compris la portée et le sens. Et pourtant Newton n'a pas tout à fait tort en attribuant à Galilée le mérite de sa découverte. En effet, bien que Galilée n'ait jamais explicitement formulé le principe d'inertie, sa mécanique, implicitement, est basée là-dessus. Et c'est seulement son hésitation à tirer, ou à admettre, les conséquences ultimes — ou implicites — de sa propre conception du

---

1. Cf. mes *Études galiléennes*, Paris, Hermann, 1939.

mouvement, son hésitation à rejeter complètement et radicalement les données de l'expérience en faveur du postulat théorique qu'il a eu tant de mal à établir, qui l'empêche de faire le dernier pas sur le chemin qui mène du Cosmos fini des Grecs à l'Univers infini des Modernes.

Le principe d'inertie est très simple. Il affirme qu'un corps abandonné à lui-même reste dans son *état* de repos ou de mouvement aussi longtemps que cet état n'est pas soumis à l'action d'une force extérieure quelconque. En d'autres termes, un corps en repos restera éternellement en repos à moins qu'il ne soit mis en mouvement. Et un corps en mouvement continuera de se mouvoir et se maintiendra dans son mouvement rectiligne et uniforme aussi longtemps qu'aucune force extérieure ne l'empêchera de le faire [1].

Le principe du mouvement d'inertie nous apparaît parfaitement clair, plausible et même pratiquement évident. Il nous semble tout à fait naturel qu'un corps au repos restera au repos, c'est-à-dire restera là où il est — où que ce soit — et n'en bougera pas spontanément pour se mettre ailleurs. Et que, *converso modo*, une fois mis en mouvement, il continuera de se mouvoir, et de se mouvoir dans la même direction et avec la même vitesse, parce que, en effet, nous ne voyons pas de raison ni de cause pour qu'il change l'une ou l'autre. Ceci nous paraît non seulement plausible, mais aller de soi. Personne, croyons-nous, n'a jamais pensé autrement. Pourtant il n'en est rien. En fait, les caractères d' « évidence » et d' « aller de soi » dont jouissent les conceptions que je viens d'évoquer, datent d'hier. Elles les possèdent pour nous, grâce justement à Galilée et à Descartes, alors que pour les Grecs, ainsi que pour le Moyen Age, elles auraient semblé — ou ont semblé — être manifestement fausses; et même être absurdes. Ce fait ne peut être expliqué que si nous admettons ou reconnaissons — que toutes ces notions « claires » et « simples » qui forment la base de la science moderne ne sont pas « claires » et « simples » *per se* et *in se*, mais en tant qu'elles font partie d'un certain ensemble de concepts et d'axiomes en dehors duquel elles ne sont pas « simples » du tout.

Ceci, à son tour, nous permet de comprendre pourquoi

---

1. Cf. Isaac Newton, *Philosophiae Naturalis Principia Mathematica;* Axiomata sive leges motus : Lex I : Corpus omne perseverare in statu suo quiescendi vel movendi uniformiter in directum, nisi quatenus a viris impressis cogitur statum illum mutare.

la découverte de choses aussi simples et faciles que, par exemple, les lois fondamentales du mouvement, qui sont aujourd'hui enseignées aux enfants — et comprises par eux, — a exigé un effort aussi considérable, et un effort qui souvent est resté sans succès, à quelques-uns des esprits les plus profonds et les plus puissants de l'humanité : c'est qu'ils n'avaient pas à découvrir ou à établir ces lois simples et évidentes, mais à créer et à construire le cadre même qui rendrait ces découvertes possibles. Ils ont dû, pour commencer, réformer notre intellect lui-même; lui donner une série de concepts nouveaux; élaborer une idée nouvelle de la nature, une conception nouvelle de la science, autrement dit une nouvelle philosophie. Or, il nous est presque impossible d'apprécier à leur juste valeur les obstacles qui ont dû être surmontés pour les établir et les difficultés qu'elles impliquent et contiennent : ceci parce que nous connaissons trop bien les concepts et les principes qui forment la base de la science moderne ou, plus exactement, parce que nous y sommes trop habitués.

Le concept galiléen du mouvement (de même que celui de l'espace) nous paraît tellement naturel que nous croyons même que la loi d'inertie dérive de l'expérience et de l'observation, bien que, de toute évidence, personne n'a jamais pu observer un mouvement d'inertie, pour cette simple raison qu'un tel mouvement est entièrement et absolument impossible.

Nous sommes également tellement habitués à l'utilisation des mathématiques pour l'étude de la nature, que nous ne nous rendons plus compte de l'audace de l'assertion de Galilée que « le livre de la nature est écrit en caractères géométriques », pas plus que nous ne sommes conscients du caractère paradoxal de sa décision de traiter la mécanique comme une branche des mathématiques, c'est-à-dire de substituer au monde réel de l'expérience quotidienne un monde géométrique hypostasié et d'expliquer le réel par l'impossible.

Dans la science moderne, comme nous le savons bien, l'espace réel est identifié à celui de la géométrie, et le mouvement est considéré comme une translation purement géométrique d'un point à un autre. C'est pourquoi le mouvement n'affecte d'aucune façon le corps qui en est doué. Le fait d'être en mouvement ou au repos ne produit aucune modification dans le corps; qu'il soit en mouvement ou au repos, il est toujours identique à lui-même. En tant que tel, il est absolument indifférent aux deux. Aussi sommes-nous incapables d'attribuer le mouvement à un corps déterminé pris en lui-même.

Un corps est en mouvement seulement par rapport à un autre corps que nous supposons être en repos. C'est pourquoi nous pouvons l'attribuer à l'un ou à l'autre des deux corps, *ad libitum*. Tout mouvement est relatif.

De même que le mouvement n'affecte pas le corps qui en est doué, un mouvement donné n'exerce aucune influence sur les autres mouvements que le corps en question pourrait exécuter en même temps. Ainsi un corps peut être doué d'un nombre indéterminé de mouvements qui se combinent selon les lois purement géométriques; et *vice versa*, tout mouvement donné peut être décomposé selon ces mêmes lois, en un nombre indéterminé de mouvements composants.

Or, ceci étant admis, le mouvement est néanmoins considéré comme un *état* et le repos, comme un autre *état*, complètement et absolument opposé au premier; de ce fait même nous devons appliquer une force pour changer l'*état* de mouvement d'un corps donné en celui de repos et *vice versa*.

Il en résulte qu'un corps en état de mouvement persistera éternellement dans ce mouvement, comme un corps en repos persiste dans son repos; et qu'il n'aura pas plus besoin d'une force ou d'une cause pour le maintenir dans son mouvement uniforme et rectiligne qu'il n'en aura besoin pour le maintenir immobile, en repos.

En d'autres termes, le principe d'inertie présuppose : *a)* la possibilité d'isoler un corps donné de tout son entourage physique, et de le considérer comme s'effectuant tout simplement dans l'espace, *b)* la conception de l'espace qui l'identifie avec l'espace homogène infini de la géométrie euclidienne, et *c)* une conception du mouvement et du repos qui les considère comme des *états* et les place sur le même niveau ontologique de l'être. C'est à partir de ces prémisses seules qu'il apparaît évident, ou même admissible. Aussi n'est-il pas étonnant que ces conceptions parurent difficiles à admettre — et même à comprendre — aux prédécesseurs et contemporains de Galilée; rien d'étonnant à ce que pour ses adversaires aristotéliciens la notion du mouvement compris comme un état relatif, persistant et substantiel, parut aussi abstruse et contradictoire que nous apparaissent les fameuses formes substantielles de la scolastique; rien d'étonnant à ce que Galilée ait dû dépenser pas mal d'efforts avant d'avoir réussi à former cette conception et que de grands esprits, tels que Bruno et même que Kepler, ne parvinrent pas à atteindre ce but. En fait, même de nos jours, la conception que nous décrivons n'est pas facile à saisir. Le sens commun est — et a toujours été — médiéval et aristotélicien.

Nous devons à présent jeter un coup d'œil sur la conception prégaliléenne et surtout aristotélicienne du mouvement et de l'espace. Je ne vais pas, bien entendu, tenter de faire ici un exposé de la physique aristotélicienne. Je vais seulement signaler certains de ses traits caractéristiques, traits qui l'opposent à la physique moderne.

Je voudrais également souligner un fait qui est assez souvent méconnu, à savoir le fait que la physique d'Aristote n'est pas un amas d'incohérences, mais au contraire est une théorie scientifique, hautement élaborée et parfaitement cohérente, et qui non seulement possède une base philosophique très profonde, mais encore, ainsi que l'ont montré P. Duhem et P. Tannery [1], s'accorde — bien mieux que celle de Galilée — avec le sens commun et l'expérience quotidienne.

La physique d'Aristote est basée sur la perception sensible, et c'est pour cela qu'elle est résolument anti-mathématique. Elle se refuse à substituer une abstraction géométrique aux faits qualitativement déterminés de l'expérience et du sens commun et elle dénie la possibilité même d'une physique mathématique en se fondant : *a*) sur une hétérogénéité des concepts mathématiques avec les données de l'expérience sensible ; *b*) sur l'incapacité des mathématiques d'expliquer la qualité et de déduire le mouvement. Il n'y a ni qualité, ni mouvement dans le royaume intemporel des figures et des nombres.

Quant au mouvement *(kinesis)* et même au mouvement local, la physique aristotélicienne le considère comme une sorte de processus de changement, en opposition au *repos*, qui, étant le but et la fin du mouvement, doit être reconnu comme un *état.* Tout mouvement est changement (actualisation ou corruption) et, par conséquent, un corps en mouvement, non seulement change par rapport aux autres corps, mais, en même temps, est soumis lui-même à un processus de changement. C'est pourquoi le mouvement affecte toujours le corps qui se meut et, par conséquent,

1. Cf. P. Duhem, *Le Système du monde,* vol. I, pp. 91 sq., Paris, Hermann, 1915 ; P. Tannery, « Galilée et les principes de la dynamique », *Mémoires scientifiques,* vol. VI, Paris, 1926.

si le corps est doué de deux ou plusieurs mouvements, ces mouvements se gênent, s'entravent l'un l'autre et sont même quelquefois incompatibles l'un avec l'autre. De plus, la physique aristotélicienne n'admet pas le droit, ni même la possibilité, d'identifier l'espace concret de son Cosmos fini et bien ordonné avec l'espace de la géométrie, pas plus qu'elle n'admet la possibilité d'isoler un corps donné de son entourage physique (et cosmique). Par conséquent, quand on traite des problèmes concrets de physique, il est toujours nécessaire de tenir compte de l'ordre du Monde, de considérer la région de l'être (la place « naturelle ») à laquelle un corps donné appartient par sa nature même ; d'autre part, il est impossible d'essayer de soumettre ces différents domaines aux mêmes lois, même — et surtout peut-être — aux mêmes lois du mouvement.

Ainsi, par exemple, les corps terrestres se meuvent en ligne droite, les corps célestes en cercles ; les corps lourds descendent tandis que les corps légers montent ; ces mouvements sont, pour eux, « naturels » ; en revanche, il n'est pas naturel pour un corps lourd de monter, pour un corps léger, de descendre : ce n'est que par « violence » que nous pouvons leur faire effectuer ces mouvements, etc.

Il est clair, même d'après ce bref résumé, que le mouvement, considéré comme un *processus de changement* (et non comme un *état*) ne peut se prolonger spontanément et automatiquement, qu'il exige pour persister l'action continue d'un moteur ou d'une cause et qu'il s'arrête net dès que cette action cesse de s'exercer sur le corps en mouvement, c'est-à-dire dès que le corps en question est séparé de son moteur. *Cessante causa cessat effectus.* Il s'ensuit que, de toute évidence, le genre de mouvement postulé par le principe d'inertie est totalement impossible et même contradictoire.

Tournons-nous maintenant vers les faits. J'ai déjà dit que la science moderne était née dans un contact étroit avec l'astronomie ; plus précisément, elle prend son origine dans la nécessité d'affronter les objections *physiques* opposées par nombre de savants de l'époque à l'astronomie copernicienne. En fait, ces objections n'avaient rien de nouveau : bien au contraire, tout en étant présentées quelquefois sous une forme légèrement modernisée, comme par exemple en remplaçant par le tir d'un boulet de canon le vieil argument du jet d'une pierre, elles sont identiques, quant au fond, avec celles qu'Aristote et Ptolémée soulevaient contre la possibilité du mouvement de la Terre. Il est néanmoins très intéressant et très instructif de voir ces objections discutées et rediscutées par Copernic lui-même, par Bruno, Tycho Brahé, Kepler et Galilée [1].

Les arguments d'Aristote et de Ptolémée, dépouillés de la parure imagée qu'ils leur ont donnée, peuvent être ramenés à l'assertion que, si la Terre se mouvait, ce mouvement aurait affecté les phénomènes se manifestant sur sa surface de deux manières parfaitement déterminées : 1º la vitesse formidable de ce mouvement (rotatif) développerait une force centrifuge d'une ampleur telle que tous les corps non reliés à la Terre seraient projetés au loin; 2º ce même mouvement obligerait tous les corps non liés à la Terre, ou temporairement détachés d'elle, tels les nuages, les oiseaux, les corps jetés en l'air, etc., à rester en arrière. C'est pourquoi une pierre tombant du haut d'une tour ne tomberait jamais à son pied, et *a fortiori*, une pierre (ou un boulet) lancé (ou tiré) perpendiculairement en l'air ne retomberait jamais à la place d'où elle était partie, puisque, pendant le temps de sa chute ou de son vol, cette place aurait été « rapidement retirée d'en dessous et se trouverait ailleurs ».

Nous ne devons pas nous moquer de cet argument. Du point de vue de la physique aristolécienne, il est tout à fait juste. Si juste même que, sur la base de cette physique, il est irréfutable. Pour le détruire nous devons changer le système tout entier et développer un nouveau concept du mouvement : justement le concept du mouvement de Galilée.

Comme nous l'avons exposé, le mouvement pour les aristotéliciens est un processus qui affecte le mobile, qui prend place « dans » le corps en mouvement. Un corps tombant se meut de A à B, d'un certain lieu situé au-dessus de la Terre vers celle-ci ou plus exactement *vers son centre*. Il suit la ligne droite qui unit ces deux points. Si pendant ce mouvement la Terre tourne autour de son axe, elle décrit par rapport à cette ligne (la ligne allant de A vers le centre de la Terre) un mouvement auquel ne prennent part ni cette ligne, ni le corps qui en est séparé. Le fait que la Terre au-dessous de lui se meut, ne peut affecter sa trajectoire. Le corps ne peut courir après la Terre, il poursuit sa route comme si rien ne se passait, car en effet rien ne lui arrive à lui. Même le fait que le point A

1. Cf. *Études galiléennes*, III : *Galilée et le principe d'inertie*.

(le sommet de la tour) ne reste pas immobile, mais participe au mouvement de la Terre, n'a aucune importance pour son mouvement : ce qui se produit dans le point de départ du corps (après qu'il l'ait quitté) n'a pas la moindre influence sur son comportement.

Cette conception peut nous paraître étrange. Mais elle n'est nullement absurde : c'est de cette manière exactement que nous nous représentons le mouvement — ou la propagation — d'un rayon de lumière. Ce rayon ne participe pas au mouvement de sa source. Or si le corps, en se séparant de la tour, ou de la surface de la Terre, cessait de participer au mouvement de celle-ci, un corps jeté du sommet d'une tour ne tomberait effectivement jamais à son pied ; et une pierre ou un boulet de canon tiré verticalement en l'air ne retomberait jamais à la place d'où il était parti. Ce qui implique *a fortiori* qu'une pierre ou un boulet tombant du mât d'un navire en marche ne tombera jamais à son pied.

La réponse de Copernic aux arguments des aristotéliciens est, à vrai dire, assez faible : il essaie de démontrer que des conséquences malheureuses déduites par ces derniers pourraient être justes dans le cas d'un mouvement « violent ». Mais non pas dans celui du mouvement de la Terre et par rapport aux choses qui appartiennent à la Terre, car, pour elles, c'est un mouvement *naturel*. C'est la raison pour laquelle toutes ces choses, les nuages, les oiseaux, les pierres, etc., participent au mouvement et ne restent pas en arrière.

Les arguments de Copernic sont très faibles. Et pourtant ils portent en eux les germes d'une nouvelle conception qui sera développée par des penseurs qui lui succéderont. Les raisonnements de Copernic appliquent les lois de la « mécanique céleste » aux phénomènes terrestres, un pas qui, implicitement, annonce l'abandon de la vieille division qualitative du Cosmos en deux mondes différents. De plus, Copernic explique le trajet *apparemment rectiligne* (bien qu'en fait décrivant une courbe) du corps en chute libre par sa participation au mouvement de la Terre ; ce mouvement étant commun à la Terre, au corps et à nous-mêmes est pour nous « comme nonexistant ».

Les arguments de Copernic sont basés sur une conception mythique de la « nature commune de la Terre et des choses terrestres ». La science postérieure devra la remplacer par le concept d'un système physique, d'un système

de corps partageant le même mouvement; elle devra
s'appuyer sur la relativité *physique* et non *optique* du
mouvement. Tout cela est impossible sur la base de la
philosophie aristotélicienne du mouvement et exige l'adoption d'une autre philosophie. En fait, comme nous allons
le voir plus clairement encore, c'est à des problèmes
philosophiques que nous avons affaire dans cette discussion.

La conception du système physique, ou plus exactement
mécanique, qui était implicitement présente dans les
arguments de Copernic, a été élaborée par Giordano Bruno.
Bruno découvrit, par une intuition de génie, que la nouvelle astronomie devait immédiatement abandonner la
conception d'un monde fermé et fini pour la remplacer
par celle d'un Univers ouvert et infini. Ceci implique
l'abandon de la notion de lieux naturels et donc de celle
de mouvements « naturels » opposés aux non naturels
ou « violents ». Dans l'Univers infini de Bruno, dans
lequel la conception platonicienne de l'espace compris
comme « réceptacle » remplace la conception aristotélicienne
de l'espace compris comme « enveloppe », les « lieux »
sont parfaitement équivalents et, par conséquent, parfaitement naturels pour tous les corps quels qu'ils soient.
Aussi, là où Copernic fait une distinction entre le mouvement « naturel » de la Terre et le mouvement « violent »
des choses sur la Terre, Bruno les assimile. Tout ce qui
se passe sur la Terre, à supposer qu'elle se meut, nous
explique-t-il, est une contrepartie exacte de ce qui se
passe sur un navire glissant sur la surface de la mer;
et le mouvement *de* la Terre n'a pas plus d'influence sur
le mouvement *sur* la Terre que le mouvement *du* navire
n'en a sur ceux des choses qui sont *sur*, ou *dans*, ce navire.

Les conséquences déduites par Aristote pourraient se
produire uniquement si l'origine, c'est-à-dire le lieu de
départ, du corps mouvant, était extérieure à la Terre
et non pas liée à celle-ci.

Bruno démontre que le lieu d'origine en tant que tel
ne joue aucun rôle dans la définition du mouvement
(du trajet) du corps qui se meut, et que ce qui importe,
c'est la liaison — ou le manque de liaison — entre ce lieu
et le système mécanique. Un « lieu » identique peut même
— *horribile dictu* — appartenir à deux ou à plusieurs
systèmes. Ainsi, par exemple, si nous imaginons deux
hommes, l'un juché sur le haut du mât d'un navire passant
sous un pont et l'autre debout sur le pont, nous pouvons
aussi nous imaginer qu'à un certain moment les mains

de ces deux hommes seront dans un lieu identique. Si, en ce moment, chacun d'eux laisse tomber une pierre, celle de l'homme sur le pont tombera droit dans l'eau tandis que celle de l'homme sur le mât suivra le mouvement du navire et (décrivant une courbe très particulière par rapport au pont) tombera au pied du mât. Bruno explique la cause de ce comportement différent par le fait que la seconde pierre ayant partagé le mouvement du navire retient en elle-même une partie de la *vertu motrice* dont elle a été imprégnée.

Ainsi que nous le voyons, Bruno substitue à la dynamique aristotélicienne la dynamique de l'*impetus* des nominalistes parisiens. Il lui semble que cette dynamique fournit une base suffisante pour élaborer une physique adaptée à l'astronomie de Copernic, ce qui, comme l'histoire nous l'a démontré, était erroné.

Il est vrai que la conception de l'*impetus*, vertu ou puissance qui anime le corps en mouvement, qui produit ce mouvement et s'use par cela même, permit à Bruno de réfuter les arguments d'Aristote, du moins certains d'entre eux. Cependant, elle ne pouvait les écarter tous, et encore moins fournir les fondements capables de porter l'édifice de la science moderne.

Les arguments de Giordano Bruno nous semblent très raisonnables. Pourtant, à son époque, ils ne produisirent aucune impression, ni sur Tycho Brahé qui, dans sa polémique avec Rothmann, répète inlassablement les vieilles objections aristotéliciennes bien qu'en les modernisant quelque peu, ni même sur Kepler qui, bien qu'influencé par Bruno, se croit obligé de revenir aux arguments de Copernic tout en remplaçant la conception mythique (l'identité de la nature) du grand astronome par une conception physique, celle de la force d'attraction.

Tycho Brahé n'admet pas que le boulet tombant du haut du mât d'un navire en mouvement aboutira au pied de ce mât. Il affirme que, bien au contraire, il tombera en arrière et que plus la vitesse du navire sera grande, plus loin il tombera. De même, les boulets d'un canon tirés verticalement en l'air ne peuvent retourner dans le canon.

Tycho Brahé ajoute que, si la Terre se mouvait comme le prétend Copernic, il ne serait pas possible d'envoyer une balle de canon à la même distance à l'est et à l'ouest : le mouvement extrêmement rapide de la Terre, participé par le boulet, viendrait empêcher le mouvement de celui-ci et même le rendre impossible si le boulet en question devait se mouvoir dans une direction opposée à celle du mouvement de la Terre.

Le point de vue de Tycho Brahé peut nous paraître étrange, mais nous ne devons pas oublier qu'à son tour Tycho Brahé devait trouver les théories de Bruno absolument incroyables et même exagérément anthropomorphiques. Prétendre que deux corps tombant du même endroit et allant vers le même point (le centre de la Terre) effectueraient deux trajets différents et décriraient deux trajectoires différentes pour la seule raison que l'un d'eux avait été associé à un navire tandis que l'autre ne l'avait pas été, signifiait pour un aristotélicien — et Tycho, en dynamique, en est un — que le corps en question *se souvenait* de son association passée avec le navire, *savait* où il devait aller et était doté de la capacité nécessaire pour le faire. Ce qui impliquait, pour lui, que le corps en question possédait une âme; et même une âme singulièrement puissante.

De plus, du point de vue de la dynamique aristotélicienne, aussi bien que du point de vue de la dynamique de l'*impetus*, deux mouvements différents s'entravent toujours l'un l'autre; et les tenants de l'une et de l'autre conception invoquent comme preuve le fait bien connu que le mouvement rapide du boulet (dans sa course horizontale) l'empêche de descendre et lui permet de se maintenir dans l'air bien plus longtemps qu'il n'aurait pu le faire si on l'avait simplement laissé tomber [1]. Bref, Tycho Brahé n'admet pas l'indépendance mutuelle des mouvements — personne ne l'a admis avant Galilée — il a donc parfaitement raison de ne pas admettre les faits et les théories qui impliquent celle-ci.

La position prise par Kepler est particulièrement intéressante et importante. Elle nous montre mieux que toute autre les racines profondément philosophiques de la révolution galiléenne. Du point de vue purement scientifique, Kepler — à qui nous devons, *inter alia*, le terme même de l'*inertie* — est, sans aucun doute, un des plus grands, sinon le plus grand génie de son temps; il est inutile d'insister sur ses remarquables dons mathématiques qui ne sont égalés que par l'intrépidité de sa pensée. Le

---

1. C'est là une croyance générale que partagent, en particulier, les artilleurs.

titre même d'un de ses ouvrages, *Physica cœlestis* [1], est
un défi à ses contemporains. Et pourtant, philosophique-
ment, il est bien plus près d'Aristote et du Moyen Age
que de Galilée et de Descartes. Il raisonne encore en termes
du Cosmos; pour lui le mouvement et le repos s'opposent
encore comme la lumière et les ténèbres, comme l'être
et la privation de l'être. Le terme *inertia* signifie pour
lui, par conséquent, la résistance que les corps opposent
au mouvement et non pas, comme pour Newton, au
changement de leur état de mouvement en celui de repos,
et de celui de repos en celui de mouvement; c'est pour
cela que, de même que pour Aristote et les physiciens du
Moyen Age, il lui faut une cause ou une force pour expliquer
le mouvement et il n'en a pas besoin pour expliquer le
repos; il croit, comme eux, que les corps en mouvement,
séparés du mobile ou privés de l'influence de la vertu ou
puissance motrice, ne continueront pas leur mouvement
mais, au contraire, s'arrêteront.

Aussi, pour expliquer le fait que, sur la Terre qui se
meut, les corps, même s'ils n'y sont pas attachés par des
liens matériels, ne restent pas en arrière, du moins pas
d'une manière *perceptible*, et que les pierres, jetées en
l'air, retombent à l'endroit d'où elles ont été projetées;
que les boulets de canon volent (ou presque) aussi loin
à l'ouest qu'à l'est, doit-il admettre — ou déduire —
une force réelle qui lie ces corps à la Terre et les oblige
à la suivre.

Kepler découvre cette force dans l'attraction mutuelle
de tous les corps matériels, ou du moins terrestres, ce
qui veut dire, du point de vue pratique, dans l'attraction
de toutes les choses terrestres par la Terre. Kepler conçoit
toutes ces choses comme attachées à la Terre par d'innombrables chaînes élastiques et c'est la traction de ces chaînes
qui explique que les nuages et les vapeurs, les pierres et
les boulets ne restent pas immobiles dans l'air, mais suivent
la Terre dans son mouvement; le fait que ces chaînes se
trouvent partout permet, selon Kepler, de jeter une pierre
ou de tirer un boulet en direction opposée à celle du
mouvement de la Terre : les chaînes d'attraction tirent
le boulet vers l'est aussi bien qu'elles le tirent vers l'ouest
et de cette manière leur influence s'équilibre, ou presque.
Le mouvement réel du corps (le boulet tiré verticalement)

---

1. *Astronomia nova* ΑΙΤΙΟΛΟΓΗΤΟΣ *seu Physica cœlestis tradita Com-
mentariis de motibus stellae Martis*, s. l., 1609.

est, naturellement, une combinaison ou un mélange : *a*) de son propre mouvement et *b*) de celui de la Terre. Mais comme ce dernier est commun, ce n'est que le premier qui compte. Il s'ensuit clairement (bien que Tycho Brahé ne l'ait pas compris) que, tandis que la longueur du trajet d'un boulet tiré vers l'est, et celle d'un autre, tiré vers l'ouest, sont différentes lorsqu'elles sont mesurées dans l'espace de l'Univers, néanmoins les trajets de ces boulets sur la Terre sont pareils ou presque pareils.

Ce qui explique pourquoi la même force produite par la même quantité de poudre peut les projeter presque à la même distance dans des directions opposées [1].

Ainsi les objections aristotéliciennes et tychoniennes contre le mouvement de la Terre sont écartées et Kepler souligne que c'était une erreur d'assimiler la Terre à un navire en mouvement : en fait la Terre « attire magnétiquement » les corps qu'elle transporte, le bateau ne le fait aucunement. C'est pourquoi nous avons besoin d'un lien matériel dans le cas du navire, ce qui est complètement inutile dans celui de la Terre.

Ne nous attardons pas plus longtemps sur ce point; nous voyons que le grand Kepler, le fondateur de l'astronomie moderne, le même homme qui proclama l'unité de la matière dans l'Univers et affirma que *ubi materia, ibi geometria*, échoua dans l'établissement de la base de la science physique moderne pour une seule et unique raison : il croyait que le mouvement était, ontologiquement, d'un niveau d'être plus élevé que le repos.

Si maintenant, après ce bref résumé historique, nous nous tournons vers Galileo Galilei, nous ne serons pas surpris de le voir, lui aussi, discuter longuement, très longuement même, les objections traditionnelles des aristotéliciens. Nous pourrons, en plus, apprécier l'habileté consommée avec laquelle, dans son *Dialogue sur les deux plus grands systèmes du monde*, il ordonne ses arguments et prépare l'assaut définitif contre l'aristotélisme. Galilée n'ignore pas l'énorme difficulté de sa tâche. Il sait très bien qu'il se trouve en face d'ennemis puissants : l'autorité, la tradition et — le pire de tous — le sens commun. Il est inutile d'aligner des preuves devant des esprits incapables

---

1. Le corps étant *inerte* par nature, c'est-à-dire opposant une résistance au mouvement, Kepler en conclut que les corps séparés de la Terre resteront quelque peu en arrière. Si peu, toutefois, que nous ne pourrons pas nous en apercevoir.

d'en saisir la portée. Inutile, par exemple, d'expliquer la différence entre la vitesse linéaire et la vitesse de rotation (leur confusion est à la base des premières objections aristotéliciennes et ptoléméennes) à ceux qui ne sont pas habitués à penser mathématiquement. Il fait commencer par les éduquer. Il faut procéder lentement, pas à pas, discuter et rediscuter les vieux et les nouveaux arguments, il faut les présenter sous des formes variées; il faut multiplier les exemples, en inventer de nouveaux plus frappants : l'exemple du cavalier lançant son javelot en l'air et le rattrapant à nouveau; l'exemple du tireur tendant son arc plus ou moins fort et donnant ainsi à la flèche une *vitesse* plus ou moins grande; l'exemple de l'arc placé sur une voiture en mouvement et pouvant ainsi compenser la plus ou moins grande *vitesse* de la voiture par la *vitesse* plus ou moins grande donnée à ses flèches. D'autres exemples, innombrables, qui l'un après l'autre nous conduisent — ou plutôt conduisaient les contemporains de Galilée — à accepter cette conception paradoxale et inouïe selon laquelle le mouvement est quelque chose qui persiste dans l'être *in se* et *per se* et n'exige aucune cause ou force pour cette persistance. Une tâche très dure, car il n'est pas naturel de penser le mouvement en termes de vitesse et de direction au lieu de ceux de l'effort *(impetus)* et du déplacement.

Mais, en fait, nous ne pouvons pas *penser* au mouvement dans le sens de l'effort et de l'*impetus ;* nous pouvons seulement nous l'*imaginer*. Nous devons donc choisir entre penser et imaginer. Penser avec Galilée ou imaginer avec le sens commun. Car c'est la pensée, la pensée pure et sans mélange, et non l'expérience et la perception des sens, qui est à la base de la « nouvelle science » de Galileo Galilée.

Galilée le dit très clairement. Ainsi, en discutant le fameux exemple de la balle tombant du haut du mât d'un navire en mouvement, Galilée explique longuement le principe de la relativité physique du mouvement, la différence entre le mouvement du corps par rapport à la Terre et son mouvement par rapport au navire; puis, *sans faire aucune mention de l'expérience*, il conclut que le mouvement de la balle par rapport au navire ne change pas avec le mouvement de ce dernier. De plus, quand son adversaire aristotélicien, imbu d'esprit empiriste, lui pose la question : « Avez-vous fait une expérience? » Galilée déclare avec fierté : « Non, et je n'ai pas besoin de la faire, et je peux affirmer sans aucune expérience qu'il en est ainsi, car il ne peut en être autrement [1] ».

Ainsi *necesse* détermine l'*esse*. La bonne physique est faite *a priori*. La théorie précède le fait. L'expérience est inutile parce qu'avant toute expérience nous possédons déjà la connaissance que nous cherchons. Les lois fondamentales du mouvement (et du repos), lois qui déterminent le comportement spatio-temporel des corps matériels, sont des lois de nature mathématique. De la même nature que celles qui gouvernent les relations et les lois des figures et des nombres. Nous les trouvons et les découvrons non pas dans la nature, mais en nous-mêmes, dans notre esprit, dans notre mémoire, comme Platon nous l'a enseigné autrefois.

Et c'est *pour cela*, comme, à la grande consternation de son interlocuteur aristotélicien, le proclame Galilée, que nous sommes capables de donner des preuves purement et strictement mathématiques des propositions qui décrivent les « symptômes » du mouvement, et de développer le langage de la science naturelle, de questionner la nature par des expériments construits de manière mathématique et de lire le grand livre de la Nature qui est écrit en « caractères géométriques [2] ».

Le livre de la Nature est écrit en caractères géométriques ; la physique nouvelle, celle de Galilée, est une géométrie du mouvement, de même que la physique de son vrai maître, le *divus Archimedes*, était une physique du repos. La géométrie du mouvement *a priori*, la science mathématique de la nature..., comment est-ce possible ? Les vieilles objections aristotéliciennes contre la mathématisation de la nature par Platon ont-elles été enfin réfutées ? Pas tout à fait. Certes, il n'y a pas de qualité dans le royaume des nombres et c'est pour cela que Galilée — de même que Descartes — est obligé d'y renoncer, de renoncer au monde qualitatif de la perception sensible et de l'expérience quotidienne et d'y substituer le monde abstrait et incolore d'Archimède. Quant au mouvement..., il n'y en

---

1. En fait, cette expérience, constamment invoquée dans les discussions entre partisans et adversaires de Copernic, n'a jamais été faite. Plus exactement, elle n'a été faite que par Gassendi, en 1642, à Marseille, et peut-être aussi par Thomas Digges quelque soixante-six ans plus tôt.

2. Un expériment est une question que nous posons à la nature et qui doit être formulée dans un langage approprié. La révolution galiléenne peut être résumée dans le fait de la découverte de ce langage, de la découverte que les mathématiques sont la grammaire de la science physique. C'est cette découverte de la structure rationnelle de la nature qui a formé la base *a priori* de la science *expérimentale* moderne et a rendu sa constitution possible.

a certainement pas dans les nombres. Et pourtant le mouvement, — du moins le mouvement des corps archimédiens dans l'espace infini et homogène de la science nouvelle — est régi par les nombres. Par les *leges et rationes numerorum*.

Le mouvement est subordonné aux nombres; même le plus grand des anciens platoniciens, Archimède le surhomme, l'ignorait et c'est à Galileo Galilée, ce « merveilleux investigateur de la Nature » comme l'avait surnommé son élève et ami Cavalieri, qu'il fut donné de le découvrir.

Le platonisme de Galileo Galilée est très différent de celui de l'Académie florentine, de même que sa philosophie mathématique de la nature diffère de leur arithmologie néo-pythagoricienne. Mais il y a plus d'une école platonicienne dans l'histoire de la philosophie et la question de savoir si les tendances et les idées représentées par Jamblique et Proclus sont plus ou moins platoniciennes que celles représentées par Archimède n'est pas encore résolue.

Quoi qu'il en soit, je ne vais pas examiner ici ce problème. Cependant je dois indiquer que pour les contemporains et élèves de Galilée, autant que pour Galilée lui-même, la ligne de séparation entre l'aristotélisme et le platonisme est parfaitement claire. Ils croyaient, en effet, que l'opposition entre ces deux philosophies était déterminée par des points de vue différents sur les mathématiques en tant que science et sur leur rôle dans la création de la science de la nature.

D'après eux, si l'on considère les mathématiques comme une science auxiliaire qui s'occupe d'abstractions et, de ce fait, a moins de valeur que les sciences qui traitent de choses réelles, telle la physique; si l'on affirme que la physique peut et doit se baser directement sur l'expérience et la perception sensible : on est aristotélicien. Si, au contraire, on veut attribuer aux mathématiques une valeur suprême et une position clé dans l'étude des choses de la nature — alors on est platonicien.

En conséquence, aux contemporains et élèves de Galilée, autant qu'à Galilée lui-même, la science galiléenne, la philosophie galiléenne de la nature apparaissait comme un retour vers Platon, comme une victoire de Platon sur Aristote.

Je dois avouer que cette interprétation paraît être parfaitement raisonnable.

GALILÉE ET L'EXPÉRIENCE DE PISE *

A PROPOS D'UNE LÉGENDE

Les expériences de Pise sont fort connues. Depuis que
Viviani nous en a conté l'histoire, elle fut reprise et répétée
— plus ou moins fidèlement — par tous ou presque tous
les historiens et biographes de Galilée. Aussi son nom
est-il, pour l'honnête homme d'aujourd'hui, indissolublement associé à l'image de la Tour penchée [1].

Les historiens de Galilée — et les historiens de la science
en général — attribuent aux expériences de Pise une
grande importance; ils y voient habituellement un moment
décisif de la vie de Galilée : le moment où celui-ci se pro-
nonce *ouvertement* contre l'aristotélisme et commence son
attaque *publique* de la scolastique; ils y voient également
un moment décisif de l'histoire de la pensée scientifique :
celui où, grâce justement à ses expériences sur la chute des
corps effectuées du sommet de la Tour penchée, Galilée
porte un coup mortel à la physique aristotélicienne et
pose les fondements de la dynamique nouvelle.

Voici quelques exemples que nous emprunterons aux
travaux les plus récents. Citons tout d'abord un historien
italien, M. Angelo de Gubernatis. M. de Gubernatis [2]
nous dit que « c'est à Pise que Galilée devait commencer sa
campagne scientifique contre Aristote, à la grande indignation de ses collègues de l'Université, tout particulièrement parce que, ainsi que le raconte Nessi (Nessi, *Vila e
commercio letterario di G. Galilei*, Losanna, 1793), il résolut

---

* Article extrait des *Annales de l'Université de Paris*, Paris, 1937, pp. 442-
453.

1. L'histoire de « l'expérience de Pise » est en effet tombée dans le domaine
public; aussi la trouve-t-on dans les manuels et les guides. Ainsi A. Cuvillier,
Manuel de philosophie, t. II, p. 128, Paris, 1932.

2. Angelo de Gubernatis, *Galileo Galilei*, Firenze, 1909, p. 9.

de faire publiquement des expériences sur la chute et la descente des graves, qu'il répéta plusieurs fois, en présence des professeurs et des étudiants pisans, au clocher de Pise ».

C'est à peu près la même conception que nous rencontrons chez un historien anglais, M. J. J. Fahie. Celui-ci, en exposant l'œuvre du jeune Galilée à l'Université de Pise, écrit [1] : « Nous devons dire ici quelque chose touchant ses fameuses expériences sur la chute des corps vu qu'elles sont étroitement associées avec la Tour penchée de Pise, un des monuments les plus curieux de l'Italie. A peu près deux mille ans auparavant, Aristote avait affirmé que, si deux poids différents de la même matière tombaient de la même hauteur, le plus lourd atteindrait la Terre avant le plus léger, et cela en proportion de leurs poids. L'expérience n'est certainement pas difficile, personne néanmoins n'eut l'idée d'une telle manière d'argumenter et, en conséquence, cette assertion fut reçue parmi les axiomes de la science du mouvement en vertu de l'*ipse dixit* d'Aristote. Galilée, cependant, en appelait maintenant de l'autorité d'Aristote à celle de ses propres sens et prétendait que, sauf une différence insignifiante, due à la disproportion de la résistance de l'air, ils tomberaient en même temps. Les aristotéliciens ridiculisèrent cette idée, et refusèrent de l'écouter. Mais Galilée ne se laissa pas intimider, et décida de forcer ses adversaires de voir le fait comme il le voyait lui-même. Aussi, un matin, devant l'Université réunie — professeurs et étudiants — il monta sur la Tour penchée, prenant avec soi un boulet de dix livres et un autre d'une livre. Il les plaça sur le rebord de la tour et les lâcha ensemble. Ensemble ils tombèrent et ensemble ils frappèrent le sol. »

Dans un article publié dix-huit ans plus tard et consacré à *L'Œuvre scientifique de Galilée* [2], M. J. J. Fahie reproduisait son récit presque textuellement. Il y ajouta cependant une explication plus détaillée de l'importance de l'expérience galiléenne, et pour Galilée lui-même et pour la science en général. Pour Galilée lui-même : après la réussite éclatante de son expérience, Galilée « négligea la résistance de l'air, annonça hardiment que tous les corps tombent en même temps de la même hauteur »... Pour l'histoire de la science en général : « Tandis que Galilée... ne fut nullement le premier à mettre en doute l'autorité d'Aristote, il fut

1. J. J. Fahie, *Galileo, his Life and Work*, London, 1903, pp. 24 sq.
2. J. J. Fahie, « The Scientific Work of Galileo » (in *Studies in the History and Method of Science*, edited by Charles Singer, vol. II, Oxford, 1921, p. 215).

incontestablement le premier dont le doute produisit un effet profond et durable sur les esprits. La raison n'est pas difficile à trouver. Galilée vint au bon moment, mais, avant tout il vint armé d'une arme nouvelle : l'expérience [1] ». Enfin, un historien tout récent, M. E. Namer, nous donne des expériences de Pise un récit magnifique, coloré et vivant [2] : « Avec une hardiesse incroyable, Galilée renvoyait Aristote aux rayons poussiéreux des bibliothèques. Il proposait d'ouvrir le grand livre de la Nature et de lire ses lois d'un regard frais... » Après avoir exposé les attaques de Galilée contre Aristote et ses doctrines nouvelles *fondées sur l'expérience* (pendule, plan incliné, etc.), M. Namer continue : « Lorsque Galilée apprit que tous les autres professeurs exprimaient des doutes quant aux conclusions de l'insolent novateur, il accepta le défi. Solennellement il invita ces graves docteurs et tout le corps d'étudiants, en d'autres termes l'Université tout entière, à assister à l'une de ses expériences. Mais non dans leur cadre habituel. Non, celui-ci n'était pas assez grand pour lui. Dehors, sous le Ciel ouvert, sur la vaste place de la cathédrale. Et la chaire académique clairement indiquée pour ces expériences était le Campanile, la fameuse Tour penchée.

« Les professeurs de Pise, comme ceux des autres villes, avaient toujours soutenu, conformément à l'enseignement d'Aristote, que la vitesse de la chute d'un objet donné était proportionnelle à son poids.

« Par exemple, un boulet de fer pesant cent livres et un autre ne pesant qu'une livre, lâchés au même moment, d'une même hauteur, doivent évidemment toucher la terre à des instants différents et, de toute évidence, celui qui pèse cent livres atteindra la terre le premier, puisque, justement, il est plus lourd que l'autre.

« Galilée, au contraire, prétendait que le poids ne faisait rien à l'affaire, et que, tous les deux, ils atteindraient la Terre au même moment.

« Entendre des assertions pareilles faites au cœur d'une cité si vieille et si sage était intolérable ; et l'on estima qu'il était nécessaire et urgent de faire un affront public à ce jeune professeur qui avait une si haute opinion de lui-même, et de lui donner une leçon de modestie dont il se souviendrait jusqu'à la fin de sa vie.

---

1. *Ibid.*, p. 216, § 8, *Public experiments on falling bodies*.
2. Emile Namer, *Galileo, Searcher of the Heavens*, New York, 1931, pp. 28-29.

« Des docteurs en longues robes de velours et des magistrats qui semblaient croire qu'ils allaient à une espèce de foire de village plantèrent là leurs occupations diverses et se mêlèrent aux représentants de la Faculté, prêts à se moquer du spectacle quelle qu'en fût l'issue.

« Le point le plus étrange peut-être de toute cette histoire c'est qu'il ne vint à l'esprit de personne de faire l'expérience pour lui-même avant d'arriver sur l'arène. Oser mettre en doute quelque chose qu'Aristote avait dit n'était rien moins qu'une *hérésie* aux yeux des étudiants de ce temps. C'était une insulte à leurs maîtres et à eux-mêmes, une disgrâce qui pourrait les exclure des rangs de l'*élite*. Il est indispensable d'avoir cette attitude constamment présente à l'esprit pour apprécier pleinement le génie de Galilée, sa liberté de pensée et son courage, et aussi d'estimer à sa juste valeur le sommeil profond dont la conscience humaine devait être éveillée. Quels efforts, quelles luttes n'étaient pas nécessaires pour donner naissance à une science exacte!

« Galilée monta les degrés de la Tour penchée, calme et tranquille malgré les rires et les cris de la foule. Il comprenait bien l'importance de l'heure. Au sommet de la Tour, il formula une fois de plus la question dans toute son exactitude. Si les corps tombant arrivaient à terre en même temps, il avait remporté la victoire; mais s'ils arrivaient à des moments différents, ce seraient ses adversaires qui auraient raison.

« Tout le monde accepta les termes du débat. On criait : " Faites la preuve. "

« Le moment était venu. Galilée lâcha les deux balles de fer. Tous les yeux étaient levés.

« Un silence. Et l'on vit les deux balles partir ensemble, tomber ensemble et ensemble toucher terre au pied de la Tour. »

Nous aurions pu multiplier à volonté ces citations et ces exemples. Nous n'avons pas cru devoir le faire. A quoi bon, en effet, alourdir inutilement notre exposé [1]? Inutilement, car partout nous eussions trouvé les mêmes éléments du récit : attaque *publique* de l'aristotélisme, expérience *publique* exécutée du sommet de la Tour penchée, réussite de l'expérience s'exprimant dans la chute *simultanée* des deux corps, consternation des adversaires qui,

---

1. Mentionnons cependant M. L. Olschki, *Galilei und seine Zeit*, Halle, 1927.

néanmoins, malgré l'évidence, persistent dans leurs croyances traditionnelles; le tout « encadré » ou, si l'on préfère, enjolivé, selon la fantaisie de l'auteur, par des traits plus ou moins réussis. En effet, tous ces traits, qui dramatisent le récit de M. Fahie ainsi que celui de M. Namer, sont purement et simplement inventés par eux, puisque la seule source authentique dont nous disposons, le *Racconto istorico* de Vincenzo Viviani, n'en contient pas un mot.

Quant aux moments ou éléments communs dont nous venons de faire le relevé, ils sont tous, directement ou indirectement, fondés sur le récit de Viviani.

Or, ainsi que l'a d'ailleurs déjà exposé Wohlvill (et nous allons, aux arguments de Wohlwill — qui nous paraissent, à nous, entièrement suffisants — en ajouter d'autres qui nous semblent décisifs), le récit de Viviani sur l'expérience de Pise n'est lui-même fondé sur rien. *Les expériences de Pise sont un mythe.*

★

Voici d'ailleurs le texte de Viviani [1] : « En ce temps-ci (1589-1590), il fut convaincu que l'investigation des effets de la nature exige nécessairement une connaissance vraie de la nature du mouvement, conformément à l'axiome à la fois philosophique et vulgaire *ignorato motu ignoratur natura;* c'est alors que, à la grande indignation de tous les philosophes, il démontra — à l'aide d'expériences, de preuves et de raisonnements exacts — la fausseté de très nombreuses conclusions d'Aristote sur la nature du mouvement; conclusions qui, jusqu'alors, étaient tenues pour parfaitement claires et indubitables. Ainsi, entre autres, celle que les vitesses de mobiles de même matière, mais inégalement lourds et se mouvant à travers le même milieu, ne suivent aucunement la proportion de leur gravité, ainsi qu'il est dit par Aristote, mais se meuvent tous avec la même vitesse. *Ce qu'il démontra par des expériences répétées, faites du sommet du clocher de Pise, en présence de tous les autres professeurs et philosophes et de toute l'Université.* [Il démontra aussi] que les vitesses d'un même mobile tombant à travers différents milieux ne suivent pas non plus la proportion inverse de la densité de ces milieux, en

1. Vincenzo Viviani, *Racconto istorico della vita di Galilei* (*Opere,* ed. Naz., vol. XIX, p. 606).

inférant ceci à partir de conséquences manifestement absurdes et contraires à l'expérience sensible. »

Il est superflu d'insister sur l'expansion subie par le texte, très sobre et très bref de Viviani, sous la plume de ses successeurs. Et il serait cruel d'insister sur leurs erreurs, leurs incompréhensions [1]. La simple confrontation suffit. Les historiens de Galilée ont enjolivé et « développé » le récit de Viviani. Personne — à l'exception de Wohlwill — ne l'a mis en doute [2]. Et pourtant... un peu de réflexion et de bon sens, un peu de savoir historique, un peu de connaissances physiques auraient suffi pour en reconnaître l'invraisemblance. Et même, l'impossibilité. En effet, ainsi que Wohlwill l'a déjà fait valoir, il faut être vraiment un peu trop naïf ou trop ignorant des mœurs et des usages des Universités et des universitaires pour admettre que l'assemblée des professeurs, suivie de l'ensemble des étudiants, puisse se rendre *in corpore* sur une place publique à la seule fin d'assister à une expérience ridicule à laquelle l'aurait conviée le dernier des maîtres auxiliaires — le plus jeune, le plus bas en grade, et le plus mal payé — de la dernière de ses Facultés. Et d'autre part, pour indigner et consterner « tous les philosophes » il ne suffisait pas de mettre en doute l'enseignement d'Aristote. Depuis cent ans, en effet, on ne faisait que cela. En outre, les arguments et les raisonnements [3] auxquels Viviani fait allusion, et à l'aide desquels Galilée avait réfuté les « conclusions » d'Aristote, n'étaient pas entièrement inouïs : ils avaient été depuis longtemps déjà présentés et développés par Benedetti [4]; et, à l'époque même du professorat de Galilée à Pise, un « philosophe », Jacopo Mazzoni, les exposait tranquillement, sans provo-

---

1. Ainsi, personne ne semble avoir compris l'importance du fait qu'il s'agissait de graves de *même matière*. Or c'est là le point capital : en effet, à Pise, le jeune Galilée croyait encore — comme Benedetti — que les graves de matière et de poids spécifique différents tombaient avec une vitesse *différente*. Il avait raison !

2. V. E. Wohlwill, « Die Pisaner Fallversuche », *Mitteilungen zur Geschichte der Medizin und Naturwissenschaften*, vol. IV, pp. 229 sq.; *Galilei und sein Kampf für die Kopernikanische Lehre*, vol. II, Hamburg, 1926, pp. 260 sq. Les œuvres que nous avons citées plus haut sont toutes postérieures à l'article de Wohlwill.

3. Vincenzo Viviani fait allusion aux thèses soutenues par Galilée dans ses essais sur le mouvement — *De Motu* — écrits à Pise et publiés dans le volume I de ses œuvres. Sur ces ébauches, v. P. Duhem, « De l'accélération produite par une force constante », dans *IIe Congrès international de Philosophie*, Genève, 1905, pp. 807 sq.; E. Wohlwill, *Galilei*, etc., vol. I, pp. 90 à 95, et notre étude, « A l'aurore de la science moderne », *Annales de l'Université de Paris*, 1935, 5, et 1936, 1.

4. V. J.-B. Benedetti, *Diversarum speculationum mathematicarum liber*, Taurini, 1585. Cf. les ouvrages cités *supra*, et P. Duhem, *Études sur Léonard de Vinci*, vol. III, Paris, 1919, pp. 214 sq.

quer ni étonnement ni tumulte [1]. Bien plus, un autre « philosophe », Bonamici [2], bon aristotélicien de stricte observance, n'était nullement gêné de présenter à ses auditeurs — sans doute les réfutait-il ensuite — toutes les objections que les siècles, et que, surtout, les nominalistes parisiens avaient inventées contre la doctrine du Stagirite.

Enfin, comment se fait-il que cette expérience, tellement importante, tellement décisive, montée avec un tel art publicitaire, nous soit connue *uniquement* par le récit qu'en fit, soixante ans plus tard, Viviani? Comment se fait-il que, de cet événement retentissant, personne ne dise mot? Ni les amis de Galilée, ni même ses adversaires, n'en parlent jamais. Pas plus que Galilée lui-même. Or, rien n'est plus invraisemblable qu'un tel silence. Il nous faudrait admettre que Galilée, qui ne s'est pas privé de nous conter et de nous présenter comme *faites effectivement* des expériences [3] qu'il s'était borné à *imaginer*, nous aurait soigneusement caché une expérience glorieuse effectivement réalisée. C'est tellement improbable que l'on ne peut l'admettre sérieusement. La seule explication possible de ce silence est la suivante : si Galilée ne parle jamais de l'expérience de Pise, c'est qu'il ne l'a pas faite. Très heureusement pour lui, d'ailleurs. Car, s'il l'avait faite, en formulant le défi que, pour lui, formulent ses historiens, elle eût tourné à sa confusion.

*

En effet, que se serait-il passé si, ainsi que depuis Viviani nous le répètent les historiens de Galilée, il avait réellement laissé tomber du haut de la Tour penchée les deux balles de 10 et de 1 (ou de 100 et de 1) livres? Il est curieux que personne parmi les historiens — à notre connaissance du moins — même pas Wohlwill, ne se soit jamais posé ce problème. On le comprend d'ailleurs : les historiens *croyaient* à l'expérience; ils acceptaient tout le récit de Viviani, en bloc. Les hommes du xviie siècle étaient plus incrédules. Peut-être avaient-ils d'autres qualités

---

1. J. Mazzoni, *In universam Platonis et Aristotelis philosophiam praeludia*, Venetiis, 1597, pp. 192 sq.

2. F. Bonamici, *De motu*, Florentiae, 1597, liv. IV, cap. XXXVIII, pp. 412 sq.

3. Sur le caractère des expériences de Galilée, v. P. Tannery, « Galilée et les principes de la dynamique » (*Mémoires scientifiques*, vol. VI, pp. 395 sq.) et déjà Caverni, *Storia del metodo sperimentale in Italia*, vol. IV, Firenze, 1895, pp. 290, 350, et E. Mach, *Die Mechanik in ihrer Entwicklung*, 1921, pp. 125 sq.

encore. Quoi qu'il en soit, si Galilée n'a pas fait l'expérience
de Pise, d'autres l'ont faite. Avec des résultats qui, s'ils les
avaient connus, auraient fort étonné les historiens.

On n'avait pas besoin d'attendre la publication du
Racconto istorico de Viviani pour en apprendre que les
corps « tombaient tous avec la même vitesse ». Galilée lui-
même n'avait-il pas écrit dans son célèbre *Dialogue sur
les deux plus grands systèmes du monde* que « des boulets
de 1, de 10, de 100 et de 1 000 livres franchiront (en chute
libre) le même espace de 100 aunes en même temps [1] »? Et
il ne manqua pas de gens pour prendre cette assertion à
la lettre.

Ainsi Baliani qui, dans un petit opuscule, *De motu gravium*, paru en 1639, expose longuement que, ce fait, il le
savait bien avant Galilée (Baliani ne perd jamais une occasion de revendiquer une priorité incontrôlable), et que,
en 1611 déjà, à Rocca di Savona, il a fait des expériences,
laissant tomber des sphères de poids, et même de matières,
différents (en cire et en plomb), qui tombèrent toutes avec
la même vitesse, touchant le sol « dans le même instant
indivisible [2] ». Ainsi aussi le jésuite Nicolas Cabeo.

Ce furent justement ces assertions de Cabeo que « tous
les corps tombent avec la même vitesse » qui provoquèrent
chez Vincenzo Renieri, professeur de mathématiques à
l'Université de Pise, le désir de procéder à un contrôle.
Et de le faire en utilisant la Tour penchée qui se prêtait
si bien à l'expérience.

« Nous avons eu l'occasion, écrit-il à son maître Galilée [3],
de faire une expérience sur deux graves, de matières différentes, tombant d'une même hauteur; un en bois, et l'autre
en plomb, mais de grandeur pareille; ceci parce qu'un
certain jésuite a écrit qu'ils tombent dans le même temps
et arrivent à terre avec la même vitesse, et qu'un certain
Anglais a affirmé que Liceti a composé là-dessus une question qui en donne la raison. Mais finalement nous avons
trouvé qu'il en était tout autrement; en effet, du haut du

---

1. G. Galilei, *Dialogo sopra i due massimi sistemi* (*Opere*, vol. VII, p. 222).
Galilée affirme avoir fait l'expérience. Il est cependant difficile de se l'imaginer portant au haut d'une tour un boulet de 1 000 (!) et même de 100 livres.
2. Giovanni Battista Baliani, *De motu gravium*, Genova, 1639, préface.
Baliani donne une explication qui n'est pas sans intérêt. Admettant, à la
suite de Kepler probablement, une résistance interne de la matière au mouvement, il écrit : « Gravia moveri iuxta proportionem gravitatis ad materiam,
et ubi sine impedimento naturaliter perpendiculari motu ferantur, moveri
aequaliter, quia ubi plus est gravitatis, plus pariter sit materiae. »
3. Vincenzo Renieri, *Lettre à Galilée*, 13 mars 1641 (*Opere*, vol. XVIII,
p. 305).

clocher de la cathédrale [et la terre] il y eut entre la balle de plomb et la balle de bois presque trois aunes de différence. On a fait aussi l'expérience avec deux balles de plomb, l'une de la grandeur des boulets ordinaires de l'artillerie, et l'autre de celle d'une balle de mousquet, et l'on a vu que, lorsque la plus grosse et la plus petite tombent de la hauteur de ce même clocher, la plus grande précède la petite d'une bonne main. »

Nicolas Cabeo ne se laissa cependant pas persuader. En 1646, il publia à Rome un commentaire des *Meteorologica* d'Aristote, où il réaffirma résolument que les graves de poids différents — de même matière toutefois — tombaient avec la même vitesse et parvenaient à la Terre en même temps. Ce que, dit-il, il a établi par de nombreuses et fréquentes expériences[1]. Quant aux objections de ses adversaires qui attribuaient un pouvoir de retardation à l'air, Cabeo estime qu'ils ne comprennent pas ce qu'ils disent : l'air ne fait rien à l'affaire, ni pour ni contre la vitesse[2]. Des assertions pareilles ne pouvaient pas passer sans réponse : ce fut le confrère de Cabeo, le jésuite Gianbattista Riccioli qui s'en chargea.

Dans son *Almagestum Novum*[3], après avoir longuement exposé combien il était difficile de procéder à une expérience concluante sur une matière aussi délicate que la chute rapide d'un grave[4], Riccioli relate les expériences effectuées à Bologne, à la Torre degli Asinelli. Cette tour, penchée comme celle de Pise, se prêtait en effet particulièrement à ces expériences-là. On dirait, ajoute le savant jésuite, qu'elle avait été faite spécialement pour elles. Par quatre fois, en mai 1640, en août 1645, en octobre 1648, et finalement en janvier 1650, on se mit à l'œuvre en s'entourant de toutes les précautions voulues. Et l'on trouva que deux globes d'argile, de même dimension, dont l'un, évidé, ne pesait que dix onces, tandis que l'autre, plein, en pesait vingt, qui partaient au même moment du

---

1. Niccolo Cabeo, *In libros meteorologicos Aristotelis*, Romae, 1646, vol. I, p. 97.

2. *Ibid.*, p. 68 : *aerem nihil efficere in isto motu nec pro nec contra velocitatem.* Cabeo ne pouvait visiblement pas comprendre comment les gens qui rejetaient comme absurde l'explication de l'accélération par la réaction de l'air pouvaient en venir à invoquer à leur tour une influence de l'air sur la vitesse de la chute.

3. Sur Riccioli et ses expériences, voir Caverni, *Storia*, etc., vol. IV, pp. 282, 312, 390 et *passim*.

4. Riccioli explique qu'il est à peu près impossible de mesurer directement des différences de temps aussi petites et suppose que Cabeo avait observé des chutes par trop courtes pour pouvoir noter quoi que ce fût. V. *Almagestum Novum*, Bononiae, 1651, vol. II, p. 392.

sommet de la tour, arrivaient au sol à des moments différents. Et que, notamment, le plus léger restait de quinze
pieds en arrière [1].

★

Galilée, d'ailleurs, n'avait nul besoin d'attendre les
résultats des expériences de Renieri et de Riccioli pour
savoir que deux corps « de même matière mais de dimensions différentes », tombant du haut d'une tour et « partant
ensemble », ne pourraient jamais se mouvoir « ensemble »,
et jamais ne sauraient « ensemble » toucher le sol. Ces
résultats, il aurait pu les prévoir. Il les avait même effectivement prévus.

L'affirmation que « tous les corps tombaient avec une
vitesse égale », affirmation que n'avaient comprise ni
Baliani, ni Cabeo, ni Renieri — ni d'autres — valait selon
lui, pour le cas *abstrait et fondamental* du mouvement *dans
le vide* [2]. Pour le mouvement dans l'air, c'est-à-dire, dans
le plein, pour le mouvement qui ne pouvait donc pas être
considéré comme absolument libre de tous *impedimenta*,
vu qu'il avait à surmonter la résistance de l'air — petite
mais aucunement négligeable — il en était tout autrement.
Galilée s'est expliqué là-dessus avec toute la clarté dési-
rable. Un long développement des *Discorsi*, que Renieri
n'avait pas lu — ou n'avait pas compris [3] — y est justement
consacré. Aussi, en réponse à la lettre de celui-ci, lui
annonçant les résultats de ses expériences, Galilée se borne
à le renvoyer à son grand ouvrage où il avait démontré
qu'il ne pouvait en être autrement.

Or, Galilée n'avait pas besoin non plus d'attendre l'élaboration des *Discorsi* pour savoir que la résistance de l'air
étant, *grosso modo*, proportionnelle à la surface (donc,
dans le cas d'une balle, au carré du rayon) et le poids à la
masse (donc à son cube), elle serait, pour une balle de
mousquet, relativement plus grande que pour un boulet

---

1. V. Giovanni Battista Riccioli, *Almagestum Novum*, Bononiae, 1651,
vol. II, p. 387.
2. D'autres l'avaient compris. Ainsi, si Johannes Marcius, *De proportione
motus*, Pragae, 1639, écrit : « Motum quatenus a gravitate procedit euisdem
speciei seu gradus, eadem celeritate ferri in omnibus, quantumvis mole,
figura, pondera a se differant », il sait bien que cela ne vaut que pour le mouvement supposé être libre de tout *impedimentum*, c'est-à-dire pour le mouvement dans le vide.
3. V. Renieri, *Lettre à Galilée* du 20 mars 1641 (*Opere*, vol. XVIII, p. 310).

de canon. Il l'avait su déjà à l'époque où il avait débuté à Pise. Ce n'est nullement étonnant : Benedetti l'avait en effet expliqué bien avant lui.

Aussi, s'il pouvait — et devait — s'attendre à ce que les corps plus et moins lourds tombent avec des vitesses tout autres que celles, proportionnelles à leurs poids, qu'ils auraient dû avoir selon Aristote, s'il devait prévoir que le corps moins lourd (la balle de mousquet) tombera beaucoup plus rapidement qu'il n'aurait dû le faire, il y avait quelque chose qu'*il ne pouvait pas admettre ;* ce quelque chose, c'était leur chute simultanée.

Et c'est là la dernière raison pour laquelle Galilée n'a pas fait l'expérience de Pise ; et ne l'a même pas imaginée.

Telle est la conclusion de notre petite enquête. Quant à sa morale... nous en voudra-t-on de laisser aux lecteurs le soin de la tirer eux-mêmes?

LE *DE MOTU GRAVIUM* DE GALILÉE

DE L'EXPÉRIENCE IMAGINAIRE
ET DE SON ABUS [*]

La loi de la chute des corps, qui a sonné le glas de la physique aristotélicienne, comporte deux assertions qui, bien qu'étroitement liées dans l'esprit de Galilée, ne sont pas moins indépendantes l'une de l'autre et doivent, de ce fait, être soigneusement distinguées.

La première concerne la structure mathématique et dynamique du mouvement de la chute. Elle affirme que ce mouvement obéit à la loi du nombre et que les espaces traversés dans des intervalles successifs (et égaux) du temps sont *ut numeri impares ab unitate*[1]; en d'autres termes, qu'une force constante, à l'encontre de ce qu'avait enseigné Aristote, détermine non pas un mouvement uniforme, mais un mouvement uniformément accéléré[2], c'est-à-dire que l'action de la force motrice produit non pas une vitesse, mais une accélération.

La deuxième ajoute que dans leur mouvement de chute, également à l'encontre d'Aristote, tous les corps, grands et petits, lourds et légers, c'est-à-dire quelles que soient leurs dimensions et leurs natures, tombent, en principe, sinon en fait[3], avec la même vitesse; en d'autres termes,

---

[*] Article extrait de la *Revue d'histoire des sciences et de leurs applications,* Paris, Presses Universitaires de France, t. XIII, 1960, pp. 197-245.

1. Dans le mouvement de la chute, les vitesses croissent proportionnellement au temps, c'est-à-dire, comme les nombres; les espaces parcourus, dans les intervalles successifs, comme les nombres impairs; et les espaces parcourus depuis le commencement de la chute, comme les carrés.

2. En dernière analyse, la loi de la chute des corps implique celle d'inertie, c'est-à-dire, de la conservation du mouvement. Pour Aristote, on le sait bien, une telle conservation est impossible : le mouvement implique l'action d'une force motrice, d'un moteur attaché au mobile : séparé du premier, le second s'arrête.

3. Vu la résistance de l'air, l'égalité de la vitesse de la chute des corps graves et légers ne pourrait avoir lieu que dans le vide.

que l'accélération de la chute est une constante universelle [1].

L'étude historique de la première de ces deux assertions
a été faite maintes fois [2]; celle de la seconde a été, en revanche, un peu négligée par les historiens [3]. Elle est, cependant, assez intéressante, ne serait-ce que parce que, d'une
part, elle nous offre un exemple éclatant de l'usage — et
de l'abus — par Galilée de la méthode de l'expérience imaginaire; et que, d'autre part, elle nous permet de préciser un
peu les rapports de la pensée galiléenne avec celle de ses
prédécesseurs immédiats; et plus lointains.

Les expériences imaginaires, que Mach avait appelées
« expériences de pensée » *(Gedankenexperimente)*, et sur
lesquelles M. Popper vient de rappeler notre attention,
ont joué un rôle très important dans l'histoire de la pensée
scientifique [4]. Ce qui se comprend facilement : les expériences réelles sont, souvent, très difficiles à faire : elles
impliquent, non moins souvent, un appareillage complexe
et coûteux. En outre, elles comportent, nécessairement, un
certain degré d'imprécision; et donc, d'incertitude. Il est
impossible, en effet, de produire une surface plane qui soit
« véritablement » plane; ou de réaliser une surface sphérique qui le soit « réellement ». Il n'y a pas, et il ne peut pas
y avoir, *in rerum natura*, de corps parfaitement rigides;
pas plus que de corps parfaitement élastiques; on ne peut
pas exécuter une mesure parfaitement exacte. La perfection n'est pas de ce monde; on peut s'en approcher, sans
doute, mais on ne peut pas l'atteindre. Entre la donnée
empirique et l'objet théorique, il reste, et il restera toujours, une distance impossible à franchir.

C'est là que l'imagination entre en scène. Allègrement,
elle supprime l'écart. Elle ne s'embarrasse pas des limitations que nous impose le réel. Elle « réalise » l'idéal, et
même l'impossible. Elle opère avec des objets théoriquement parfaits, et ce sont ces objets-là que l'expérience

---

1. Pour nous — comme déjà pour Kepler — qui réduisons la gravité à
l'attraction terrestre, cette « constante » varie avec l'éloignement du grave du
centre de la Terre. Pour Galilée, qui n'admet pas d'attraction, la constante
d'accélération a une valeur universelle. Cette constance est, d'ailleurs, impliquée dans la déduction même de la loi de la chute par Galilée.
2. En dernier lieu par moi-même : cf. *Études galiléennes*, II : *La loi de la
chute des corps*, Paris, Hermann, 1939.
3. Ils se bornent, le plus souvent, à invoquer « l'expérience de Pise » — que
Galilée n'a jamais faite, et dont il ne parle jamais; cf. mon : « Galilée et l'expérience de Pise » *(Annales de l'Université de Paris*, 1937 et *supra*, pp. 213-223);
Lane Cooper, *Aristotle and the Tower of Pisa*, Ithaca, N. Y., 1935.
4. Cf. K. Popper, *The Logic of Scientific Discovery*, App. XI, pp. 442 sq.,
New York, 1959.

imaginaire met en jeu [1]. Ainsi, elle fait rouler des sphères
parfaites sur des plans parfaitement lisses, et parfaitement
durs ; suspend des poids à des leviers parfaitement rigides
et qui, eux, ne pèsent rien ; fait émaner la lumière de sources
punctiformes ; envoie des corps se mouvoir éternellement
dans l'espace infini ; balise de montres synchrones des
systèmes de références galiléens en mouvement inertial et
lance des photons, un à un, sur un écran percé d'une fente,
ou de deux. Ce faisant, elle obtient des résultats d'une précision parfaite — ce qui, d'ailleurs, ne les empêche pas,
parfois, d'être faux, du moins par rapport à la *rerum natura*
— et c'est pour cela, sans doute, que ce sont si souvent des
expériences imaginaires qui sous-tendent les lois fondamentales des grands systèmes de philosophie naturelle, tels
ceux de Descartes, de Newton, d'Einstein... et aussi de
Galilée.

Revenons donc à Galilée et, notamment, au premier
livre des *Discours et démonstrations mathématiques* qui,
comme le *Dialogue sur les deux plus grands systèmes du
monde*, est une conversation amicale entre trois personnages
symboliques : Salviati, le représentant de la science nouvelle, porte-parole de Galilée ; Sagredo, la *bona mens*,
esprit ouvert et libre de préjugés scolaires et qui, de ce
fait, est capable de comprendre et de recevoir l'enseignement de Salviati ; et Simplicio, tenant de la tradition universitaire dominée par l'autorité d'Aristote, dont il défend,
sans trop d'ardeur du reste, les positions [2].

Après avoir discuté de choses et d'autres [3], on en vient à
parler de la chute des graves. Pour démontrer la fausseté
de l'assertion aristotélicienne, selon laquelle les vitesses
des corps en chute libre sont proportionnelles à leur poids
et inversement proportionnelles à la résistance des milieux
dans lesquels ils se meuvent — d'où l'impossibilité du mouvement dans le vide — Galilée, tout d'abord, la fait exposer

---

1. Elle joue, ainsi, le rôle d'intermédiaire entre le mathématique et le réel.

2. Les deux premiers ne sont pas seulement des personnages symboliques ;
ce sont aussi des personnes réelles : Sagredo (1571-1620) est un Vénitien,
Salviati (1582-1614) un Florentin, amis de Galilée dont celui-ci a voulu perpétuer la mémoire. Simplicio, lui, est purement symbolique. Il est peu probable que Galilée ait choisi son nom en pensant au grand commentateur
d'Aristote, Simplicius ; il est plus vraisemblable qu'il ait voulu indiquer que
l'esprit d'un aristotélicien est, par définition, simpliste ; ou que, jouant sur
l'interférence des noms, il ait voulu suggérer que les descendants spirituels de
Simplicius étaient *simplistes*.

3. De la cohésion et de la résistance des matériaux à la rupture (titre de la
giornata prima), du *vacuum*, de quelques paradoxes de l'infini (la roue d'Aristote), de l'expérience cherchant à démontrer que la propagation de la lumière
se fait dans le temps, et non dans l'instant, etc.

par le porte-parole de l'aristotélisme, Simplicio, et puis lui oppose, par la bouche de Sagredo, les données d'une expérience réelle et, par celle de Salviati, les résultats d'une expérience imaginée [1].

SIMPLICIO. — Aristote, autant qu'il me souvienne, s'insurge contre certains anciens qui introduisirent le vide comme nécessaire au mouvement, en disant que sans celui-ci [le vide] cet autre [le mouvement] ne pourrait avoir lieu. A l'encontre de cela, Aristote démontre que, tout au contraire, c'est [ainsi que nous le verrons] la production du mouvement qui s'oppose à la position du vide; aussi raisonne-t-il comme suit. Il suppose deux cas : l'un, celui de mobiles différents en gravité mus dans le même milieu; l'autre, celui du même mobile mû dans des milieux divers. Quant au premier [cas], il suppose que les mobiles de gravité différente se meuvent dans le même milieu avec des vitesses différentes, et qui auront entre elles la même proportion que les gravités; ainsi, par exemple, qu'un mobile dix fois plus lourd qu'un autre se mouvra dix fois plus vite [2]. Dans l'autre cas, il admet que les vitesses du même mobile dans des milieux différents auront, entre elles, la proportion inverse de l'épaisseur, ou de la densité, de ces milieux; ainsi, par exemple, si l'on suppose que l'épaisseur [densité] de l'eau soit dix fois celle de l'air, il veut que la vitesse dans l'air soit dix fois plus grande que la vitesse dans l'eau [3]. Et de cette seconde supposition, il tire une démonstration de la forme suivante : puisque la ténuité du vide surpasse, d'une distance infinie, la corpulence, si subtile qu'elle soit, de tout milieu plein, tout mobile qui, dans le milieu plein, se meut par quelque espace en quelque temps, devra dans le vide se mouvoir en un instant [4]; mais accomplir un mouvement en un instant est impossible; par conséquent en vertu de [l'existence] du mouvement, il est impossible qu'il y ait du vide.

SALVIATI. — L'argument, on le voit, est *ad hominem*, c'est-à-dire, dirigé contre ceux qui voulaient [poser] le vide comme nécessaire pour le mouvement; aussi, si j'acceptais cet argument comme concluant, en concédant par là même que dans le vide il n'y aurait pas de mouvement, la position du vide, prise absolument et non en rapport avec le mouvement, n'en serait pas détruite [5]. Mais pour dire quelque chose que les anciens auraient peut-être pu répondre, et aussi pour voir mieux si la démonstration d'Aristote est concluante, il me semble que l'on pourrait s'opposer à ses assomptions, et les nier toutes les deux. Or, quant à la première, je doute grandement qu'Aristote ait jamais contrôlé par expérience s'il

---

1. Cf. « Discorsi e Dimonstrazioni Matematiche Intorno a Due Nuove Scienze » (*Opere di Galileo Galilei*, Edizione Nazionale, vol. VIII, Firenze, 1898), pp. 105 sq. Les *Discorsi* n'ayant jamais été traduits en français, je les citerai *in extenso* par la suite.

2. Ainsi, en supposant constante la résistance du milieu, a-t-on : $V_1 = P_1 : R$ et $V_2 = P_2 : R$.

3. $V_1 = P : R_1$; $V_2 = P : R_2$. Joignant ces deux formules ensemble, on obtient : $V = P : R$. Il est toujours supposé $P > R$.

4. $V = P : 0 = \infty$. La vitesse, dans le vide, serait infinie.

5. On sait bien que Galilée admet, non seulement l'existence de petits vides infinitésimaux — qui expliquent la cohésion des corps — mais aussi des vides de dimensions finies, e.g. ceux qui se produisent dans la pompe à succion.

était vrai que deux pierres, l'une dix fois plus lourde que l'autre,
qu'on laisse au même instant tomber d'une certaine hauteur, par
exemple, de 100 brasses, soient tellement différentes quant à leurs
vitesses, que lors de l'arrivée à terre de la plus grande, l'autre se
trouverait descendue que de 10 brasses.

SIMPLICIO. — On voit pourtant par son langage qu'il doit l'avoir
fait; il dit en effet : *Nous voyons le plus lourd.* Or ce : *nous voyons*
indique qu'il avait fait l'expérience.

SAGREDO. — Mais moi, Sign. Simplicio, qui en ai fait l'épreuve, je
vous assure qu'un boulet de canon qui pèse 100 ou 200 livres, ou
plus encore, n'anticipera pas même d'une paume l'arrivée à terre
d'une balle de mousquet qui ne pèse qu'une demi-livre, tombant,
elle aussi, de la hauteur de 200 brasses [1].

SALVIATI. — Or, même sans expérience, nous pouvons, par une
démonstration brève et concluante, prouver clairement qu'il n'est
pas vrai qu'un mobile plus lourd se meut plus vite qu'un autre,
moins lourd, étant entendu que ces mobiles sont de la même
matière et, en somme, du genre de ceux dont parle Aristote. Mais
dites-moi, Sign. Simplicio, si vous admettez que tout corps [grave]
qui tombe possède une certaine vitesse, déterminée par la nature,
et que l'on ne peut ni l'accroître ni la diminuer, si ce n'est en usant
de la violence ou en lui opposant quelque résistance?

SIMPLICIO. — On ne peut pas mettre en doute que le même
mobile, se mouvant dans le même milieu, possède une vitesse fixée
et déterminée par la nature, laquelle [vitesse] ne peut pas être
augmentée si ce n'est par un nouvel *impetus* à lui [mobile] conféré,
ou diminuée, sauf par une résistance qui le retarde.

SALVIATI. — Lors donc que nous avons deux mobiles, dont les
vitesses naturelles seraient inégales, il est clair que, si nous joignons
le plus lent au plus rapide, celui [le mouvement] du plus rapide sera
partiellement retardé [par le plus lent], et celui du plus lent, partiellement accéléré par le plus rapide. N'êtes-vous pas d'accord
avec moi sur cette opinion?

SIMPLICIO. — Il me semble que c'est ce qui doit suivre indubitablement.

SALVIATI. — Mais s'il en est ainsi, et qu'il soit vrai en même
temps qu'une grande pierre se meut avec, par exemple, huit degrés
de vitesse, et une plus petite, avec quatre; alors, si on les joint
ensemble toutes les deux, le composé se mouvra avec une vitesse
moindre que huit degrés : mais les deux pierres, jointes ensemble,
font une pierre plus grande que la première, qui se mouvait avec
huit degrés de vitesse : ainsi donc le composé (qui est plus grand que
la première pierre seule) se meut plus lentement que cette première
seule, qui est plus petite. Ce qui est contraire à votre supposition.
Vous voyez donc comment, de votre supposition que le mobile
plus lourd se meut plus rapidement que le moins lourd, je conclus
que le [corps] plus lourd se meut moins rapidement [2].

---

1. Il est, avouons-le, fort douteux que Sagredo ait jamais fait ces expériences; les premiers qui les aient instituées d'une manière systématique
semblent avoir été G. B. Riccioli et Mersenne; cf. mon « An Experiment in
Measurement », in *American Philosophical Society, Proceedings*, Philadelphia,
1953; trad. française : « Une expérience de mesure », à la suite, pp. 289-319.

2. Il est intéressant de noter que cet argument fut présenté par Galilée
déjà dans son *De motu* juvénile (cf. *Opere*, V, I, p. 265), écrit, probablement
vers 1590, sans que Galilée en ait tiré la conséquence de l'égalité de la vitesse
dans la chute des graves.

Simplicio est totalement abasourdi : n'est-il pas évident qu'en ajoutant une pierre plus petite à une plus grande on augmente son poids, et donc, selon Aristote, sa vitesse? Mais Salviati lui assène un coup de plus en proclamant qu'il n'est pas vrai que la petite pierre, ajoutée à la grande, augmente son poids. En effet [1], il est nécessaire de distinguer entre les graves en mouvement et les mêmes graves en repos.

Une grande pierre placée sur une balance acquiert un plus grand poids non seulement lorsqu'on lui superpose une autre pierre, mais toute addition, ne serait-ce qu'une pincée d'étoupe, augmentera son poids de quelque 6 ou 10 onces, selon ce que pèse l'étoupe; mais si, d'une altitude quelconque, vous laissez tomber librement la pierre avec l'étoupe attachée, croyez-vous que dans ce mouvement l'étoupe pèsera sur la pierre et l'obligera ainsi d'accélérer son mouvement ou, peut-être, croyez-vous qu'elle la retardera en la soutenant partiellement? Nous sentons le poids sur nos épaules lorsque nous voulons nous opposer au mouvement que ferait un certain poids placé sur celles-ci; mais si nous descendions avec la même vitesse avec laquelle ce poids grave descendrait naturellement, comment voulez-vous qu'il presse ou pèse sur [nous]? Ne voyez-vous pas que ce serait vouloir frapper avec une lance un homme qui court devant vous avec la même vitesse [2] avec laquelle vous le poursuivez, ou [avec une vitesse] plus grande encore? Concluez donc que, lors de la chute libre et naturelle, la pierre plus petite ne pèse pas sur la grande et, en conséquence, n'en accroît pas le poids comme elle le fait au repos.

Simplicio, pourtant, ne se rend pas :

Admettons que la petite pierre ne pèse pas sur la grande. Mais n'en serait-il pas autrement si on plaçait la grande sur la petite? Certes, répond Salviati [3], elle augmenterait le poids [de la petite], si son mouvement était plus rapide; mais nous avons déjà conclu que, si la petite était plus lente, elle retarderait dans une certaine mesure la vitesse de la plus grande, de telle façon que leur ensemble se mouvrait moins vite, tout en étant plus grand que celle-ci; ce qui est contraire à votre hypothèse. Concluons donc que les mobiles, grands et petits, se meuvent avec la même vitesse lorsqu'ils sont de même gravité spécifique.

La mention par Galilée de la gravité spécifique — et ce, dans un raisonnement où elle n'a que faire — est extrêmement curieuse. Et même, historiquement, très importante : elle nous révèle la source qui inspire le raisonnement

1. Cf. *Opere*, vol. VIII, pp. 108 sq.
2. Il est amusant de noter que cet exemple « frappant » sera utilisé par Stefano degli Angeli dans sa polémique avec Riccioli; cf. mon « De motu gravium... », *American Philosophical Society, Transactions*, 1955.
3. *Opere*, vol. VIII, p. 109.

galiléen, aussi bien dans le passage que je viens de citer que dans celui que je vais citer plus bas. Cette source, c'est Jean-Baptiste Benedetti [1]. En effet, dès 1553, dans la préface-dédicace à Gabriel de Guzman de sa *Résolution de tous les problèmes d'Euclide* [2]... dans laquelle, pour l'analyse de la descente des graves, il substitue un schéma archimédien à celui d'Aristote — Galilée, ainsi que nous le verrons tout à l'heure, fait de même — Benedetti écrit :

> Je dis donc que s'il y avait deux corps de la même forme [3] et de la même espèce [gravité spécifique], [ces corps] qu'ils soient égaux ou inégaux se mouvraient, dans le même milieu, par un espace égal dans un temps égal. Cette proposition est très évidente, car, s'ils se mouvaient dans un temps inégal, ils devraient être d'espèces différentes, ou se mouvoir à travers des milieux différents [4].

Benedetti, aussi bien que Galilée, considère que la chute simultanée de graves grands et petits (de nature, ou d'espèce, c'est-à-dire de gravité spécifique, identique) est contraire à l'enseignement d'Aristote. En quoi ils ont indubitablement raison : Aristote, effectivement, a enseigné que les grosses pierres tombent plus rapidement que les petites [5]. On pourrait se demander, toutefois, si Simplicio n'a pas eu tort de se rendre si facilement au raisonnement de Salviati et de se laisser confondre par son « expérience » paradoxale d'un corps, alourdi par l'adjonction d'un autre, se mouvant plus lentement, ou aussi vite, que le premier. Ne pourrait-il pas, ne devrait-il pas répondre que, dans son analyse de la chute, Salviati a négligé un facteur d'une importance capitale, essentielle, à savoir, la résistance au mouvement : tout mouvement, en effet, implique action

---

1. L'influence de J.-B. Benedetti sur Galilée a été mise en valeur déjà par G. Vaillati (cf. « Le Speculazioni di Giovanni Benedetti sul Moto dei Gravi », *Scritti*, pp. 161 sq.; et, aujourd'hui, R. Giacomelli, *Galileo Galilei giovane e il suo « De motu »*, Pisa, 1949.

2. *Restitutio omnium Euclidis problematum aliorumque una tantum modo circuli apertura*, Venetiis, 1533. Sur J.-B. Benedetti, cf. mon étude, « Jean-Baptiste Benedetti, critique d'Aristote », *Mélanges offerts à Étienne Gilson*, Paris, 1959, (et *supra*, pp. 140-165) et, déjà, mes *Études galiléennes* I, et II, où l'on trouvera la bibliographie de cet auteur; cf. aussi les travaux de Vaillati et de R. Giacomelli, cités dans la note précédente.

3. S'ils ne l'étaient pas, leur forme influencerait leur mouvement.

4. La préface de Benedetti fut publiée par lui, à part, également à Venise, en 1554, sous le titre : *Demonstratio proportionum motuum localium contra Aristotelem ;* très rare, elle a été republiée par G. Libri, dans le vol. III de son *Histoire des sciences mathématiques en Italie* (Paris, 1848, pp. 248 sq.); le passage que je cite se trouve aux pp. 249-250; je l'ai reproduit, en traduction, dans mon article cité ci-dessus dans la note 2.

5. En quoi, d'ailleurs, il avait raison.

et résistance; et qu'il a, en outre, admis, comme allant de soi, que le poids d'un *ensemble de corps* joue, par rapport à cet ensemble, le même rôle que celui d'un corps individuel par rapport à ce dernier. Ne pourrait-il pas dire, par exemple, que « l'expérience » de Benedetti, présentée par celui-ci dans son livre des *Diverses spéculations mathématiques et physiques* [1], expérience dans laquelle on laisse tomber deux corps égaux (et de matière identique), séparément d'abord, puis en les reliant par une ligne mathématique, en concluant qu'il n'y a aucune raison pour que, dans le second cas, ils aillent plus vite que dans le premier (ensemble plus vite que séparément) est excellente, mais ne vaut rien contre Aristote [2]? En effet, les deux corps en question resteront *deux* corps liés et non pas *un seul:* deux chevaux pareils liés par une bride ne forment pas un cheval deux fois plus grand et, les deux ensemble, ne courent pas deux fois plus vite que chacun d'eux, mais exactement avec la même vitesse que s'ils n'étaient pas reliés; de plus, même si l'on considérait les deux corps de Benedetti comme un seul corps, celui-ci n'aurait effectivement aucune raison d'aller plus vite que chacun d'eux pris isolément; ni dans le vide, où la vitesse de toute façon serait infinie, ni dans le plein, puisque là ils auraient affaire à une résistance doublée [3]. Or, la vitesse étant proportionnelle à la force et inversement proportionnelle à la résistance, elle serait la même dans les deux cas [4].

Et quant à « l'expérience » de Salviati, Simplicio, de même, aurait pu répondre qu'une botte de paille attachée à un boulet de canon reste une botte de paille, comme le boulet de canon reste boulet de canon. Et que, si la botte de paille tombe lentement lorsqu'elle est isolée, et le boulet de canon, vite, il est raisonnable, et nullement contraire à l'enseignement d'Aristote, d'admettre que, si on les liait ensemble, le boulet de canon accélérerait le mouvement de la botte de paille, et celle-ci ralentirait le mouvement du boulet de canon, bien que le poids de l'ensemble soit plus grand que celui des objets composants et notamment de celui du boulet : l'ensemble composé d'une botte de paille et d'un boulet de canon n'est pas un boulet de canon plus

---

1. *Diversarum Speculationum Mathematicarum et Physicarum Liber*, Taurini, 1585.
2. *Ibid.*, p. 174; cf. p. 371 de mon article cité page précédente, n. 2.
3. Si on les considérait comme liés par une barre matérielle, celle-ci offrirait une résistance supplémentaire à l'air ambiant.
4. Deux hommes se tenant par la main ne tombent pas plus vite, ni en fait, ni selon Aristote.

lourd. L'ensemble n'est pas un objet naturel. En plus, de
même que dans sa réponse présupposée à Benedetti,
Simplicio aurait pu ajouter que, même si l'on s'obstinait,
à l'encontre du sens commun, du bon sens — et d'Aristote — à reporter sur l'ensemble ce qui ne vaut que pour
les composants, on aurait dû tenir compte du fait que, le
volume de l'ensemble ayant — par rapport au boulet —
augmenté bien plus que son poids, la résistance au mouvement de l'ensemble s'est, elle aussi, accrue bien davantage
que sa pesanteur, et qu'il est donc tout à fait normal — et,
encore une fois, conforme à la dynamique d'Aristote — que
si la proportion de la force mouvante à la résistance diminue, le mouvement, c'est-à-dire, sa vitesse, diminue également.

Simplicio aurait pu dire tout cela, ou quelque chose
d'analogue. Il est un peu dommage qu'il ne l'ait pas fait :
la position aristotélicienne en eût été clarifiée; sans que,
pour cela, elle fût devenue plus forte. Car, à son tour,
Salviati, en invoquant l'exemple de l'œuf de poule et de
l'œuf de marbre, exemple dont il se sert dans un contexte
un peu différent [1], aurait pu lui rétorquer que la prise en
considération de la résistance ne sauve pas l'assertion de
la proportionnalité de la vitesse et du poids, vu que là
même où cette résistance, étant pareille pour les corps en
question — l'œuf de poule et l'œuf de marbre — n'entre
pas en ligne de compte, la vitesse de la chute desdits corps
ne suit nullement la proportion de leurs poids. En fait,
au lieu de se mouvoir beaucoup plus lentement que l'œuf
de marbre, l'œuf de poule se meut presque aussi vite que
celui-ci, et arrive à terre presque en même temps que lui.

*

Si, dans sa critique-réduction à l'absurde de la dynamique d'Aristote que nous venons d'examiner, Galilée n'a
pas tenu compte de la résistance opposée par le milieu au
mouvement du corps descendant, n'en concluons pas qu'il
ait, en général, méconnu le rôle qu'elle joue dans cette
dynamique. Bien au contraire : c'est par la critique de la
conception aristotélicienne concernant les rapports de la
puissance à la résistance qu'il en viendra à démontrer, au
moyen d'une expérience imaginaire, non seulement la
possibilité de mouvement dans le vide, mais aussi le fait

1. Cf. plus bas, p. 235.

que, *dans le vide*, tous les corps tombent avec la même vitesse, et que c'est justement la résistance du milieu qui explique qu'ils ne le font pas dans le plein.

Pourquoi, alors, a-t-il négligé d'en parler jusqu'ici? Peut-être parce que, ayant présenté la dynamique aristotélicienne comme fondée sur deux principes-axiomes affirmant : *a*) que la vitesse est proportionnelle à la force motrice; et *b*) qu'elle est inversement proportionnelle à la résistance, a-t-il estimé devoir en faire la critique séparément[1]; peut-être aussi parce que, habituellement, cette résistance — celle de l'air — est minime et, de ce fait, négligeable. En effet, lorsque Simplicio, au lieu d'exposer à Salviati les raisonnements que nous avons dû développer à sa place, se borne à lui dire que, tous ses arguments nonobstant, il ne croit pas qu'un grain de plomb tombe aussi vite qu'un boulet de canon, il s'attire de la part de Salviati une algarade violente[2] :

SALVIATI. — Vous devriez dire : « Un grain˚de sable aussi vite qu'une meule de moulin. » Mais je ne voudrais pas, Sign. Simplicio, que vous fassiez comme beaucoup d'autres qui font dévier la discussion de son objet principal, et s'attachent à mon assertion qui manque la vérité [de l'épaisseur] d'un cheveu, et que, sous ce cheveu, vous vouliez cacher le défaut d'une autre qui est aussi gros qu'un câble de navire. Aristote dit : « Un boulet de fer de 100 livres, tombant de la hauteur de 100 brasses arrive à terre avant qu'un [boulet] d'une livre ne descende une seule brasse »; je dis qu'ils arrivent en même temps; vous trouvez, en faisant l'expérience, que le plus grand est de deux doigts en avance sur le plus petit, c'est-à-dire que lorsque le grand percute la terre, l'autre en est éloigné de deux doigts : or vous voudriez, derrière ces deux doigts, cacher les 99 brasses d'Aristote et, ne parlant que de mon erreur minime, passer sous silence l'autre, très grande. Aristote déclare que les mobiles de gravités diverses se meuvent dans le même milieu (en tant que [leur mouvement] dépend de la gravité) avec des vitesses proportionnelles à leurs poids, et donne comme exemple [les mouvements] de mobiles dans lesquels on peut percevoir l'effet pur et absolu du poids, en laissant [de côté] les autres considérations, telles que celles de la forme comme [étant] d'importance minime, et comme dépendant grandement du milieu qui modifie l'effet propre et simple de la gravité seule; ainsi font-elles que l'or, la matière la plus lourde de toutes, lorsqu'il est réduit à une feuille très mince, s'en va flottant dans l'air; ce que font aussi les pierres moulues en poudre très fine. Mais si vous voulez maintenir la proposition générale, vous devez montrer que la proportion de la vitesse [à la gravité] est observée par tous les graves et qu'une pierre de 20 livres se meut dix fois plus vite qu'une de deux.

---

1. Sa théorie propre tiendra compte des deux facteurs.
2. *Discorsi, giornata prima* (*Opere*, vol. VIII), p. 110.

La résistance du milieu joue donc, effectivement, un certain rôle dans la détermination de la vitesse de la chute; Aristote, en l'affirmant, ne s'est donc pas entièrement trompé. Il a, néanmoins, commis une erreur très grave en admettant qu'elle est — pour un grave donné — inversement proportionnelle à la résistance, c'est-à-dire à la densité, des milieux dans lesquels il se meut. Faute qui implique des conséquences inadmissibles.

En effet [1] :

> s'il était vrai que dans les milieux de rareté, ou de subtilité [densité] diverse, c'est-à-dire dans des milieux de résistance [littéralement : non-résistance, *cedenza*] différente, tels que sont, par exemple, l'eau et l'air, le même mobile se mouvait dans l'air avec une vitesse d'autant plus grande que l'air est plus rare que l'eau, il s'ensuivrait que tout mobile qui descend dans l'air descendrait également dans l'eau; ce qui est faux dans la mesure où beaucoup de corps qui descendent dans l'air, non seulement dans l'eau ne descendent pas, mais encore s'élèvent.

Simplicio ne comprend pas très bien le raisonnement de Salviati; en outre, il estime qu'il est illégitime, vu qu'Aristote ne s'est occupé que de corps qui descendent dans les deux milieux (l'eau et l'air), et non de ceux qui descendent dans l'un et remontent dans l'autre.

Prise à la lettre, l'objection de Simplicio est, sans doute, assez faible. Et Salviati a bien raison de le lui faire sentir en observant qu'il défend mal son maître. En effet, Simplicio aurait dû dire — ainsi qu'il l'avait fait jadis [2] — que la physique d'Aristote n'est pas une physique mathématique et que, de ce fait, on ne doit pas prendre à la lettre — à la lettre mathématique — les formules de proportionnalité qu'elle avance; elles ne sont, en fait, que qualitatives et vagues; elles sont de l'à-peu-près [3]. Galilée, bien entendu, le sait fort bien. Mais il estime, sans doute, qu'ayant traité du problème général de la mathématisation de la science physique dans son *Dialogo* [4], il n'avait plus besoin d'en

---

1. *Ibid.*, p. 110; cf. le même argument dans le *De motu* (*Opere*, vol. I), pp. 263 sq.

2. Cf. *Dialogo sopra i due maximi systemi del mondo, giornata prima* (*Opere,* vol. VII), p. 38; *giornata seconda*, p. 242.

3. Simplicio, au fond, a raison : en substituant un schéma strictement quantitatif aux conceptions semi-qualitatives d'Aristote, aux déterminations duquel il faut toujours ajouter « plus ou moins », on en fausse sensiblement le sens; cf. là-dessus mes *Études galiléennes*, III, pp. 120 sq., et, tout récemment, M. E. J. Dijksterhuis, « The Origins of Classical Mechanics », in *Critical problems in the History of Science*, Madison, Wisconsin, 1959.

4. Cf. *Dialogo, giornata prima*, pp. 38 sq.; *secondo*, pp. 229 sq.; 242 sq.; *terza*, pp. 423 sq.; cf. aussi *Il Saggiatore* (*Opere*, vol. VI), p. 232, etc.

discuter dans les *Discorsi*. Il aurait pu ajouter que la prise
à la lettre des formules pseudo-mathématiques d'Aristote
n'est pas quelque chose qui lui soit propre et que les commentateurs d'Aristote l'ont fait bien avant lui[1]. Aussi
Salviati procède-t-il à la démonstration, sur un exemple
« concret » des conséquences absurdes, et même contradictoires, de la thèse d'Aristote.

Admettons, dit-il à Simplicio[2], qu'il y ait entre la corpulence de
l'eau — ou quoi que ce soit qui retarde le mouvement — et la corpulence de l'air, qui le retarde moins, une proportion définie; et
fixons-la à votre plaisir. « Soit, répond Simplicio, admettons qu'elle
soit dix. » Alors, poursuit Salviati, la vitesse d'un corps qui descend dans ces deux milieux sera dix fois plus lente dans l'eau que
dans l'air. Prenons maintenant un corps qui tombe dans l'air,
mais non dans l'eau — une balle de bois — et assignons-lui une
vitesse quelconque pour sa descente dans l'air — « Mettons qu'elle
soit de vingt degrés de vitesse », propose Simplicio. Alors, conclut
Salviati, ce corps aurait dû, conformément à la théorie d'Aristote,
descendre dans l'eau avec la vitesse de deux degrés et non pas
s'élever, comme il le fait. *Vice versa*, un corps, plus lourd que le
bois, qui descendrait dans l'eau avec la vitesse de deux degrés,
devrait le faire dans l'air avec la vitesse de vingt, c'est-à-dire avec
celle de la balle de bois, plus légère, ce qui contredit l'enseignement
d'Aristote concernant la proportionnalité de la vitesse et du poids.
D'ailleurs, l'expérience journalière est là pour nous prouver que
l'assertion d'Aristote est fausse et que le rapport des vitesses des
corps qui descendent dans l'eau est très différent de celui de la
vitesse de leurs chutes dans l'air : « Ainsi, par exemple[3], un œuf
de marbre descendra dans l'eau cent fois plus vite qu'un œuf de
poule, tandis que dans l'air, [en tombant] de la hauteur de
20 brasses, il n'aura pas une avance de quatre doigts. En bref, tel
corps lourd qui, dans 10 brasses d'eau, va au fond en trois heures,
les traversera, dans l'air, en un ou deux battements de pouls; et
tel autre (ainsi une balle de plomb) traverserait [les 10 brasses

<hr/>

1. Aussi les critiques médiévaux — et déjà, en fait, Aristote lui-même —
lui ont-ils opposé les considérations-contradictions suivantes : de l'égalité de
la force à la résistance résulte, conformément à sa formule, la vitesse 1
$(V = P : R, P = R$ donc $V = 1)$; or il est clair que si la résistance est égale à
la vitesse, aucun mouvement ne s'ensuivra. La formule : vitesse = force :
résistance implique même quelque chose d'encore plus absurde, à savoir que
toute force, si petite soit-elle, produit toujours du mouvement, si grande que
soit la résistance qui lui soit opposée. On a donc — depuis Averroès — énoncé
certaines formules devant tenir compte de ces circonstances, en particulier
celle qui détermine la vitesse comme proportionnelle non pas à la force, mais
à l'excès de la force sur la résistance, formule très analogue à celle qu'adoptera
Benedetti (cf. plus bas, pp. 248 sq.); et Bradwardine en adoptera même une
plus compliquée qui, en notation moderne, équivaut à une fonction loga-
rithmique; cf. là-dessus, Marshall Clagett, *Giovanni Marliani and Late Medie-
val Physics*, pp. 129 sq., New York, 1941; et Anneliese Maier, *Die Vorläufer
Galileis im XIV Jahrhundert*, pp. 81 sq., Roma, 1949; Marshall Clagett, *The
Science of Mechanics in the Middle Ages*, Madison, Wisc., 1959.
2. *Discorsi*, p. 111.
3. *Ibid.*

d'eau] en un temps moins que double [de celui de sa chute dans l'air]. »

Il s'ensuit donc que l'objection aristotélicienne contre la possibilité d'un mouvement dans le vide, fondée sur l'accroissement de la vitesse proportionnellement à la diminution de la résistance, est sans valeur : la vitesse dans le vide ne sera nullement infinie [1].

La possibilité du mouvement dans le vide, et ce en partant des mêmes bases, à savoir de la critique de la « proportionnalité » aristotélicienne, a été, comme on le sait, affirmée déjà par Benedetti. Mais Benedetti, en démontrant — comme le fera aussi Galilée — que la force motrice, prise comme égale, ou identique, au poids, devait être diminuée de, et non pas divisée par, la valeur de la résistance, en avait conclu que, dans le vide, les corps descendraient avec des vitesses proportionnelles à leurs poids spécifiques, et non pas, comme le fera Galilée, qu'ils tomberaient, tous, avec la même. Aussi est-il intéressant de noter que — sans le nommer toutefois — Sagredo invoque la thèse de Benedetti, thèse à laquelle, d'ailleurs, ainsi que nous l'avons vu, Salviati avait semblé donner son adhésion [2].

Vous avez clairement démontré, dit-il, qu'il n'est pas vrai que les mobiles inégalement graves se meuvent dans le même milieu avec des vitesses proportionnelles à leurs poids, mais [qu'ils se meuvent] avec la même, étant entendu [qu'il s'agit] de graves de la même matière, ou bien de la même gravité spécifique, mais non, toutefois, [de corps] de gravités spécifiques différentes; car je ne pense pas que vous ayez l'intention d'en conclure qu'une balle de liège se meut avec la même vitesse qu'une de plomb; vous avez, de plus, démontré très clairement qu'il n'est pas vrai que le même mobile, dans les milieux de résistances diverses, observe, en ce qui concerne sa vitesse et sa lenteur, les proportions mêmes de ces résistances; aussi serais-je très heureux de savoir quelles sont les proportions actuellement observées dans un cas et dans l'autre.

Or, nous savons bien que ce que Galilée entend démontrer, c'est justement ce qui paraît incroyable à Sagredo — et jadis à lui-même — à savoir que, dans le vide, une balle de liège et une de plomb tombent non pas avec des vitesses différentes, mais avec la même. Thèse parfaitement

---

1. *Ibid.*, p. 112.
2. *Ibid.*, pp. 112 sq. C'est un usage constant — et très pédagogique — chez Galilée, que de faire parcourir par le lecteur, les phases de sa propre pensée, de le faire tomber dans les erreurs dans lesquelles il est tombé lui-même, et de l'en libérer. C'est Sagredo qui est, habituellement, chargé de représenter la phase intermédiaire, et Salviati, celle à laquelle il aboutit.

extravagante et au sujet de laquelle, avec bien plus de droit encore qu'au sujet de sa loi de l'accélération des corps dans leur chute, il aurait pu dire qu'elle n'avait, avant lui, été soutenue par personne [1]. Aussi est-il intéressant d'analyser de près sa démonstration. Cela d'autant plus qu'elle nous révèle la marche de sa pensée [2].

Après m'être rendu certain qu'il ne soit pas vrai que le même mobile, dans des milieux de résistances diverses, observe, dans sa vitesse, la proportion de la non-résistance [*cedenza*] desdits milieux, de même [qu'il ne soit pas vrai] que, dans le même milieu, les mobiles de gravités diverses observent dans leurs vitesses la proportion de leurs gravités [en l'entendant aussi des gravités spécifiques [3], diverses] j'ai commencé à combiner ensemble ces deux accidents [qualités], et à me demander ce qui arriverait aux mobiles différents placés dans des milieux de résistances diverses. Et je m'aperçus que l'inégalité des vitesses se trouvait être beaucoup plus grande dans des milieux plus résistants que dans ceux qui cèdent plus facilement, et ce avec une différence telle que deux mobiles qui, tombant dans l'air, différaient à peine quant à la vitesse de [leur] mouvement, [se meuvent] dans l'eau avec une vitesse dix fois plus grande l'un que l'autre; et aussi que tel [corps] qui, dans l'air, descend rapidement, dans l'eau non seulement ne descendra pas, mais restera entièrement privé de mouvement ou même montera. En effet, il est possible de trouver certaines sortes de bois, ou de nœuds, ou de racines, qui dans l'eau peuvent demeurer en repos [immobiles], mais tombent rapidement dans l'air.

La mention de corps qui reste en équilibre dans l'eau donne lieu à une digression (en soi intéressante et qui permet à Sagredo, ainsi qu'à Salviati, d'invoquer des expériences assez étonnantes sur l'équilibre hydrostatique, et autres choses encore), qui brise la marche du raisonnement et que, de ce fait, je n'examinerai pas ici [4]. Poursuivons donc le rapport de Salviati [5] :

Ayant vu que la différence de vitesse, dans des mobiles de gravités diverses, se trouve être beaucoup plus grande dans les milieux de plus en plus résistants — ainsi dans le mercure non seulement l'or ira-t-il au fond plus rapidement que le plomb, mais il est le seul qui y descende, pendant que tous les autres métaux et toutes les pierres se meuvent vers le haut et flottent — tandis qu'entre des

1. La règle de sommation de l'espace parcouru par un corps, ou un point, en mouvement uniformément accéléré (uniformément difforme), a été connue au Moyen Age, à Oxford d'abord, et à Paris ensuite, dès la première moitié du xive siècle; elle a même été appliquée au mouvement de la chute par Dominique Soto, au xvie siècle. Cf. les ouvrages bien connus de P. Duhem, *Études sur Léonard de Vinci*, 3 vol., Paris, 1908-1913; son *Système du monde*, vol. VII et VIII, Paris, 1956 et 1958; et les ouvrages cités p. 235, n. 1.
2. *Discorsi*, p. 113.
3. La référence à Benedetti est patente.
4. Cf. Appendice, pp. 265-271.
5. *Discorsi*, p. 116.

balles d'or, de plomb, de cuivre, de porphyre et d'autres matières lourdes, l'inégalité dans le mouvement dans l'air sera si peu sensible que, à la fin d'une chute de [la hauteur] de 100 brasses, une balle d'or ne précédera pas de quatre doigts une balle de cuivre; ayant vu cela, dis-je, je formai l'opinion que, si la résistance du milieu était totalement supprimée, tous les mobiles descendraient avec une vitesse égale.

Le raisonnement de Galilée se présente donc comme une espèce de passage à la limite : les deux séries de grandeurs, celle de la résistance des milieux dans lesquels se meuvent les graves, et celle de la différence de leurs vitesses, évoluent d'une manière concordante : plus cette résistance est forte, et plus la différence est grande; inversement, à mesure que la première s'affaiblit, la seconde diminue [1]. Supprimons la première : on a toute chance de voir la seconde disparaître également.

Cela, bien entendu, n'est pas une preuve logiquement satisfaisante. Et l'aristotélicien n'a pas entièrement tort de ne pas l'accepter comme telle [2]. Pour démontrer la proposition galiléenne, il faudrait une expérience. Mais celle-ci est impossible : nous ne pouvons pas opérer dans le vide. Aussi Galilée se voit-il obligé de renverser le procédé et de montrer qu'en partant de son hypothèse de la vitesse égale de la chute des graves dans le vide, il peut retrouver les données de l'expérience réelle; et, en outre, d'expliquer le rôle véritable de la résistance dans le retardement effectif du mouvement. Il poursuit donc [3] :

Nous sommes en train de rechercher ce qui arriverait à des mobiles très différents en poids dans un milieu où la résistance serait nulle, et où, donc, toute la différence de vitesse qui se trouverait entre ces mobiles doive être rapportée à la seule inégalité de poids; et, comme seul un espace entièrement vide d'air et de tout autre corps, si ténu et peu résistant [cédant] qu'il soit, serait apte à montrer à nos sens ce que nous recherchons, et comme un tel espace nous manque, nous procéderons en observant ce qui se passe dans les milieux plus rares et moins résistants en comparaison avec ce qui se passe dans d'autres, moins rares et plus résistants. Or, si nous trouvons, en fait, que les mobiles de gravités différentes diffèrent d'autant moins en vitesse qu'ils se trouvent dans des milieux de moins en moins résistants [lit. : de plus en plus cédants], et que, finalement, encore qu'ils soient extrêmement différents en poids, la différence de [leurs] vitesses, dans un milieu

---

1. Dans le schéma aristotélicien cette différence — proportionnelle aux poids des corps descendants et aux densités des milieux — devrait rester inchangée.
2. Ceci d'autant moins qu'elle contredit la théorie, à première vue si séduisante, de Benedetti.
3. *Discorsi*, p. 117.

plus ténu que tous les autres, bien que non [totalement] vide, s'avère être extrêmment petite, et presque inobservable, il me paraît que nous pourrons bien croire, faisant une conjecture très probable, que, dans le vide, leur vitesse sera tout à fait égale. Considérons donc ce qui se passe dans l'air; et, pour avoir un corps de surface [de forme] bien déterminée et d'une matière extrêmement légère, imaginons une vessie gonflée : l'air qui y sera (à l'intérieur), placé dans le milieu fait du même air, ne pèsera rien, ou très peu, parce qu'il pourra n'être que très peu comprimé [1]; aussi sa gravité ne sera que celle, très petite, de la pellicule elle-même, qui n'atteindra pas la millième partie du poids d'une masse de plomb de la même grandeur que ladite vessie gonflée. Or, si on les [le plomb et la vessie] laisse tomber [d'une hauteur] de 4 ou 6 brasses, de quel espace, estimez-vous, Sign. Simplicio, le plomb sera-t-il en avance sur la vessie? Soyez certain qu'il ne le sera pas du triple, ni même du double.

Il se peut, répond Simplicio [2], qu'au début du mouvement, c'est-à-dire, dans les premières 4 ou 6 brasses, cela se passe comme vous le dites. Je crois, cependant, qu'ensuite, [le mouvement] continuant pendant longtemps, le plomb laissera [la vessie] derrière lui non seulement de six parties sur douze, mais même de huit ou de dix.

Salviati acquiesce; et même renchérit [3] :

Si la chute durait suffisamment longtemps, le plomb pourrait parcourir 100 000 milles, tandis que la vessie n'en parcourrait qu'un seul.

Mais cela ne contredit aucunement sa thèse : bien au contraire, le fait que les vitesses des corps en chute libre diffèrent de plus en plus au cours de cette chute la confirme. C'est justement ce qui doit avoir lieu si la différence des vitesses n'est pas causée par celle des poids, mais ne dépend que de circonstances extérieures, à savoir la résistance du milieu; elle ne se produirait pas si la vitesse dépendait de la gravité des corps descendants.

Car, étant donné qu'elles [les gravités] sont toujours les mêmes, la proportion entre les espaces parcourus devrait, elle aussi, demeurer la même, tandis que nous voyons que, dans la continuation du mouvement, cette proportion croît toujours.

L'argument de Galilée est spécieux. Il peut même paraître un peu léger, et n'être que purement polémique, c'est-à-dire destiné à abattre — ou à faire taire — l'adver-

---

1. La pesanteur de l'air n'est pas en discussion; ni, non plus, le fait qu'il pèse d'autant plus qu'il est plus comprimé : ce sont là choses que tout le monde admet. En revanche, il faut — et peut-être d'autant plus — admirer l'ingéniosité de Galilée dans le montage de son expérience — imaginaire, bien entendu — bien qu'elle ne puisse, évidemment, prétendre à la précision.

2. *Discorsi*, p. 117.

3. *Ibid.*, p. 118.

saire en se plaçant sur son propre terrain. En fait, il n'est rien moins que cela. Sans doute se met-il sur le terrain de son adversaire — tout argument critique doit le faire — mais, dans la pensée de Galilée, il doit être pris très au sérieux. Car, ce qu'il reproche à l'aristotélisme (et aussi, implicitement, à Benedetti-Sagredo), c'est de se heurter au principe fondamental de toute explication scientifique : des causes constantes produisent des effets constants. Ce dont il s'enorgueillit, au contraire, c'est d'avoir établi une doctrine qui lui est conforme.

Dans la dynamique aristotélicienne, nous le savons bien, une force constante produit un mouvement uniforme. Le poids constant d'un corps ne devrait donc pas produire un mouvement *accéléré* de la chute [1]. Mais passons outre : admettons qu'il « cause » un mouvement accéléré : alors, tout au moins, les rapports entre les vitesses « causées » par des poids différents auraient dû être constants, et, de ce fait, les rapports entre les espaces parcourus devraient également être constants. Or, en fait, ils ne le sont pas.

Il semble, d'ailleurs, que la doctrine galiléenne de la chute soit sujette à la même objection. Car si, dans celle-ci, l'effet premier et immédiat de la gravité n'est pas le mouvement, mais l'accélération, et l'accroissement de la vitesse de la chute seulement un effet secondaire [2], cette accélération, à supposer qu'elle soit différente pour des corps différents — la vessie gonflée et le boulet de plomb placés dans le même milieu — n'en demeure pas moins constante pour chacun d'eux. Il en résulte — ou semble en résulter — que les rapports entre les vitesses et les espaces parcourus doivent également demeurer constants.

Que le rôle de la résistance par rapport à la force motrice soit mal compris par Aristote et le soit bien par Galilée [ou Benedetti] ne change rien à la situation fondamentale : des facteurs constants ne peuvent pas produire des effets variables.

Or, c'est justement ce que dit Simplicio qui, en bon logicien, n'a pas eu besoin de l'explication du raisonnement galiléen auquel nous avons dû procéder [3] :

Très bien; mais, pour marcher sur vos traces, si la différence de poids dans les mobiles de gravités diverses ne peut pas être la

---

1. L'explication de cette accélération est une *crux* de la dynamique aristotélicienne.
2. L'accroissement de la vitesse, et la vitesse elle-même, ne sont que des effets, ou accumulations, d'accélérations.
3. *Discorsi*, p. 118.

raison du changement de la proportion de leurs vitesses, vu que les gravités ne changent pas, comment donc le milieu, qui est supposé demeurer toujours le même, pourrait-il occasionner un changement quelconque dans le rapport de celles-ci ?

Simplicio, nous venons de le voir, a parfaitement raison : si la résistance du milieu avait une valeur constante — ainsi que l'admet Aristote (et Galilée lui-même, en suivant Benedetti, le fera aussi dans un contexte différent) —, le rapport des vitesses, produit de deux « causes » constantes, demeurerait constant. Mais c'est là justement qu'est l'erreur : la résistance du milieu n'est pas constante, mais varie ; et ce en fonction même de la vitesse du mouvement. Salviati vient donc à en donner l'explication [1] :

> Je dis tout d'abord qu'un corps grave a, par sa nature, un principe inhérent [une tendance interne] à se mouvoir vers le centre commun des graves [2], c'est-à-dire, [vers le centre] de notre globe terrestre, avec un mouvement constamment accéléré, et accéléré toujours également, c'est-à-dire, [de manière telle] que dans des temps égaux, il reçoit des adjonctions égales de moments et de degrés nouveaux de vitesse. Et ceci doit s'entendre comme se vérifiant chaque fois que tous les empêchements accidentels et extérieurs sont enlevés, parmi lesquels il y en a un que nous ne pouvons pas supprimer, à savoir, l'empêchement du milieu plein qui doit être pénétré et mû vers le côté par le mobile ; or, bien que nous le supposions tranquille, fluide et peu résistant [cédant], ce milieu [l'air] s'oppose audit mouvement transversal avec une résistance plus petite ou de plus en plus grande, selon qu'il doit s'ouvrir [s'écarter] lentement ou rapidement pour donner la voie au mobile. Ainsi celui-ci, parce que, comme je l'ai dit, il est, par sa nature, continuellement accéléré, en vient à rencontrer une résistance continuellement accrue du milieu, et de ce fait [subit] une retardation et une diminution dans l'acquisition des degrés nouveaux de vitesse ; aussi, finalement la vitesse atteint un tel point et la résistance du milieu, une telle grandeur que, en s'équilibrant entre elles, elles font cesser toute accélération ultérieure [3].

A partir de ce moment, le mobile en question se meut d'un mouvement « équable » et uniforme avec la vitesse acquise dans la descente [4]. Or, cet accroissement de la

1. *Ibid.*, cf. aussi *De motu*, p. 255 sq.

2. L'ignorance — proclamée dans le *Dialogue* — de la nature de la gravité n'empêche pas Galilée de reconnaître en elle un principe inhérent aux corps. C'est là, d'ailleurs, la condition indispensable de la constance de l'accélération.

3. Il est intéressant de noter — mais nous y reviendrons — que si la résistance à l'accélération est proportionnelle à la vitesse, et donc croît proportionnellement à celle-ci, sa valeur propre (ou sa « vitesse ») diminue en proportion inverse ; le rapport entre la résistance et l'accélération est donc exactement le même que celui qu'Aristote postule entre résistance et vitesse.

4. Cf. plus bas, App. II ; *Discorsi*, p. 118. I. B. Cohen, dans un livre récent (*The Birth of a New Physics*, pp. 117 sq., New York, 1960), fait la remarque

résistance ne provient pas d'un changement dans la nature du milieu, mais uniquement de l'accroissement de la vitesse avec laquelle il doit s'écarter — latéralement — de la trajectoire du corps descendant. Ainsi, pouvons-nous ajouter, se trouve sauvegardé le principe essentiel de la proportionnalité de la cause à l'effet et, en même temps, expliqué comment d'une cause constante peut provenir un effet variable.

Le passage de Galilée que je viens de citer est très intéressant et très significatif. En effet, non seulement il nous présente une explication mécanique de la résistance du milieu — conception d'une importance capitale [1] et qui n'est pas diminuée par le fait que, dans son application au réel, Galilée commet une erreur fort curieuse [2] — mais il nous révèle encore ce que j'aimerais appeler les axiomes sous-jacents de sa pensée, axiomes qu'il néglige de formuler clairement et explicitement — ou n'arrive pas toujours à formuler — mais qui se montrent, en quelque sorte, à l'œuvre dans ses raisonnements mêmes.

Le corps grave... mais nous savons que, pour Galilée, comme pour Benedetti et Archimède, tous les corps sont « graves » et qu'il n'y en a pas de légers [3]; nous pouvons donc étendre à tous les corps, ou au corps en tant que tel, ce qu'il nous dit du grave, et dire que tout corps « possède » un principe interne en vertu duquel il se dirige vers le centre de la Terre d'un mouvement uniformément accéléré [4]. En d'autres termes, la gravité, dont par ailleurs nous ignorons la « nature [5] », peut, néanmoins, se définir

---

très profonde que ce mouvement descendant « équable et uniforme », est un mouvement inertial, le seul mouvement inertial qui peut se réaliser dans la physique galiléenne.

1. C'est de là que sont parties toutes les études ultérieures sur la résistance des milieux au mouvement des corps. Aussi n'importe-t-il guère que, comme le remarque Newton (*Principes mathématiques de la philosophie naturelle*, II, section 1 : *Des mouvements des corps qui éprouvent une résistance en raison de leur vitesse*, scolie, vol. I, p. 254, Paris, 1759), « l'hypothèse qui fait la résistance des corps proportionnelle à leur vitesse est plus mathématique que conforme à la nature » et qu'en fait, « dans les milieux qui n'ont aucune ténacité les résistances des corps sont en raison doublée des vitesses », et non en raison des vitesses ainsi que l'avait cru Galilée.

2. Cf. plus bas, Appendice II.

3. Cf., déjà *De motu*, p. 360 : « Concludamus itaque, gravitatis nullum corpum expers esse, sed gravia esse omnia, haec quidem magis, haec autem minus, prout corum materia magis est constipata et compressa, vel diffusa et extensa, fuerit. »

4. On pourrait même dire que la gravité *constitue* le corps *physique*.

5. Cf. *Dialogo* (*Opere*, vol. VII, pp. 260 sq.) :

SIMPLICIO. — La causa di quest'effeto [le mouvement des parties de la Terre vers le bas] è notissima e ciaschedun sa che è la gravità.

SALVIATI. — Voi errate, Sig. Simplicio; voi dovevi dire che ciaschedun sa ch'ella si chiama gravità. Ma io non vi domando tel nome, ma dell'essenza

comme « cause » ou « principe » *inhérent* et consubstantiel au corps, comme une force non seulement *constante*, mais encore comme étant *la même* dans tous les corps, quels qu'ils soient. C'est pour cela, justement, que l'accélération a une valeur constante, et la même, pour tous les corps, quels qu'ils soient; et où qu'ils soient placés — ce qui ne serait pas le cas si la gravité était un effet d'une force extérieure, telle, par exemple, que l'attraction [1]. Ce qui, également, implique qu'en dernière analyse, la matière dont sont constitués les corps — du moins les corps terrestres — est identiquement la même en eux tous et ne comporte pas de distinctions qualitatives. La gravité d'un corps (dans le vide) est donc strictement proportionnelle à la quantité de matière qu'il contient. En anticipant un peu et en prêtant à Galilée une terminologie qu'il ignore, on pourrait dire que, pour lui, la masse d'un corps et sa gravité ne font qu'un [2].

On pourrait même aller plus loin et, anticipant une fois de plus, dire que, pour Galilée, la masse inertiale et la masse gravifique sont essentiellement identiques, bien que cette identité n'apparaisse que dans le mouvement dans le vide, et non dans celui qui a lieu dans le plein, ainsi que nous le verrons tout à l'heure. Masse inertiale?

della cosa : della quale essenza voi non sapete punto piu di quello che voi sappiate dell'essenza del movente le stelle in giro, eccettuatone il nome, che a questa è stato posto e fatto familiare e domestico per la frequente esperienza che mille volte il giorno ne veggiamo; ma non è che realmente noi intendiamo piu, che principio o che virtù sia quella che muove la pietra in giù, di quel che noi sappiamo chi la muova in su, separata dal proiciente, o chi muova la Luna in giro, eccettochè (come ho detto) i nome, che piu singulare a proprio gli abbiamo assegnato di *gravità*, dovechè a quello con termine più generico assegnamo *virtù impressa*, a quello diamo *intelligenza*, o *assistente*, o *informante*, ed a infiniti altri moti diamo loro per cagione la *natura*.

1. C'est dans ce refus de chercher une explication à la gravité, et d'en former une théorie, que se trouve la source de la stérilité du galiléisme en théorie astronomique, et de l'échec de Borelli. Une théorie mauvaise, c'est toujours mieux que l'absence de toute théorie, cf. ma *Révolution astronomique, Borelli et la mécanique céleste*, Paris, Hermann, 1961.

2. L'histoire de la notion de masse = quantité de matière est encore assez obscure. On pourrait soutenir, d'une part, qu'elle est, du moins implicitement, présente déjà chez Archimède; et, d'autre part, que sa détermination par : volume × densité, de même que par le poids, l'est également : c'est la base même de l'art de l'essayeur. On pourrait aussi — et c'est assez mon avis — attribuer à Kepler la gloire d'avoir découvert cette notion. C'est lui, en effet, qui (en distinguant la masse = quantité de matière = volume × densité, qui intervient dans les relations dynamiques et demeure constante, de son poids, qui ne le fait pas), en a, pour la première fois, donné une définition correcte. Exploit d'autant plus méritoire qu'en dynamique, Kepler est encore aristotélicien, bien qu'hérétique. Pour la préhistoire de la notion de masse, cf. Anneliese Maier, *Die Vorläufer Galileis im XIV. Jahrhundert*, Roma, 1949. Max Jammer, *Concepts of Mass*, Harv. Univ. Press, 1961.

Sans doute Galilée n'emploie-t-il pas ce terme[1], il n'en reste pas moins vrai que, dans ses raisonnements, il fait constamment usage de cette notion[2]. En effet, en dehors du « principe inhérent » de la gravité, le corps galiléen possède un second principe interne — qui, pour lui, est le même — à savoir celui de la résistance à l'accélération, ou la décélération, qu'on lui impose ou lui fait subir[3] et ce en proportion même de la grandeur de cette accélération (positive ou négative[4]) et de son poids, ou, dirons-nous, de sa masse, c'est-à-dire de la quantité de matière qu'il contient[5]. C'est pour cela — et par cela — que le milieu tranquille et cédant résiste au mouvement du corps descendant : les parties du milieu — que Galilée se représente comme un fluide parfait — qui n'ont aucun lien les unes avec les autres (aucune viscosité) s'opposent à leur mise en mouvement (latéral), et ce d'autant plus que ce mouvement latéral, en fonction de la vitesse de la chute dudit corps, est plus rapide ; ou, plus exactement, dans la mesure où leur accélération (passage du repos au mouvement) est plus grande. On pourrait dire aussi : dans la mesure où l'action sur le milieu du corps descendant est plus grande, plus grande aussi est la réaction du milieu ; ou de ses parties[6]. Il est clair que cette réaction

---

1. Le terme « inertie » *(inertia)*, vient de Kepler et veut dire, pour lui, à peu près le contraire de ce qu'il veut dire pour nous, à savoir, une résistance du corps à être mû, une *inclinatio ad quietem*, pour parler comme Nicole Oresme. J'emploie ce terme, bien entendu, dans son sens moderne.

2. On pourrait soutenir, d'ailleurs, que la *notion* d'inertie = résistance au mouvement = inclination au repos, ne fait qu'expliciter une conception fondamentale et essentielle de l'aristotélisme : pourquoi, en effet, faudrait-il des forces pour mouvoir les corps, si ceux-ci n'opposaient pas de résistance au fait d'être mus ? et pourquoi s'arrêteraient-ils, privés de moteur, s'ils n'avaient pas, en eux-mêmes, une inclination au repos ? Enfin, allant plus loin : le mouvement étant l'actualisation d'une puissance, comment concevoir cette dernière comme ne résistant pas à l'actualisation ?

On pourrait ajouter, en outre, que la notion moderne d'inertie n'est pas si loin de celle de Kepler (ou d'Aristote) qu'il apparaît à première vue, et que je viens de le dire : comme celle-ci, elle est *résistance au changement*. Cf. Newton, *Principes mathématiques de la philosophie naturelle*, vol. I, p. 2, Paris, 1759.

3. Il s'agit de la résistance à l'accélération, et non au mouvement auquel le corps est « indifférent » et qui, lui, se conserve. C'est justement pour cela que, lorsque, dans la chute, l'accélération est neutralisée par la résistance externe (du milieu), le grave continue à se mouvoir avec une vitesse uniforme.

4. Aussi faut-il une force plus grande pour conférer à un corps donné une accélération plus grande (un mouvement plus rapide); l'accélération est proportionnelle à la force.

5. L'accélération est ainsi — pour une force donnée — inversement proportionnelle à la masse (poids) des corps sur lesquels elle agit.

6. Implicitement, nous avons là l'affirmation de l'égalité de l'action et de la réaction. Elle a, d'ailleurs, déjà été affirmée, justement, pour le choc, par Léonard de Vinci.

est également d'autant plus forte — la résistance du milieu d'autant plus grande — que celui-ci est plus dense; ou, ce qui est la même chose, plus lourd. Il est clair, enfin, qu'un corps descendant surmontera la résistance du milieu d'autant plus facilement que la force qui l'anime est plus grande; en d'autres termes : qu'il est plus lourd; ou, plus exactement, qu'il est plus lourd que le milieu en question. Ainsi, nous avons vu combien forte était la résistance que l'air opposait au très faible *momentum* de la vessie gonflée, et combien petite était celle qu'il opposait au grands poids de la balle de plomb; c'est même de là que nous avons conclu que, si le milieu était entièrement supprimé, l'avantage qui en résulterait pour la vessie serait si grand, et celui qu'en obtiendrait la balle de plomb, si petit, que leurs vitesses deviendraient égales. Or, si nous admettions le principe que, « dans un milieu qui, en vertu du vide ou de quelque chose d'autre[1] », n'offre aucune résistance au mouvement, tous les corps tombent avec la même vitesse[2]. Nous serions en état de déterminer les rapports de vitesses des corps semblables et dissemblables se mouvant soit dans le même milieu, soit dans des milieux différents; en d'autres termes, nous pourrions, nous, résoudre — correctement — le problème auquel Aristote a donné une solution que nous avons démontré être fausse.

*

En fait, dans les considérations destinées à substituer la vérité galiléenne à l'erreur d'Aristote, le rôle du milieu nous apparaîtra sous un aspect sensiblement différent. Son action ne sera plus dynamique, mais — comme chez Benedetti — statique; ou, si l'on préfère, hydrostatique. Le milieu ne s'opposera pas au mouvement du corps descendant : il lui enlèvera du poids.

Galilée s'est-il rendu compte de ce changement dans sa manière de présenter le mode d'action du milieu? Il n'en dit mot, et passe de l'un à l'autre sans s'arrêter au passage. Il me paraît, toutefois, impossible d'admettre qu'il les ait confondus[3]. Il est plus probable qu'il a estimé que

---

1. *Discorsi*, p. 119. Quelque chose d'autre!?
2. La résistance à l'accélération des corps descendants est proportionnelle à leur masse, mais la force mouvante, *i. e.* la gravité, l'est également; d'où accélération égale.
3. La résistance de l'air dans le mouvement du pendule et dans celui des projectiles joue un rôle purement mécanique; cf. plus loin, pp. 259-262.

les deux se superposent; et qu'il a fait confiance à son lecteur pour les distinguer. Quoi qu'il en soit, il nous dit que nous pouvons obtenir la solution du problème en question en observant combien le poids du milieu soustrait au poids du mobile, qui [le poids] est le moyen employé par celui-ci [le mobile] pour s'ouvrir un passage dans le milieu et pour écarter les parties de ce dernier de sa voie [1]...

Or, comme il est connu que l'effet du milieu est de diminuer le poids du corps [qui y est plongé] du poids du milieu qu'il déplace, nous pouvons atteindre notre but en diminuant dans la même proportion les vitesses des corps descendants, [vitesses] que, dans le vide, nous avons admis être égales.

Curieux raisonnement [2], et qui confirme l'interprétation de la conception galiléenne que j'ai donnée plus haut : « le poids » est la « cause » ou la « raison » de l'accélération. Diminuez le « poids » agissant sur le corps : l'accélération, et donc la vitesse, diminuera d'autant, pourvu que la résistance qu'il oppose à l'action de ce poids reste la même.

Ainsi, par exemple, imaginons-nous que le plomb soit dix mille fois plus lourd que l'air, tandis que l'ébène ne le soit que mille fois [3]. Nous avons là deux substances dont les vitesses de chute, dans un milieu privé de résistance, sont égales. Mais si c'est l'air qui est ce milieu, il soustraira de la vitesse du plomb une partie en dix mille et de celle de l'ébène, une partie en mille, c'est-à-dire, dix en dix mille. En conséquence, tandis que si l'effet retardant de l'air était supprimé, le plomb et l'ébène tomberaient en même temps de n'importe quelle hauteur donnée, dans l'air le plomb perdra une partie en dix mille de sa vitesse, et l'ébène, dix parties en dix mille [4]. Autrement dit, si la hauteur dont partent les [deux] corps était divisée en dix mille parties, le plomb atteindrait la terre en laissant l'ébène derrière lui de dix ou, du moins, de neuf, de ces parties. N'est-il pas clair, alors, qu'une balle de plomb que l'on laisserait tomber d'une tour haute de 200 brasses, ne devancera une balle d'ébène même pas de 4 pouces? Or, l'ébène pèse

---

1. *Discorsi*, p. 119.
2. Selon ce raisonnement, pris à la lettre, les vitesses sont proportionnelles aux poids, comme chez Aristote — ou Benedetti. Mais justement, il ne faut pas prendre le raisonnement galiléen à la lettre, car ce n'est pas de « vitesse », mais d'accélération qu'il s'agit. En modernisant, comme je l'ai fait, p. 244, on pourrait dire que la plongée d'un grave dans un milieu qui l' « allège », sépare sa masse gravifique de sa masse inertiale.
3. *Discorsi*, pp. 119 sq. Remarquons, une fois de plus, le caractère non empirique — imaginaire — des déterminations numériques de Galilée.
4. Du fait d'être plongé dans l'air, le plomb perdra une dix millième partie de son poids, l'ébène une millième; le poids effectif du premier sera donc $10\,000 - 1 = 9\,999$, celui du second $1\,000 - 10 = 990$ ou, dans les deux cas, égal à l'excès du poids du corps sur celui du milieu ($P - R$).

mille fois autant que l'air, mais la vessie gonflée [ne pèse] que quatre fois autant. En conséquence, l'air diminue la vitesse naturelle
et inhérente de l'ébène d'une partie sur mille, tandis que celle
de la vessie qui, libre d'empêchement, serait la même, éprouve,
dans l'air, une diminution d'une partie sur quatre. Aussi, lorsque
la balle d'ébène, en tombant [du haut] de la tour, aura atteint
la terre, la vessie n'aura traversé que trois quarts de cette distance. Le plomb est douze fois aussi lourd que l'eau; mais l'ivoire
l'est seulement deux fois. Les vitesses de ces deux substances qui,
si [leurs mouvements] ne sont aucunement entravés, sont égales,
seront, dans l'eau, diminuées d'une partie sur douze pour le
plomb et d'une sur deux pour l'ivoire. Ensuite de cela, lorsque le
plomb aura descendu à travers 11 brasses d'eau, l'ivoire ne descendra qu'à travers six. En suivant ce principe nous trouverons,
je crois, un accord bien meilleur de l'expérience avec nos calculs
qu'avec ceux d'Aristote.

Sans aucun doute : le calcul galiléen s'accorderait avec
l'expérience bien mieux que celui d'Aristote. A condition,
toutefois, qu'on en fasse et qu'aux nombres ronds — mille,
dix mille — de Salviati on substitue des nombres réels,
exprimant des rapports réels, effectivement mesurés, entre
les poids spécifiques[1] des substances diverses tombant
dans le même milieu. Expériences et mesures que Galilée,
de toute évidence, n'a pas — et ne prétend même pas
avoir — faites. Nous sommes encore, et toujours, dans
le domaine des expériences imaginées.

Ce sont également des expériences imaginées qui nous
permettront de déterminer les rapports de vitesses entre
les corps tombant dans des milieux différents, et ce non pas

en comparant les résistances diverses des milieux, mais en consi-
dérant les excès des gravités des mobiles sur la gravité des milieux[2].
Ainsi, par exemple, l'étain est mille fois plus lourd que l'air, et
dix fois [plus lourd] que l'eau. Aussi, si l'on divise la vitesse absolue [*i. e.*, dans le vide] de l'étain en mille parties, se mouvra-t-il
dans l'air, qui en soustrait une millième partie, avec neuf cent
quatre-vingt-dix-neuf degrés [de vitesse], mais dans l'eau avec
neuf cents seulement, vu que l'eau diminue sa gravité d'une
sixième partie, et l'air d'une millième seulement. Et si nous pre-
nions un solide un peu plus lourd que l'eau, tel par exemple, que le
bois du chêne, une balle d'icelui, pesant, mettons 1 000 drachmes,
tandis qu'un volume égal d'eau en pèse neuf cent cinquante,
et d'air, deux, il est clair que si sa [de la balle de chêne] vitesse
absolue était de mille degrés, elle serait, dans l'air, de neuf cent
quatre-vingt-huit [degrés], mais dans l'eau de cinquante seulement, vu que l'eau, des mille degrés de gravité en supprime neuf

1. Galilée *ne dit pas :* poids spécifiques, ainsi que M. M. Crew et Salvio,
dans leur traduction des *Discorsi* (*Dialogues Concerning Two New Sciences
by Galileo Galilei*, translated from the Italian and Latin into English by
M. Crew and A. de Salvio, Evanston and Chicago, 1939), le lui font dire,
mais le sens est clair.
2. *Discorsi*, p. 120.

cent cinquante et ne lui en laisse que cinquante. Un tel solide, donc, se mouvrait presque vingt fois plus rapidement dans l'air que dans l'eau, étant donné que l'excès de sa gravité sur celle de l'eau est une vingtième partie de la sienne propre. Or, il nous faut remarquer ici que ne pourront descendre dans l'eau que les matières dont la gravité [spécifique] est plus grande [que celle de l'eau], et qui, par conséquent, sont plusieurs centaines de fois plus lourdes que l'air. Aussi, pour rechercher la proportion de leurs vitesses dans l'eau et dans l'air, nous pouvons, sans erreur notable, admettre que l'air ne soustrait rien du moment de la gravité absolue et, en conséquence, de la vitesse absolue, de tels corps. Aussi, ayant trouvé l'excès de leur gravité sur la gravité de l'eau, nous dirons que leur vitesse dans l'air aura, par rapport à leur vitesse dans l'eau, la même proportion que leur gravité totale a à l'excès de cette gravité sur celle de l'eau. Par exemple, une balle d'ivoire pèse 20 onces, et un volume égal d'eau en pèse 17; donc, la vitesse de l'ivoire dans l'air sera, à sa vitesse dans l'eau, comme 20 à 3.

★

Le raisonnement « hydrostatique » de Galilée suit, et même très fidèlement, celui de Benedetti. Il ne s'en distingue, en fait, que par la forme dialoguée, l'élégance du style, le nombre et la variété des exemples : car si Benedetti, dans sa discussion du problème de la vitesse de la chute dans le vide et dans un milieu résistant, parle presque toujours de gravité spécifique, et Galilée, presque toujours, de gravité tout court, ses exemples impliquent le plus souvent une référence à la gravité spécifique et ce d'une manière telle que le lecteur ne peut pas se tromper. Or, en suivant la même route, en se servant du même schéma — archimédien — dans leurs raisonnements, Benedetti et Galilée arrivent à des conclusions sensiblement différentes : tandis que le premier, ainsi que je l'ai déjà dit, affirme que les corps grands et petits, lourds et légers, mais de même matière ou *gravité spécifique*, tombent avec la même vitesse, et que les corps de gravités spécifiques différentes tombent avec des vitesses différentes non seulement dans le plein, mais aussi dans le vide, Galilée maintient que leur vitesse, dans le vide, est la même. Comment expliquer cette divergence? S'agit-il d'une simple erreur du premier? Ou est-ce autre chose?

Commençons par citer Benedetti [1] :

La proportion des mouvements [vitesses] des corps semblables [par leurs poids], mais d'homogénéités [matières] différentes, se

1. J.-B. Benedetti, *Resolutio omnium Euclidis problematum* (Libri, *op. cit.*, pp. 259 sq.); cf. pp. 353 sq. de mon article cité p. 230, n. 2. Benedetti accompagne son exposé d'un dessin que j'ai jugé inutile de reproduire ici.

mouvant dans le même milieu et à travers le même espace, est [celle] qui se trouve entre les excès (notamment de leurs poids ou de leurs légèretés) par rapport au milieu... Et *vice versa*... la proportion qui se trouve entre les susdits excès par rapport aux milieux, est la même que celle [qui se trouve entre] leurs mouvements.

Posons un milieu uniforme *bfg*. (par exemple, de l'eau) dans lequel soient placés deux corps [sphériques] d'homogénéités différentes, c'est-à-dire d'espèces différentes. Admettons que le corps *dec* soit en plomb, et le corps *aui* en bois, et que chacun d'eux soit plus lourd qu'un corps pareil [en grandeur], mais fait d'eau. Admettons que ces corps sphériques et aqueux soient *m* et *n*... admettons ensuite que le corps aqueux égal au corps *aui* soit *m*, et que [le corps] *n* soit égal au corps *dec*; [admettons enfin] que le corps *dec* [en plomb] soit huit fois plus lourd que le corps *n*, et le corps *aui* [en bois], deux fois plus lourd que le corps *m* [en eau] [1]. Je dis donc que la proportion du mouvement du corps *dec* au mouvement du corps *aui* (dans l'hypothèse admise) est la même que celle qui se trouve entre les excès des poids des corps *dec* et *aui* par rapport aux corps *n* et *m*, c'est-à-dire que le temps dans lequel sera mû le corps *aui* sera le septuple du temps dans lequel [sera mû] le corps *dec*. Car, par la proposition III du livre d'Archimède, *De Insidentibus*, il est clair que, si les corps *aui* et *dec* étaient également graves que les corps *m* et *n*, ils ne se mouvraient d'aucune façon, ni vers le haut, ni vers le bas et, par la proposition VII du même [livre], que les corps plus lourds que le milieu [dans lequel ils sont placés] se portent vers le bas; en conséquence, les corps *aui* et *dec* se porteront vers le bas, et la résistance de l'humide (c'est-à-dire, de l'eau) au [mouvement] du corps *aui* sera en proportion sous-double, et à celui du corps *dec*, suboctuple; il s'ensuit que le temps dans lequel le... corps *dec* traversera l'espace donné sera en proportion septuple [sept fois plus long] au temps dans lequel le traversera... le corps *aui*... Ce pourquoi, ainsi qu'on peut le déduire du livre susnommé d'Archimède, la proportion du mouvement au mouvement n'est pas conforme à la proportion des gravités *aui* et *dec*, mais à la proportion des excès de la gravité de *aui* sur *m* et de celle de *dec* sur *n*. L'inverse de cette proposition est suffisamment clair de par cette proposition même...

D'où il appert que le mouvement plus rapide n'est pas causé par l'excès de la gravité ou de la légèreté du corps plus rapide par rapport à celle des corps plus lents... mais en vérité, par la différence [de la gravité] spécifique des corps par rapport à la gravité et la légèreté [du milieu].

En somme, si Benedetti admet, avec Aristote, que la « vertu » mouvante du corps descendant est proportionnelle à sa pesanteur, il s'agit pour lui non pas de la pesanteur individuelle du corps en question, mais de sa pesanteur spécifique. De plus, cette pesanteur étant, selon Archimède, diminuée par l'action du milieu dans lequel

1. Du bois deux fois plus lourd que l'eau! Benedetti y va fort!

il est plongé, ce n'est que le poids restant, « l'excès » du poids spécifique du corps sur le poids spécifique du milieu, qui entre en ligne de compte, et ce sont les rapports de ces excès différents de corps spécifiquement différents qui déterminent les rapports de leurs vitesses. Ainsi, le poids du ~orps descendant dans un milieu donné doit être diminué de, et non pas divisé par, la résistance du milieu; c'est-à-dire diminué du poids d'un volume égal de ce milieu [1]. La vitesse sera donc P — R et non P : R, et les vitesses de corps différents, dans le même milieu, seront dans le rapport des excès de leurs poids sur celui du milieu $V_1 : V_2 = (P_1 — R) : (P_2 — R)$ [2]. Exactement comme Galilée nous l'a expliqué.

Benedetti a donc de bonnes raisons de remarquer que sa conception « n'est pas conforme à la doctrine d'Aristote ». En a-t-il autant d'ajouter qu'elle ne l'est, non plus, à celle « d'aucun de ses commentateurs qu'il a eu l'occasion de voir ou de lire; ou avec lesquels il a pu s'entretenir »? — Nous n'avons, certes, aucune raison de le soupçonner de manquer de véracité. Et, au surplus, sa théorie, dans son intégrité, ne se rencontre, en effet, chez aucun des commentateurs du Stagirite. Il n'en reste pas moins que l'on trouve des choses assez analogues, concernant justement la doctrine de la chute, chez Jean Philopon, et notamment dans son Commentaire de la *Physique* d'Aristote, qui était alors facilement accessible [3]. D'ailleurs, certains de ses commentateurs médiévaux, en soumettant sa dynamique à une critique fort pénétrante, ont conclu à la nécessité de faire dépendre la vitesse d'un corps, non pas du rapport F : R de la puissance à la résistance, mais de l'excès de la première sur la seconde [4]. Il est vrai, cependant, que Jean Philopon ne se rapporte pas à Archimède; et que les médiévaux n'appliquent pas leur conception au mouvement de la chute.

Trente ans plus tard, dans son recueil des *Diverses*

---

1. Rapport arithmétique et non géométrique.
2. Plus exactement en désignant par P_c le poids du corps et par P_m, celui du milieu, $V_c = P_c — P_m$ et $V^1_c : V^2_c = (P^1_c — P_m) : (P^2_c — P^m)$.
3. Le commentaire de Jean Philopon, imprimé pour la première fois à Venise en 1535 (en grec), le fut en latin en 1539, en 1546, en 1550, en 1554, en 1558, en 1569. Il est d'ailleurs cité par Galilée dans son *De motu*, p. 284 (au sujet du mouvement dans le vide; cf. plus loin, p. 254) : « Tanta est veritatis vis ut doctissimi etiam viri et Peripatetici huius sententiae Aristotelis falsitatem cognoverunt, quamvis eorum nullus commode Aristotelis argumenta diluere potuerit... Scotus, D. Thomas, Philoponus... »
4. Cf. *supra*, p. 235, n. 1.

spéculations mathématiques et physiques [1], Benedetti revient à la question et nous dit que :

chaque fois que deux corps auront affaire à une même résistance, leurs mouvements seront proportionnels à leurs vertus mouvantes; et, inversement, chaque fois que deux corps auront une seule et même gravité ou légèreté, et des résistances diverses, leurs mouvements auront, entre eux, la proportion inverse de ces résistances.

Attention cependant : ne prenons pas cela dans le sens d'Aristote. En effet :

le mouvement naturel d'un corps grave dans divers milieux est proportionnel au poids [relatif] de ce corps dans les mêmes milieux. Par exemple, si le poids total d'un certain corps était représenté par *a.i*, et si ce corps était placé dans un milieu moins dense que lui-même (car, s'il était placé dans un milieu plus dense, il ne serait pas lourd, mais léger, ainsi que l'a montré Archimède), ce milieu en soustrairait la partie *e.i*, de telle façon que la partie *a.e* agirait seule; et si ce corps était placé dans quelque autre milieu, plus dense, mais cependant moins dense que le corps lui-même, ce milieu en soustrairait la partie *u.i* dudit poids, et en laisserait libre la partie *a.u.*

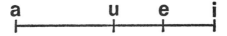

Je dis que la proportion de la vitesse d'un corps dans un milieu moins dense à la vitesse du même corps dans le milieu plus dense, sera comme *a.e* est à *a.u*, ce qui est bien plus conforme à la raison que si nous disions que ces vitesses seront comme *u.i* à *e.i*, puisque les vitesses se proportionnent seulement aux forces mouvantes... Et ce que nous disons maintenant est évidemment conforme à ce que nous avons écrit plus haut, car dire que la proportion des vitesses de deux corps hétérogènes [de poids spécifiques différents]... dans le même milieu est égale à la proportion de ces poids [spécifiques] eux-mêmes, est la même chose que dire que les vitesses d'un seul et même corps dans divers milieux sont en proportion des poids [relatifs] dudit corps dans ces mêmes milieux.

Tout cela n'est pas conforme à la doctrine d'Aristote. Mais c'est Aristote qui a tort; en admettant notamment que la gravité et la légèreté sont des qualités opposées et propres du corps. En fait, il n'en est rien : tous les corps

1. *Diversarum Speculationum Mathematicarum et Physicarum Liber* (Taurini, 1585), pp. 168 sq. En analysant les vitesses des corps descendants, Benedetti ne tient compte que des forces mouvantes puisqu'il s'agit d'un mouvement naturel auquel le corps n'oppose aucune résistance propre. Il n'en est pas de même lorsqu'il s'agit de mouvements violents : dans ceux-ci, à la résistance externe du milieu s'ajoute la résistance interne du corps au mouvement (celle *g.e.* du poids à l'élévation, ou même au transport latéral).

sont graves; plus ou moins; leurs qualités primaires consistent dans leur densité ou leur rareté; les corps légers ne sont que des corps moins graves placés dans un milieu qui l'est plus, ou plus exactement, des corps plus « rares » placés dans des milieux plus denses [1]. Or, nous pouvons, par la pensée du moins, faire varier la densité, ou la rareté, du milieu, et transformer ainsi un corps lourd (relativement au milieu) en un léger, et inversement. Nous pouvons aussi, en modifiant la densité du milieu, modifier également la vitesse de la chute d'un corps donné dans des milieux divers. Nous pouvons, notamment, en rendant le milieu plus ténu, l'augmenter. Jamais, cependant, même dans le vide, en effet, elle ne deviendra infinie — ce qui rend caduque l'objection aristotélicienne contre le mouvement dans le vide : au contraire, c'est dans le vide que les corps, de poids spécifiques différents, tomberont avec les vitesses différentes, vitesses qui leur sont propres. En effet :

dans le plein, la proportion des résistances extérieures se soustrait de la proportion des poids, et ce qui reste détermine la proportion des vitesses, qui seraient nulles, si la proportion des résistances était égale à la proportion des poids [2]; de ce fait, ils [les poids] auront dans le vide des vitesses autres que dans le plein; à savoir, les vitesses des corps différents [c'est-à-dire des corps composés de matières différentes] seront proportionnelles à leurs poids spécifiques absolus.

En revanche, dans le vide, les corps composés de la même matière auront la même vitesse, qu'ils soient grands ou petits : un boulet de canon ne tombera pas plus vite qu'une balle de mousquet.

★

Le raisonnement de Benedetti paraît sans faute, et donc la conclusion à laquelle il arrive — nous les retrouverons, d'ailleurs, chez le jeune Galilée. En effet, si le milieu « enlève » du poids, et donc de la vitesse, aux corps qui se meuvent à travers lui; si, au surplus, à des corps de mêmes dimensions mais de natures, c'est-à-dire de poids spécifiques, différentes, il en enlève un pourcentage différent — bien que la quantité absolue du poids « enlevé » soit la même —, et que les vitesses différentes avec les-

1. *Ibid.*, p. 174 sq., et *supra*, p. 242, n. 3.
2. C'est-à-dire si les forces mouvantes étaient égales aux résistances.

quelles ils tombent de ce fait dans le même milieu soient ainsi proportionnelles aux *excès* différents des poids différents sur celui de ce dernier ($V_1 = P_1 — R$ et $V_2 = P_2 — R$), ne s'ensuit-il pas qu'en supprimant l'action du milieu, c'est-à-dire en plaçant les corps dans le vide, nous ajoutons à leurs poids et vitesses une quantité identique et obtenons, en conséquence, des résultats différents? C'est justement ce que noux dit le jeune Galilée dans son *De motu ;* notamment [1] :

que le même mobile, descendant dans divers milieux, suit, en ce qui concerne la vitesse de ses mouvements la même proportion qu'ont entre eux les *excès* dont sa gravité surpasse celles des milieux; ainsi, si la gravité du mobile était 8, et la gravité d'un volume égal du milieu était 6, sa vitesse serait comme 2; et si la gravité d'un volume égal d'un autre milieu était 4, sa vitesse dans celui-ci serait comme 4. Il en résulte que ces vitesses seront entre elles comme 2 et 4; et non comme les épaisseurs, ou les gravités, des milieux, ainsi que le voulait Aristote. Pareillement évidente sera aussi la réponse à une autre question : quelle est la proportion que suivront, en ce qui concerne leurs vitesses, des mobiles, égaux en volume, mais inégaux en poids, [en se mouvant] dans le même milieu? — Les vitesses de ces mobiles seront entre elles comme les excès dont les gravités des mobiles surpassent celle du milieu; ainsi, par exemple : soient deux mobiles égaux en volume, mais inégaux en gravité, la gravité de l'un serait 8, et [celle] de l'autre 6, tandis que la gravité d'un volume égal du milieu serait 4 : la vitesse de l'un sera 4, et [celle] de l'autre, 2. Ces vitesses suivront donc la proportion qui est entre 2 et 4, et non celle qui se trouve entre les gravités, à savoir celle de 8 à 6.

Galilée ajoute que la conception qu'il a développée permet de calculer les rapports des vitesses des corps différents descendant — ou remontant — dans divers milieux et conclut [2] :

Telles sont donc les règles universelles des proportions des mouvements des mobiles, qu'ils soient de la même espèce ou qu'ils ne soient pas de la même espèce, dans le même milieu, ou dans des milieux différents, [se mouvant] vers le bas ou vers le haut.

Galilée nous avertit, toutefois, que l'expérience ne vérifie aucunement ces règles : les corps légers tombent beaucoup plus vite qu'ils ne devraient — ils tombent même, au début du mouvement, plus vite que les lourds — ce qui, d'ailleurs, en nous imposant le devoir d'expliquer la non-concordance des faits observés avec la théorie, n'implique nullement la fausseté de celle-ci : les déviations

1. Cf. *De motu*, pp. 272 sq.
2. *Ibid.*, p. 273.

impliquent la présence et l'action d'un facteur supplémentaire [1]...

Les « règles » de Galilée — ce sont, on le voit bien, celles de Benedetti — impliquent pour lui, comme pour ce dernier, la possibilité du mouvement dans le vide : les corps, dans le vide, tomberont avec des vitesses finies; et des vitesses différentes. L'erreur d'Aristote a été de ne pas avoir compris que gravité et légèreté ne sont pas des qualités dernières, mais seulement des propriétés relatives des corps, qui expriment les rapports entre leurs densités propres et celles des milieux où ils se trouvent; elle a été, surtout, d'avoir présenté le rapport entre la puissance et la résistance comme une proportion géométrique, et non comme une proportion arithmétique. C'est par là qu'il a été amené à conclure que, dans le vide, la vitesse serait infinie [2].

Car, dans les proportions géométriques, il est nécessaire que la quantité plus petite puisse être multipliée tant de fois qu'elle excède toute grandeur donnée. Il faut, donc, que ladite quantité soit quelque chose, et non pas rien; en effet, le rien multiplié par lui-même n'excède aucune quantité. Mais ceci n'est pas nécessaire dans les proportions arithmétiques : dans celles-ci un nombre peut avoir, avec un autre nombre, la même proportion que le nombre au néant... Ainsi 20 est à 12, comme 8 à 0. C'est pourquoi, si comme le voulait Aristote, les mouvements étaient entre eux dans la même proportion géométrique que la subtilité [d'un milieu] à la subtilité [d'un autre], il aurait raison de conclure que, dans le vide, il ne peut pas y avoir de mouvement dans le temps; en effet, le temps [du mouvement] dans le plein au temps dans le vide ne peut pas avoir [la même] proportion que la subtilité du plein à la subtilité du vide, puisque la subtilité du vide est néant. Mais si la proportion des célérités était non point géométrique mais arithmétique, il n'en résulterait rien d'absurde.

C'est ce qui est effectivement le cas [3].

C'est pourquoi, dans le vide, le mobile se mouvra de la même façon que dans le plein. Or, dans le plein, le mobile se meut selon la proportion de l'excès de sa gravité sur la gravité du milieu dans

1. *De motu*, p. 273 : « Sed animadvertendum est quod magna hic oritur difficultas : quod proportiones istae, ab eo qui periculum fecerit, non observari comperientur. Si enim duo diversa mobilia accipiet quae tales habeant conditiones ut alterum altero duplo citius feratur, et ex turri deinde dimittat, non certe velocius, duplo citius, terram pertinget : quin etiam sin observetur, id quod levius est, in principio motus praeibit gravius et velocius erit. Quae quidem diversitates et, quodammo prodigia, unde accidant (per accidens enim haec sunt) non est hic locus inquirendi. Visendum enim prius est, cur motus naturalis tardius sit in principio. »
2. *Ibid.*, pp. 278 sq.
3. *Ibid.*, p. 281.

lequel il se meut, et, pareillement, dans le vide, selon l'excès de sa gravité sur la gravité du vide; et comme celle-ci est néant, l'excès de la gravité du mobile sur la gravité du vide sera [égal à] sa gravité totale; aussi se mouvra-t-il plus rapidement [que dans le plein], en proportion de sa gravité totale. En effet, dans aucun plein ne pourra-t-il se mouvoir aussi rapidement, vu que l'excès de la gravité du mobile sur la gravité du milieu sera plus petit que la gravité totale du mobile; aussi sa vitesse sera-t-elle également plus petite...

Les vitesses des mobiles dans le vide ne seront donc ni infinies — ce qui serait absurde — ni égales. Elles seront, au contraire, conformes à leurs gravités spécifiques : un corps dont la gravité spécifique est comme 8 tombera avec 8 degrés de vitesse, et celui dont la gravité spécifique est comme 4, avec 4. En revanche, les corps de gravité spécifique pareille tomberont en même temps [1].

★

Je pense qu'il est inutile d'insister : le jeune Galilée, on le voit bien, avait épousé, dans tous ces détails, la doctrine de Jean-Baptiste Benedetti [2]. Elle n'est, d'ailleurs, nullement absurde. Supposons, en effet, que la gravité soit causée par une attraction terrestre, du genre de l'attraction magnétique (ou simplement, l'attraction des « semblables » entre eux). Il n'y aurait, alors, rien de surprenant à ce que certains d'entre les corps soient attirés par la Terre plus fortement que les autres — ce qui les rendrait plus « lourds » — et qu'ils tombent, de ce fait, avec des vitesses différentes, tout en opposant la même résistance interne au mouvement. Nous dirions, alors, que la masse inerte d'un corps et sa masse gravifique ne sont pas égales [3]. On m'objectera, sans doute, que, pas plus que Galilée, Benedetti n'explique la gravité par l'attraction, mais la considère comme une propriété naturelle des corps, liée, ou même identique à leur densité; ce qui est parfaitement exact. Aussi n'ai-je pas attribué à Benedetti une théorie attractionnelle de la gravitation : je l'ai seulement proposée comme un exemple, pour démontrer qu'il n'était pas absolument nécessaire que les corps tombent, dans le vide, avec la même vitesse; et qu'ils pourraient bien le faire avec des vitesses différentes [4]. On

1. *Ibid.*, p. 283.
2. Galilée, sans doute, ne le cite pas; mais la filiation est patente.
3. Cf. *supra*, p. 246, n. 2.
4. Benedetti, qui « expliquait » l'accélération du mouvement de la chute par l'engendrement successif, par le grave, de nouveaux *impetus*, pouvait bien admettre que les corps de gravité spécifique plus grande (plus denses) engendraient des *impetus* plus forts.

pourrait ajouter, en outre, que Benedetti ignorait la notion
de masse inerte, ainsi que celle de résistance interne des
corps à l'accélération et même, dans le mouvement « naturel », de *résistance au mouvement*, et que, de ce fait, il ne
pouvait ni distinguer la première de la masse gravifique ni,
non plus, l'identifier à elle. Ce qui, encore une fois, est exact ;
et c'est cela, justement, qui explique pourquoi, en faisant
un raisonnement apparemment identique à celui de Benedetti, et à celui qu'il avait fait lui-même dans le *De motu*,
le Galilée des *Discours* (et déjà du *Dialogue*) a pu arriver à
une conclusion entièrement différente. En effet, si l'on ne
pose pas, dans le corps descendant, de résistance *interne*
opposée à la force qui agit sur lui [1], si — comme Aristote —
on ne tient compte que des résistances externes, et qu'on
admet la proportionnalité simple des *vitesses aux forces
mouvantes*, c'est de la variation de force motrice seule que
l'on doit s'occuper. Le raisonnement arithmétique prend,
alors, toute sa valeur. La conception de Benedetti, et du
jeune Galilée, s'impose alors, nécessairement.

Si, au contraire — ainsi que le fait Galilée dans le passage
que j'ai cité plus haut — on pose, ne serait-ce qu'implicitement, une résistance interne du corps descendant, c'est-à-
dire se mouvant d'un mouvement naturel, à son changement d'état, *i.e.*, à l'accélération, si, au surplus, on la pose
comme étant proportionnelle à sa masse, c'est-à-dire à son
poids absolu, on en arrive immédiatement, en transférant
à la résistance *interne* le rapport de proportionnalité *géométrique* qu'Aristote avait posé pour la résistance *extérieure*,
à la thèse de la chute simultanée des graves dans le vide [2].
En outre, la réintroduction, dans le schéma dynamique,
de la proportionnalité *géométrique* ne s'arrêtera pas là ;
lorsqu'on étudiera, en effet, la chute des corps, non plus
dans le vide, mais dans des milieux résistants, c'est-à-dire,
lorsqu'on étudiera l'action, et le rôle, de la résistance extérieure, on ne se bornera pas à constater qu'elle se traduit
par une diminution *arithmétique* de la force motrice ; plus
exactement, on n'en conclura pas à une diminution *arithmétique* également, et donc pareille pour tous les corps, de la
vitesse de leur mouvement descendant : on évaluera cette

1. Dans le mouvement naturel cette « force » est consubstantielle au corps.
Il n'en est pas de même dans les mouvements violents : aussi les corps oppo-
sent-ils une résistance interne à la force — au moteur — qui agit sur eux
du dehors.
2. La force motrice et la résistance interne étant toutes deux proportionnelles au poids (absolu) du corps, leur rapport, c'est-à-dire, l'accélération,
est constant. Il en résulte que *g* est une constante universelle.

le plein, comment mesurer *exactement* l'avance, ou le retard, diminution de la force motrice dans son rapport à la résistance interne demeurée inchangée, et c'est par ce rapport — géométrique — que l'on déterminera la vitesse résultante ; ou, ce qui est la même chose, on la déterminera en fonction du rapport du poids du corps en question, diminué de celui du milieu, à son poids absolu ; ou, ce qui est encore la même chose, par le rapport de sa force motrice dans le milieu à sa force motrice absolue (dans le vide) ; ou, en modernisant, par le rapport du poids effectif (dans le milieu) à sa masse inertiale [1]. Aussi retrouvera-t-on, au terme de la série infinie des résistances continuellement décroissantes, opposées aux mouvements des corps descendants par des milieux de plus en plus rares — dans le vide — une vitesse identique, et non plus des vitesses différentes. Mais on ne la retrouvera que parce qu'on en était parti.

★

L'assertion galiléenne de la chute simultanée des corps graves, telle que nous l'ont, jusqu'ici, présentée les *Discorsi*, ne repose, on s'en est bien rendu compte, que sur des raisonnements *a priori*, et des expériences imaginaires [2]. Jamais, jusqu'ici, nous n'avons été mis en présence d'une expérience réelle ; et aucune des données numériques, que Galilée avait invoquées, n'exprimait des mesures effectivement exécutées. Je ne lui en fais pas, bien entendu, reproche ; j'aimerais, tout au contraire, revendiquer pour lui la gloire et le mérite d'avoir su se passer d'expériences (nullement indispensables, ainsi que le démontre le fait même d'avoir pu s'en dispenser), et pratiquement irréalisables avec les moyens expérimentaux à sa disposition. Comment, en effet, réaliser une chute dans le vide avant l'invention des pompes pneumatiques [3] ? Et, quant aux expériences dans

---

1. La vitesse d'un corps de poids spécifique donné dans un milieu donné sera donc déterminée par le rapport (poids du corps — poids du milieu) : poids du corps ; ou par le rapport de l'excès de la puissance sur la résistance extérieure à la résistance intérieure ($P - \frac{1}{n} P$) : $P = (n - 1) : n$ ou $(F - R_{ext.}) : R_{int.}$, cf. *supra*, p. 246, n. 2.

2. Galilée a-t-il abandonné la conception — benedettienne — du *De motu*, parce qu'il s'était aperçu qu'elle ne cadrait pas beaucoup mieux avec l'expérience que celle d'Aristote ? Cela se peut, et le texte que j'ai cité plus haut (p. 254, n. 1) semble l'indiquer. Il est clair, d'autre part, que la découverte de la conservation du mouvement et la substitution, comme effet propre et premier de la force motrice, de l'accélération au mouvement (principe d'inertie), ne pouvait pas ne pas le forcer à le faire.

3. Et même après. Aussi, pour en faire une expérience réelle, a-t-il fallu attendre un siècle, et c'est à Atwood qu'on la doit.

insignifiants, des corps lancés du haut de quelque tour, avant l'invention d'horloges précises [1]? Comment, en outre — et ce malgré les méthodes ingénieuses qu'il nous expose [2] — faire une mesure exacte du poids, ou de la densité, de l'air? Car, si elles n'avaient pas été *exactes* — Galilée le sait aussi bien, ou bien mieux, que quiconque — elles n'auraient eu que très peu de valeur, ou même n'en auraient pas eudu tout.

Il ne s'agit pas, bien entendu, de négliger, ou de minimiser, le rôle de l'expérience. Il est clair que l'expérience seule peut nous fournir les données numériques sans lesquelles notre connaissance de la nature reste incomplète et imparfaite. Il est certain aussi — Galilée s'est expliqué là-dessus avec une clarté suffisante — que c'est l'expérience seule qui peut nous révéler lesquels des moyens multiples, tous aptes à produire un certain effet, sont effectivement choisis par elle dans un cas donné [3]. Et même lorsqu'il s'agit de lois fondamentales de la nature — telle celle de la chute — où le raisonnement pur suffit en principe, c'est l'expérience seule qui peut nous assurer que d'autres facteurs, non prévus par nous, ne viennent pas entraver leur application et que les choses se passent dans la réalité sensible, *in hoc vero aere*, à peu près comme elles se passeraient dans le monde archimédien de la géométrie réifiée sur lequel portent nos déductions. En outre, d'un point de vue que nous pourrions appeler pédagogique, rien ne remplace l'expérience : c'est elle qui nous a montré l'inadéquation de la doctrine aristotélicienne à la réalité et, autant que ses contradictions internes, a convaincu Simplicio de sa fausseté. Et la doctrine galiléenne de la chute simultanée des graves est tellement nouvelle et, à première vue, tellement contraire aux faits et au bon sens, que seule une confirmation expérimentale pourrait la rendre acceptable. Sans doute, pour les esprits éclairés et libres de préjugés — représentés par Sagredo — les arguments et les « expériences » déjà allégués par Galilée sont suffisants. Mais pour les autres? Pour les autres, il faut autre chose, à savoir une expérience réelle.

1. C'est une horloge humaine que J. B. Riccioli a utilisée pour les siennes; cf. mon « Experiment in Measurement » (trad. française : « Une expérience de mesure », *infra*, pp. 289-319).

2. Ainsi (cf. *Discorsi*, pp. 121 sq.) peser l'air en forçant un volume déterminé d'air dans une outre déjà pleine de celui-ci; le surplus du poids correspondant au surplus d'air.

3. L'exemple de la cigale du *Saggiatore* est demeuré classique. Le recours à l'expérience est fondé dans la richesse même du mathématisme de la science classique : à ce sujet, Descartes ne dit pas autre chose que Galilée; cf. mon « Galilée et Descartes », *Congrès international de philosophie*, Paris, 1937.

Aussi ne sommes-nous pas trop étonnés de voir Galilée rechercher une preuve expérimentale de sa doctrine, et l'on ne peut qu'admirer l'ingéniosité suprême avec laquelle, dans l'impossibilité de procéder à une expérience directe, il trouve dans la nature un phénomène qui, bien interprété, et — avouons-le à sa place — un peu « corrigé », pourrait lui servir de confirmation indirecte. Ce phénomène, c'est le mouvement pendulaire, dont il avait découvert, ou cru avoir découvert, l'isochronisme [1].

SALVIATI. — L'expérience, faite avec deux corps, de poids aussi différents que possible, que l'on ferait tomber de la même hauteur pour observer si leur vitesse sera égale, présente quelque difficulté. Car, si la hauteur est considérable, le milieu qui doit être pénétré et écarté latéralement par l'*impetus* du corps descendant sera un empêchement beaucoup plus grand pour le petit *impetus* du corps plus léger que pour la violence du plus lourd; aussi, sur une grande distance, le [corps] léger restera-t-il en arrière; et [si la chute a lieu] d'une altitude petite, on pourra douter qu'il y avait vraiment une différence; car, s'il y en a une, elle sera inobservable. Aussi me suis-je mis à penser [au moyen] de répéter plusieurs fois la chute d'une hauteur petite, et de joindre [lire : accumuler] ensemble les très petites différences de temps qui pourraient se trouver entre l'arrivée au but du [corps] grave et celle du léger, différences qui, additionnées, feraient un temps non seulement observable, mais même facilement observable. En outre, pour pouvoir me servir de mouvements aussi lents que possible, dans lesquels la résistance du milieu ne modifie que très peu l'effet dépendant de la simple gravité, j'eus l'idée de faire descendre les mobiles sur un plan incliné très peu élevé sur le plan horizontal. Car on peut établir ce que font les corps de poids différents par le mouvement sur le plan incliné, non moins bien que par [la chute] verticale [2] et, poussant plus avant, j'ai voulu aussi me libérer de la résistance qui pourrait naître du contact des mobiles en question avec ledit plan incliné. Finalement donc, j'ai pris deux balles, l'une de plomb et l'autre de liège, celle-ci bien plus de cent fois plus lourde que celle-là, et j'ai attaché chacune d'elles à deux fils fins égaux, longs de 4 ou 5 brasses, fixés dans le haut [3]. Puis, ayant écarté l'une et l'autre balle de

1. *Discorsi*, pp. 128 sq. L'isochronisme du pendule semble être généralement admis au début du xviie siècle; Baliani l'érige même en principe. Ce qui distingue Galilée, c'est d'en avoir tenté une démonstration. Sur Baliani, cf. S. Moscovici, « Sur l'incertitude des rapports entre expérience et théorie au xviie siècle », *Physis*, 1960.

2. La substitution du mouvement sur le plan incliné à la chute libre est un des titres de gloire de Galilée et c'est par des expériences sur le plan incliné qu'il avait contrôlé la validité de sa loi de la chute; cf. là-dessus mes *Études galiléennes*, II, et mon « Experiment in Measurement » (trad. française : « Une expérience de mesure », *infra*, p. 289-319).

3. *Discorsi*, p. 128 : « ... ciascheduna di loro ho attaccata a due sottili spaghetti eguali » : il s'agit ainsi d'un pendule biflaire, dont l'invention, habituellement attribuée à l'*Accademia del Cimento*, doit donc être restituée à Galilée.

la perpendiculaire, je les ai laissées aller au même instant; ces balles, descendant par les circonférences des cercles décrits par les fils égaux, leurs semi-diamètres, ayant passé au-delà de la verticale, retournèrent en arrière par la même voie; et, répétant bien plus de cent fois leurs allers et retours, elles rendirent perceptible au sens [le fait] que la balle lourde observe si bien le temps de la légère que, ni en cent vibrations, ni même en mille [1], elle n'est en avance sur celle-ci, même d'un instant minime, si bien qu'elles marcheront d'un pas parfaitement égal. On perçoit, en même temps, l'action du milieu qui, opposant quelque résistance au mouvement, diminue bien davantage les vibrations du liège que celles du plomb, mais ne les rend pas, par là, plus ou moins fréquentes; au contraire, lors même que les arcs décrits par le liège n'étaient plus que de cinq ou six degrés, et ceux [qui l'étaient] par le plomb, de cinquante ou soixante, ils étaient décrits dans le même temps.

Simplicio, non sans raison apparente, se trouve un peu désarçonné par cette démonstration d'allure paradoxale : comment, en effet, peut-on dire que les deux balles se meuvent avec la même vitesse lorsque, dans les mêmes temps, l'une décrit un arc de cinq degrés et l'autre, de soixante? N'est-il pas clair que la balle de plomb va beaucoup plus vite? Sans doute. Mais cette vitesse plus grande n'a rien à voir avec la pesanteur de la balle, du moins pas directement; elle est fonction de la hauteur dont elle descend; la preuve, c'est qu'on peut intervertir les rôles, c'est-à-dire, faire décrire à la balle de liège un arc de 50 degrés et à la balle de plomb, un de 5 : elles le feront dans le même temps, comme elles décriront dans le même temps des arcs égaux — qu'ils soient de cinq, ou de cinquante degrés — le long desquels on les fera descendre. Aussi Salviati répond-il [2] :

Mais que diriez-vous, Sign. Simplicio, si elles faisaient leur chemin dans le même temps, lorsque le liège, éloigné de la perpendiculaire de trente degrés, doit décrire un arc de soixante degrés [3], et le plomb, écarté du même point du milieu de deux degrés seulement, un arc de quatre? Est-ce que le liège n'est pas, alors, d'autant plus rapide? Et pourtant l'expérience montre que c'est ce qui arrive. Mais notez ceci : si l'on écarte le pendule de plomb [d'un angle quelconque], mettons de cinquante degrés, de la perpendiculaire et qu'on le laisse là, en liberté, il descendra et, passant outre la perpendiculaire d'à peu près cinquante autres degrés, décrira un arc de presque cent degrés; retournant en arrière, il décrira un autre arc, un peu plus petit, et, continuant ses vibrations, il reviendra au repos après en [avoir accompli]

---

1. On peut se demander si Galilée a vraiment observé *mille* oscillations de son pendule.
2. *Discorsi*, p. 129.
3. L'arc total de l'oscillation.

un grand nombre. Chacune de ces vibrations se fait dans un temps égal, aussi bien celle de quatre-vingt-dix degrés que celle de cinquante, de vingt, de dix et de quatre; aussi la vitesse du mobile s'affaiblit-elle toujours, puisque, dans des temps égaux, il décrit successivement des arcs toujours plus petits. Un liège, suspendu à un fil de même longueur, fait quelque chose de semblable, et même d'identique, sauf qu'il revient au repos après un nombre de vibrations plus petit, étant moins apte, à cause de sa légèreté, à surmonter la résistance (l'obstacle) de l'air[1]; et, néanmoins, toutes ses vibrations, grandes et petites, se font dans des temps égaux entre eux, et égaux aussi aux temps des vibrations du plomb. Il est donc vrai que, lorsque le plomb traverse un arc de cinquante degrés et le liège n'en passe qu'un de dix, le liège est plus lent que le plomb; mais il arrivera aussi, inversement, que le liège décrira un arc de cinquante [degrés] pendant que le plomb en décrira un de dix, ou de six; ainsi, dans des temps divers, c'est le plomb, ou le liège, qui sera le plus rapide. Mais si les mêmes mobiles, dans les mêmes temps égaux, décrivent aussi des arcs égaux, on pourra dire, avec assurance, que leurs vitesses sont égales.

La démonstration est achevée[2]; la loi de la chute simultanée des graves est établie; les déviations observées dans la réalité sensible s'expliquent facilement par la résistance de l'air, plus grande pour les mouvements plus rapides, et plus facilement surmontée par les corps lourds que par les légers; elle dépend aussi, bien entendu — ce que l'on a toujours su — de la forme des mobiles, plus ou

1. Dans la *giornata quarta* des *Discorsi* (cf. p. 277), Galilée affirmera, curieusement, que le nombre des vibrations de la balle de plomb et de celle du liège, est égal!

2. La thèse de l'isochronisme du pendule, déjà traitée dans le *Dialogo* dans des contextes différents, en tant que mouvement d'un pendule matériel (*giornata seconda*, p. 257), et en tant que descente sur la circonférence d'un cercle (*giornata quarta*, pp. 474 sq.), nous est présentée ici comme fondée uniquement sur l'expérience. Il en est de même dans la *giornata quarta* des *Discorsi* (pp. 277 sq.) où, aux considérations que je viens de rapporter, Galilée ajoute seulement la réflexion suivante : la résistance de l'air étant proportionnelle à la vitesse du mobile, son action retardatrice sur les mouvements lents et rapides (grandes et petites oscillations) sera la même et de ce fait, sans effet sur la durée de celles-ci. Mais les *giornata prima* et *quarta* se tiennent à un niveau relativement populaire : aussi sont-elles écrites en italien. La démonstration véritable, c'est-à-dire mathématique, de l'isochronisme, se trouve dans la *giornata terza*; et elle est en latin. Elle se fonde sur les propositions suivantes (Th. VI, prop. VI, pp. 221 sq.) : 1° Le temps de la descente d'un grave le long du diamètre d'un cercle vertical et le long de toute corde passant par son plus bas point, est le même; 2° Le temps de descente sur deux cordes successives est moindre que celui de la descente sur une seule. D'où il s'ensuit que la descente le long de la circonférence se fait avec la vitesse *maxima*, et que son temps est toujours le même. On ne peut qu'admirer l'élégance et l'ingéniosité de la démonstration galiléenne, car si — comme il le fut démontré plus tard — la descente par la circonférence n'est pas la plus rapide, et ne se fait pas dans des temps égaux, — c'est la cycloïde qui possède ces privilèges — il n'en reste pas moins vrai, que, pour parler le langage du XVIIIe siècle, la courbe « tautochrone » et la courbe « brachistochrone » ne sont qu'une seule et même courbe.

moins apte à pénétrer et à diviser l'air ambiant [1]. Elle dépend enfin de la texture de leur surface, lisse ou rugueuse et, pour ceux qui à tous ces égards sont pareils, de leur volume. La résistance mécanique est, en effet, fonction du rapport de la surface du corps à son poids ; or, ce rapport est moindre dans les corps grands que dans les petits, et c'est cela qui explique — question que Sagredo avait posée quelque temps auparavant, et à laquelle il revient maintenant — : pourquoi un boulet de canon tombe-t-il plus vite qu'une balle de mousquet? Le poids du corps, encore une fois, n'y est pour rien.

*

On pourrait soutenir que l'isochronisme du pendule, sur lequel Galilée insiste si fortement, n'est pas nécessaire à sa démonstration ; et qu'il suffit de constater que les deux boules, de liège et de plomb, parties d'une hauteur égale, arrivent au bas de leur course, *i.e.* à la perpendiculaire, en des temps égaux. Ce qui, sans doute, est juste [2]. Mais, pour Galilée, l'isochronisme en question représente non seulement une grande découverte dont il est, à bon droit, très fier, il représente aussi un des cas très rares où la coïncidence de la théorie et de l'expérience est presque parfaite ; il représente, en outre, un moyen : *a*) d'éliminer, dans la mesure du possible, les effets pernicieux des causes secondaires (ici, la résistance de l'air) altérant ceux des

---

1. Grâce à la résistance de l'air, les corps qui tombent sur cette Terre ne peuvent pas se conformer entièrement, mais seulement partiellement et approximativement, à la loi mathématique de la chute ; en effet : *a*) par suite de l'action hydrostatique de l'air qui « allège » les corps qui y sont plongés, la masse gravifique n'est pas identique à la masse inertiale : les corps lourds tombent plus vite que les légers ; *b*) la résistance du milieu, croissant avec la vitesse d'accélération, n'est pas constante, mais va en augmentant ; le mouvement descendant n'est donc pas « uniformément » mais « difformément » accéléré, et se transforme, au bout d'un certain temps, en un mouvement uniforme. De ce fait même, il existe, pour chaque milieu, et notamment pour l'air, une vitesse *maximale* que le corps en chute libre ne peut pas dépasser, quelle que soit la hauteur dont il tombe, et quel que soit le temps que dure sa descente. Elle peut, cependant, être dépassée par des moyens artificiels, ainsi par les boulets de nos canons. Aussi Galilée appelle-t-il les vitesses de ces derniers : vitesses *surnaturelles* (cf. *Discorsi*, pp. 275-278).

Il est assez amusant de constater que la physique galiléenne, en substituant l'accélération au mouvement, et en transférant la résistance au changement du dehors au-dedans du mobile, se trouve en état d'accepter les conséquences qui, dans la physique aristotélicienne, conduisaient à des absurdités ; (cf. p. 227, n. 3) notamment : *a*) que toute force, si minime soit-elle, appliquée à une résistance (inertiale) si grande soit-elle, produit un mouvement, et *b*) que de l'égalité de la puissance à la résistance résulte un mouvement dont la vitesse est égale, c'est-à-dire, constante.

2. Plus exactement : serait juste... si elles le faisaient.

facteurs primaires que l'on veut étudier, et *b*) de rendre observables, par leur accumulation, les petits effets qui, pris isolément, ne pourraient pas être constatés. Or, c'est là, incontestablement, quelque chose d'une extrême importance, un perfectionnement capital, et qu'il ne serait pas exagéré d'appeler révolutionnaire, de la technique expérimentale, perfectionnement qui dépasse de loin celui que Galilée avait accompli en substituant, à la chute libre, la chute sur le plan incliné. Aussi comprend-on la valeur qu'il lui attribue. Et le désir qu'il a de le mettre en œuvre.

Mais, en fait, cette coïncidence de la théorie et de l'expérience est-elle réelle? En d'autres termes, l'expérience pouvait-elle démontrer l'isochronisme du pendule? Ou, du moins, en confirmer la démonstration théorique? Hélas, elle ne le pouvait pas. Car le pendule n'est pas isochrone, ainsi que Mersenne a pu le constater *par expérience* (et Huygens, le démontrer théoriquement). Or, si les méthodes employées par Mersenne sont différentes de celles de Galilée, et plus précises que les siennes [1], il n'en reste pas moins vrai que l'écart entre la durée des grandes et des petites oscillations est assez sensible et que, par conséquent, il ne pouvait pas ne pas se révéler dans celles que Galilée avait réalisées [2]. Que fait-il alors? Il « corrige » l'expérience, la prolonge dans son imagination et supprime l'écart expérimental. A-t-il eu tort de le faire? Nullement. Car ce n'est pas en suivant l'expérience, c'est en la devançant que progresse la pensée scientifique.

★

Jetons maintenant un coup d'œil en arrière. Au cours de ce travail, nous avons essayé de caractériser la dynamique aristotélicienne par son axiome fondamental : la vitesse d'un corps en mouvement est proportionnelle à la force motrice, et inversement proportionnelle à la résistance ($V = F : R$) et, de ce fait, une force constante, dans un milieu constant, produit un mouvement uniforme. Nous lui avons opposé l'axiome fondamental de la dynamique classique selon laquelle, le mouvement se conservant dans le mobile, une force constante produit un mouvement non plus uniforme, mais accéléré. Nous avons

---

1. Cf. mon « Experiment in Measurement » (trad. française, *infra*, pp. 289-319).
2. Ou : les *écarts*, car le non-isochronisme des grandes et des petites oscillations se double du retard du liège sur le plomb.

poursuivi, à travers Benedetti, et le jeune Galilée, la critique de la dynamique aristotélicienne, critique qui, en passant par la substitution d'un schéma archimédien à celui d'Aristote $(V = F — R)$, aboutit finalement au schéma : accélération proportionnelle à la force motrice... et inversement proportionnelle à la résistance (interne et externe) : $A = F : R$, ou $A = F : R_i + R_e$. Formule dont l'analogie avec celle d'Aristote ne saurait échapper à personne.

Mais regardons de plus près ; ou de plus haut ; et ce n'est pas une analogie, c'est une identité formelle que nous trouverons entre ces deux formules. En effet, la seconde dérive de la première par une adjonction et une substitution : l'adjonction de la résistance interne à la résistance extérieure ; la substitution de l'accélération au mouvement. L'adjonction de la résistance interne à celle du milieu extérieur ne change pas la structure de la dynamique d'Aristote : elle peut même être considérée comme y étant impliquée. Aussi la dynamique de Kepler est-elle, dans son inspiration la plus profonde, une dynamique aristotélicienne [1] : la vitesse y est toujours proportionnelle à la force, et une force constante produit un mouvement uniforme. La substitution de l'accélération au mouvement est, au contraire, un bouleversement total ; ce n'est plus une modification de la dynamique ancienne, c'est son remplacement par une autre.

Et pourtant... pourquoi Aristote posait-il le mouvement (ou la vitesse) comme proportionnel à la force motrice ? Parce qu'il le concevait comme un changement, κίνησις, un processus dans lequel le mobile n'est jamais dans le même état *(semper aliter et aliter se habet)*, et que tout changement exige la postulation d'une cause, et même d'une cause proportionnelle à son effet. D'où, nécessairement, la proportionnalité du mouvement à la cause motrice et son arrêt en l'absence de celle-ci. Il n'y a pas, et il ne peut y avoir, de mouvement sans moteur : *sine causa non est effectus*, et : *cessante causa, cessat effectus*.

La physique galiléenne, la physique classique, ne conçoit plus le mouvement comme changement, mais — du moins lorsqu'il est uniforme — comme un véritable « état [2] ». Aussi peut-il perdurer et se conserver sans « cause » : privé

---

1. Pour Kepler, en effet, le mouvement s'oppose au repos comme la lumière aux ténèbres ; cf. mes *Études galiléennes*, III.
2. Tout en n'employant pas le terme qui est dû, comme on le sait, à Descartes.

ou séparé du moteur, le mobile poursuivra donc son mouvement. En revanche, l'accélération, elle, est un changement; en effet, le mobile n'y reste pas dans le même état : il *se habet liter et aliter.* Aussi l'accélération exige-t-elle une « cause » ou une « force » strictement proportionnelle à elle-même; et elle cesse de se produire, lorsque cesse l'action de celle-ci. *Sine causa non est effectus ; cessante causa quidem cessat effectus.*

Aussi, en remplaçant dans nos formules les termes relativement concrets, V et A, vitesse et accélération, par un terme plus abstrait, et plus essentiel, х (κίνησις) obtiendrons-nous, pour Galilée comme pour Aristote : х = F : R. Ce qui, du point de vue philosophique, me paraît être un résultat profondément satisfaisant.

APPENDICE

Dans les pages qui précèdent, j'ai essayé de décrire l'usage fait par Galilée de la méthode de l'expérience imaginaire, employée concurremment, et même de préférence, à l'expérience réelle. Et de le justifier. En effet, c'est une méthode extrêmement féconde qui, incarnant en quelque sorte, dans des objets imaginaires, les exigences de la théorie, permet de concrétiser cette dernière et de comprendre le réel sensible comme une déviation du modèle pur qu'elle nous offre [1]. Il faut avouer, cependant, qu'elle n'est pas sans danger, et que la tentation de la concrétisation à outrance, à laquelle on succombe assez facilement, joue quelquefois des tours assez fâcheux et conduit à des affirmations que la réalité s'obstine à démentir. Hélas, il faut constater que Galilée n'a pas toujours évité ce danger!

Je ne vais pas énumérer tous les cas où le grand Florentin a succombé à la tentation; je me bornerai à citer deux exemples; assez frappants, tous les deux.

I. — Dans la « digression » hydrostatique [2] — qui coupe le développement de la théorie de la chute et que, pour cela même, je n'ai pas analysée dans le corps de ce travail — Sagredo rapporte comment, en mettant du sel dans un récipient de verre avant de le remplir d'eau (le récipient contenait, de ce fait, de l'eau salée, plus lourde,

---

1. Elle joue ainsi le rôle d'intermédiaire entre la pensée pure et l'expérience sensible.
2. *Discorsi, giornata prima*, pp. 113 sq.

dans le bas, et de l'eau douce, plus légère, dans le haut), il a pu réussir à y maintenir en équilibre, plongée à mi-hauteur, une balle de cire alourdie par des grains de plomb, et ainsi provoquer l'étonnement de ses amis. Salviati, renchérissant, expose comment, en ajoutant au liquide contenu dans le récipient de l'eau salée, ou de l'eau douce, on peut faire monter et descendre la balle — et, sans doute, provoquer ainsi un étonnement encore plus grand. Après quoi, en se basant sur le fait (?) que l'on peut produire les mêmes effets en ajoutant quatre gouttes d'eau chaude à six litres d'eau froide — ou inversement — il conclut que l'eau ne possède aucune viscosité et n'offre aucune résistance (autre que mécanique) à la pénétration ou à la séparation de ses parties, et que les philosophes qui enseignent le contraire se trompent lourdement. Sagredo est d'accord. Pourtant, s'il en est ainsi, demande-t-il, comment se peut-il que des gouttes d'eau, même de dimension assez considérable, se forment sur des feuilles de choux, et que l'eau demeure unie au lieu de s'écouler et de se disperser? Salviati avoue ne pas pouvoir l'expliquer. Il est sûr, cependant, que c'est là l'effet d'une cause externe et non d'une vertu interne, et en offre une preuve expérimentale « très efficace ».

En effet [1], « si les parties de l'eau qui forment une goutte se tenaient ensemble en vertu d'une cause intérieure, elles le feraient bien plus facilement si elles étaient entourées d'un milieu dans lequel elles auraient une propension moindre à descendre que dans l'air; à savoir, n'importe quel liquide plus lourd que l'air; par exemple, le vin. Aussi, si on versait du vin sur une telle goutte d'eau, le vin pourrait rester au-dessus d'elle, sans que les parties de l'eau, agglutinées par leur viscosité interne, se séparent : mais cela ne se passe pas ainsi : car, dès que la liqueur qui est versée sur elle la touche, l'eau, sans attendre que cette liqueur [le vin] s'élève sensiblement au-dessus d'elle, se disperse et s'élargit au-dessous de celle-ci, il s'agit, notamment, de vin rouge; la raison de cet effet est donc externe; peut-être se trouve-t-elle dans l'air ambiant. Car on observe effectivement [lit. : véritablement] une grande opposition entre l'eau et l'air, ainsi que je l'ai constaté dans une autre expérience; à savoir, celle-ci : j'ai rempli d'eau un ballon de cristal qui avait une ouverture aussi étroite qu'est la grosseur d'un brin de paille, ... et l'ai retourné la bouche vers le bas. Or, néanmoins, ni l'eau, bien que très lourde et très apte à descendre dans l'air, ni l'air, bien que très léger, et très disposé à s'élever dans l'eau, ne s'accordèrent, celle-ci à descendre en sortant par l'orifice [du ballon], celle-là à s'élever en y entrant [par celui-ci], mais restèrent tous les deux, obstinés et défiants [dans leurs lieux]. Au contraire, dès que nous présenterons à cet orifice

1. *Ibid.*, pp. 115 sq.

un vase contenant du vin rouge, qui n'est qu'insensiblement moins grave que l'eau, nous le verrons tout de suite monter lentement en traits rouges à travers l'eau, et l'eau, avec la même lenteur, descendre à travers le vin, sans aucunement se mélanger, jusqu'à ce que, finalement, le ballon s'emplisse entièrement de vin, et l'eau descende, toute, au fond du vase. Or que doit-on dire, et quels arguments faut-il invoquer, sinon qu'il y a entre l'eau et l'air une incompatibilité que je ne comprends pas, mais qui, peut-être... ».

J'avoue que je partage la perplexité de Salviati. Il est, en effet, difficile de proposer une explication de l'expérience surprenante qu'il vient de rapporter. Cela d'autant plus que si on la refaisait *telle qu'il la décrit*, on verrait bien le vin monter dans le ballon de cristal (rempli d'eau) et l'eau descendre dans le vase (plein de vin); mais on ne verrait pas l'eau et le vin se substituer purement et simplement l'un à l'autre : on verrait se produire un mélange [1].

Que faut-il en conclure? Faut-il admettre que les vins (rouges) du xviie siècle possédaient des qualités que ne possèdent plus les vins d'aujourd'hui, qualités qui les rendaient immiscibles avec l'eau, comme l'huile l'est encore? Ou pouvons-nous supposer que Galilée qui, sans doute, n'avait jamais mis de l'eau dans son vin — le vin était, pour lui, « l'incarnation de la lumière du soleil » — n'a jamais fait cette expérience, mais, en ayant entendu parler, l'a reconstituée dans son imagination en admettant, comme quelque chose d'indubitable, l'incompatibilité essentielle et totale de l'eau et du vin? — Je crois, pour ma part, que c'est cette dernière supposition qui est la bonne.

II. — Le fait que la résistance du milieu au mouvement du mobile n'a pas une valeur constante, mais augmente en fonction de la vitesse de ce mouvement et ce proportionnellement à celle-ci, comporte une série de conséquences, d'allure paradoxale, que Salviati se fait un grand plaisir d'exposer à ses interlocuteurs [2].

Salviati. — ... Or donc, j'affirme, sans hésitation aucune, qu'il n'y a pas de sphère si grande, ni de matière si lourde, que la résis-

1. On obtiendrait des résultats plus proches de l'assertion de Salviati si, au lieu de ne faire dans le ballon de cristal qu'une seule ouverture on en faisait *deux*, en leur ajoutant, au surplus, à chacune, une paille ou un petit tuyau, l'un (A) pointant vers l'intérieur du ballon, l'autre (B) vers l'extérieur. On verrait alors un trait de vin jaillir du tuyau A vers le haut du ballon, et un trait d'eau vers le bas du vase, le vin s'accumulant en haut et l'eau, en bas. Hélas, même dans ce cas, il y aurait mélange; en outre, c'est d'*un* orifice et non de *deux* que Salviati munit son ballon; et il ne lui adjoint pas de paille.

2. *Discorsi, giornata prima*, pp. 136 sq.

tance du milieu, si ténu soit-il, ne réduise son accélération, et, dans la continuation du mouvement, ne réduise celui-ci à l'uniformité; ce dont nous pouvons trouver une preuve très claire dans l'expérience même. En effet, ... aucune vitesse qui puisse être conférée au mobile, ne peut être si grande qu'il ne la récuse et ne s'en prive en vertu de l'empêchement du milieu; admettons qu'un boulet d'artillerie soit descendu [tombé] dans l'air [de la hauteur], disons, de 4 brasses, qu'il ait acquis, par exemple, dix degrés de vitesse et qu'il entre dans l'eau avec cette vitesse-là; si la résistance de l'eau n'était pas capable d'interdire au boulet ledit *impetus*, celui-ci l'augmenterait, ou du moins le maintiendrait jusqu'au fond; ce que l'on ne voit pas se produire. Au contraire, l'eau, bien qu'elle ne soit profonde que de peu de brasses, le contrarie et l'affaiblit de manière telle qu'il ne fera qu'un choc très faible sur le lit du fleuve, ou du lac. Il est donc clair que si l'eau a pu le priver de sa vitesse sur un parcours très bref, elle ne le laissera pas la regagner, même à une profondeur de mille brasses. Comment, en effet, lui permettrait-elle de la gagner en 1 000 [brasses], pour la lui enlever en 4? Mais que faut-il de plus? Est-ce que l'on ne voit pas l'*impetus* immense du boulet lancé par un canon être tellement réduit par l'interposition de quelques brasses d'eau que, sans causer aucun dommage au navire, il arrive à peine à le frapper? L'air lui-même, bien que cédant très facilement [au mouvement] n'en diminue pas moins la vitesse de la chute d'un mobile, encore que très grave, comme nous pouvons facilement nous en assurer par des expériences concluantes : car, si, du sommet d'une très haute tour, nous tirions un coup d'arquebuse vers le bas, la balle heurterait la terre plus faiblement que si elle [l'arquebuse] était déchargée d'une hauteur de 4 ou 6 brasses seulement; signe évident du fait que l'*impetus* avec lequel la balle sort du canon [de l'arquebuse], déchargé au sommet de la tour, va en diminuant le long de sa descente par l'air. En conséquence, la chute, d'une hauteur aussi grande que l'on voudra, ne suffira pas pour lui [la balle] faire acquérir cet *impetus* dont la résistance de l'air l'a privé après qu'il lui avait été conféré, peu importe de quelle manière. De même, le dommage que fera à une muraille un boulet, lancé par une couleuvrine de la distance de 20 brasses, je ne crois pas qu'il le fasse en tombant perpendiculairement, si immense que soit la hauteur [de la chute]. J'estime donc que l'accélération d'un mobile naturel partant du repos possède une limite, et que la résistance du milieu réduira [son mouvement] à l'égalité dans laquelle il se maintiendra ensuite.

Le long passage que je viens de citer nous offre un bel exemple de la pensée de Galilée à l'œuvre et en action : puissance... et imprudence; usage... et abus de l'imagination. Quoi de plus beau, et de plus profond, que les considérations qui l'amènent à affirmer que le mouvement accéléré de la chute ne suit — et ne peut suivre — que *dans le vide,* la loi mathématique, qu'il a établie pour lui, et que dans tout autre milieu il s'en écarte, et se transforme finalement en un mouvement uniforme, ayant une vitesse déterminée par la nature du corps descendant et du milieu

ambiant (rapport de poids)? Vitesse qui, de ce fait, pourrait être appelée « vitesse naturelle » de ce corps dans le
milieu en question? Quoi de plus ingénieux que le raisonnement qui nous montre l'impossibilité, pour un corps
donné, pénétrant dans un milieu déterminé, de dépasser
dans celui-ci sa vitesse « naturelle » et de reconquérir celle,
supérieure, dont il était animé avant d'y pénétrer, et dont,
en ralentissant son mouvement, le milieu le prive? Quoi
de plus frappant que les expériences qui illustrent et
— selon Galilée — apportent une preuve expérimentale
à sa thèse?

Et, cependant, s'il est incontestable que les corps tombent dans l'air plus rapidement que dans l'eau et qu'en
passant de l'un dans l'autre, ils ralentissent leur mouvement, peut-on ériger cette observation en loi générale,
et dire qu'en passant d'un milieu plus rare dans un milieu
plus dense, un corps en chute libre ralentit son mouvement? Ne pourrait-on pas alors, conclure, de l'impossibilité d'un tel passage, à la nécessité de l'arrêt? En effet,
dans l'exemple — ou « expérience » — de Galilée, on pourrait laisser tomber le boulet, non pas de 4 brasses, mais
d'une, d'une demie, d'un quart... et acquérir, donc, au
long de son parcours dans l'air, non pas dix degrés de
vitesse, mais cinq, un, une moitié et, ainsi de suite, à
l'infini. Si la vitesse dans l'eau devait toujours être inférieure à la vitesse dans l'air, elle finirait par être infiniment
petite et tomber à zéro. Comment, alors, un corps grave,
du plomb ou de l'or, pourrait-il acquérir dans l'eau sa
« vitesse naturelle »? N'est-il pas clair que — chose surprenante — Galilée confond « vitesse » et « accélération »;
et que — chose plus surprenante encore — dans son exemple du boulet de canon arrêté par quelques brasses d'eau,
il néglige la différence entre l'effet du choc et celui de la
résistance hydrostatique, effets qu'il a si bien distingués
ailleurs? Et, d'autre part, s'il est absolument certain
que la vitesse, et donc l'*impetus*, d'un boulet de canon
n'est nulle part aussi grande qu'au moment où il sort
de la bouche de ce dernier, et que la traversée de 20 brasses d'air suffit pour ralentir son mouvement; s'il est également certain qu'un boulet, lancé verticalement en l'air,
à quelque hauteur qu'il monte et donc de quelque hauteur
qu'il retombe, ne pourra jamais revenir à terre avec sa
vitesse de départ, peut-on en tirer la conclusion qu'en
tire Galilée? A savoir que la vitesse (et donc l'*impetus*)
de ce boulet, de quelque hauteur qu'il tombe, même si

cette hauteur est plusieurs fois plus grande que celle qu'il peut atteindre en étant *tiré* verticalement, ne sera jamais égale à la vitesse avec laquelle il sort de la bouche du canon? Il est clair qu'on ne le peut pas. Galilée, cependant, le fait.. Pourquoi? Parce qu'il croit que la vitesse du boulet de la couleuvrine est une vitesse « surnaturelle », et qui dépasse, de loin, celle que pourrait atteindre un grave en chute libre, même s'il tombait de la Lune[1]. Et comment démontre-t-il le caractère « surnaturel » de la vitesse du boulet? Mais, justement, par l'expérience du coup dirigé vers le bas : le boulet de canon, ou la balle d'arquebuse, se ralentissent en parcourant, du haut en bas, la hauteur de la tour. Ce qui ne serait pas le cas si leur vitesse de départ était moindre que la vitesse limite de la chute.

C'est que, — Galilée ne nous le dit pas, mais il est facile de suppléer à son silence, — c'est là la condition de validité du raisonnement, selon lequel la résistance de l'eau retarde, irrémédiablement, le boulet qui y tombe; et celle de l'air, la balle d'arquebuse que l'on tire vers le bas[2]. En effet,

---

1. *Ibid.*, *giornata quarta*, pp. 275 sq. : « Quanto poi al perturbamento procedente d'all'impedimento del mezo, questo è più considerabile, e, per la sua tanto moltiplice varietà, incapace di poter sotto regole ferme esser compreso e datone scienza; atteso che, se noi metteremo in considerazione il solo impedimento che arreca l'aria a i moti considerati da noi, questo si troverà perturbargli tutti, e perturbargli in modi infiniti, secondo che in infiniti modi si variano le figure, le gravità e le velocità de i mobili. Imperò che, quanto alla velocità, secondo che questa sarà maggiore, maggiore sarà il contrasto fattogli dall'aria; la quale anco impedirà più i mobili, secondo che saranno men gravi . talchè, se bene il grave descendente dovrebbe andare accelerandosi in duplicata proporzione della durazion del suo moto, tuttavia, per gravissimo che fusse il mobile, nel venir da grandissime altezze sarà tale l'impedimento dell'aria, che gli torrà il poter crescere più la sua velocità, e la riddurà a un moto uniforme ed equabile; e questa adequazione tanto più presto ed in minori altezze si otterà, quanto il mobile sarà men grave... De i quali accidenti di gravità, di velocità, ed anco di figura, come variabili in modi infiniti, non si può dar ferma scienza : e però, per poter scientificamente trattar cotal materia, bisogna astrar da essi, e ritrovate e dimostrate le conclusioni astratte da gl'impedimenti, servir cene, nel praticarle, con quelle limitazioni che l'esperienza ci verrà insegnando. »

2. *Ibid.*, pp 278 sq. : « Les projectiles des armes à feu, explique Salviati, doivent être placés dans une catégorie différente de celles des balistes, les flèches des arcs, etc., par suite de « l'excessiva e, per via di dire, furia sopranaturale con la quale tali proietti vengono cacciati; chè bene anco fuora d'iperbole mi par che la velocità con la quale vien cacciata la palla fuori d'un moschetto o d'una artiglieria, si possa chiamar sopranaturale. Imperò che, scendendo naturalmente per l'aria da qualche altezza immensa una tal palla, la velocità sua, merce del contrasto dell'aria, non si andrà accrescendo perpetuamente : ma quello che ne i cadenti poco gravi si vede in non molto spazio accadere, dico di ridursi finalmente a un moto equabile, accaderà ancora, dopo la scesa di qualche migliara di braccia, in una palla di ferro o di piombo; e questa terminata ed ultima velocità si può dire esser la massima che naturalmente può ottener tal grave per aria : la qual velocità io reputo assai minor di quella che alla medesima palla viene impressa dalla polvere accesa ».

dans le vide — où la vitesse de chute ne connaît pas de limite — un boulet tiré vers le bas ne serait pas retardé; au contraire, à sa vitesse de départ s'ajouterait continuellement celle de l'accélération normale de la chute. Et il en serait de même, ou à peu près, si, au lieu de le lancer vers le bas avec la vitesse « surnaturelle » que lui confère la déflagration de la poudre, nous nous bornions à le jeter avec celle que peuvent lui donner les bras : disons, par exemple, 10 brasses à la seconde. Il est clair que la résistance de l'air — proportionnelle à cette vitesse très faible et, donc, presque nulle — ne saurait l'empêcher d'arriver à terre avec une vitesse plus grande que celle du départ; et aussi plus grande que celle qu'il aurait atteinte en chute libre. Or, l'expérience prouve qu'il est, en fait, retardé. Aussi démontre-t-elle la vitesse « surnaturelle » de la balle d'arquebuse; et du boulet de la couleuvrine.

J'ai dit : l'expérience prouve... mais, ce n'est pas *prouvé*, c'est *prouverait* que j'aurais dû dire. Prouverait..., si on la faisait. Car, ainsi que nous l'avoue honnêtement Galilée, dans la *giornata quarta* de ces mêmes *Discours*, dont j'ai longuement cité la *prima*, il ne l'a pas faite [1]. Mais il est sûr du résultat. On le comprend sans peine : ce qui doit arriver, arrive; et ce qui ne peut pas arriver, n'arrive pas. Or, la vitesse de la chute d'un grave — tomberait-il de la Lune — ne peut pas dépasser, on l'a vu, une certaine limite. Le retardement du boulet s'ensuit. L'expérience ne peut que confirmer la déduction.

Galilée, nous le savons bien, a raison. La bonne physique se fait *a priori*. Elle doit, toutefois, ainsi que je l'ai dit tout à l'heure, se garder du travers — ou de la tentation — de la concrétisation à outrance, et ne pas laisser l'imagination prendre la place de la théorie.

---

1. *Ibid.*, p. 279 : « Io non ho fatto tale esperienza, ma inclino a credere che una palla d'archibuso o d'artiglieria, cadendo da un' altezza quanto si voglia grande, non farà quella percossa che ella fa in una muraglia in lontananza di poche braccia, cioè di cosi poche, che'l breve sdrucito, o vogliam dire scissura, da farsi nell'aria non basti a levar l'eccesso della furia sopranaturale impressagli del fuoco. »

TRADUTTORE — TRADITORE [*]

A PROPOS DE COPERNIC ET DE GALILÉE

La traduction d'œuvres classiques de la philosophie et de la science du passé est nécessaire. Et même indispensable. A condition, toutefois, que ces traductions soient correctes et exactes. Car, si elles ne le sont pas, si, au surplus, elles sont, sans critique, utilisées par des historiens de renom qui les couvrent, ainsi, de leur autorité, leur existence peut avoir des conséquences déplorables. L'erreur, en effet, est pire que l'ignorance. Mais, si la traduction d'un texte quelconque est déjà une entreprise assez difficile, la traduction des œuvres scientifiques appartenant à une époque autre que la nôtre comporte un risque supplémentaire, et assez grave : celui de substituer, involontairement, *nos* conceptions et *nos* habitudes de pensée à celles, toutes différentes, de l'auteur.

Ce danger n'est nullement imaginaire. Bien au contraire, de très bons érudits y ont succombé. Ainsi, il y a une dizaine d'années, lorsque moi-même je luttais contre le texte du *De Revolutionibus* de Copernic [1], je constatai, non sans stupeur, que l'auteur de l'excellente traduction allemande de l'œuvre immortelle du grand astronome avait intitulé son travail [2] : *Ueber die Kreisbewegungen der Himmelskörper*, ce qui veut dire : *Des mouvements circulaires des corps célestes.* Or le titre du livre de Copernic est : *De revolutionibus orbium coelestium*, ce qui veut dire : *Des révolutions des orbes célestes.*

Il est clair que le savant allemand n'a pas, de propos

[*] Extrait de *Isis*, 1943, vol. XXXIV, n° 95, pp. 209-210.

1. N. Copernic, *Des révolutions des orbes célestes*, liv. I, Paris, 1934.

2. Nicolaus Copernicus aus Thorn, *Ueber die Kreisbewegungen der Weltkörper*, übersetzt ... von Dr C. L. Menzzer..., Thorn, 1879.

délibéré, *modifié* le titre de Copernic. Il est clair qu'il pensait traduire exactement. C'est que, ne croyant pas à l'existence d'*orbes* célestes (Copernic, lui, y croyait), il a, involontairement et sans s'en rendre compte, substitué *corps* à *orbe*, et par là faussé toute l'interprétation du copernicianisme.

Un hasard heureux — le hasard fait bien les choses — vient de me faire découvrir une erreur analogue, et même encore plus grave car il s'agit, cette fois-ci, de Galilée.

En effet, la traduction anglaise des *Discorsi e dimostrazioni matematiche intorno a due nuove scienze*, qui s'intitule, d'ailleurs, *Dialogues Concerning Two New Sciences* [1], donne, du début de la *troisième journée*, la traduction suivante .

My purpose is to set forth a very new science dealing with a very ancient subject. There is in nature perhaps nothing older than motion, concerning which the books written by philosophers are neither few nor small; nevertheless, I have discovered by *experiment* [2] some properties of it which are worth knowing and which have not hitherto been observed or demonstrated. Some superficial observations have been made, as, for instance, that the free motion of a heavy falling body is continuously accelerated; but to just what extent this acceleration occurs has not yet been announced; for so far as I know, no one has yet pointed out that the distances traversed during equal intervals of time, by a body falling from rest, stand to one another in the same ratio as the old numbers beginning with unity.

It has been observed that missiles and projectiles describe a curved path of some sort; however, no one has pointed out the fact that this path is a parabola. But this and other fact, not few in number or less worth knowing, I have succeeded in proving; and what I consider more important, there have been opened up to this vast and most excellent science, of which my work is merely the beginning, ways and means by which other minds more acute than mine will explore its remotest corners.

Or, le texte de Galilée (*Discorsi e Dimostrazioni, Giornata terza, Opere*, Ed. Naz., vol. VIII, p. 190) dit :

De subiecto vetustissimo novissimam promovemus scientiam. Motu nil forte antiquius in natura et circa eum volumina nec pauca nec parva a philosophis conscripta reperiuntur; symptomatum tamen quae complura et scitu digna insunt in eo, adhuc inobservata, necdum indemonstrata, comperio. Leviora quaedam adnotantur, ut, gratia exempli, naturalem motum gravium descendentium continue accelerari; verum, iuxta quam proportionem eius fiat acceleratio, proditum hucusque non est; nullus

---

1. *Dialogues Concerning Two New Sciences* by Galilei Galileo, translated from the Italian and Latin into English by Henry Crew and Alfonso de Salvio, New York, 1914.
2. Souligné par moi.

enim, quod sciam, demonstravit, spatia a mobile descendente ex quiete peracta in temporibus aequalibus, eam inter se retinere rationem, quam habent numeri impares ab unitate consequentes. Observatum est, missilia, seu proiecta lineam qualitercunque curvam designare : veruntamen, eam esse parabolam, nemo prodidit. Haec ita esse, et alia non pauca nec minus scitu digna, a me demonstrabuntur, et, quod pluris faciendum censeo, aditus et accessus ad amplissimam praestantissimamque scientiam, cuius hi nostri labores erunt elementa, recludetur, in qua ingenia mea perspicaciora abditores recessus penetrabunt.

Je ne vais pas entreprendre ici la critique de la traduction de MM. Crew et de Salvio. Il me suffit de faire remarquer que non seulement Galilée ne dit pas avoir découvert les propriétés de la chute et du jet *par expérience*, mais que le terme expérience *(experimentum)* n'est pas employé par lui. Il a été purement et simplement ajouté par le traducteur qui, visiblement acquis à l'épistémologie empiriciste, ne pouvait pas s'imaginer que l'on puisse démontrer ou découvrir quelque chose autrement que *par expérience*. Aussi, là où Galilée dit : *Comperio*, écrit-il : « discovered *by experiment* », en annexant ainsi Galilée à la tradition empiriste et en faussant, par là même, irrémédiablement, sa pensée.

Il n'est pas étonnant que la légende de Galilée empiriste et expérimentateur soit si fermement établie en Amérique. Car, hélas! les historiens américains, même les meilleurs, citent Galilée, ou, du moins, les *Discorsi*, d'après la traduction anglaise.

ATTITUDE ESTHÉTIQUE
ET PENSÉE SCIENTIFIQUE [*]

M. Panofsky ne m'en voudra pas, je l'espère — c'est à peu près le seul reproche que j'adresserai à l'illustre historien — de lui dire qu'il a eu tort de donner à son étude le titre : *Galilée comme critique des arts* [1]; titre trop étroit, et qui ne laisse même pas soupçonner le sujet véritable, et donc l'importance et l'intérêt capital, de son remarquable travail. Il aurait dû, tout au moins, le faire suivre d'un sous-titre : *Attitude esthétique et pensée scientifique chez Galileo Galilée.*

En effet, M. Panofsky ne se borne pas à nous renseigner sur les goûts, les préférences, les jugements de Galilée en matière de littérature et d'arts plastiques; ni même à nous donner une analyse — extrêmement poussée et profonde — de l'attitude esthétique de Galilée pour en démontrer l'unité et la cohérence parfaites : il fait beaucoup mieux. Il nous montre la concordance rigoureuse entre l'attitude esthétique et l'attitude scientifique du grand Florentin et, par là même, il réussit non seulement à projeter une lumière singulièrement aiguë sur la personnalité et l'œuvre de Galilée, mais encore à avancer la solution de la *questio vexata* de ses rapports, personnels et scientifiques, avec Kepler.

Les idées artistiques de Galilée, ses goûts et ses préférences littéraires, ne sont pas inconnus : on sait, par exemple, qu'il a eu une grande admiration pour l'Arioste et une aversion profonde pour Torquato Tasso. Mais on ne les prend pas au sérieux — peut-être parce que la lettre à

[*] Article paru dans *Critique*, septembre octobre 1955, p. 835-847.
1. Erwin Panofsky, *Galileo as a Critic of the Arts (Galilée comme critique des Arts)*, La Haye, Martinus Nijhoff, 1954. In-4°, 41 p. + 16 planches.

Cigoli (du 26 juin 1612) dans laquelle il expose ses conceptions esthétiques, lettre qui ne nous a été conservée que dans une copie du xviie siècle, a longtemps passé, et passe encore, pour apocryphe. Si, en revanche, avec M. Panofsky, on la tient pour authentique — et après ses démonstrations lumineuses, je ne crois pas que l'on puisse faire autrement —, si, au surplus, on se rappelle que Galilée n'a jamais varié dans ses opinions et son attitude esthétiques, on ne pourra pas les écarter comme quelque chose de peu d'importance. Au contraire, nous aurons à en tenir compte, et à les examiner avec autant d'attention que de respect. « Nous ne pourrons pas expliquer ses *Considerationi al Tasso* comme un effet des conditions historiques, car beaucoup de gens honorables avaient, à cette même époque, des vues diamétralement opposées. Et nous ne pourrons pas les négliger comme " une erreur de jeunesse, inspirée par le rationalisme rampant d'une attitude unilatéralement scientifique ". En fait, on pourrait tenter, si ce n'est d'intervertir complètement les termes de ce jugement extraordinaire [1], du moins de le transformer en une assertion de complémentarité. Si l'attitude scientifique de Galilée est considérée comme ayant influencé son jugement esthétique, son attitude esthétique peut, tout aussi bien, être considérée comme ayant influencé ses convictions scientifiques. Ou, plus exactement, on pourrait affirmer que, autant comme homme de science que comme critique des arts, il a obéi aux mêmes tendances déterminantes. » (P. 20.)

Or, ces « tendances déterminantes », tendances caractéristiques de la personnalité même de Galilée, n'étaient pas des tendances purement individuelles. Elles reflètent un mouvement d'idées, singulièrement méconnu par les historiens. Ainsi, pour ne citer qu'un des plus grands et des plus influents, H. Wölfflin, dans ses *Grundbegriffe der Kunstgeschichte* [2] nous présente le style du xviie siècle comme une opposition résolue à celui de la haute Renaissance ; en fait, remarque M. Panofsky, entre 1590 et 1615 à peu près, s'affirme une réaction non pas contre la haute Renaissance, mais au contraire contre le maniérisme de la seconde partie du siècle ; réaction qui se sentait beaucoup plus proche de la Haute Renaissance, dont elle cherchait à retrouver les valeurs, que de ses prédécesseurs immédiats,

1. C'est celui de N. Leo, *Torquato Tasso,* « Studien zur Vorgeschichte des Seicentismo », Bern, 1951, p. 260.
2. Munich, 1915.

« qu'elle envisageait dans l'esprit d'un jeune homme en révolte contre son père et, par conséquent, s'attendant à être soutenu par son grand-père » (p. 15).

« Galilée, né en 1564, poursuit M. Panofsky, était un témoin de cette révolte contre le maniérisme, et il n'est pas difficile de voir de quel côté il se rangeait. Son ami Cigoli jouait à Florence exactement le même rôle que les Caracci et Domenichino à Rome. De plus, il s'était lié d'amitié avec Monsignor Giovanni Battista Agucchi, ami intime de ces derniers, le père justement d'une théorie esthétique et historique... selon laquelle Annibal Caracci, par son retour à l'enseignement des grands maîtres de la haute Renaissance, avait sauvé l'art de la peinture aussi bien du naturalisme grossier que du maniérisme trompeur et avait réussi à faire une synthèse de l'idée et de la réalité dans le beau idéal » (p. 16).

Or, ainsi que très pertinemment nous le rappelle M. Panofsky (p. 4), « le grand physicien astronome avait grandi dans une atmosphère qui fut humaniste et artistique beaucoup plus que scientifique. Fils d'un musicien et théoricien de la musique bien connu, il avait reçu une excellente éducation artistique et littéraire. Il connaissait par cœur la plupart des classiques latins. Il avait non seulement composé lui-même des œuvres poétiques — dans le genre sérieux aussi bien que dans le style burlesque de son ami, le satirique Francesco Berni —, mais il avait aussi consacré plusieurs mois et même plusieurs années à une annotation d'Arioste à qui il s'estimait redevable de savoir écrire l'italien, ainsi qu'à une comparaison détaillée entre l'*Orlando furioso* de celui-ci et le *Gerusalemme liberata* du Tasse » : en fait, un éloge enthousiaste du premier et un éreintement féroce du second. Excellent dessinateur, il « aimait et comprenait avec un goût parfait tous les arts subordonnés au dessin », et, s'il faut croire ses biographes, N. Gherardini et V. Viviani, il fut, dans sa jeunesse, porté bien davantage à l'étude de la peinture qu'à celle des mathématiques.

Quoiqu'il en soit de cette dernière assertion, il est certain qu'en matière d'esthétique et d'art Galilée n'est aucunement un dilettante et n'est pas considéré comme tel par ses contemporains. Bien au contraire. Aussi lorsque l'ami de Galileo, le peintre Cigoli, se trouve, à Rome, entraîné dans un débat sur la supériorité relative de la sculpture et de la peinture — sujet toujours, et depuis toujours, à la mode —, c'est à Galilée qu'il demande de lui fournir des arguments en faveur de son propre art. Or, chose curieuse, les raisons invoquées par Galilée sont tout à fait analogues à celles que jadis faisait valoir Léonard de Vinci, que Galilée ne connaissait certainement pas, et qu'il retrouve, automatiquement en quelque sorte, parce que, de même que son illustre précurseur, il fonde ses raisonnements sur la supériorité de la vision sur le toucher — et de la *symbolisation* picturale sur l'*imitation* sculpturale.

Mais ce n'est pas seulement en préférant la peinture à la sculpture que Galilée se montre un classique : c'est également dans ses goûts à l'intérieur du domaine de l'art pictural. Ce qu'il défend, c'est la clarté, l'aération, la belle ordonnance de la haute Renaissance; ce qu'il déteste et ce qu'il combat, c'est la surcharge, l'outrance, les contorsions, l'allégorisme et le mélange des genres du maniérisme. Ce sont ces préférences et ces aversions galiléennes qui projettent une vive lumière sur sa critique de Torquato Tasso, critique dans laquelle il use constamment « d'images empruntées aux arts visuels » (p. 17). « Lorsque nous lisons ses *Considerationi al Tasso*, écrit M. Panofsky *(ibid.)*, nous comprenons fort bien que pour lui le choix entre les deux poètes était non seulement quelque chose d'une importance personnelle et vitale, mais même quelque chose qui dépassait les limitations d'une controverse purement littéraire. Pour lui, leur divergence représentait bien moins deux conceptions opposées de la poésie que deux attitudes antithétiques envers l'art et la vie en général. » A son avis, « la poésie allégorique (celle de la *Gerusalemme liberata* du Tasse), qui force le lecteur d'interpréter toute chose comme une allusion lointaine à quelque chose d'autre, ressemble aux " trucs " de perspective de certains tableaux, connus sous le nom d'" anamorphoses ", qui, pour citer Galilée luimême, nous montrent une figure humaine lorsqu'on la regarde de côté et d'un point de vue déterminé, mais qui, lorsqu'on la regarde de face, ainsi que nous le faisons normalement et naturellement avec d'autres tableaux, ne nous offrent rien qu'un labyrinthe de lignes et de couleurs dont nous pouvons bien, si nous nous y appliquons fortement, former des ressemblances de rivières, de plages, de nuages ou de formes étranges et chimériques ». De même, pensait-il, la poésie allégorique, à moins qu'elle ne réussisse d'« éviter la plus petite trace d'effort », oblige la narration naturelle, originellement bien visible et pouvant être contemplée de face, « à s'adapter à un sens allégorique, envisagé obliquement, et seulement impliqué » et « l'obstrue d'une manière extravagante par des inventions fantas-

tiques, chimériques et parfaitement inutiles » (p. 13).
« Aussi n'est-ce pas seulement en comparant la méthode
" allégorique " du Tasse à l'anamorphose perspectiviste que
Galilée assimile les intentions de l'*Orlando furioso* (terminé
vers 1515) à celles de l'art classique de la Renaissance, et
les aspirations de la *Gerusalemme liberata* (terminée vers
1545) à celles du maniérisme. Tout au début des *Considerationi*, il décrit le contraste entre les styles du Tasse et de
l'Arioste dans des termes qui, presque sans changements,
pourraient s'appliquer à la description de deux tableaux
de Raphaël (la *Madonne de Foligno*) et de Vasari [1] (l'*Imma-
culée Conception*)... et même à celle de n'importe quelle
œuvre de Giorgione ou de Titien comparée à n'importe
quelle œuvre de Bronzino ou de Francesco Salviati. En
effet, écrit Galilée, « le récit du Tasse ressemble beaucoup
plus à une *intarsia* (marquetterie) qu'à une peinture à
l'huile. Car, puisqu'une *intarsia* est constituée au moyen
de petits morceaux de bois diversement colorés, cette
composition, nécessairement, rend les figures sèches, dures
et sans rondeur ni relief. Mais dans une peinture à l'huile
les contours se dissolvent doucement et l'on passe d'une
couleur à une autre sans heurt; aussi l'image (le tableau)
devient-elle douce, ronde, pleine de forces et riche en relief.
Arioste nuance et modèle en rondeur... Le Tasse travaille
par morceaux, sèchement. » (P. 17.)
C'est une attitude tout à fait analogue, une attitude
« classique » avec son insistance sur la clarté, la sobriété et
la « séparation des genres » — à savoir, de la science d'une
part et de la religion ou de l'art d'autre part — que nous
retrouvons dans l'œuvre scientifique de Galilée. Et son
aversion contre la numérologie, aussi bien pythagoricienne
que biblique; contre l'emploi du symbolisme et d'analogies
théo et anthropocosmiques, aussi bien par ses adversaires,
qui opposaient à la découverte des « planètes médicéennes »
la valeur éminente du nombre *sept*, que par ses partisans,
qui justifiaient le nombre *quatre* en faisant valoir qu'il
reflétait l'essence quadripartite de Dieu, de l'Univers et de
l'homme (Esprit, Ame, Nature et Matière ou corps); contre
l'adoption de conceptions animistes en astronomie ou en
physique : cette aversion est strictement parallèle à son
opposition farouche au maniérisme littéraire et pictural
dont M. Panofsky nous a si bien montré l'importance et la
profondeur. C'est ce « classicisme » de Galilée qui semble

1. M. Panofsky en publie des reproductions.

pouvoir jeter quelque lumière sur l'énigme de ses relations avec Kepler.

« On sait (mais on ne le comprend guère), écrit M. Panofsky (p. 20) que Galilée, non seulement dans ses premiers écrits, mais même dans son *Dialogue sur les deux plus grands Systèmes du Monde* de 1632, ce livre qui a fait de lui une victime pendant sa vie et un symbole de la liberté intellectuelle pour les temps à venir, a complètement ignoré les découvertes astronomiques fondamentales de Kepler, son intrépide compagnon d'armes dans la lutte pour la reconnaissance du système copernicien et son collègue à l'*Accademia dei Lincei*, collègue avec lequel il entretenait des relations d'estime et de confiance mutuelle. »

Pour expliquer ce fait, profondément troublant, avouons-le, on ne peut pas, ainsi qu'on l'a proposé parfois, invoquer l'ignorance de l'œuvre keplérienne par Galilée. Il est très difficile de croire que Galilée n'ait jamais pris connaissance des travaux de l'illustre « mathématicien impérial », à qui au surplus, il devait la victoire dans la controverse consécutive à la découverte des « astres médicéens »; c'est, en effet, l'appui donné par Kepler au *Nuntius Sidereus* et, encore davantage, l'élaboration de la théorie de l'instrument — du télescope — employé par Galilée dans son travail, qui a finalement fait pencher la balance en sa faveur. De plus, il est certain que les découvertes keplériennes étaient connues et acceptées par les galiléens. Ainsi Bonaventura Cavalieri dit dans son *Specchio Ustorio* (en 1632) que Kepler a « immensément anobli les sections coniques en démontrant clairement que les orbites des planètes étaient non pas des cercles, mais des ellipses »; et déjà vingt ans plus tôt, « les ellipses sont mentionnées comme quelque chose d'universellement connu et comme une réponse convenable aux questions laissées sans solution par la théorie originelle de Copernic » par nul autre que le fondateur de l'*Accademia dei Lincei* lui-même, Frederico Cesi, qui, le 12 juillet 1612, écrit à Galilée : « Je crois avec Kepler qu'obliger les errants à la précision des cercles serait les attacher, contre leur gré, à une meule... aussi sais-je, comme vous-même, que beaucoup de mouvements ne sont pas concentriques, ni par rapport à la Terre, ni par rapport au Soleil... et peut-être n'y a-t-il aucun qui le soit si leurs orbites sont elliptiques comme le veut Kepler » (p. 22).

La conclusion de M. Panofsky qui, avec beaucoup de raison, insiste sur l'importance de la lettre de Cesi — elle semble avoir échappé à l'attention des historiens et des

biographes de Galilée —, me semble donc incontestable
(p. 23) : « Depuis, au moins, 1612, c'est-à-dire trois ans
seulement après la publication de l'*Astronomia nova* et
vingt ans avant la publication de son propre *Dialogue*,
Galilée était au courant de la première et de la seconde loi
de Kepler. Ce n'est pas par manque de renseignements,
c'est de propos délibéré qu'il les a ignorées. Et nous devons
nous demander : pourquoi? »

A ce : pourquoi? Wohlwill, dans son *Galileo Galilei und
sein Kampf für die copernicanische Lehre* (vol. II, p. 88)
avait répondu que, pour Galilée, qui savait bien que le
système copernicien comportait des difficultés dont la solution était indispensable si l'on voulait l'élever au rang d'une
astronomie vraie du système solaire, mais qui, selon toute
probabilité, ne croyait pas à la valeur définitive des solutions képlériennes, il ne s'agissait pas d'atteindre ce but
purement scientifique ; il s'agissait de « rendre clair à tout
être pensant la supériorité de la conception du double
mouvement de la Terre (copernicienne) sur la conception
du monde traditionnelle ». Moi-même, dans mes *Études
galiléennes*, j'avais essayé d'expliquer le silence de Galilée
dans le *Dialogue*, par le fait que cet ouvrage, écrit en italien
et non pas en latin, et s'adressant à l'honnête homme qu'il
s'agissait de gagner à la cause copernicienne, et non au
technicien, était un livre de combat, de polémique *philosophique*, beaucoup plus qu'un livre d'astronomie. En
faveur de mon opinion j'invoquais le fait que le système
de Copernic lui-même — et ceci vaut également pour celui
de Ptolémée — n'y est pas exposé dans sa réalité concrète
(l'excentricité de l'orbe terrestre par rapport au soleil, le
nombre et la composition des orbes planétaires, etc...),
mais nous est présenté sous sa forme la plus simple — le
soleil au centre, les planètes se mouvant autour du soleil
sur des cercles —, forme que Galilée savait pertinemment
être fausse. Et j'aurais pu faire valoir que, si Galilée avait
voulu écrire un ouvrage d'*astronomie* — et non de philosophie générale —, il aurait dû, ainsi que l'a fait Kepler
dans son *Astronomia Nova*, étudier non pas *deux*, mais *trois*
grands systèmes du monde. Il n'aurait pas pu, ainsi qu'il
l'a fait, négliger complètement Tycho Brahé...

M. Panofsky nous objecte que Galilée avait inclus dans
son *Dialogue* suffisamment de choses difficiles ; et qu'il
aurait pu en ajouter encore sans avoir peur de trop embarrasser son lecteur. Je crois, pour ma part, que M. Panofsky

méconnaît la différence des degrés de difficulté entre les choses que Galilée discute dans le *Dialogue* — même le nouveau concept du mouvement — et celles qu'il laisse de côté, et qu'il sous-estime un peu le caractère insolite des lois keplériennes. Je reconnais, toutefois, que l'explication que je viens d'exposer est insuffisante; car si elle pouvait, à la rigueur, expliquer le silence du *Dialogue*, elle ne peut pas expliquer celui de Galilée.

M. Panofsky a donc raison d'admettre qu'il s'agit de quelque chose d'autre, de plus profond, et de citer à ce sujet la phrase d'Einstein : « Que le progrès décisif accompli par Kepler n'ait laissé aucune trace dans l'œuvre de Galilée est une illustration grotesque du fait que, souvent, les esprits créateurs ne sont aucunement réceptifs. » Il a également raison de ne pas se contenter d'un simple manque de réceptivité et de voir dans l'ignorance des découvertes keplériennes par Galilée l'expression de leur rejet tacite par ce dernier, « qui semble les avoir exclues de son esprit, par un moyen que l'on pourrait nommer le processus d'élimination automatique, comme quelque chose qui était incompatible avec les principes qui dominaient sa pensée aussi bien que son imagination » (p. 24).

Ce qui veut dire, en dernière analyse, qu'il rejeta les ellipses keplériennes pour cette simple raison qu'elles étaient des ellipses... et non, comme cela se devait, des cercles.

Tous les historiens connaissent le fameux passage — il se trouve tout au début du *Dialogue* — dans lequel Galilée nous explique la perfection inhérente du mouvement circulaire « qui part toujours d'un terme naturel et se meut toujours vers un terme naturel; dans lequel la répugnance et l'inclination sont toujours de force égale »; qui, de ce fait, n'est ni retardé, ni accéléré, mais uniforme et, par conséquent, capable d'une continuation perpétuelle, qui ne peut avoir lieu dans un mouvement rectiligne et continuellement retardé ou accéléré.

Tout le monde connaît également les passages, non moins fameux, dans lesquels Galilée nous dit que le mouvement rectiligne pouvait avoir été employé pour conduire la matière (du monde) à sa place, mais que, une fois l'œuvre achevée, « la matière doit, soit rester immobile, soit se mouvoir circulairement », et que « le mouvement circulaire seul peut naturellement convenir aux corps naturels composant le monde et disposés dans l'ordre le meilleur; tandis que le rectiligne, autant qu'on puisse dire, est assigné par la nature à ces corps, et à leurs parties, chaque fois qu'ils se trouvent en dehors des lieux qui leur sont attribués ».

Tout le monde les connaît, ces passages, et personne ne peut les lire sans une espèce de malaise : tellement ils nous paraissent anti-galiléens; nous ne pouvons pas admettre que Galilée ait sérieusement professé ces platitudes aristo-téliciennes, tellement contraires à l'esprit même de la science nouvelle, de *sa* science, avec sa négation des « lieux naturels », la géométrisation de l'espace, la destruction du Cosmos. Comme nous ne pouvons pas admettre que Galilée ait pu, autrement que par plaisanterie ou désir de mystification, enseigner dans son *Dialogue* la circularité du mouvement de la chute : n'avait-il pas, lui-même, démontré que la trajectoire du jet était une parabole? Nous savons bien que la hantise de la circularité était puissante dans l'esprit de Galilée... Mais nous nous rebiffons quand même et nous cherchons à atténuer la portée de ses assertions surprenantes, nous nous efforçons de les « interpréter » et de les « expliquer ».

Le grand mérite de M. Panofsky est d'avoir rompu avec ces errements; ayant abordé Galilée par une voie insolite, il a réussi, si j'ose m'exprimer ainsi, à surmonter entièrement la hantise de l'image traditionnelle de celui-ci. Aussi est-il capable de prendre les textes en question *at their face value*, c'est-à-dire à la lettre, et peut-il écrire qu'il fut, tout simplement, « impossible à Galilée de visualiser le système solaire comme une combinaison d'ellipses. Là où nous ne considérons le cercle que comme un cas spécial de l'ellipse, Galilée ne pouvait pas ne pas sentir que l'ellipse est un cercle déformé; une forme dans laquelle l'" ordre parfait " a été troublé par l'intrusion de la rectilinéarité; une forme qui, de ce fait même, ne pouvait pas être produite par ce qu'il concevait comme un mouvement uniforme; et qui, pouvons-nous ajouter, avait été aussi expressément rejetée par l'art de la haute Renaissance qu'elle a été adoptée par le maniérisme » (p. 25).

On pourrait donc presque dire, bien que M. Panofsky ne le dise pas — et peut-être n'a-t-on même pas besoin d'employer le « presque » — que Galilée avait pour l'ellipse la même aversion invincible qu'il éprouvait pour l'ana-morphose; et que l'astronomie keplérienne était, pour lui, une astronomie maniériste.

Je crois, pour ma part, que M. Panofsky a bien raison d'insister sur le rôle éminent que l'idée de la circularité jouait dans la pensée de Galilée; de nous rappeler, par exemple, que — se trouvant, encore une fois, en un accord surprenant avec Léonard de Vinci — Galilée voit le propre des mouvements du corps animal, ou humain, dans la *rotation de ses membres* autour de leurs points d'attache « concaves ou convexes » et les réduit ainsi au « système de cercles et d'épicycles », tandis que Kepler nous affirme, au contraire, que « tous les muscles opèrent selon le principe du mouvement rectiligne [1] » et nie « que Dieu ait institué un mouvement perpétuel non-rectiligne quelconque qui ne soit pas guidé par un principe spirituel » (p. 26). Je me demande, en revanche, s'il a tout autant raison de nous dire que « contrairement à Galilée, et en anticipant la physique post-galiléenne, il [Kepler] considérait le mouvement rectiligne, et non le mouvement circulaire, comme le mouvement privilégié en ce qui concerne le monde corporel [physique] ». D'une part, en effet, le caractère privilégié du mouvement rectiligne *pour le monde matériel* est une des thèses les plus fondamentales de la physique traditionnelle (celle d'Aristote) : si, pour celle-ci, le mouvement circulaire est *naturel* dans les cieux, c'est que, justement, les sphères et les astres ne sont pas matériels, ou que, du moins, leur matière est tout autre que celle de notre monde sublunaire. Or, si la physique moderne, à l'établissement de laquelle Galilée et Kepler ont tous les deux si puissamment, et si diversement, contribué, reconnaît au mouvement *rectiligne* un privilège absolu, c'est dans un sens tout autre que celui dans lequel le fait le mathématicien impérial. Pour celui-ci, le privilège du mouvement rectiligne exprime la finitude, et l'imperfection relative — mais nécessaire — du monde créé : un mouvement rectiligne perpétuel et uniforme est rigoureusement impossible; pour celle-là, son privilège consiste justement dans le fait que, dans son univers infini, il est, par excellence, le mouvement se poursuivant éternellement.

N'oublions pas, non plus, que si Kepler a pu, effectivement, surmonter « la hantise de la circularité », il ne l'a pas fait entièrement : le mouvement des planètes, bien que n'étant plus « naturel » ni même « animal », mais produit par un moteur extérieur, n'engendre pas chez lui — pas plus que chez Galilée — de forces centrifuges... — N'oublions

---

1. Il est intéressant de noter que, tandis que Galilée parle des *mouvements* des membres du corps animal (cinématique), Kepler envisage celui des *muscles* qui les produisent (dynamique). Il en est exactement de même en ce qui concerne l'astronomie.

pas, enfin, que si Kepler en arrive à remplacer les cercles par des ellipses, ce n'est pas de gaîté de cœur qu'il le fait, ni parce qu'il a une prédilection quelconque pour cette courbe si curieuse : c'est parce qu'il ne peut pas faire autrement. En effet, astronome de profession, écrivant pour des techniciens — et non pas, comme Galilée, pour l'honnête homme —, il ne peut pas négliger, comme ce dernier, les données empiriques, c'est-à-dire les observations *très précises* que lui a fournies Tycho Brahé. Il se doit de donner une théorie, non pas générale, mais concrète, des mouvements. Et si, avec une hardiesse intellectuelle incomparable, il se décide d'introduire dans les cieux un mouvement non-circulaire [1], ce n'est qu'après avoir, vainement, cherché à se conformer à la tradition. Sans doute, *post factum* s'apercevra-t-il que l'adoption de l'ellipse introduit une simplification merveilleuse dans le système des mouvements planétaires ; qu'une trajectoire elliptique s'accorde bien mieux avec une conception dynamique — la sienne — de ces mouvements qu'une trajectoire composée de mouvements circulaires ; et qu'une telle trajectoire — dans son imperfection justement — convient bien mieux au monde mobile, temporel et changeant, que la suprême perfection de la sphère. Mais c'est seulement après coup qu'il s'en apercevra. Car pas plus que Galilée — ou, à vrai dire, encore moins que lui —, il n'a jamais douté de celle-ci, et, pas plus que Galilée, il n'a jamais réussi à voir dans l'ellipse autre chose qu'un cercle déformé. Aussi, pour obliger les planètes à en décrire dans le ciel, a-t-il été contraint d'attribuer à celles-ci une « libration » sur leurs rayons-vecteurs et des moteurs propres qui la leur font accomplir. En effet, sous la seule influence de l'action motrice du soleil, les planètes décriraient des cercles. C'est l'action de leurs moteurs propres qui les détourne de ce droit chemin.

M. Panofsky, d'ailleurs, n'en disconvient pas : « Kepler et ses amis, écrit-il (p. 28), n'étaient pas moins fortement ancrés dans la croyance à la suprématie idéale du cercle et de la sphère que Galilée. De même que celui de Galilée, l'univers de Kepler a toujours gardé la forme d'une sphère finie et bien centrée — pour lui, c'était l'image de la Divinité — et il éprouvait une " horreur mystérieuse " à la seule pensée de l'infinitude, " sans limite ni centre " de Bruno. » M. Panofsky ne fait pas de Kepler un « moderne ». Tout au

---

1. A vrai dire, Tycho Brahé l'avait déjà fait. Mais seulement dans le cas d'une comète.

contraire. En effet « si nous admettons comme " moderne ",
écrit-il (p. 28) l'élimination de l'âme de la matière, les corps
célestes y compris, Kepler était bien plus près de l'animisme
classique, si vigoureusement revivifié par la Renaissance,
que Galilée ; s'il a été, à certains égards, et dans des cas de
grande importance, plus près de la vérité [que Galilée], ce
n'est pas tant parce qu'il avait moins de préjugés, que
parce que ses préjugés étaient d'un genre différent ».

C'est juste, sans doute ; je ne crois pas, toutefois, que
cela le soit entièrement. Kepler, me semble-t-il, n'avait pas
seulement d'autres « préjugés » que Galilée ; il en avait, en
fait, plus que lui. Ou, si l'on préfère, il avait gardé, et même
renforcé, certains « préjugés » que Galilée avait perdus ; ou
qui s'étaient estompés dans son esprit. Ainsi, par exemple,
l'horreur devant l'infini de l'Univers : à l'encontre de
Kepler, Galilée n'en éprouve aucune. Aussi son monde, tout
en restant fini, n'est-il pas, comme celui de Kepler, borné
par une voûte céleste portant les étoiles. Ce monde n'est
plus, ou à peine, un Cosmos. Et surtout il n'est plus — ce
qu'il est pour Kepler, qui voit dans le soleil une image et
presque une incarnation du Père, dans la voûte céleste celle
du Fils, et celle du Saint Esprit dans l'intervalle —, plus
du tout, l'expression de la Trinité créatrice.

Or — et ici nous revenons au problème de l'attitude de
Galilée envers Kepler et aux analyses magistrales de
M. Panofsky —, il est bien probable que la symbolique de
Kepler et son usage de raisonnements cosmothéologiques
suscitaient en Galilée la même aversion que provoquait en
lui l'allégorisme de Torquato Tasso. Et l'animisme de
Kepler, son attribution au soleil d'une âme motrice en
vertu de laquelle il tourne autour de lui-même et émet,
comme un tourbillon très rapide, une force motrice magnétique ou quasi-magnétique qui saisit les planètes et les
entraîne autour de lui, devait agir dans le même sens. Pour
Galilée, c'était là un retour à des conceptions magiques ; de
même que le recours répété de Kepler à la notion d'attraction qu'aucun galiléen jamais ne pourra accepter.

Il est malheureux que Galilée n'ait pas su distinguer
entre le contenu mathématique et la substructure « physique » de la doctrine keplérienne. Ne lui en faisons cependant pas trop grief : le contenu et la forme paraissaient
solidaires, et chez Kepler lui-même l'acceptation des trajectoires elliptiques était liée à une conception dynamique,
laquelle, à son tour, était appuyée sur un animisme astral
ou du moins, solaire.

Cela dit, il n'en reste pas moins vrai que « c'est là un des plus étonnants paradoxes de l'histoire : là où l'empirisme progressiste de Galilée l'empêcha de distinguer entre la forme idéale [du cercle] et l'action mécanique, et par là-même contribua à maintenir sa théorie du mouvement sous l'égide de la circularité, l'idéalisme " conservateur " de Kepler lui permit de faire cette distinction et par là contribua à libérer sa théorie du mouvement de la hantise de la circularité » (p. 29).

On pourrait dire, je crois, que le paradoxe est encore plus profond ; car la substitution, par Kepler, d'une dynamique céleste à la cinématique pure de ses prédécesseurs, l'idée grandiose de l'unification scientifique de l'Univers ou, pour employer les termes de Kepler lui-même, l'identification de la physique céleste et de la physique terrestre, repose, sans aucun doute, sur la destruction, par Copernic, de la division du monde en « sublunaire » et « astral ». Mais elle repose tout autant sur la fidélité de Kepler à la conception traditionnelle, aristotélicienne, du mouvement-processus.

En effet, c'est parce qu'il est resté fidèle à cette conception, selon laquelle tout mouvement continu implique nécessairement l'action, également continue, d'un moteur, que l'unification matérielle du monde, c'est-à-dire l'assimilation de la terre aux planètes et donc, des planètes à la terre, lui a imposé la question — qui a déclenché tout le reste — : *a quo moventur planetae?* Qu'est-ce qui fait tourner les planètes? En revanche, parce que, ayant répudié la conception aristotélicienne du mouvement, Galilée est parvenu à celle du mouvement-état et à la découverte du principe d'inertie qu'il avait étendu au mouvement circulaire ou, plus exactement, dont il n'avait pas exclu ce mouvement, il n'a pas eu besoin de se poser cette question et, ayant longuement médité sur le problème *a quo moventur projecta?*, il s'est contenté de la réponse *a nihilo* qu'il avait obtenue.

Les voies de la pensée humaine sont curieuses, imprévisibles, illogiques ; à la route droite elle semble préférer les détours. Aussi ne pouvons-nous mieux faire qu'adopter la conclusion de l'admirable travail de M. Panofsky : « C'est, peut-être, précisément parce que Kepler est parti d'une cosmologie essentiellement mystique, mais a eu la force de la réduire à des assertions quantitatives, qu'il a été capable de devenir un astronome aussi " moderne " que Galilée l'a été comme physicien. Libre de tout mysticisme, mais sujet aux préventions de puriste et de classiciste, Galilée, le père

de la mécanique moderne, fut, dans le domaine de l'astronomie, un explorateur plutôt qu'un démiurge » (p. 31).

Le purisme est une chose dangereuse. Et l'exemple de
Galilée — nullement unique, du reste — montre bien qu'il
ne faut rien exagérer. Même pas l'exigence de la clarté.

UNE EXPÉRIENCE DE MESURE *

Lorsque les historiens de la science moderne [1] essaient de définir son essence et sa structure, ils insistent le plus souvent sur son caractère empirique et concret par opposition au caractère abstrait et livresque de la science classique et médiévale. L'observation et l'expérience menant une offensive victorieuse contre la tradition et l'autorité : telle est l'image, elle aussi traditionnelle, qui nous est habituellement donnée de la révolution intellectuelle au XVIIᵉ siècle, dont la science moderne est à la fois la racine et le fruit.

Ce tableau n'est nullement erroné. Bien au contraire : il est parfaitement évident que la science moderne a élargi au-delà de toute possibilité de mesure notre connaissance du monde et accru le nombre de « faits » — toutes sortes de faits — qu'elle a découverts, observés et rassemblés. En outre, c'est justement ainsi que quelques-uns des fondateurs de la science moderne ont vu et compris leur œuvre et se sont compris eux-mêmes. Gilbert et Kepler, Harvey et Galilée — tous vantent l'admirable fécondité de l'expérience et de l'observation directe, en l'opposant à la stérilité de la pensée abstraite et spéculative [2].

---

* Traduction, par Serge Hutin, d'un texte : « An Experiment in measurement », paru dans les *Proceedings of the American Philosophical Society*, vol. 97, nᵒ 2, avril 1953.

1. J'utiliserai l'expression « science moderne » pour la science qui s'est constituée aux XVIIᵉ et XVIIIᵉ siècles, c'est-à-dire pour la période qui va, en gros, de Galilée à Einstein. Cette science est appelée parfois « classique » par opposition à la science contemporaine; je ne suivrai pas cet usage et réserverai la désignation « science classique » à la science du monde classique, principalement à celle des Grecs.

2. Cf. par exemple W. Whewell, *History of the Inductive Sciences*, 3 vol., London, T. W. Parker, 1837; E. Mach, *Die Mechanik in ihrer Entwicklung, historisch-kritisch dargestellt*, Leipzig, F. A. Brockhaus, 1883, 9ᵉ éd., Leipzig,

Pourtant, quelle que soit l'importance des nouveaux
« faits » découverts et réunis par les *venatores*, l'accumulation d'un certain nombre de « faits », c'est-à-dire une pure
collection de données d'observation ou d'expérience, ne
constitue pas une science : les « faits » doivent être ordonnés,
interprétés, expliqués. En d'autres termes, c'est seulement
lorsqu'elle est soumise à un traitement théorique qu'une
connaissance des faits devient une science.

D'autre part, l'observation et l'expérience — c'est-à-dire
l'observation et l'expérience brutes, celles du sens commun
— ne jouèrent qu'un rôle peu important dans l'édification
de la science moderne [1]. On pourrait même dire qu'elles ont
constitué les principaux obstacles que la science a ren-
contrés sur son chemin. Ce n'est pas l'*expérience*, mais
l'*expérimentation* qui développa sa croissance et favorisa sa
victoire : l'empirisme de la science moderne ne repose pas
sur l'expérience, mais sur l'expérimentation.

Je n'ai certainement pas besoin d'insister ici sur la différence entre « expérience » et « expérimentation ». Je voudrais néanmoins souligner le lien étroit qui existe entre
l'expérimentation et l'élaboration d'une théorie. Loin de
s'opposer l'une à l'autre, l'expérience et la théorie sont
liées et mutuellement interdéterminées, et c'est avec le
développement de la précision et le perfectionnement de
la théorie que croissent la précision et le perfectionnement
des expériences scientifiques. En effet, une expérience
scientifique — comme l'a si bien exprimé Galilée — étant
une question posée à la nature, il est parfaitement clair que
l'activité qui a pour résultat de poser cette question est
fonction de l'élaboration du langage dans lequel cette activité est formulée. L'expérimentation est un processus
téléologique dont le but est déterminé par la théorie.
L'« activisme » de la science moderne, si bien remarqué —
scientia activa, operativa — et si mal interprété par Bacon,
n'est que la contrepartie de son développement théorique.

Nous avons à ajouter, d'ailleurs — et ceci détermine les
traits caractéristiques de la science moderne — que la
recherche théorique adopte et développe le mode de pensée
du mathématicien. C'est la raison pour laquelle son « empi-

F. A. Brockhaus, 1933; en français sous le titre : *La Mécanique*, ouvrage traduit sur la 4e édition allemande, Paris, A. Hermann, 1904.
    1. Comme l'ont déjà reconnu Tannery et Duhem, la science aristoté-
licienne s'accorde bien mieux avec l'expérience commune que celle de Galilée
et de Descartes. Cf. P. Tannery, « Galilée et les principes de la dynamique »,
in *Mémoires scientifiques*, t. VI, pp. 400 sq., Toulouse, E. Privat, 1926;
P. Duhem, *Le Système du monde*, t. 1, pp. 194-195, Paris, Hermann, 1913.

risme » diffère *toto caelo* de celui de la tradition aristotélicienne [1] : « Le livre de la nature est écrit en caractères géométriques », déclarait Galilée; cela implique que, pour
atteindre son but, la science moderne est tenue de remplacer
le système des concepts flexibles et demi-qualitatifs de la
science aristotélicienne par un système de concepts rigides
et strictement quantitatifs. Ce qui signifie que la science
moderne se constitue en substituant au monde qualitatif,
ou plus exactement *mixte*, du sens commun (et de la science
aristotélicienne), un monde archimédien de géométrie
devenu réel ou — ce qui est exactement la même chose —
en substituant au monde du plus ou moins qu'est celui de
notre vie quotidienne, un Univers de mesure et de précision. En effet, cette substitution exclut automatiquement
de l'Univers tout ce qui ne peut être soumis à mesure
exacte [2].

C'est cette recherche de la précision quantitative, de la
découverte de données numériques exactes, de ces
« nombres, poids, mesures », avec lesquels Dieu a construit
le monde, qui forme le but et détermine ainsi la structure
même des expériences de la science moderne. Ce processus
ne coïncide pas avec les recherches dans le domaine de
l'expérience au sens général du terme : ni les alchimistes,
ni Cardan, ni Giambattista Porta — ni même Gilbert — ne
cherchent des résultats mathématiques. Et cela parce qu'ils
considèrent le monde comme un ensemble de qualités bien
plus que comme un ensemble de grandeurs. Le qualitatif,
en effet, est incompatible avec la précision de la mesure [3].
Rien n'est plus significatif à ce sujet que le fait que Boyle
et Hooke (tous deux expérimentateurs de premier ordre,
connaissant la valeur des mesures précises) fassent une
étude purement qualitative des couleurs spectrales. Rien
ne révèle mieux l'incomparable grandeur de Newton que

---

1. C'est un empirisme que la tradition aristotélicienne oppose au mathématisme abstrait de la dynamique galiléenne. Cf., sur l'empirisme des aristotéliciens, J. H. Randall, Jr., « Scientific Method in the School of Padua »,
Journ. Hist. of Ideas, t. I, pp. 177-206, 1940.

2. Cela ne s'applique en fait qu'aux sciences dites « exactes » (physico-
chimiques), par opposition à la « science » ou histoire qualifiée de « naturelle »
(aux sciences qui traitent du monde « naturel » de notre perception et de
notre vie) qui ne rejettent pas — et ne le pourraient peut-être pas — la
qualité, pour substituer un monde de mesures exactes au monde du « plus
ou moins ». En tout cas, ni en botanique ni en zoologie, ni même en physio-
logie et en biologie, les mesures exactes n'ont joué de rôle; leurs concepts
sont toujours les concepts non mathématiques de la logique aristotélicienne.

3. La qualité peut être ordonnée, mais non mesurée. Le « plus ou moins »
que nous utilisons en référence à la qualité nous permet de construire une
échelle, mais non d'appliquer une mesure exacte.

son aptitude à transcender le domaine de la qualité pour
pénétrer dans le domaine de la réalité physique, c'est-à-dire
dans ce qui est quantitativement déterminé. Mais en dehors
des difficultés théoriques (conceptuelles) et psychologiques
qui gênent l'application de l'idée de rigueur mathématique
au monde de la perception et de l'action, la réalisation
effective de mesures correctes rencontre au XVIIe siècle des
difficultés techniques dont nous n'avons, je le crains, en
vivant dans un monde encombré et dominé par les instruments de précision, qu'une très faible compréhension.
Même des historiens qui — comme le faisait remarquer
M. I. Bernard Cohen — nous présentent trop souvent les
expérimentations décisives du passé non telles qu'elles
furent réalisées *alors*, mais comme elles *sont* réalisées *maintenant* dans nos laboratoires et nos écoles, n'ont pas pleinement conscience des conditions réelles, et donc du véritable
sens, de l'expérimentation à l'époque héroïque de la science
moderne [1]. Et c'est en vue d'apporter une contribution à
l'histoire de la constitution des méthodes expérimentales
de la science que je vais essayer de retracer ici l'histoire de
la première tentative consciente et suivie d'une mesure
expérimentale; la mesure d'une constante universelle : la
constante d'accélération des corps en chute libre.

Chacun sait l'importance historique de la loi de la chute,
la première des lois mathématiques de la nouvelle dynamique développée par Galilée, la loi qui établissait, une fois
pour toutes, que « le mouvement est soumis à la loi du
nombre [2] ». Cette loi présuppose que la pesanteur, bien
qu'elle ne soit nullement une propriété essentielle des corps
(et dont, de plus, nous ignorons la nature) est, néanmoins,
leur propriété universelle (tous les corps sont « lourds » et
il n'y en a pas de « légers »); en outre, elle est pour chacun
d'eux une propriété invariable et constante. C'est seulement
dans ces conditions-là que la loi galiléenne est valable (dans
le vide).

Cependant, en dépit de l'élégance mathématique et de la
vraisemblance physique de la loi galiléenne, il est évident
que celle-ci n'est pas la seule loi possible [3]. En outre, nous

---

1. Cf. I. Bernard Cohen, « A Sense of History in Science », *Amer. Journ.
Physics*, t. 18 (6e s.), pp. 343 sq., 1950.
2. Cf. Galileo Galilei, *Discorsi e Dimostrazioni matematiche intorno a due
nuove scienze*, *Opere*, Edizione Nazionale, t. 8, p. 190, Firenze, 1898.
3. G. B. Baliani propose ainsi une loi selon laquelle les espaces traversés
sont *ut numeri* et non *ut numeri impares ;* Descartes et Torricelli discutent la
possibilité pour les espaces d'être en proportion cubique et non carrée par
rapport au temps; dans la physique newtonienne l'accélération est une

ne sommes pas dans le vide mais dans l'air, non dans l'espace abstrait mais sur la Terre, et même peut-être sur une Terre qui se meut. Il est tout à fait clair qu'une vérification expérimentale de la loi, aussi bien que la possibilité de l'appliquer aux corps tombant dans notre espace, *in hoc vero aere*, est indispensable. Comme est indispensable la détermination de la valeur concrète de l'accélération (*g*).

On sait avec quelle ingéniosité extrême Galilée, incapable de réaliser des mesures directes, substitue à la chute libre le mouvement sur un plan incliné, d'une part, et celui du pendule de l'autre. Il n'est que juste de reconnaître son immense mérite et son intuition géniale — et le fait qu'ils sont basés sur deux suppositions erronées ne les diminue en rien [1]. Mais il est juste également de mettre en lumière la stupéfiante et pitoyable pauvreté des moyens expérimentaux qui étaient à sa disposition.

Laissons-le nous dire lui-même son *modus procedendi* [2] : « Dans une pièce de moulure — ou plutôt un chevron en bois — longue d'environ douze brasses et large d'un côté d'une demi-brasse, de l'autre de trois doigts, avait été creusé sur la place la plus étroite un petit canal d'un peu plus d'un doigt de largeur. On l'avait tracé très droit et, pour le rendre bien lisse et poli, on l'avait tapissé d'un parchemin aussi tanné et lustré que possible, afin qu'il serve de chemin de roulement à une boule en bronze très dur, bien ronde et polie. Ayant placé cette pièce en position inclinée en élevant l'une de ses extrémités d'une ou deux brasses, à volonté, au-dessus du plan horizontal, nous avons fait (comme je viens de le dire) rouler la boule

---

fonction de l'attraction et n'est donc pas constante. De plus, comme Newton lui-même n'omet pas de le faire remarquer, la loi d'attraction du carré inverse n'est nullement la seule possible.

1. Les expériences de Galilée sont fondées sur les suppositions suivantes : *a*) que le mouvement d'une boule *roulant* le long d'un plan incliné est équivalent à celui d'un corps *glissant* (sans friction) sur le même plan; *b*) que le mouvement pendulaire est parfaitement isochrone. Cet isochronisme étant une conséquence de sa loi de chute, une confirmation expérimentale du premier confirmait cette dernière. Malheureusement, aucune mesure directe des périodes consécutives d'oscillation n'est possible : simplement, parce qu'il n'y a pas d'horloges avec lesquelles nous pourrions les mesurer. Galilée donc — et on ne peut qu'admirer son génie expérimental — substitue à la mesure directe la comparaison du mouvement de deux pendules différents (d'égale longueur) dont les balanciers, bien qu'ayant des oscillations accomplies avec des amplitudes différentes, n'en arrivent pas moins au même moment à leur position d'équilibre (le point le plus bas de la courbe). La même expérience faite avec des pendules dont les balanciers sont constitués par des corps de poids différents, démontre que les corps lourds et légers (individuellement aussi bien que spécifiquement) tombent avec la même vitesse. Cf. *Discorsi*, pp. 128 sq.

2. Cf. *Discorsi, Giornata terza*, pp. 212 sq. Traduction française du texte original.

le long dudit canal, en notant, de la manière que je dirai plus loin, le temps consumé par la descente complète, et en recommençant la même chose un grand nombre de fois, afin de bien s'assurer de la quantité du temps où n'apparaissait pas de variation supérieure à un dixième de battement de pouls. Ayant fait et établi précisément une telle opération, nous avons fait rouler la même boule sur le quart de la longueur totale du canal et mesuré le temps de sa descente, que nous avons toujours trouvé être très exactement la moitié du premier. Et faisant ensuite l'expérience d'autres parties et comparant alors le temps sur toute la longueur avec le temps sur la moitié, ou les deux tiers, ou les trois quarts, ou enfin sur n'importe quelle autre fraction, en répétant une bonne centaine de fois, nous avons toujours trouvé que les espaces parcourus étaient entre eux comme les carrés des temps, et cela pour toutes les inclinaisons du plan, c'est-à-dire du canal le long duquel descendait la boule. De là nous avons encore observé que les temps de descente pour diverses inclinaisons conservaient entre eux de manière excellente cette proportion que nous trouverons plus loin avoir été assignée pour eux et démontrée par l'auteur [1].

« Quant à la mesure du temps, nous la fîmes à l'aide d'un grand seau plein d'eau, suspendu à une certaine hauteur, d'où sortait, par un fin tuyau soudé sur le fond, un mince filet d'eau reçu dans un petit verre durant tout le temps de la descente — totale ou partielle — de la boule. Les quantités d'eau recueillies étaient pesées chaque fois sur une balance très exacte donnant par la différence et proportion de leurs poids la différence et proportion des temps. Et cela avec une telle justesse que, comme on l'a dit, les opérations maintes et maintes fois répétées ne donnèrent jamais de différences notables pour chacun des temps. »

Une boule en bronze roulant dans une rainure « lisse et polie » taillée dans du bois! Un récipient d'eau avec un petit trou par lequel l'eau passe et que l'on recueille dans un petit verre pour la peser ensuite et mesurer ainsi les temps de descente (la clepsydre romaine, celle de Ctésibius, était un bien meilleur instrument) : quelle accumulation de sources d'erreur et d'inexactitude!

Il est évident que les expériences de Galilée sont complètement dénuées de valeur : la perfection même de leurs

1. La vitesse de la descente est proportionnelle au sinus de l'angle d'inclinaison. Cf. *ibid.*, pp. 215, 219.

résultats est une preuve rigoureuse de leur inexactitude[1].

Il n'est pas étonnant que Galilée, qui est sans doute pleinement conscient de tout cela, évite autant que possible (par exemple dans les *Discours*) de donner une valeur concrète pour l'accélération; et que, chaque fois qu'il en donne une (comme dans le *Dialogue*), celle-ci soit radicalement fausse. Tellement fausse que le P. Mersenne a été incapable de dissimuler sa surprise :

« Or il suppose, écrit-il à Peiresc[2], que le boulet tombe cent brasses dans cinq secondes, d'où il s'ensuit qu'il ne tombera que quatre brasses dans une seconde quoique je sois assuré qu'il tombe de plus haut. »

En effet, quatre coudées — pas même sept pieds[3] — sont moins que la moitié de la vraie valeur; et environ la moitié de la valeur que le P. Mersenne établira lui-même. Et pourtant, le fait que les chiffres donnés par Galilée soient grossièrement inexacts n'a rien de surprenant; tout au contraire : il serait surprenant, et même miraculeux, qu'ils ne le fussent pas. Ce qui est surprenant, c'est le fait que Mersenne, dont les moyens d'expérimentation n'étaient pas beaucoup plus riches que ceux de Galilée, ait pu obtenir des résultats tellement meilleurs.

La sience moderne se trouve ainsi, à ses débuts, dans une situation plutôt étrange et même paradoxale : elle choisit la précision comme principe; elle affirme que le réel est géométrique par essence et soumis, par conséquent, à la détermination et à la mesure rigoureuses (*vice versa*, des mathématiciens comme Barrow et Newton voient dans la géométrie elle-même une science de la mesure[4]); elle découvre et formule (mathématiquement) des lois qui lui permettent de déduire et de calculer la position et la

1. Les historiens modernes, accoutumés à voir les expériences de Galilée faites à l'intention des étudiants dans nos laboratoires scolaires, acceptent cet exposé étonnant comme vérité d'évangile et louent Galilée d'avoir établi ainsi non seulement la validité empirique de la loi de chute, mais cette dernière aussi. (Cf., parmi beaucoup d'autres, N. Bourbaki, *Éléments de mathématique*, 9, première partie, liv. IV, chap. I-III, Note historique, p. 150 (« Actualités scientifiques et industrielles », no 1074, Paris, Hermann, 1949). Cf. Appendice 1.

2. Marin Mersenne, *Lettre à Peiresc* du 15 janvier 1635; cf. Tamizey de Larroque, *La Correspondance de Peiresc*, t. 19, p. 112, Paris, A. Picard, 1892; cf. *Harmonie universelle*, t. 1, 2e s., pp. 85, 95, 108, 112, 144, 156, 221, Paris, 1636.

3. La coudée florentine, utilisée sans doute par Galilée, contient 20 pouces, c'est-à-dire 1 pied et 8 pouces, et le pied florentin est égal au pied romain, qui est égal à 29,57 cm.

4. Cf. Isaac Barrow, *Lectiones Mathematicae* de 1664-1666 (*The Mathematical Works of Isaac Barrow*, D. B., ed. by W. Whewell, Cambridge, C.U.P., 1860), pp. 216 sq.; Isaac Newton, *Philosophiae naturalis principia mathematica*, préface, London, 1687.

vitesse d'un corps en chaque point de sa trajectoire et à chaque instant de son mouvement, et elle n'est pas capable de les utiliser parce qu'elle n'a aucun moyen de déterminer une durée, ni de mesurer une vitesse. Cependant, sans ces mesures, les lois de la nouvelle dynamique demeurent abstraites et vides. En vue de leur donner un contenu réel, il est indispensable de posséder les moyens de mesurer le temps (l'espace est facile à mesurer), c'est-à-dire des *organa chronou*, des *orologii*, comme Galilée les a appelés; en d'autres termes : des horloges de précision [1].

Le temps, en effet, ne peut être mesuré directement, mais seulement au moyen d'autre chose qui l'exprime. C'est-à-dire :

a) soit un processus constant et uniforme, comme par exemple le mouvement constant et uniforme de la sphère céleste, ou le débit constant et uniforme de l'eau dans la clepsydre de Ctésibius [2];

b) soit un processus qui, bien que non uniforme en lui-même, peut être répété, ou se répète, automatiquement;

c) soit enfin un processus qui, bien que ne se répétant pas d'une manière identique, emploie pour sa réalisation le même temps, nous présentant ainsi en quelque sorte un atome ou une unité de durée.

C'est dans le mouvement pendulaire que Galilée trouva un tel processus. En effet, un pendule, à condition bien entendu que tous les obstacles extérieurs et intérieurs (comme la friction ou la résistance de l'air) fussent éliminés, reproduirait et répéterait ses oscillations d'une manière parfaitement identique jusqu'à la fin des temps. De plus, même *in hoc vero aere* où son mouvement est continuellement retardé et où deux oscillations ne peuvent être

---

1. L'inexactitude des horloges des xvi⁰ et xvii⁰ siècles est bien connue; les horloges de précision sont des sous-produits du développement scientifique (cf. Willis I. Milham, *Time and timekeepers*, N. Y., Macmillan, 1923; L. Defossez, *Les Savants du XVII⁰ siècle et la mesure du temps*, Lausanne, éd. Journal Suisse d'horlogerie, 1946), et pourtant leur construction est expliquée d'ordinaire par le besoin de résoudre le problème des longitudes, c'est-à-dire par la pression des besoins pratiques de la navigation, dont l'importance économique s'était considérablement accrue depuis la circumnavigation de l'Afrique et la découverte de l'Amérique (cf. par exemple Lancelot Hogben, *Science for the citizen*, 2⁰ éd., pp. 235 sq.; London. G. Allen and Unwin, 1946). Sans nier l'importance des besoins pratiques ou des facteurs économiques sur le développement de la science, je crois cette explication qui combine les préjugés baconiens et marxistes en faveur de la *praxis* et contre la *theoria*, au moins fausse à 50 % : les raisons de construire des instruments corrects pour mesurer le temps étaient et sont encore immanentes au développement scientifique lui-même. Cf. mon article, « Du monde de l'à-peu-près à l'univers de la précision », *Critique*, n. 28, 1946.

2. Cf. sa description dans H. Diels, *Antike Technik*, 3⁰ éd., Leipzig, Teubner, 1924.

strictement identiques, la période de ces oscillations demeure constante.

Ou, pour l'exprimer dans les propres termes de Galilée [1] :

« Avant toute autre chose, il faut avertir que chaque pendule a le temps de sa vibration tellement défini et préfixé qu'il n'est pas possible de le faire mouvoir sur une autre période que la seule qui lui soit naturelle », et qui ne dépend ni du poids du balancier, ni de l'amplitude de l'oscillation, mais uniquement de la longueur du fil de suspension.

Cette grande découverte, Galilée l'a d'ailleurs réalisée; mais non pas — comme à la suite de Viviani, on l'explique encore dans les manuels [2] — en regardant les oscillations du grand lustre de la cathédrale de Pise et en établissant leur isochronisme par comparaison avec les battements de son pouls, mais par des expériences extrêmement ingénieuses dans lesquelles il comparait les oscillations de deux pendules de même longueur mais ayant des balanciers en matière différente et donc de poids différents (liège et plomb [3]), et avant tout par une intense réflexion mathématique. C'est ainsi que Salviati dit [4] :

« Et quant à la première question, celle de savoir si le même pendule accomplit vraiment et ponctuellement toutes ses vibrations, grandes, moyennes et petites, dans le même temps exactement, je m'en remets à ce que j'ai déjà entendu de notre académicien; lequel démontre bien que le mobile qui descend par les cordes sous-tendant n'importe quel arc, les parcourt *nécessairement* toutes en des temps égaux, aussi bien la corde d'un arc de 180° (c'est-à-dire tout le diamètre) que la corde d'un arc de 100°, 60°, 10°, 2°, 1/2° ou 4 minutes, étant entendu que toutes se terminent au point le plus bas, au contact du plan horizontal. Par ailleurs, en ce qui concerne les descentes le long des arcs, élevés sur l'horizon, des mêmes cordes, mais arcs moindres qu'un quart de cercle — c'est-à-dire 90° — l'expérience montre aussi qu'elles sont à

---

1. Cf. Galileo Galilei, *Discorsi*, p. 141.
2. Les fameux lustres furent placés dans la cathédrale de Pise trois ans après le départ de Galilée de cette cité; à l'époque où Viviani place la découverte, la coupole de la cathédrale de Pise était encore nue et vide. Cf. E. Wohlwill, « Ueber einen Grundfehler aller neueren Galilei-Biographien », *Münchener medizinische Wochenschrift*, 1903, et *Galilei und sein Kampf für die Copernicanische Lehre*, t. 1, Hamburg und Leipzig, L. Voss, 1909; R. Giacomelli, « Galileo Galilei Giovane e il suo " De motu " », *Quaderni di storia e critica della scienza*, t. 1, Pisa, 1949.
3. Cf. *supra*, p. 293, n. 1.
4. Cf. Galileo Galilei, *Discorsi*, p. 139.

temps égal — seulement plus court que pour les cordes. Effet d'autant plus remarquable qu'à première vue ce devrait être l'inverse. Car dès lors que les points extrêmes (origine et fin) des mouvements sont les mêmes et que la ligne droite est la plus courte entre ces points, il semblerait raisonnable que le mouvement qui s'effectue par elle soit le plus bref. Et ce n'est pas le cas; le temps le plus court — et donc le mouvement le plus rapide — s'obtient le long de l'arc dont la ligne droite est la corde.

« Quant à la proportion des temps de vibration de pendules pendus à des fils de diverses longueurs, elle est la proportion sous-double des longueurs des fils; je veux dire que les longueurs sont en proportion double des temps ou comme les carrés de ces temps. Pour que le temps de vibration d'un pendule soit par exemple double d'un autre, il faut que la longueur de sa corde soit quadruple. Et encore un pendule ne fera trois vibrations pour une d'un autre que s'il est neuf fois plus long. D'où il suit que les longueurs des cordes sont entre elles comme les carrés des nombres de vibrations qui s'effectuent dans le même temps. »

On ne peut qu'admirer la profondeur de la pensée galiléenne, qui se manifeste dans son erreur même : les oscillations du pendule ne sont pas, bien sûr, isochrones, et le cercle n'est pas la ligne de la plus rapide descente, mais, pour employer le terme du xviiie siècle, la courbe « brachistochrone » et la courbe sur laquelle sont accomplies les oscillations dans le même temps (ou courbe « tautochrone »), sont pour Galilée la même ligne [1].

Il est assez étrange qu'ayant découvert l'isochronisme du pendule — base même de toute la chronométrie moderne — Galilée, bien qu'il ait tenté de réaliser un chronomètre et même de construire une horloge à pendule mécanique en tenant compte de cette découverte [2] — ne l'utilisa

---

1. Les temps de descente sur toutes les cordes étaient égaux et le mouvement le long de l'arc (circulaire) étant plus rapide que celui le long de la corde, il était raisonnable pour Galilée de supposer que la descente le long de l'arc était la plus rapide possible et que le mouvement du pendule était, par conséquent, isochrone. Le fait que ce n'était pas le cas fut découvert expérimentalement par Mersenne en 1644 (cf. *Cogitata Physico-Mathematica, Phenomena Ballistica*, Parisiis, 1644, propositio XV, septimo, p. 42) et théoriquement par Huygens qui, en 1659, démontra que la ligne « tautochrone » de descente est la cycloïde et non le cercle (la même découverte fut faite, indépendamment, par Lord Brounker, en 1662). Quant au fait que la cycloïde est en même temps la courbe de plus rapide descente (« brachistochrone »), il fut démontré par J. Bernoulli en 1696, et indépendamment — en réponse au défi de Bernoulli — par Leibniz, L'Hôpital et Newton.

2. Cette horloge, ou plus exactement, son mécanisme central régulateur, fut construite par Viviani; cf. *Lettera di Vincenzio Viviani al Principe*

jamais dans ses propres expériences. Il semble que ce fut le P. Mersenne qui, le premier, eut cette idée.

En fait, Mersenne ne nous dit pas, *expressis verbis*, qu'il employa le pendule comme moyen de mesurer le temps de descente des corps lourds, dans les expériences qu'il décrit dans son *Harmonie universelle*[1]. Mais comme, dans le même ouvrage, il donne une description minutieuse du mouvement du pendule semi-circulaire et qu'il insiste sur ses diverses utilisations, en médecine (pour la détermination des variations dans la vitesse des battements du cœur), en astronomie (pour l'observation des éclipses de Lune et de Soleil), etc. [2], il est pratiquement certain, et confirmé de plus par un autre passage de l'*Harmonie universelle*, que, non seulement il utilisa un pendule, mais que ce pendule était long de trois pieds et demi [3]. C'est en effet

---

Leopoldo de' Medici intorno al applicazione del pendolo all'orologio, in Galileo Galilei, *Opere*, Ed. Naz., t. 19, pp. 647 sq., Firenze, 1907; cf. également E. Gerland-F. Traumüller, *Geschichte der physikalischen Experimentierkunst*, pp. 120 sq., Leipzig, W. Engelmann, 1899; L. Defossez, *op. cit.*, pp. 113 sq.

1. Cf. *Harmonie universelle*, t. 1, pp. 132 sq., Paris, 1636.

2. *Ibid.*, p. 136 : « Quoy qu'il en soit, cette manière d'Horloge peut servir aux observations des Éclypses de Soleil, et de la Lune, car l'on peut conter les secondes minutes par les tours de la chorde, tandis que l'autre fera les observations, et marquer combien il y aura de secondes, de la première à la seconde et à la troisième observation, etc. »

« Les Médecins pourront semblablement user de cette méthode pour reconnoitre de combien le poux de leurs malades sera plus vite ou plus tardif à diverses heures, et divers jours, et combien les passions de cholere, et les autres le hastent ou le retardent; par exemple, s'il faut une chorde de trois pieds de long pour marquer la durée du poux d'aujourd'hui par l'un de ses trous, et qu'il en faille deux, c'est-à-dire un tour et un retour pour le marquer demain, ou qu'il ne faille plus qu'une chorde longue de 3 /4 de pied pour faire un tour en mesme temps que le poux bat une fois, il est certain que le poux bat deux fois plus viste. »

3. *Ibid.*, p. 220; Corollaire 9 : « Lorsque j'ay dit que la chorde de 3 pieds et demy marque les secondes par les tours ou retours, je n'empesche nullement que l'on n'accourcisse la chorde, si l'on trouve qu'elle soit trop longue, et que chacun de ses tours dure un peu trop pour une seconde, comme j'ay quelquefois remarqué, suivant les différentes horloges communes ou faites exprez : par exemple le mesme horloge commun, dont j'ay souvent mesuré l'heure entière avec 3 600 tours de la chorde de 3 pieds et demy, n'a pas fait d'autres fois son heure si longue : car il a fallu seulement faire la chorde de 3 pieds pour avoir 900 retours dans l'un des quarts d'heure dudit horloge : et i'ay experimenté sur une monstre à rouë faite exprez pour marquer les seules secondes minutes, que la chorde de 2 pieds et demi ou environ faisoit les tours esgaux ausdites secondes. Ce qui n'empesche nullement la vérité ny la iustesse de nos observations, à raison qu'il suffit de sçavoir que les secondes dont le parle, sont esgales à la durée des tours de ma chorde de 3 pieds et demy : de sorte que si quelqu'un peut diviser le jour en 24 parties esgales, il verra aisément si ma seconde dure trop, et de combien est trop longue. » Pour ses expériences ultérieures relatées dans *Cogitata Physico-Mathematica, Phenomena Ballistica*, pp. 38 sq., Mersenne utilisait un pendule de trois pieds seulement. Il avait remarqué que celui de trois pieds et demi était un peu trop long, bien que la différence fût pratiquement imperceptible; cf. *Cogitata*, p. 44.

la période d'un tel pendule qui, selon Mersenne, est exactement égale à une « seconde du premier mobile [1] ».

Les résultats des expériences de Mersenne, « réalisées plus de cinquante fois », sont tout à fait concordants : le corps en tombant traverse 3 pieds en une demi-seconde, 12 en une seconde, 48 en deux, 108 en trois, et 147 en trois et demi. Ce qui fait presque deux fois autant (80 % en plus) que les chiffres donnés par Galilée. Mersenne écrit donc [2] :

« Mais quant à l'expérience de Galilée, je ne peux m'imaginer d'où vient la grande différence qui se trouve ici à Paris, et aux environs, touchant le temps des chutes, qui nous a toujours paru beaucoup moindre que le sien : ce n'est pas que je veuille reprendre un si grand homme de peu de soin en ses expériences : mais je les ai faites plusieurs fois de différentes hauteurs, en présence de plusieurs personnes judicieuses, et elles ont toujours succédé de la même sorte : c'est pourquoi si la brasse dont Galilée s'est servi n'a qu'un pied et deux tiers, c'est-à-dire 20 pouces de pied de Roy dont on use à Paris, il est certain que le boulet descend plus de cent brasses en 5 secondes. »

En effet, explique Mersenne, « les 100 coudées de Galilée sont égales à 166 2/3 de " nos " pieds [3]. Mais les expériences personnelles de Mersenne « répétées plus de 50 fois » ont donné des résultats tout à fait différents. Selon elles, en 5 secondes un corps lourd ne traversera pas 100, mais 180 coudées ou 300 pieds.

Mersenne ne nous dit pas qu'il a réellement fait tomber des corps lourds d'une hauteur de 300 pieds : c'est en appliquant la « proportion double » aux données expérimentales à sa disposition qu'il en arrive à cette conclusion. Cependant, comme ces données « démontrent » qu'un corps lourd tombe de 3 pieds en une demi-seconde, de 12 en une seconde, de 48 en deux, de 108 en trois et de 147 en trois et demi [4] — chiffres qui sont en parfait accord avec la

1. « Une seconde du premier mobile » est le temps dans lequel le « premier mobile » (c'est-à-dire les cieux ou la Terre) effectue une rotation d'une seconde.
2. Cf. *Harmonie universelle*, t. I, p. 86.
3. En fait, le pied utilisé par Galilée est plus court — 29,57 cm — que le pied royal (32,87 cm) utilisé par Mersenne. La différence entre leurs données respectives est donc bien plus grande encore que ce dernier ne le suppose.
4. Mersenne obtint en fait 110 et non 108 pieds d'une part, et 146 1/2 de l'autre. Mais Mersenne ne croit pas à la possibilité d'atteindre l'exactitude par l'expérience — en considération des moyens dont il dispose, il a parfaitement raison — et présume donc qu'il a le droit de corriger les données expérimentales en vue de les adapter à la théorie. A nouveau, il a parfai-

proportion double — Mersenne se sent autorisé, et même obligé, d'affirmer qu'un corps lourd tombera de 166 pieds 2/3 en 3 secondes 18/25 seulement, et non en 5. De plus, ajoute-t-il, il résulterait des chiffres de Galilée qu'un corps lourd ne tomberait que d'une coudée en une demi-seconde, et de quatre coudées (c'est-à-dire environ 6 pieds 2/3) en une seconde, au lieu des 12 pieds qu'il descend en fait.

Les résultats des expériences de Mersenne — les chiffres obtenus par lui, dont il est très fier, et dont il se sert pour calculer le temps durant lequel des corps tomberaient de toutes les hauteurs possibles (même de la Lune et des étoiles [1]), et la longueur de toutes sortes de pendules avec des périodes allant jusqu'à 30 secondes — constituent sans aucun doute un progrès par rapport aux résultats obtenus par Galilée. Ils impliquent pourtant une conséquence assez gênante, opposée non seulement au sens commun et aux enseignements fondamentaux de la mécanique, mais aussi aux calculs de Mersenne lui-même : la descente sur la périphérie du cercle est plus rapide que la descente sur la « perpendiculaire [2] ».

Mersenne ne semble pas avoir remarqué cette conséquence (personne d'autre non plus, d'ailleurs), au moins pendant quelques années. En tout cas il ne la mentionne pas avant les *Cogitata Physico-Mathematica* de 1644, où, reprenant à nouveau la discussion de la loi de la chute et des propriétés du pendule, il en fait état, bien que d'une façon un peu vague, en même temps que de celle du non-isochronisme des grandes et petites oscillations [3].

Ayant ainsi expliqué combien il est étrange qu'un pendule de 3 pieds (qu'il utilise maintenant à la place de celui de 3 pieds et demi utilisé auparavant) fasse sa demi-oscillation en une demi-seconde exactement (c'est-à-dire, descend de 3 pieds), quand des corps tombant en chute libre traversent 12 pieds en une seconde (ce qui fait exactement 3 pieds en une demi-seconde) alors que, selon les calculs faits dans l'*Harmonie universelle*, il devrait tra-

---

tement raison, aussi longtemps évidemment qu'il reste (et il le fait) en deçà de la marge d'erreurs expérimentales. Inutile de dire que la manière de faire de Mersenne a toujours, depuis, été suivie par la science. Cf. Appendice 2.

   1. Cf. *Ibid.*, p. 140. Dans ses calculs Mersenne suppose — comme Galilée — que la valeur de l'accélération est une constante universelle.

   2. La boule descend sur le quadrant du cercle aussi vite que sur le rayon, si ce rayon est égal à 3 pieds, ou plus vite encore si le rayon est égal à 3 pieds 1/2.

   3. Cf. *Cogitata Physico-Mathematica, Phenomena Ballistica*, pp. 38 et 39; voir Appendice 3.

verser dans le temps d'une demi-oscillation 4/7 du demi-diamètre[1] (c'est-à-dire 33/7 ou 5 pieds), il continue :

« ... ceci explique une très grande difficulté car les deux [les faits] ont été confirmés par de nombreuses observations, à savoir que des corps qui tombent traversent sur la perpendiculaire 12 pieds seulement, et que le pendule de 3 pieds descend de C à B en une demi-seconde ; ce qui ne peut se produire que si le globe [du pendule] descend de C en B sur la circonférence en même temps qu'un globe similaire [tombe] sur la perpendiculaire AB. Maintenant comme celui-ci devrait descendre 5 pieds dans le temps où le globe va de C à D, je ne vois aucune solution. »

On pourrait, certes, supposer que les corps tombent plus vite qu'il n'a été admis : mais ce serait contraire à toutes les observations. Nous avons donc, précise Mersenne, à accepter soit que les corps tombent sur la perpendiculaire avec la même vitesse qu'ils descendent sur le cercle, soit que l'air oppose plus de résistance au mouvement vers le bas qu'au mouvement oblique, ou enfin, que les corps traversent en chute libre plus de 12 pieds en une seconde et plus de 48 en deux ; mais à cause de la difficulté qu'il y a à définir avec précision, en notant le son de la percussion du corps sur le sol, le moment exact de cette rencontre, toutes nos observations concernant cette question sont radicalement fausses[2].

Il a dû être pénible pour Mersenne d'admettre que ses expériences, si soigneusement faites, étaient fausses, et que ses longs calculs et ses tables, basés sur ces expériences, étaient sans valeur. Mais c'était inévitable. Une fois de plus, il devait reconnaître que la précision ne pouvait être réalisée dans la science et que ses résultats n'avaient qu'une valeur approximative. Il n'est donc pas surprenant que, dans ses *Reflexiones Physico-mathematicae* de 1647, il ait essayé, d'une part, de perfectionner ses méthodes expérimentales — ainsi, en tenant le balancier du pendule et le corps descendant (des sphères de plomb similaires) dans une seule main, de façon à assurer la simultanéité du commencement de leurs mouvements[3] et en fixant son pendule à un mur en vue d'assurer la simultanéité de

---

1. Cf. *ibid.*, p. 41.
2. Il est intéressant de noter que Mersenne détermine dans ses expériences le moment d'arrivée du corps qui tombe à terre non par la vue, mais par l'ouïe ; la même méthode sera suivie par Huygens, sans doute sous l'influence de Mersenne.
3. Cf. *Reflexiones Physico-Mathematicae*, 18, Parisiis, 1647, pp. 152 sq.

la fin de ces mouvements par la coïncidence de deux sons produits par le heurt du pendule sur le mur et par celui du corps tombant sur le sol — qu'il ait tenté d'autre part d'expliquer, assez longuement, le manque de certitude des résultats[1], ce qui, d'ailleurs, confirme les résultats de ses investigations antérieures : le corps semble tomber de 48 pieds en deux secondes environ et de 12 en une seconde. Pourtant, insiste Mersenne, il est impossible de déterminer exactement la longueur du pendule dont la période serait précisément d'une seconde, et il n'est pas non plus possible de percevoir, par l'ouïe, la coïncidence exacte des deux sons. Un ou deux pouces ou même un ou deux pieds en plus ou en moins ne font aucune différence. Ainsi conclut-il, nous devons nous contenter d'approximations et ne pas demander davantage.

A peu près au moment où Mersenne réalisait ses expériences, une autre recherche expérimentale des lois de la chute, liée à une détermination expérimentale de la valeur de *g*, était faite en Italie par une équipe de savants jésuites dirigée par le célèbre auteur de l'*Almagestum Novum*, le R. P. Giambattista Riccioli[2], qui, assez curieusement, ignorait tout de l'œuvre de Mersenne.

Les historiens des sciences ne tiennent pas Riccioli en très grande estime[3] — ce en quoi ils n'ont pas entièrement raison. Pourtant, on doit reconnaître qu'il n'est pas seulement un bien meilleur expérimentateur que le P. Mersenne, mais qu'il est beaucoup plus intelligent, et qu'il a une compréhension infiniment plus profonde de la valeur et du sens de la précision que l'ami de Descartes et de Pascal.

Ce fut en 1640, alors qu'il était professeur de philosophie au *Studium* de Bologne, que Riccioli entreprit une série

---

1. Cf. *Ibid.*, 19, p. 155 : *De variis difficultatibus ad funependulum et casum gravium pertinentibus.*

2. Le rapport sur ces expériences est inclus dans l'*Almagestum Novum, Astronomiam veterem novamque complectens observationibus aliorum et propriis, Novisque Theorematibus, Problematibus ac Tabulis promotam... auctore P. Johanne Baptista Riccioli Societatis Jesu...,* Bononiae, 1651. L'ouvrage devait avoir trois volumes, mais le premier, en deux parties, a été seul publié. Ce premier tome est en fait un volume de 1 504 pages (in-folio).

3. Riccioli est, bien sûr, un anti-copernicien et, dans ses grands ouvrages — *Almagestum Novum* (1651) et *Astronomia Reformata* (1665), — il accumule arguments sur arguments pour réfuter Copernic, ce qui est certes regrettable, mais plutôt naturel après tout pour un jésuite. Cependant, il ne cache pas sa grande admiration pour Copernic et Kepler, et donne un exposé étonnamment correct et honnête des théories astronomiques qu'il critique. Il est immensément instruit et ses ouvrages, en particulier l'*Almagestum Novum,* sont une incomparable source d'information. Tout ceci rend d'autant plus surprenante son ignorance des œuvres de Mersenne.

de recherches dont je donnerai ici un bref aperçu [1] tout
en soulignant la manière soigneusement élaborée et méthodique avec laquelle il travailla. Il ne veut rien admettre
comme allant de soi et, bien qu'il soit en fait fermement
convaincu de la valeur des déductions de Galilée, il tente
d'abord d'établir, ou pour mieux dire de vérifier, si la
thèse de l'isochronisme des oscillations pendulaires est
exacte, puis si la relation établie par Galilée entre la longueur du pendule et sa période (période proportionnelle
à la racine carrée de la longueur) est confirmée par l'expérience ; et enfin de déterminer aussi précisément que
possible la période d'un pendule, en vue d'obtenir de cette
manière un instrument de mesure du temps utilisable
pour la recherche expérimentale de la vitesse de chute.

Riccioli commence par préparer un pendule qui convienne
à cette expérience : un balancier sphérique en métal suspendu à une chaîne [2] attachée à un cylindre métallique
qui tourne librement dans deux cavités, également métal-
liques. Au cours d'une première série d'expériences, il
tente de vérifier ce qu'affirme Galilée concernant la constance de la période du pendule, en comptant le nombre
des oscillations du pendule en un temps donné. Le temps
est mesuré au moyen d'une clepsydre et Riccioli, révélant
une compréhension profonde des conditions empiriques
de l'expérimentation et de la mesure, explique que c'est
le double processus, consistant à vider et à remplir de
nouveau la clepsydre, qui doit être pris comme unité de
temps. Les résultats de cette première série d'expériences
confirment les affirmations de Galilée.

Une seconde série d'expériences — pour lesquelles
Riccioli utilise deux pendules, de même poids mais de
longueur (« hauteur ») différente, à savoir d'un et de deux
pieds — confirme la relation de racine carrée établie par
Galilée. Le nombre d'oscillations dans l'unité de temps est
respectivement 85 et 60 [3].

Mersenne s'en serait sans doute tenu là. Mais non point
Riccioli. Celui-ci comprend fort bien que, même en utilisant
sa méthode consistant à renverser la clepsydre, on est
encore bien loin de la précision véritable. C'est pour cela
que nous devons encore regarder ailleurs, c'est-à-dire

---

1. Cf. *Almagestum Novum*, 1 (1), liv. II, chap. xx et xxi, pp. 84 sq.,
et 1 (2), liv. IX, sect. IV, 2, pp. 384 sq. J'ai présenté un rapport sur les expériences de Riccioli au *Congrès International de Philosophie des Sciences*
(Paris, 1949).
2. Cf. *Almagestum Novum*, a (1), liv. II, chap. xx, p. 84.
3. Cf. *Ibid.*, chap. xxi, prop. VIII, p. 86.

vers les cieux, le seul *horologium* réellement exact, qui
existe dans ce monde, les *organa chronou* donnés par la
nature, les mouvements des corps et des sphères célestes.

Riccioli se rend très bien compte de l'importance capitale de la découverte galiléenne : l'isochronisme du pendule
nous permet de réaliser un chronomètre *précis*. En effet,
le fait que les oscillations grandes et petites soient accomplies dans le même temps, entraîne la possibilité de maintenir son mouvement aussi longtemps que nous le voulons
en contrariant son ralentissement normal et spontané;
par exemple, en lui donnant une nouvelle impulsion après
un certain nombre de battements [1]; ainsi, un nombre quelconque d'atomes de temps peut être accumulé et additionné.

Il est cependant clair que, pour pouvoir utiliser le
pendule comme instrument *précis* pour mesurer le temps,
nous devons déterminer *exactement* la valeur de sa période.
C'est la tâche à laquelle, avec une patience inlassable, se
consacrera Riccioli. Son but est de construire un pendule
dont la période serait exactement d'une seconde [2]. Hélas,
en dépit de tous ses efforts, il ne sera jamais capable
d'atteindre ce but.

Pour commencer, il prend un pendule pesant une livre
environ, mesurant 3 pieds et ayant 4 pouces (romains [3])
de haut. La comparaison avec la clepsydre a été satisfaisante : 900 oscillations en un quart d'heure. Riccioli procède alors à une vérification par le moyen d'un cadran
solaire. Pendant six heures consécutives, de 9 heures du
matin à 3 heures de l'après-midi, il compte les oscillations
(aidé par le R. P. Francesco Maria Grimaldi). Le résultat
est désastreux : 21 706 oscillations au lieu de 21 660. De
plus, Riccioli reconnaît que, pour le but qu'il s'est fixé,
le cadran solaire lui-même manque de la précision nécessaire. Un autre pendule est préparé et « avec l'aide de neuf
pères jésuites [4] », il recommence à compter; cette fois
— le 2 avril 1642 — pendant 24 heures consécutives, de
midi à midi : le résultat est de 87 998 oscillations, alors
que le jour solaire contient seulement 86 640 secondes.

---

1. Cette mise en branle du pendule n'est en aucune manière aisée et suppose un entraînement prolongé.
2. Riccioli, comme nous le verrons, ne se satisfait pas aussi aisément que
Mersenne.
3. Un pied romain est égal à 29,57 cm.
4. Cf. *Almagestum Novum, loc. cit.*, p. 86. Les noms de ces pères méritent
d'être préservés de l'oubli comme exemples de dévotion à la science; les
voici (cf. *Ibid.*, 1 (2), p. 386) : Stephanus Ghisonus, Camillus Rodengus,
Jacobus Maria Pallavacinus, Franciscus Maria Grimaldus, Vicentius Franciscus Adurnus, Octavius Rubens.

Riccioli construit ensuite un troisième pendule, allongeant la chaîne de suspension à 3 pieds et 4,2 pouces. Et, en vue d'accroître encore plus la précision, il décide de prendre comme unité de temps, non le jour solaire mais le jour sidéral. On commence à compter au moment du passage au méridien de la queue du Lion (le 12 mai 1642) jusqu'à son passage suivant, le 13. Nouvel échec : 86 999 oscillations au lieu de 86 400 prévus.

Déçu, mais pas encore vaincu, Riccioli décide de faire un quatrième essai avec un quatrième pendule, un peu plus court cette fois-ci, c'est-à-dire mesurant 3 pieds et 2,67 pouces seulement [1]. Mais il ne peut pas imposer à ses neuf compagnons le travail morne et lassant de compter les oscillations. Le P. Zénon et le P. F. M. Grimaldi demeurent seuls fidèles jusqu'à la fin. Trois fois, trois nuits, les 19 et 28 mai et le 2 juin 1645, ils comptent les vibrations à partir du passage au méridien de Spica (constellation de la Vierge) jusqu'à celui d'Arcturus. Deux fois, les nombres sont 3,212, et la troisième fois 3,214 pour 3,192 [2] secondes.

Arrivé là, Riccioli semble en avoir eu assez. Après tout, son pendule, dont la période est égale à $59,36'''$ est un instrument parfaitement utilisable. La transformation en secondes du nombre des oscillations est facile. En outre, elle peut être facilitée par des tables précalculées [3].

Cependant, Riccioli s'inquiète de ne pas avoir réussi. Il essaie donc de calculer la « hauteur » d'un pendule qui se balancerait exactement en une seconde, et il trouve qu'un tel pendule devrait avoir 3 pieds et 3,27 pouces [4]. Il avoue cependant ne pas l'avoir construit. D'autre part, il a certainement construit des pendules beaucoup plus courts afin d'apporter plus de perfection dans la mesure des intervalles temporels : un de 9,76 pouces avec la période de $30'''$; un autre, encore plus court, de 1,15 pouce, dont la période est de $10'''$ seulement.

« C'est un tel pendule que j'ai utilisé, écrit Riccioli, pour mesurer la vitesse de la descente naturelle des corps lourds »

---

1. Cf. *Ibid.*, p. 87.
2. Cf. *Ibid.*, p. 85. Comme le mouvement du pendule n'est pas isochrone, l'exquise concordance des résultats des expériences de Riccioli ne peut être expliquée que si nous supposons qu'il rendit ses pendules capables d'effectuer des oscillations *petites* et pratiquement égales.
3. Riccioli donne ces tables dans l'*Almagestum Novum*, 1 (1), liv. 2, chap. xx, prop. XI, p. 387.
4. Cf. *Ibid.*, et 1 (2), p. 384.

dans les expériences réalisées en cette même année 1645 à
la Toere degli Asinelli, à Bologne [1].

En fait, il est manifestement impossible d'utiliser un
pendule aussi rapide en ne faisant que compter ses oscillations; on doit trouver quelque moyen de les totaliser. En
d'autres termes, on doit construire une horloge. C'est
effectivement une horloge, la première horloge à pendule,
que Riccioli a construite pour ses expériences. Il serait
pourtant difficile de le considérer comme un grand hor-
loger, comme un prédécesseur de Huygens et de Hooke.
Son horloge n'avait en vérité ni de ressort, ni même d'aiguille, ni de cadran : ce n'était pas une horloge mécanique,
mais une horloge humaine.

Pour pouvoir totaliser les battements de son pendule,
Riccioli imagina un moyen très simple et très élégant.
Il entraîna deux de ses collaborateurs et amis, « doués
non seulement pour la physique, mais aussi pour la musique, à compter *un, de, ire*... (dans le dialecte bolonais,
où ces mots sont plus courts qu'en italien), d'une manière
parfaitement régulière et uniforme comme doivent le
faire ceux qui dirigent l'exécution de pièces musicales,
de telle manière que la prononciation de chaque chiffre
corresponde à une oscillation du pendule [2] ». C'est avec
cette « horloge » qu'il réalisa ses observations et ses expériences.

La première question étudiée par Riccioli concernait le
comportement des corps « légers » et des corps « lourds [3] ».
Tombent-ils avec la même vitesse ou des vitesses différentes? Question très importante, et très controversée, à
laquelle, nous le savons, la physique ancienne et la physique moderne donnaient des réponses différentes. Tandis
que les aristotéliciens soutenaient que les corps tombent
d'autant plus vite qu'ils sont plus lourds, Benedetti avait
enseigné que tous les corps, du moins tous les corps possédant une nature identique (c'est-à-dire même poids spécifique) tombent avec la même vitesse. Quant aux modernes
que Galilée et Baliani, suivis par les jésuites Vendelinus
et N. Cabeo, ils enseignaient que tous les corps, quel que
soit leur nature ou leur poids, tombent toujours avec
une vitesse identique (dans le vide [4]).

1. Cf. *Ibid.*, 1 (1), p. 87.
2. Cf. *Ibid.*, 1 (2), p. 384.
3. Riccioli, de cent ans en retard sur son époque, croit encore à la « légèreté » en tant que qualité indépendante, liée et opposée à la « lourdeur ».
4. Cf. *Ibid.*, p. 387.

Riccioli veut résoudre ce problème une fois pour toutes.
Ainsi, le 4 août 1645, il se met au travail. Des sphères
de dimension égale mais de poids différents, faites respectivement d'argile et de papier, couvertes de craie (pour
que leur mouvement le long du mur, ainsi que leur éclate-
ment quand elles touchent le sol, puissent être plus facilement observés) furent jetées du sommet de la Torre
degli Asinelli, particulièrement commode pour ce genre
d'expérience [1] et suffisamment haute — 312 pieds romains
— pour rendre de telles différences de vitesse perceptibles.
Les résultats des expériences, que Riccioli répète quinze
fois, sont indubitables : les corps lourds tombent plus vite
que les corps légers. Le retard dans la chute qui, dépendant du poids et de la dimension des boules, varie de
12 à 40 pieds, ne contredit pourtant pas la théorie développée par Galilée : il doit être expliqué par la résistance
de l'air et Galilée l'avait prévu. D'autre part, les faits
observés sont tout à fait incompatibles avec les théories
d'Aristote [2].

Riccioli a pleinement conscience de l'originalité et de
la valeur de son œuvre. Par conséquent, il se moque des
« semi-empiristes » qui ne savent pas réaliser une expérience
vraiment concluante; par exemple, parce qu'ils sont
incapables de déterminer le moment précis où le corps
heurte le sol, ils affirment — ou nient — que les corps
tombent avec la même vitesse [3].

Le second problème étudié par Riccioli est plus important encore. Il veut vérifier la proportion dans laquelle le
corps, en tombant, accélère son mouvement. C'est, comme
Galilée l'enseigne, un mouvement « uniformément difforme »
(uniformément accéléré) c'est-à-dire un mouvement dans
lequel les espaces traversés sont *ut numeri impares ab
unitate* ou, comme le veut Baliani, un mouvement dans
lequel ces espaces sont une série de nombres naturels.
Quant à la vitesse, est-elle proportionnelle à la durée de
la chute, ou à l'espace traversé [4]? Aidé par le R. P. Grimaldi, Riccioli construit un certain nombre de boules en
craie, de dimension et de poids identiques. Il démontre

---

1. La Torre degli Asinelli possède des murs verticaux et se dresse sur
une place vaste et plate.
2. Cf. *Ibid.*, p. 388.
3. *Ibid.*, et l (1), p. 87.
4. Cf. *Ibid.* Il est intéressant de noter que Riccioli utilise la vieille terminologie scolastique et identifie tout à fait correctement le mouvement
« uniformément difforme » *(uniformiter difformis)* avec le mouvement
uniformément accéléré (ou retardé).

— en mesurant leurs temps de chute depuis les différents étages de la Torre degli Asinelli — que les boules suivent la loi galiléenne [1]. Il passe ensuite à la vérification de ce résultat (rien n'est plus caractéristique que cette inversion de la procédure) en jetant les boules de hauteurs préalablement calculées, et déterminées, utilisant toutes les tours et églises de Bologne dont les hauteurs lui conviennent — notamment celles de Saint-Pierre, Saint-Pétrone, Saint-Jacques et Saint-François [2].

Les résultats concordent dans tous les détails. Leur accord est en effet si parfait, les espaces traversés par les boules (15, 60, 135, 240 pieds) confirment la loi de Galilée d'une manière si rigoureuse qu'il est tout à fait évident que les expérimentateurs ont été convaincus de sa vérité avant même d'avoir commencé leurs essais. Ce qui ne surprend pas, après tout, car les expériences avec le pendule l'avaient confirmée.

Pourtant, même si nous admettons — comme nous devons le faire — que les bons Pères corrigèrent quelque peu les résultats concrets de leurs mesures, nous devons néanmoins constater que ces résultats sont d'une précision surprenante. Comparés aux approximations grossières de Galilée et même à celles de Mersenne, ils représentent un progrès décisif. Il était impossible d'en obtenir de meilleurs par l'observation et la mesure directes, et on ne peut qu'admirer la patience, la conscience, l'énergie et la passion de la vérité des R. P. Zénon, Grimaldi et Riccioli (ainsi que celles de leurs collaborateurs) qui, sans disposer d'aucun autre instrument pour mesurer le temps que de l'horloge humaine en laquelle ils se transformèrent, furent capables de déterminer la valeur de l'accélération ou, plus exactement, la longueur de l'espace traversé par un corps lourd dans la première seconde de sa chute libre à travers l'air, comme égale à 15 pieds romains. Valeur que seul Huygens, en utilisant l'horloge mécanique inventée par lui ou, plus exactement, en appliquant les méthodes directes que son génie mathématique lui permit de découvrir et d'utiliser dans la construction de son horloge, sera capable d'améliorer.

1. Il nous raconte qu'il réfléchissait en fait au problème depuis 1629 et qu'il adopta la relation 1, 3, 9, 27, avant 1634, date à laquelle il lut Galilée, avec l'autorisation de ses supérieurs. Il est intéressant de noter qu'avant d'avoir lu Galilée, le très savant Riccioli n'identifiait pas le mouvement *uniformiter difformis* avec celui de la chute.

2. Cf. *Ibid.*, p. 387. Les expériences furent poursuivies de 1640 à 1650.

Il est très intéressant et très instructif d'étudier les *modi procedendi* du grand savant hollandais auquel nous devons nos montres et nos horloges. Leur analyse nous permet de constater la transformation des expériences encore empiriques ou semi-empiriques de Mersenne et Riccioli en une expérimentation vraiment scientifique. Cette analyse nous apprend ainsi quelque chose de très important : dans la recherche scientifique, l'approche directe n'est ni la meilleure, ni la plus facile ; on ne peut atteindre les faits empiriques sans recours à la théorie.

Huygens entreprend son travail en répétant (le 21 octobre 1659) la dernière expérience de Mersenne, telle qu'elle est décrite par celui-ci dans ses *Reflexiones* de 1647 ; et nous sommes une fois de plus obligés de souligner l'effrayante pauvreté des moyens expérimentaux dont il disposait : un pendule à corde attaché au mur ; son balancier, une boule de plomb, et une autre boule semblable, en plomb également, sont tenus dans la même main. La simultanéité de l'arrivée des deux boules, projetées l'une contre le mur et l'autre au sol, est déterminée par la coïncidence des deux sons produits par les chocs. Il est curieux de noter qu'en utilisant exactement le même procédé que Mersenne, Huygens obtient des résultats meilleurs : selon lui, le corps tombe de 14 pieds [1].

Le 23 octobre 1659, Huygens répète l'expérience, utilisant cette fois un pendule dont la demi-vibration est égale non pas à une demi-seconde, mais à trois quarts de seconde. Durant cet intervalle, la sphère de plomb tombe de 7 pieds 8 pouces. Il s'ensuit qu'en une seconde, elle tomberait d'environ 13 pieds 7 1/2 pouces [2].

Le 15 novembre 1659, Huygens fait un troisième essai. Cette fois-ci, il perfectionne quelque peu sa manière de procéder en attachant à la fois le balancier et la sphère

---

1. Cf. Ch. Huygens, *Œuvres*, 17, La Haye, M. Nijhof, 1932, p. 278 : « II D. 1 Expertus 21 Oct. 1659. Semisecundo minuto plumbum ex altitudine 3 pedum et dimidij vel 7 pollicum circiter. Ergo unius secundi spatio ex 14 pedem altitudine. »

2. Cf. Ch. Huygens, *Œuvres*, 17, p. 278 : « II D. 2. Expertus denuo 23 Oct. 1659. Pendulum adhibui cujus singulae vibrationes 3/2 secundi unius, unde semivibratio qua usus sum erat 3/4. » Erat penduli longitudo circiter 6 p. 11 unc. Sed vibrationes non ex hac longitudine sed conferendo eas cum pendulo horologij colligebam. Illius itaque semivibratione cadebat aliud plumbum simul e digitis demissum ex altitudine 7 pedum 8 unc. Ergo colligitur hinc uno secundo casurum ex altitudine 13 ped. 7 1/2 und. fere.

« Ergo in priori experimento debuissent fuisse non toti 3 poll.

« Sumam autem uno secundo descendere plumbum pedibus 13. unc. 8. Mersenne 12 ped. paris. uno secundo confici scribit. 12 ped. 8 unc. Rhijnland. Ergo Mersenni spatium justo brevius est uno pede Rhijnl. »

Un pied rhénan est égal à 31,39 cm.

de plomb à un fil (au lieu de les tenir dans la même main) dont la rupture les libère. En outre, il pose du parchemin sur le mur et sur le sol, de façon à rendre la perception des sons plus distincte. Le résultat est d'environ 8 pieds 9 1/2 pouces. Cependant, Huygens est forcé d'admettre, exactement comme Mersenne avant lui, que son résultat n'est qu'approximativement valable, parce que ces 3 ou 4 pouces de plus ou de moins dans la hauteur de la chute ne peuvent être distingués par les moyens qu'il a employés : les sons semblent coïncider. Il s'ensuit donc qu'une mesure exacte ne peut être obtenue de cette manière. Mais la conclusion qu'il en tire est toute différente. Là où Mersenne renonce à l'idée même de précision scientifique, Huygens réduit le rôle de l'expérience à la vérification des résultats obtenus par la théorie. C'est déjà suffisant lorsqu'elle ne les contredit pas, comme par exemple dans le cas où les chiffres observés sont parfaitement compatibles avec ceux déduits de l'analyse du mouvement du pendule circulaire, c'est-à-dire d'environ 15 pieds 7 1/2 pouces par seconde [1].

En effet, l'analyse du mouvement pendulaire donne, comme nous allons le voir, des résultats encore meilleurs.

J'ai déjà mentionné la situation paradoxale de la science moderne au moment de sa naissance : possession de lois mathématiques exactes et impossibilité de les appliquer parce qu'une mesure précise de la grandeur fondamentale de la dynamique, c'est-à-dire du temps, n'était pas réalisable.

---

1. Cf. *Ibid.*, p. 281 : « II D. 4. 15 Nov. 1659. Pendulum AB semivibrationi impendebat 3/4 unius secundi; filum idem BDC plumbum B et glandem C retinebat, deinde forficubus filum incidebatur, unde necessario eodem temporis articulo globulus C et pendulum moveri incipiebant. plumbum B in F palimsesto impingebatur, ut clarum sonum excitaret. globulus in fundum capsae GH decidebat. simul autem sonabant, cum CE altitudo erat 8 pedum et 9 ½ unciarum circiter. Sed etsi 3 quatuorve uncijs augeretur vel diminueretur altitudo CE nihilo minus simul sonare videbantur. adeo ut exacta mensura hoc pacto obtineri nequeat. At ex motu conico penduli debebant esse ipsi 8 pedes et 9 ½ unciae. unde uno secundo debebunt peragi a plumbo cadente pedes 15. unc 7 ½ proxime. Sufficit quod experientia huic mensurae non repugnet, sed quatenus potest eam comprobet. Si plumbum B et globulum C inter digitos simul contineas ijsque apertis simul dimittere coneris, nequaquam hoc assequeris, ideoque tali experimento ne credas. Mihi semper hac ratione minus inveniebatur spatium CE, adeo ut totius interdum pedis differentia esset. At cum filum secatur nullus potest error esse, dummodo forfices ante sectionem immotae teneantur. Penduli AB oscillationes ante exploraveram quanti temporis essent ope horologij nostri. Experimentum crebro repetebam. Ricciolus Almag. 1. 9 secundo scrupulo 15 pedes transire gravia statuit ex suis experimentis. Romanos nimirum antiquos quos a Rhenolandicis non differre Snellius probat. »

Personne ne semble l'avoir ressentie plus fortement que Huygens et c'est certainement pour cette raison, et non pour des impératifs pratiques tels que la nécessité d'avoir de bonnes horloges pour la navigation — bien qu'il ne négligeât en aucune manière l'aspect pratique de la question [1] — qu'au début même de sa carrière scientifique il s'appliqua à la solution de ce problème fondamental et préliminaire : la réalisation, ou mieux, la construction d'un chronomètre parfait.

C'est en 1659, l'année même où il fit les mesures dont je viens de parler, qu'il atteignit son but en construisant une horloge à pendule perfectionnée [2]; une horloge qu'il utilisa pour déterminer la valeur exacte de l'oscillation du pendule dont il s'était servi dans ses expériences.

Dans l'histoire des instruments scientifiques, l'horloge de Huygens occupe une place très importante : c'est le premier appareil dont la construction implique les lois de la dynamique nouvelle. Cette horloge n'est pas le résultat d'essais et d'erreurs empiriques, mais celui de l'étude minutieuse et subtile de la structure mathématique des mouvements circulaires et oscillatoires.

L'histoire même de l'horloge à pendule nous donne ainsi un bon exemple de la valeur d'une voie détournée choisie de préférence à une voie directe.

En effet, Huygens se rend parfaitement compte de ce que Mersenne avait déjà découvert : les grandes et petites oscillations ne s'effectuent pas dans le même temps. Donc, pour construire un chronomètre parfait, on doit : *a*) déterminer la véritable courbe isochrone; et *b*) trouver le moyen de faire mouvoir le balancier du pendule le long de cette ligne et non sur la périphérie du cercle. Huygens parvint, on le sait, à résoudre les deux problèmes, bien que, pour y arriver, il dût élaborer une théorie géométrique entièrement nouvelle [3]. Il réalisa un mouvement parfaitement

---

1. Appartenant à une nation maritime, Huygens avait parfaite conscience de la valeur et de l'importance d'un bon chronomètre pour la navigation, ainsi que des possibilités financières de l'invention d'une horloge marine. On sait qu'il essaya de faire breveter son horloge en Angleterre. Cf. L. Defossez, *op. cit.*, pp. 115 sq.

2. La première horloge à pendule fut construite par Huygens en 1657; elle contient déjà des mâchoires courbes assurant l'isochronisme du pendule (flexible), et pourtant ces mâchoires n'étaient pas encore déterminées par les mathématiques, mais construites sur la seule base de la méthode empirique des essais et erreurs. Ce ne fut qu'en 1659 que Huygens découvrit l'isochronisme de la cycloïde et les moyens de faire se mouvoir selon une cycloïde le balancier du pendule.

3. Celle des développées des **courbes géométriques**.

isochrone, c'est-à-dire le mouvement qui suit la courbe de la cycloïde. Il adapta enfin son pendule cycloïdal à une horloge [1].

En possession d'instruments bien meilleurs (une horloge mécanique à la place de l'horloge humaine), il était maintenant en mesure d'opérer avec plus de chance d'atteindre dans ses expériences une précision comparable à celle de Riccioli. Mais il n'essaya jamais de faire celles-ci, parce que, ayant construit une horloge à pendule, il eut à sa disposition une bien meilleure méthode de travail.

En fait, il ne découvrit pas seulement l'isochronisme du mouvement cycloïdal, mais encore (ce que Mersenne avait essayé, mais en vain, de découvrir pour le cercle) la relation entre le temps de descente d'un corps le long de la cycloïde et celui de sa chute le long du diamètre de son cercle générateur : ces temps sont l'un pour l'autre ce que la demi-circonférence est au diamètre [2].

Ainsi, si nous pouvions réaliser un pendule (cycloïdal) se balançant exactement en une seconde, nous serions capables de déterminer le temps exact de la descente du corps lourd le long de son diamètre et donc — les espaces traversés étant proportionnels aux carrés des temps — de calculer la distance de sa chute en une seconde.

La longueur d'un tel pendule qui, en outre, n'a pas besoin d'être un pendule cycloïdal, parce que, comme Huygens le signalera à Moray [3], les petites oscillations d'un pendule commun (perpendiculaire) sont accomplies pratiquement dans le même temps que celles du pendule cycloïdal — peut être aisément calculée dès que nous avons réussi à déterminer la période d'un pendule cycloïdal donné.

Mais, en fait, nous n'avons pas besoin de nous préoccuper

---

1. Cf. L. Defossez, *op. cit.*, p. 65. Sur les tentatives contemporaines de R. Hooke, cf. Louise D. Patterson, « Pendulums of Wren and Hooke », *Osiris*, 10, 1952, pp. 277-322.

2. Cf. Ch. Huygens, *Devi centrifuga* (1659), *Œuvres*, 16, La Haye, M. Nijhof, 1929, p. 276.

3. Cf. Ch. Huygens, Lettres à R. Moray 30 décembre 1661, *Œuvres complètes*, publiées par la Société Hollandaise des Sciences, 3, La Haye, M. Nijhof, 1890, p. 438; « Je ne trouve pas qu'il soit nécessaire d'égaler le mouvement du pendule par les portions de la Cycloïde pour déterminer cette mesure, mais qu'il suffit de le faire mouvoir par des vibrations fort petites, lesquelles gardent assez près l'égalité des temps, et chercher aussi quelle longueur il faut pour marquer, par exemple, une demie seconde par le moyen d'une horloge qui soit déjà en train de bien aller, et ajustée avec la Cycloïde. »

de la réalisation effective d'un tel pendule, parce que la formule établie par Huygens :

$$g = \frac{4\pi^2 r^2 l}{3\ 600^2} \quad \text{ou} \quad T = \pi\sqrt{\frac{l}{g}}$$

a une valeur générale et détermine la valeur de g comme fonction de la longueur et de la vitesse de n'importe quel pendule que nous pouvons utiliser. En effet, c'est un pendule assez court et rapide que Huygens a utilisé, un pendule long seulement de 6,18 pouces et accomplissant 4 964 oscillations doubles par heure. Huygens en conclut donc que la valeur de g est 31,25 pieds (c'est-à-dire 98 cm), valeur qui depuis lors a toujours été acceptée [1].

La morale de cette histoire, qui nous raconte comment fut déterminée l'accélération constante, est assez curieuse. Nous avons vu Galilée, Mersenne, Riccioli s'efforcer de construire un chronomètre afin de pouvoir réaliser une mesure expérimentale de la vitesse de chute. Nous avons vu Huygens réussir, là où ses prédécesseurs avaient échoué. Cependant, à cause de son succès même, il se dispense de faire la mesure réelle, parce que son chronomètre constitue pour ainsi dire en lui-même une mesure, et parce que la détermination de sa période est une expérience déjà beaucoup plus fine et plus précise que toutes celles imaginées par Mersenne et Riccioli. Nous comprenons maintenant le sens et la valeur du chemin parcouru par Huygens — chemin qui finalement s'avère être un raccourci : non seulement les expériences valables sont fondées sur une théorie, mais même les moyens qui permettent de les réaliser ne sont eux-mêmes rien d'autre que de la théorie incarnée.

1. Cf. Ch. Huygens, *Œuvres*, 17, p. 100 : « Het getal van de dobbele. slaegen di het pendulum in een uyr doen moet, gegeven sijnde, quadreert het selve, en met et quadraat divideert daer mede 12312000000. ende de quotiens sal aenwijsen de lenghde van het pendulum. te weten als men de twee laetste cijffers daer af snijt, soo is het resterende het getal der duijmen die het pendulum moet hebben; de 2 afgesnedene cijffers beteijckenen, het een, de tienden deelen van een duijm die daer noch bij moeten gedaen werden, het ander, de 100ste deelen van een duym, van gelijcken daer bijte doen. Rhynlandse maet.

« Bij exempel Een horologe te maecken sijnde diens pendulum 4464 dobbele slagen in een uijr doen sal, het quadraet van 4464 is 19927296, waer mede gedeelt sijnde 12312000000, komt 6/18 ontrent. dat is 6 duijm 1/10 en 8/100 van een duijm. Indien het getal van de heele duijmen meer is als 12 soo moet het door 12 gedeelt werden om te weten boe veel voeten daer in sijn. »

1. M. Mersenne, *Harmonie universelle*, Paris, 1636, pp. 111 sq. :

Or il faut icy mettre les expériences que nous avons faites très exactement sur ce suiet, afin que l'on puisse suivre ce qu'elles donnent. Ayant donc choisi une hauteur de cinq pieds de Roy, et ayant fait creuser, et polir un plan, nous luy avons donné plusieurs sortes d'inclinations, afin de laisser rouler une boule de plomb, et de bois fort ronde tout au long du plan : ce que nous avons fait de plusieurs endroits différents suivant les différentes inclinations, tandis qu'une autre boule de mesme figure, et pesanteur tombait de cinq pieds de haut dans l'air; et nous avons trouvé que tandis qu'elle tombe perpendiculairement de cinq pieds de haut, elle tombe seulement d'un pied sur le plan incliné de quinze degrez, au lieu qu'elle devroit tomber seize poulces.

Sur le plan incliné de vingt cinq degrez le boulet tombe un pied 5 demi, il devroit tomber deux pieds, un pouce un tiers : sur celuy de trente degrez il tombe deux pieds : il devroit tomber deux pieds et 1/23 car il feroit six pieds dans l'air, tandis qu'il tombe deux pieds 1/2 sur le plan, au lieu qu'il ne devroit tomber que cinq pieds. Sur le plan incliné de 40 degrez, il devroit tomber trois pieds deux pouces 1/2 : et l'experience très exacte ne donne que deux pieds, neuf pouces, car lorsqu'on met le boulet à deux pieds dix pouces loin de l'extrémité du plan le boulet qui se meut perpendiculairement chet le premier; et quand on l'éloigne de deux pieds huit pouces sur le plan, il tombe le dernier : et lorsqu'on l'éloigne de deux pieds neuf pouces, ils tombent instement en mesme temps, sans que l'on puisse distinguer leur bruits.

Sur le plan de quarante cinq degrez il devroit tomber trois pieds et 1/2 un peu davantage, mais il ne tombe que trois pieds, et ne tombera point trois pieds 1/2, si l'autre ne tombe cinq pieds 3/4 par l'air.

Sur le plan de cinquante degrez il devroit faire trois pieds dix pouces, il n'en fait que deux et neuf pouces : ce que nous avons repeté plusieurs fois très exactement, de peur d'avoir failly, à raison qu'il tombe en mesme temps de 3 pieds, c'est à dire de 3 pouces davantage sur le plan incliné de 45 degrez : ce qui semble fort estrange, puisqu'il doit tomber dautant plus viste que le plan est plus incliné : Et néanmoins il ne va pas plus viste sur le plan de 50 degrez que sur celuy de 40 : où il faut remarquer que ces deux inclinations sont également éloignées de celle de 45 degrez, laquelle tient le milieu entre les deux extremes, à sçavoir entre l'inclination infinie faite dans la ligne perpendiculaire et celle de l'horizontale : toutefois si l'on considère cet effet prodigieux, l'on peut dire qu'il arrive à cause que le mouvement du boulet estant trop violent dans l'inclination de 50 degrez, ne peut rouler et couler sur le plan, qui le fait sauter plusieurs fois : dont il s'ensuit autant de repos que de sauts, pendant lesquels le boulet qui chet perpendiculairement, avance toujours son chemin : mais ces sauts n'arrivent pas dans l'inclination de 40, et ne commencent qu'après celle de 45, iusques à laquelle la vitesse du boulet s'augmente toujours de telle sorte qu'il peut toujours rouler sans sauter :

or tandis qu'il fait trois pieds dix pouces sur le plan incliné de cinquante degrez, il en fait six 1/2 dans l'air au lieu qu'il n'en devroit faire que cinq.

Nous avons aussi experimenté que tandis que la boule fait 3 pieds 10 pouces sur le plan incliné de 50 degrez, elle fait 6 pieds 1/2 par l'air, combien qu'elle ne deust faire que cinq pieds. A l'inclination de 40, elle fait quasi 7 pieds dans l'air, pendant qu'elle fait 3 pieds 2 pouces 1/2 sur le plan; mais l'expérience reiteree à l'inclination de 50, elle fait 3 pieds sur le plan, quoy que la mesme chose arrive à 2 pieds 9 pouces : ce qui monstre la grande difficulté des experiences; car il est très difficile d'appercevoir lequel tombe le premier des deux boulets dont l'un tombe perpendiculairement, et l'autre sur le plan incliné. J'ajoûte néanmoins le reste de nos experiences sur les plan inclinez de 60 et de 65 degrez : le boulet éloigné de l'extremité du plan de 2 pieds, 9 pouces, ou de 3 pieds, tombe en mesme temps que celuy qui chet de cinq pieds de haut perpendiculairement, et néanmoins il devroit cheoir 4 pieds 1/3 sur le plan de 60, et 4 pieds 1/2 sur celuy de 65. Sur le plan de 75 il devroit faire 4 pieds 10 pouces, et l'experience ne donne que 3 pieds 1/2.

Peut estre que si les plans ne donnoient point plus d'empeschement aux mobiles que l'air, qu'ils ne tomberoient suivant les proportions que nous avons expliqué : mais les experiences ne nous donnent rien d'asseuré particulièrement aux inclinations qui passent 45 degrez, parce que le chemin que fait le boulet, à cette inclination, est quasi égal à celuy qu'il fait sur les plans de 50, 60, et 65; et sur celuy de 75 il ne fait que demi pied davantage.

Mersenne se permet même de douter que Galilée ait effectivement réalisé quelques-unes des expériences mentionnées par le grand savant. Se référant ainsi aux expériences sur le plan incliné décrites par Galilée dans son *Dialogue* (non celles décrites dans les *Discorsi*, que j'ai citées), il écrit (*Harmonie universelle*, p. 112. corr. 1) :

Je doute que le sieur Galilée ayt fait les experiences des cheutes sur le plan puisqu'il n'en parle nullement, et que la proportion qu'il donne contredit souvent l'experience : et desire que plusieurs esprouvent la mesme chose sur des plans differens avec toutes les précautions dont ils pourront s'aviser, afin qu'ils voyent si leurs experiences respondront aux noires, et si l'on en pourra tirer assez de lumiere pour faire un Theoreme en faveur de la vitesse de ces cheutes obliques, dont les vitesses pourroient estre mesurees par les differens effets du poids, qui frappera dautant plus fort que le plan sera moins incliné sur l'horizon, et qu'il approchera davantage de la ligne perpendiculaire.

2. *Ibid.*, pp. 86-87.

Mais quant à l'expérience de Galilée, on ne peut ni imaginer d'où vient la grande différence qui se trouve icy à Paris et aux environs, touchant le tems des cheutes, qui nous a toujours paru beaucoup moindre que le sien : ce n'est pas que je veuille reprendre un si grand homme de peu de soin en ses expériences, mais on les a faites plusieurs fois de différentes hauteurs, en présence de plusieurs personnes, et elles ont toujours succédé de la mesme sorte. C'est pourquoy si la brasse dont Galilée s'est servy n'a qu'un pied et deux tiers, c'est à dire vingt poulces de pied du Roy dont on use à Paris, il est certain que le boulet descend plus de cent brasses en 5″...

Cecy étant posé, les cent brasses de Galilée font 166 2/3 de nos pieds, mais nos expériences répétées plus de cinquante fois, jointes à la raison doublée, nous contraignent de dire que le boulet fait 300 pieds en 5″, c'est à dire 180 brasses, ou quasi deux fois davantage qu'il ne met : de sorte qu'il doit faire les cent brasses, ou 166 pieds 2/3 en 3″ et 18/25, qui font 3″, 43‴, 20⁗, et non pas 5″; car nous avons prouvé qu'un globe de plomb pesant environ une demie livre, et que celuy de bois pesant environ une once tombent de 48 pieds en 2″, de 108 en 3″, et de 147 pieds en 3″ et 1/2. Or les 147 pieds reviennent à 88 et 1/5 brasses; et s'il se trouve du mesconte, il vient plutôt de ce que nous donnons trop peu d'espace aux dits temps, qu'au contraire, car ayant laissé cheoir le poids de 110 pieds, il est justement tombé en 3″, mais nous prenons 108 pour régler la proportion; et les hommes ne peuvent observer la différence du temps auquel il tombe de 110, ou de 108 pieds. Quant à la hauteur de 147 pieds, il s'en fallait un demi-pied, ce qui rend la raison double très-iuste, d'autant que le poids doit faire 3 pieds en une demie seconde, suivant cette vistesse, 12 pieds dans une seconde minute; et conséquemment, 27 pieds en 1″ et 1/2, 48 pieds en 2″, 75 en 2″ et 1/2, 108 pieds en 3″ et 147 pieds en 3″ et 1/2, ce qui revient fort bien à nos experiences, suivant lesquelles il tombera 192 pieds en 4″ et 300 en 5″, pendant lequel Galilée ne met que 166 pieds ou 100 brasses, selon lesquelles il doit faire une brasse en une demie seconde, 4 en 1″, ce qui font près de 6 pieds 2/3, au lieu de 12 que le poids descend en effet.

3. M. Mersennus, *Cogitata Physico-Mathematica*, Phenomena ballistica, Parisii, 1644. Propositio XV. Grauium cadentium velocitatem in ratione duplicata temporum augeri probatur ex pendulis circulariter motis, ipsorùmque pendulorum multifarius usus explicatur, 38-44.

Certum est secundò filum à puncto C ad B cadens temporis insumere tantundem in illo casu, quantum insumit in ascensu à B ad D per circumferentiam BHFD; sit enim filum AB 12 pedum, docet experientia globum B tractum ad C, inde ad B spatio secundi minuti recidere, & alterius secundi spatio à B versus D ascendere. Si verò AB trium pedum fuerit, hoc est praecedentis subquadruplum, spatio dimidij secundi à C descendet ad B, & aequali tempore à B ad D vel S perueniet; ad D si filum & aër nullum afferant impedimentum, cùm impetus ex casu C in B impressus sufficiat ad promouendum globum pendulum ad D punctum.

Globus igitur spatio secundi percurret dimidiam circumferentiam CBD, & aequali tempore à D per B versus C recurret; donec hinc inde vibratus tandem in puncto B quiescat, siue ab aëris &

318   *Études d'histoire de la pensée scientifique*

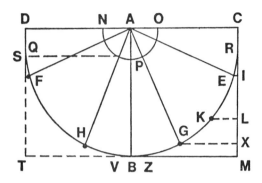

F<small>IG</small>. 1

fili resistentiam vnicuique cursui & recursui aliquid detrahentem, siue ob ipsius impetus naturam, quae sensim minuatur, qua de re postea. Nota vero globum plumbeum vnius vnciae filo tripedali appensum, non priùs quiescere postquam ex puncto C moueri coepit, quãm trecenties sexagies per illam semicircumferentiam ierit; cuius postremae vibrationes à B ad V sunt adeo insensibiles, vt illis nullus ad obseruationes vti debeat, sed alijs maioribus, quales sunt ab F, vel ab H ad B.

Certum est tertiò filum AP fili AB subquadruplum vibrationes suas habere celeriores vibrationibus fili BA; esséque filum AB ad PA in ratione duplicata temporum quibus illorum vibrationes perficiuntur, atque adeo tempora habere se ad filorum longitudines vt radices ad quadrata; quapropter ipsae vibrationes sunt in eadem ac tempora ratione.

Sextò, filum tripedale potest alicui iustò videri longius ad secundum minutum qualibet vibratione notandum, cum enim in linea perpendulari AB graue cadens citiùs ad punctum B perueniat, quam vbi ex C vel D per circumferentiae quadrantem movetur, quandoquidem AB linea breuissimè ducit ad centrum grauium, & tamen ex observationibus grauia cadentia tripedale duntaxat interuallum ab A ad B semisecundo, & 12 pedes secundo conficiant, illud filum tripedale minus esse debere videtur : Iamque lib. 2. de causis sonorum, corrollario 3. prop. 27. monueram eo tempore quo pendulum descendit ab A, vel C and B per CGB, posita perpendiculari AB 7 partium, graue per planum horizonti perpendiculare partes vndecim descendere.

Quod quidem difficultatem insignem continet, cùm vtrumque multis observationibus comprobatum fuerit, nempe grauia perpendiculari motu duodecim solummodo pedes spatio secundi, globum etiam circumferentiae quadrantem, cuius radius tripedalis, à D ad B semisecundo percurrere; fieri tamen nequeunt nisi globus à C ad B per circumferentiae quadrantem descendat eodem tempore quo globus aequalis per AB : qui cùm pedes 5 perpendiculariter descendat eo tempore quo globus à C ad D peruenit, nulla mihi solutio videtur; nisi maius spatium à graui perpendiculariter cadente percurri dicatur quam illud quod hactenus notaueram, quod cùm an vno quóque possit obseruari, nec vlla velim mentis anticipatione praeiudicare, nolui dissimulare nodum, quem alius, si potis est, soluat. Vt vt sit obseruatio pluries iterata docet tripedale filum nongentesies spatio quadrantis horae vibrari, ac consequenter horae spatio 3600 · quapropter si per lineam perpendicularem graue 48 pedes spatio 2 secundorum exactè percurrat, vel fatendum est graue aequali tempore ab eandem altitudine per circuli quadrantem, ac per ipsam perpendicularem cadere, vel aërem magis obsistere grauibus perpendiculariter, quàm obliquè per circumferentiae quadrantem descendentibus, vel graue plures quàm 12 pedes secundi spatio. aut plusquam 48 duobus secundi descendere, in eo fefelisse observationes, quòd allisio, grauium ad pauimentum aut solum ex audito sono indicata fuerit, qui cùm tempus aliquod in percurrentis 48 pedibus insumat, quo tamen graue non ampliùs descendit, augendum videtur spatium à grauibus perpendiculariter confectum.

Spetimò, globus B ex C in B cadens paulò plus temporis quàm ab E, & ab E quàm G insumit, adeout fila duo equalia, quorum vnum à C, aliud à G suas vibrationes incipiat, quod à G incipit, 36 propemodum uibretur, dum quod à C incipit 35 duntaxat vibratur, hoc est vnam vibrationem lucretur quod à G cadit, à quo si quamlibet vibrationem inciperet, & aliud suam quamlibet a puncto C, longè citius illam vibrationem lucraretur. Quantò verò breuiori tempore globus leuior, verbi gratia suberis, suas vibrationes, faciat, quantòque citiùs vibrationum suarum periodum absoluat, lib. 2. de causis sonorum prop. 27 & alijs harmonicorum nostrorum locis reperies.

Duodecimò, pendulorum istorum vibrationes pluribus vsibus adhiberi possunt, vt tractatu de horologio vniversali, & harmonicorum tum Gallicorum 1. 2. de motibus, & alijs pluribus locis, tum Latinorum etiam   2. de causis sonorum à prop. 26. ad 30. dictum est.

... Tantùm addo me postea deprehendisse fili tripedalem longitudinem sufficere, quae sua qualibet vibratione minutum secundum notet, cùm praedictis locis pedibus 3 1/2 vsus fuerim : sed cùm vnusquisque debeat experiri, cum horologio minutorum secundorum exactissimo, filum quo deinceps in suis vtatur obseruationibus, non est quod hac de re pluribus moneavi : adde quòd in mechanicis filum illud siue tripedale, siue pedum 3 1/2 satis exactè secunda repraesentet, vt experientia conuictus fateberis : hinc in soni velocitate reperienda, quae secundo 230 hexapedas tribuit, hoc filo vsus sum, quo medici possint explorare varios singulis diebus aegrotorum, sanorumque pulsus.

GASSENDI ET LA SCIENCE
DE SON TEMPS *

Parler de Gassendi dans ses rapports avec la science de son temps peut, au premier abord, paraître une gageure. Et une injustice. En effet Gassendi n'est pas un grand savant, et dans l'histoire de la science, au sens strict du terme, la place qui lui revient n'est pas très importante. Il est clair que l'on ne peut pas le comparer aux grands génies qui illustrèrent son époque — à un Descartes, un Fermat, un Pascal; ni même à un Roberval ou à un Mersenne. Il n'a rien inventé, rien découvert et, comme M. Rochot, qui n'est pas suspect d'anti-gassendisme, l'a observé un jour, il n'existe pas de loi de Gassendi. Même pas de loi fausse.

C'est même plus grave que cela. Car, aussi étrange que cela paraisse — ou que cela soit — cet adversaire acharné d'Aristote, ce partisan décidé de Galilée, reste étranger à l'esprit de la science moderne, notamment à l'esprit de mathématisation qui l'anime. Il n'est pas un mathématicien, et de ce fait ne comprend pas toujours le sens exact des raisonnements galiléens (ainsi la déduction de la loi de la chute des corps); bien plus, son empirisme sensualiste semble l'empêcher de comprendre le rôle prééminent de la théorie, et singulièrement de la théorie mathématique, dans la science; c'est pourquoi sa physique, tout en étant, et se voulant, anti-aristotélicienne, reste tout aussi quali-

* Cet article est extrait de l'ouvrage *Tricentenaire de Pierre Gassendi, 1655-1955, Actes du Congrès* (Paris, Presses Universitaires de France, 1957, pp. 175-190). C'est une version complétée d'une communication aux « Journées gassendistes » du Centre International de Synthèse, faite le 23 avril 1953 et publiée dans le Recueil *Pierre Gassendi, sa vie et son œuvre* (Paris, Albin Michel, 1955), pp. 60-69.

tative que celle d'Aristote et ne dépasse presque jamais le niveau de l'expérience brute pour s'élever à celui de l'expérimentation.

Mais ne soyons pas trop sévères, et tâchons d'éviter l'anachronisme. Car si, *pour nous*, Gassendi n'est pas un grand savant, pour ses contemporains c'en était un, et même un très grand, l'égal et le rival de Descartes [1].

Or, un historien doit toujours tenir compte de l'opinion des contemporains; même si la postérité a infirmé leur jugement. Sans doute se trompent-ils parfois; mais, en revanche, ils voient bien des choses qui nous échappent. D'ailleurs en ce qui concerne Gassendi, ses contemporains ne se sont trompés qu'à moitié : il a été, effectivement, un rival et même, à certains égards, un rival victorieux, de Descartes et a exercé sur la deuxième moitié du siècle une influence des plus considérables [2]. Même sur des esprits de beaucoup plus grande envergure — du point de vue scientifique — que lui-même, tels, par exemple, que Boyle et Newton.

C'est que, s'il n'a contribué que fort peu — à une ou deux exceptions près, dont je parlerai par la suite — au développement effectif de la science moderne, il a fait quelque chose de beaucoup plus important : il lui a apporté l'ontologie ou, plus exactement, le complément d'onto-logie, dont elle avait besoin. En effet si, comme je l'ai dit jadis, la science moderne est une revanche de Platon, cette revanche victorieuse, Platon ne l'a pas remportée tout seul. C'est une alliance — alliance contre nature, sans doute, mais l'histoire en a vu bien d'autres — de Platon avec Démocrite qui a renversé l'empire d'Aristote, et c'est justement l'ontologie démocritéenne — ou épicu-rienne — qu'il modifie d'ailleurs en en faisant disparaître le *clinamen* et la pesanteur essentielle, mais dont il garde le principal, à savoir les atomes et le vide — que Gassendi apporte au xviie siècle et qu'il met en ligne de bataille contre le Stagirite. Le cas Gassendi nous montre justement que, dans l'histoire de la pensée scientifique, surtout à ses époques créatrices et critiques, telles que le xviie siècle,

---

1. En fait, l'influence de Descartes sur ses contemporains n'a pas été très grande. « L'Académie parisienne », c'est-à-dire le cercle de savants groupés autour de Mersenne, était composée surtout d'adversaires de Descartes. Cf. R. Lenoble, *Mersenne ou la naissance du mécanisme*, Paris, 1946.

2. Il me paraît bien certain que — grâce à Bernier et à son *Abrégé de la Philosophie de Gassendi*, Lyon, 1678, 1684 — l'honnête homme de la fin du xviie siècle était beaucoup plus souvent gassendiste que cartésien.

telles aussi que le nôtre, il est impossible de séparer la pensée philosophique de la pensée scientifique : elles s'influencent et se conditionnent mutuellement; les isoler, c'est se condamner à ne rien comprendre à la réalité historique.

En effet, la révolution scientifique du xviie siècle, inaugurée par Galilée, et dont le sens profond consistait dans la mathématisation du réel, avait, avec Descartes — fait fréquent dans l'histoire — dépassé son but légitime. Elle s'était engagée dans ce que j'ai appelé jadis « la géométrisation à outrance » et avait tenté de réduire la physique à la géométrie pure en déniant toute spécificité propre à la réalité matérielle. Aussi, par suite de son identification de la manière et de l'espace, aboutit-elle à une physique impossible. Elle ne pouvait expliquer — Descartes le faisait bien, mais à quel prix? — ni l'élasticité des corps, ni leurs densités spécifiques, ni la structure dynamique du choc. Chose plus grave encore : ainsi que va le montrer Newton, cette physique, qui n'admettait dans le monde qu'étendue et mouvement, ne pouvait même pas, sans déroger à ses propres principes, en donner aux corps de son Univers beaucoup trop fortement lié.

Or, c'est justement contre cette identification de la matière et de l'espace dans l' « étendue » cartésienne que s'élève Gassendi dès qu'il en prend connaissance; sans doute n'engage-t-il pas contre la physique de Descartes la polémique violente qu'il avait entreprise contre sa métaphysique et son épistémologie : en 1645, c'est-à-dire peu de temps après la publication des *Principes de philosophie* de Descartes, il écrit à André Rivet qu'il va décevoir les gens qui lui prêtent cette intention, ou qui l'y incitent, parce que ce n'est pas dans ses habitudes d'attaquer ceux qui ne l'attaquent pas [1]. Mais, aussi bien dans cette lettre que dans beaucoup d'autres, il marque très nettement son opposition à la thèse essentielle du cartésianisme, à savoir, l'identification de la matière physique avec l'étendue géométrique. Ainsi, par exemple, dans cette même lettre à Rivet que je viens de citer [2] : « Il n'est pas nécessaire de citer les points particuliers; car dès les premiers principes : que le monde matériel est infini, ou, comme il subtilise, indéfini; qu'il est en lui-même absolument plein et ne se

---

1. Cf. R. Descartes, *Œuvres*, éd. Adam et Tannery, vd. IV, p. 153.
2. *Ibid*. Le passage qui suit a été traduit par B. Rochot dans son livre *Les Travaux de Gassendi sur Épicure et sur l'atomisme*, Paris, 1944, p. 124, n. 172. Je le cite dans sa traduction.

distingue pas de l'étendue; qu'il peut être broyé en petits fragments susceptibles de changer localement de position en diverses manières sans interposition de vide; et d'autres du même genre; qui ne voit combien tout cela entraîne de difficultés et de contradictions? Non que l'auteur ne parvienne, ou du moins n'essaie de parvenir à faire illusion et à fuir par ses subtilités; mais si les ignorants et les esprits vains se laissent prendre aux mots, assurément les gens posés et attachés à la vérité n'hésitent pas là-dessus, et, laissant là les vaines paroles, ils ne sont attentifs dans leurs recherches qu'aux choses mêmes. »

Au « plénisme » cartésien Gassendi oppose résolument l'existence des « atomes » et du « vide ». Mais il ne se borne pas à cela. Dès 1646, il s'attaque aux bases mêmes de l'ontologie traditionnelle que Descartes, sans peut-être s'en rendre compte, avait héritée d'Aristote, et qui l'amène, ainsi que ce dernier, à la négation du vide identifié au néant. L'ontologie traditionnelle « divise » l'être en substance et en attributs. Mais, objecte Gassendi déjà dans ses *Animadversiones in decimum librum Diogenis Laertii*[1] — un texte qui, très certainement, a inspiré Pascal dans sa fameuse apostrophe au P. Noël — cette division est-elle légitime? En fait, « pas plus le Lieu que le Temps ne sont ni Substance ni Accident, et néanmoins ils sont quelque chose, et non pas rien; ils sont justement le lieu et le temps de toutes les substances et de tous les accidents[2] ».

Le raisonnement cartésien, qui aboutit à la négation du vide, ne vaut, en effet, qu'en fonction de l'ontologie aristotélicienne : l'espace vide n'étant ni substance, ni accident, ne peut être rien d'autre que du néant, et le néant, ne pouvant de toute évidence posséder d'attributs, ne peut être le sujet de mesures; le volume, la distance ne peuvent mesurer le rien; les dimensions doivent être des dimensions de quelque chose, c'est-à-dire d'une substance et non du néant.

Mais il est clair, nous dit Gassendi dans son *Syntagma,* dans lequel il élabore et développe les thèmes brièvement indiqués dans les *Animadversiones*, que nous tombons dans ces difficultés par suite d'un préjugé dont l'École péripatéticienne nous a rempli l'esprit, à savoir que toute chose est soit substance, soit accident, et que « tout ce qui n'est pas

---

1. Les *Animadversiones* n'ont été imprimées qu'en 1649, mais elles furent écrites avant 1646 et lorsque, en 1646, le manuscrit partit pour Lyon, un double en resta à Paris.
2. Cf. *Animadversiones*, p. 614 (éd. de 1649).

Substance ou Accident, est non-entité *(non-ens)*, non-quelque chose *(non-res)* ou rien du tout *(nihil)*. Or donc, puisque... en dehors de la Substance et de l'Accident, le lieu ou l'espace, et le Temps ou la durée sont des entités et des choses *(res)* véritables, il est clair... que l'un et l'autre ne sont rien *(nihil)* que dans le sens péripatéticien [du terme], mais non dans son sens vrai. Ces deux entités [temps et espace] forment des genres de choses distinctes de toutes les autres, et le Lieu et le Temps peuvent aussi peu être Substance ou Accident que la Substance et l'Accident peuvent être Lieu ou Temps [1] ».

Il s'ensuit que la géométrisation de l'espace n'entraîne aucunement celle de la matière; au contraire, elle nous oblige à distinguer soigneusement cette dernière de l'espace *dans lequel* elle se trouve, et à la douer de caractères propres, à savoir de la mobilité — que l'on ne peut pas attribuer à l'espace qui, lui, est nécessairement immobile; de l'impénétrabilité, qui ne peut pas — Descartes nonobstant — se déduire de l'extension pure et simple : l'espace, en tant que tel, n'oppose aucune résistance à sa pénétration par les corps; enfin de la discontinuité, qui impose des limites à la division des corps, tandis qu'il n'y en a pas dans celle de l'espace, nécessairement continu.

L'ontologie de Gassendi n'est sans doute ni neuve, ni originale — c'est celle de l'atomisme antique, ainsi que je l'ai déjà dit. C'est elle cependant qui lui a permis non seulement d'adopter parfois des idées qui auront beaucoup de succès plus tard, telle, par exemple, la conception corpusculaire de la lumière dont, à vrai dire, il ne tire pas parti (c'est Newton qui le fera), mais même de dépasser Galilée dans la formulation du principe d'inertie, et Pascal dans l'interprétation des phénomènes barométriques.

On pourrait m'objecter que je suis trop sévère pour l'œuvre proprement scientifique de Pierre Gassendi; invoquer son travail d'astronome; les expériences qu'il a faites ou refaites, et les conséquences qu'il a su en tirer; les idées — celle, par exemple, de la distinction entre atomes, corpuscules, molécules — qu'il a émises, idées que, certes, il n'a pas su exploiter lui-même, mais que d'autres ont exploitées à sa place.

Je n'en disconviens pas : mon jugement est sévère. Hélas, c'est celui de l'histoire. Cela dit, il est incontestable

1. Cf. *Syntagma Philosophicum* (*Opera Omnia*, vol. I, p. 184 *a*, Lyon, 1658). Gassendi dit expressément — et très méchamment — que le raisonnement de Descartes ne vaut que pour un Aristotélien (*ibid.*, 219 *b*).

que Gassendi ne s'est pas borné à enseigner l'astronomie
au Collège Royal, en tenant d'ailleurs la balance égale
entre les deux ou trois grands systèmes, ceux de Ptolémée,
de Copernic et de Tycho Brahé, entre lesquels hésitait
encore la conscience scientifique, et à écrire des biographies
— intéressantes et utiles — des grands astronomes, mais
qu'il a été un astronome véritable, un *professionnel*, pourrait-on dire, et on ne peut que rendre justice à la patience
avec laquelle il a, pendant toute sa vie, étudié le Ciel et
accumulé les observations des phénomènes célestes; ainsi,
par exemple — et ce n'est bien entendu qu'une partie
minime de son œuvre — il a observé les éclipses du Soleil à
Aix en 1621, à Paris en 1630, à Aix de nouveau en 1639, à
Paris en 1645, à Digne en 1652, à Paris en 1654, et celles de
la Lune à Digne en 1623, à Aix en 1628, à Digne de nouveau
en 1633, 1634, 1636, 1638, à Paris en 1642, 1645, 1647 et une
dernière fois à Digne en 1649; il a observé les planètes,
Saturne en particulier, astre auquel il s'intéressait tout
spécialement à cause de ce qu'il croyait être ses satellites,
l'occultation de Mars par la Lune, etc.; il a même réussi —
et il fut à peu près le seul, avec Harriot, à le faire d'une
manière scientifique — à observer, le 7 novembre 1631,
le passage de Mercure sur le disque solaire [1], annoncé, en
1629, par Kepler [2].

---

1. Cf. *Mercurius in Sole visus et Venus invisa Parisiis anno 1631*, Paris,
1632, *Opera Omnia*, t. IV, pp. 499 sq. — Sur l'œuvre astronomique de
Gassendi, cf. J.-B. Delambre, *Histoire de l'astronomie moderne*, vol. II,
pp. 335 sq., Paris, 1821, et Pierre Humbert, *L'Œuvre astronomique de
Gassendi*, Paris, 1936, dont j'extrais la citation suivante (p. 4) : « Nul n'ob-
serva avec autant d'ardeur et de persévérance. Rien de ce qui se passe
au Ciel, rien de ce qu'on peut y déceler ne lui échappe. Taches solaires,
montagnes de la Lune, satellites de Jupiter, éclipses, occultations, passages :
il est toujours l'œil à la lunette pour les étudier; positions de planètes,
longitudes et latitudes, heure exacte : il ne quitte pas son cadran pour
les déterminer. Au vrai, il n'a rien découvert : observateur assidu de Jupiter,
il n'en a point remarqué les bandes; ses scrupuleux dessins de Saturne
ne lui ont pas révélé la véritable nature de l'anneau; sur la rotation solaire
ou la libration lunaire, il n'a fait que confirmer des découvertes [antérieures].
Mais dans toutes ses observations il a fait preuve d'un esprit de méthode,
d'un souci de précision, d'une recherche d'élégance qui le placent bien
au-dessus de ses contemporains. »
2. Le mérite de Gassendi est d'autant plus grand que l'œuvre de Kepler
semble avoir été à peu près complètement négligée en France; ce n'est
qu'en 1645 qu'Ismaël Bouillaud en parle dans son *Astronomia Philolaica*
(Paris, 1645), où, tout en rejetant la dynamique céleste de Kepler, il adopte
— en la modifiant d'une manière assez malheureuse — la doctrine keplérienne concernant la trajectoire elliptique des planètes. Quant à Gassendi,
il en donne un exposé dans son *Syntagma Philosophicum* (Lyon, 1658,
cf. *Opera Omnia*, vol. I, pp. 639 sq.); plus exactement, il expose le mécanisme — attraction et répulsion magnétiques — adopté par Kepler pour
expliquer l'ellipticité des trajectoires planétaires tout en négligeant la
structure mathématique de l'astrophysique de celui-ci dont il ne semble

Il a fait également des expériences, et même des expériences comportant des mesures; ainsi — à la suite du R. P. Mersenne d'ailleurs — il a mesuré la vitesse de la propagation du son qu'il a déterminée comme étant de 1 473 pieds par seconde. Or, si ce chiffre est beaucoup trop grand — le nombre exact est de 1 038 pieds — l'erreur n'est pas excessive : n'oublions pas la difficulté des observations et des mesures précises à une époque qui n'avait pas de bonnes horloges et ne savait pas mesurer le temps[1]. Les expériences de Gassendi l'ont amené à affirmer que le son, grave ou aigu, se propage avec la même vitesse; en revanche, il a complètement méconnu sa nature physique, lui ayant — comme à toutes les qualités — assigné un support atomique propre et non des vibrations de l'air; il a, d'ailleurs, enseigné que le son n'était pas entraîné par l'air, et que sa propagation — comme celle de la lumière — n'était pas affectée par le vent[2].

Pour donner une confirmation expérimentale aux lois du mouvement établies par Galilée — et infirmer en même temps celles que Michel Varron prétendait avoir démontrées —, il a imaginé, et même réalisé, une expérience fort élégante. On sait que, selon Galilée, la vitesse de la chute est proportionnelle au temps écoulé; selon Varron, à l'espace parcouru. Or, parmi les conséquences que Galilée avait tirées de sa dynamique, il y en avait une, particulièrement frappante — et qu'il était impossible de tirer de celle de Varron —, à savoir, que les corps tombant le long du diamètre et des cordes d'un cercle vertical employaient le même temps pour arriver au point terminal de la chute. Sans doute était-il impossible de mesurer directement les temps des parcours. Mais, ainsi que l'a bien compris Gassendi, on pouvait se passer de mesures : le théorème de

pas avoir saisi le caractère novateur. Aussi accepte-t-il des prédictions képlériennes sans se préoccuper des lois sur lesquelles elles furent fondées et sans peut-être se rendre compte que, par son observation du passage de Mercure, il apporte une confirmation décisive à la conception de Kepler.

1. Cf. mon article, « An Experiment in Measurement », *Proceedings of the American Philosophical Society*, 1953 (et *supra*, pp. 289-319). Gassendi, d'ailleurs, ne semble pas avoir attribué une valeur trop grande à l'exactitude des mesures : ainsi, dans le *Syntagma* (v. I, p. 351 *a*), il rapporte les résultats obtenus pour la valeur de l'accélération de la chute par Galilée — 180 pieds en 5 secondes — et par le P. Mersenne — 300 pieds — sans prendre parti pour l'un ou pour l'autre.

2. Là encore, il faut tenir compte des conditions de l'expérimentation et noter, à la décharge de Gassendi, que Borelli et Viviani, savants authentiques et expérimentateurs hors ligne, et qui pour la vitesse de propagation du son ont obtenu le chiffre presque exact de 1 077 pieds par seconde, sont arrivés au même résultat.

Galilée impliquait, en effet, que les corps, partis *en même temps* des points A, B et C arrivaient *au même moment* au point D (AD étant un diamètre, BD et CD, des cordes inclinées sur la verticale). Gassendi fabriqua donc un cercle en bois, d'environ deux toises (12 pieds) de diamètre, le garnit de tubes en verre et y fit tomber des petites boules. Les résultats confirmèrent parfaitement la doctrine de Galilée, et infirmèrent celle de Varron, en montrant qu'elle s'écartait grandement de l'expérience [1].

En 1640, Gassendi entreprit une série d'expériences sur la conservation du mouvement, qui aboutit à celle du boulet lâché du haut du mât d'un navire en mouvement — expérience sur laquelle on avait discuté depuis des siècles et qui était généralement alléguée comme un argument contre le mouvement de la Terre [2]. En effet, si la Terre se

---

1. Cf. *Syntagma*, t. I, p. 350 *b*.
2. Dans mes *Études galiléennes* (Paris, 1939, p. 215) j'ai dit que Gassendi a été le premier à faire cette expérience. En fait, il n'en est rien, et l'expérience en question a été réalisée plusieurs fois avant lui. Il se peut qu'elle l'ait été déjà par Thomas Digges qui, dans sa *Perfit Description of the Celestiall Orbes* qu'il publia en 1576 en appendice à la *Prognostication Everlastinge of Righte Good Effecte* de son père, Leonard Digges, dit que les corps qui tombent, ou sont jetés en l'air sur la Terre en mouvement, nous apparaissent comme se mouvant en ligne droite, de même qu'un plomb qu'un matelot laisse tomber du haut du mât d'un navire en mouvement et qui, dans sa chute, suit le mât et tombe à son pied, nous paraît se mouvoir en ligne droite, bien qu'en fait il décrive une courbe. — La *Prognostication Everlastinge* ainsi que la *Perfit Description* ont été rééditées par MM. F. Johnson et S. Larkey, « Thomas Digges, The Copernican System and the Idea of the Infinity of Universe in 1576 », *Huntington Library Bulletin*, 1935; cf. aussi F. R. Johnson, *Astronomical Thought in Renaissance England*, Baltimore, 1937, p. 164. Il est à remarquer, toutefois, que Thomas Digges ne nous dit pas avoir lui-même fait cette expérience, mais la rapporte comme quelque chose qui va de soi. — En second lieu, Galilée, ainsi que je viens de le dire, affirme à Ingoli l'avoir exécutée. Mais il ne dit pas où ni quand, et comme il se contredit dans le *Dialogue*, le doute est permis. En revanche, les expériences faites par l'ingénieur français Gallé, à une date incertaine, mais avant 1628, doivent être admises comme réelles, ainsi que celles de Morin, en 1634. Les expériences de Gallé sont décrites et discutées par Froidemont (Fromondus) dans son : *Ant-Aristarchus, sive Orbis Terrae immobilis liber unicus*, Antverpiae, 1631, et : *Vesta sive Ant-Aristarchi Vindex*, Antverpiae, 1634. Selon C. de Waard, à qui j'emprunte ces renseignements (cf. *Correspondance du P. Marin Mersenne*, Paris, 1945, vol. II, p. 74), Gallé fit ses expériences sur l'Adriatique et « laissa tomber du haut du grand mât d'une galère vénitienne une masse de plomb : la masse ne tomba pas au pied du mât, mais elle dévia vers la poupe, apportant ainsi aux sectateurs de Ptolémée l'apparence d'une vérification de leur doctrine ». — Quant à Morin (cf. *Correspondance du P. Marin Mersenne*, Paris, 1946, vol. III, pp. 359 sq.) il rapporte, dans sa *Responsio pro Telluris quiete...*, Parisiis, 1634, qu'il a fait cette expérience sur la Seine et a vu se confirmer les dires de Galilée « la première fois avec stupeur, la deuxième, avec admiration, la troisième avec risée ». Car, nous dit Morin, l'expérience ne prouve rien en faveur des coperniciens : en fait, l'homme qui, au haut du mât, tient la pierre dans ses mains, lui imprime son propre mouvement, et ce d'autant plus que le navire se meut plus rapidement. La pierre donc est en réalité projetée en avant, et c'est pourquoi elle ne reste pas en arrière.

mouvait, répétait-on depuis Aristote et Ptolémée, un corps
lancé (verticalement) en l'air ne pourrait pas retomber à la
place d'où on l'aurait lancé, un boulet lâché du haut d'une
tour ne pourrait jamais tomber au pied de cette tour, mais
« resterait en arrière », se comportant comme le boulet lâché
du haut du mât d'un navire qui tombe à son pied si le navire
est immobile et « reste en arrière », tombant sur la poupe,
si le navire se meut; et même dans l'eau s'il se meut trop
rapidement. A cette argumentation, renouvelée par Tycho
Brahé, les coperniciens, dans la personne de Kepler, répondaient en établissant une différence de nature entre le cas
du navire et celui de la Terre : la Terre, disait-il, entraîne
avec elle les corps graves (terrestres), tandis que le navire
ne le fait aucunement. Aussi un boulet lâché du haut d'une
tour tombera à son pied parce qu'il est attiré par la Terre
par une attraction *quasi* magnétique, tandis que le même
boulet, lancé du haut du mât d'un navire en mouvement,
s'en écartera, puisqu'il n'est pas attiré par celui-ci. Seuls
Bruno, et, bien entendu, Galilée, ont eu l'audace de nier
le fait même du « retard » et d'affirmer que le boulet tombant
du haut du mât d'un navire — que celui-ci soit immobile
ou qu'il soit en mouvement — tomberait toujours au pied
de ce mât. Or Galilée qui, dans sa *Lettre à Ingoli* (de 1624)
se targuait d'une double supériorité sur celui-ci et, en
général, sur les physiciens aristotéliciens, pour avoir : *a*)
effectué l'expérience qu'ils n'avaient pas faite; et *b*) pour
ne l'avoir faite qu'*après* avoir prévu son résultat, dans son
Dialogue sur les deux plus grands systèmes du monde, là
justement où il discute l'argument en question, nous dit
ouvertement n'avoir jamais tenté de faire l'expérience.
Bien plus, il ajoute qu'il n'a nul besoin de la faire, étant un
si bon physicien que, sans aucune expérience, il peut déterminer comment, le cas échéant, se comporterait le boulet.

Galilée, de toute évidence, a raison : pour quiconque a
compris le concept du mouvement de la physique moderne,
cette expérience est parfaitement inutile. Mais pour les
autres? Pour ceux, justement, qui n'ont pas encore compris
et qu'il faut amener à comprendre? Pour ceux-là, l'expérience peut jouer un rôle décisif. Il est difficile de dire si c'est

Mais si le navire passait sous un pont, et de ce pont si une autre pierre
était lâchée en même temps que la première, elle se comporterait tout
autrement, à savoir, tomberait sur la poupe. Ainsi, par un raisonnement
littéralement copié chez Bruno (cf. *La Cena de le Ceneri*, III, 5, *Opere
italiane*, Lipsiae, 1830, vol. I, p. 171, cité par moi dans mes *Études galiléennes*, III, p. 14 sq.) — mais que visiblement il ne comprend pas — Morin
en arrive à se confirmer dans sa foi géocentrique.

pour lui-même ou seulement pour les autres que Gassendi entreprend, en 1640, les expériences auxquelles je viens de faire allusion. Probablement pour les « autres », pour ceux à qui il fallait donner une preuve expérimentale du principe d'inertie. Mais peut-être aussi pour lui-même, pour s'assurer que ce principe est valable non seulement *in abstracto*, dans le vide des espaces imaginaires, mais *in concreto*, sur notre Terre, *in hic vero aere* comme l'avait dit Galilée.

Quoi qu'il en soit, elles réussirent parfaitement; aussi organisa-t-il à Marseille, avec l'aide du comte d'Alais, une démonstration publique qui eut, à son époque, un très grand retentissement. En voici la description [1] : « M. Gassendi ayant été toujours si curieux de chercher à justifier par les expériences la vérité des spéculations que la philosophie lui propose, et se trouvant à Marseille en l'an 1641 fit voir sur une galère qui sortit exprès en mer par l'ordre de ce prince, plus illustre par l'amour et la connaissance qu'il a des bonnes choses que par la grandeur de sa naissance, qu'une pierre laschée du plus haut du mast, tandis que la galère vogue avec toute la vitesse possible, ne tombe pas ailleurs qu'elle ne feroit si la même galère étoit arrêtée et immobile; si bien que soit qu'elle aille ou qu'elle n'aille pas, la pierre tombe toujours le long du mast à son pié et de mesme costé. Cette expérience foite en présence de Monseigneur le Comte d'Alais et d'un grand nombre de personnes qui y assistoirent, semble tenir quelque chose du paradoxe à beaucoup qui ne l'avoient point vue; ce qui fut cause que M. Gassendi composa un traité *De motu impresso a motore translato* que nous vismes de lui la mesme année en forme de lettre escrite à M. Du Puy. »

Or, dans cette « lettre », c'est-à-dire dans le *De motu impresso a motore translato* [2], Gassendi ne se borne pas à exposer les raisonnements de Galilée en leur ajoutant la description de l'expérience de Marseille et en appliquant à l'analyse de celle-ci les principes (galiléens) de la relativité du mouvement et de la conservation de la vitesse; il réussit à dépasser Galilée et, se libérant à la fois de la hantise de la circularité et de l'obsession de la pesanteur, à donner une formulation correcte de la loi d'inertie. En effet, la restriction (galiléenne) de cette loi aux mouvements horizontaux

---

1. Cf. *Recueil de Lettres des sieurs Morin, de La Roche, De Nevre et Gassend et suite de l'apologie du sieur Gassend touchant la question* De motu impresso a motore translato, Paris, 1650, préface; cf. mes *Études galiléennes*, pp. 215 sq. La date de 1641 doit être avancée d'un an.
2. Paris, 1642; ou *Opera Omnia* (Lyon, 1658), t. III, pp. 478 sq.

est inutile; en principe toutes les directions se valent et dans les espaces imaginaires, espaces vides hors du monde où, sans doute, il n'y a rien mais où il pourrait y avoir quelque chose, « le mouvement, en quelque direction qu'il se fasse, sera semblable à l'horizontal et ne s'accélérera ni ne retardera, et donc jamais ne cessera[1] ». Gassendi en déduit, avec beaucoup de bon sens, qu'il en est de même sur la Terre, que le mouvement *en tant que tel* se conserve, avec sa direction et sa vitesse, et que si, en fait, les choses se passent autrement, c'est que les corps rencontrent des résistances (celle de l'air, par exemple) et sont déviés par l'attraction de la Terre.

Les espaces imaginaires en dehors du monde ne sont pas, de toute évidence, objet d'expérience; pas plus que les corps que Dieu pourrait y placer. Gassendi, d'ailleurs, s'en rend compte, ce qui est tout à fait à son honneur. Mais il serait cruel d'insister là-dessus et de souligner l'incompatibilité flagrante du raisonnement de Gassendi avec l'épistémologie sensualiste et empiriciste qu'il professe et qu'il a, d'ailleurs, héritée d'Épicure — ensemble avec les atomes et le vide. Aussi n'est-ce pas son épistémologie, qui n'a fait que vicier et stériliser sa pensée, mais l'utilisation intelligente de l'atomisme, qui a permis à Gassendi de devancer Robert Boyle dans l'interprétation des expériences barométriques de Torricelli et de Pascal.

Ces expériences, y compris celle du Puy de Dôme dont il fut informé par Auzout, Gassendi les rapporte longuement dans un Appendice de ses *Animadversiones ;* puis, les ayant refaites — avec Bernier — sur une colline près de Toulon (en 1650), il les réexpose et les rediscute dans le *Syntagma*[2].

Le fait expérimental révélé par l'expérience barométrique est, en lui-même, assez simple : il se réduit à la constatation de la variation de la colonne de mercure (dans un tube de Torricelli) en fonction de l'altitude à laquelle elle se trouve placée. Mais son interprétation correcte n'est rien moins que simple : elle implique, en effet, la distinction, dans l'effet produit, de l'action de deux facteurs — et donc de l'élaboration de deux notions distinctes —, à savoir celle du *poids* et celle de la *pression élastique* de la colonne d'air équilibrant le mercure. Or, si dès le début ces deux notions sont présentes dans l'esprit des expérimentateurs

---

1. Cf. mes *Études galiléennes*, pp. 294-309; et *Opera Omnia*, t. III (1658), p. 495 *b*.
2. Cf. *Animadversiones in Decimum librum Diogenis Laertii*, Lyon, 1649; et *Syntagma Philosophicum*, dans *Opera Omnia*, vol. I, pp. 180 sq.

— Torricelli parle de la compression de l'air en la comparant à celle d'une balle de laine —, l'action des deux facteurs est loin d'être clairement analysée. Le faire, n'était, d'ailleurs, pas très facile, comme nous le montre bien l'exemple de Roberval, confondu par le fait qu'une toute petite quantité d'air — une goutte — ne pesant quasiment rien, introduite dans le vide du tube de Torricelli, en fait sensiblement baisser le niveau. Quant à Pascal, séduit et induit en erreur par l'assimilation de l'air à un liquide (assimilation courante à son époque), c'est par des conceptions tirées de l'hydrostatique, c'est-à-dire par un équilibre de poids, qu'il explique l'apparition du vide dans le tube à mercure. Et si, dans l'interprétation des expériences barométriques (expansion d'une vessie portée au sommet d'une montagne, etc.) que nous trouvons dans ses *Traités* sur l'*équilibre des liqueurs* et *la pesanteur de la masse d'air*, la *compression* de l'air au niveau du sol et sa *raréfaction* au sommet d'une montagne se trouvent nettement indiquées, il n'en reste pas moins vrai que les *Traités* — ainsi que leur titre même l'indique — sont nettement conçus dans un esprit hydrostatique, et que l'analyse conceptuelle des phénomènes étudiés ne s'élève pas au-dessus du niveau atteint déjà par Torricelli.

Or, c'est là que l'ontologie atomiste a permis à Gassendi de faire un pas en avant en lui rendant facilement compréhensibles les phénomènes de dilatation (expansion) et de condensation (compression) de l'air et le fait qu'une même quantité d'air (même nombre de corpuscules et, donc, même poids) pouvait exercer, selon son état de compression ou de dilatation, des *pressions* extrêmement variables. Aussi est-ce dans cette compression, et la pression résultante, qu'il voit le facteur essentiel du phénomène révélé par l'expérience barométrique, et ce sont des analogies aérodynamiques (pression de l'air comprimé dans une bombarde, ou dans la pompe de Ctesibius) qu'il met en avant pour l'expliquer. Le poids de la colonne d'air, nous dit-il, comprime des couches inférieures, et c'est cette *pression* qui fait monter le mercure dans le tube. L'action du *poids*, ainsi, est remise à sa place; de cause directe, elle devient indirecte; la cause directe est partant *la pression*[1].

Tout cela n'est pas rien, sans doute, c'est même beau-

1. Cf. *Syntagma Philosophicum*, pp. 207-212.

coup. Et pourtant, comparé à l'effort dépensé par Gassendi, au rôle qu'il a joué, à l'influence qu'il a exercée, c'est très peu. Mais je l'ai dit dès le début, ce n'est pas en tant que savant qu'il a agi et qu'il a conquis une place dans l'histoire de la pensée scientifique, c'est en tant que philosophe, à savoir en ressuscitant l'atomisme grec et en complétant, par là même, l'ontologie dont le science au XVIIe siècle avait besoin [1]. Sans doute n'a-t-il pas été le premier à le faire — Bérigard, Basson, d'autres encore l'on fait avant lui — et l'on pourrait dire que l'atomisme est si bien adapté à la physique et à la mécanique du XVIIe siècle (même ceux qui, comme Descartes, rejettent les atomes et le vide et cherchent à établir une physique du continu, sont, en fait, obligés d'user de conceptions corpusculaires) que l'influence directe de Lucrèce et d'Épicure aurait suffi pour le faire accepter. Il n'en reste pas moins vrai que personne n'a présenté la conception atomique avec autant de force et que personne n'a défendu l'existence du vide sous toutes ses formes — à l'intérieur comme à l'extérieur du monde — avec autant de persévérance et de persistance que Gassendi; personne, par conséquent, n'a contribué autant que lui à la ruine de l'ontologie classique fondée sur les notions de substance et d'attribut, de potentialité et d'actualité. En effet, en proclamant l'existence du vide, c'est-à-dire la réalité de quelque chose qui n'était « ni substance, ni attribut », Gassendi ouvre une brèche dans le système catégoriel traditionnel; une brèche dans laquelle ce système finira par s'engloutir.

Par là même il contribue plus que personne à la réduction de l'être physique au mécanisme pur, avec tout ce que celui-ci implique, à savoir l'infinitisation du monde consécutive à l'autonomisation et l'infinitisation de l'espace et du temps, et la subjectivisation des qualités sensibles. Ce qui est assez paradoxal, puisque, à vrai dire, Gassendi lui-même ne croyait ni à l'une ni à l'autre : l'infinité de l'*espace* n'entraînait pas, pour lui, l'infinité du monde réel, puisque le nombre total des atomes entrant dans sa composition ne pouvait pas ne pas être fini; et la réduction des propriétés des atomes aux « poids, nombre, mesure » ne l'a pas empêché d'essayer de développer une physique qualitative à base atomique en postulant des atomes spécifiquement adaptés à la production des qualités sensibles,

1. Cf. B. Rochot, *Les Travaux de Gassendi sur Épicure et sur l'atomisme*, Paris, 1944.

des atomes lumineux et des atomes sonores, des atomes du chaud et des atomes du froid, etc. Ce qui, parfois — ainsi dans le cas des atomes de lumière — l'a amené à anticiper, bien que de très loin et pour de mauvaises raisons, la conception newtonienne de la lumière (théorie corpusculaire), parfois — ainsi pour le son — à nier l'existence des ondes sonores.

Je crois que je peux résumer en quelques mots ce que j'ai dit : Gassendi a cherché à fonder sur l'atomisme antique une physique qui était encore une physique qualitative. Cela lui a permis, par le renouvellement — ou la résurrection — de l'atomisme antique, de donner une base philosophique, une base ontologique, à la science moderne qui a uni ce qu'il n'a pas su unir, à savoir l'atomisme de Démocrite au mathématisme de Platon, représenté par la révolution galiléenne et cartésienne ; c'est l'union de ces deux courants qui a produit, comme nous le savons, la synthèse newtonienne de la physique mathématique.

BONAVENTURA CAVALIERI
ET LA GÉOMÉTRIE DES CONTINUS [*]

L'œuvre de Bonaventura Cavalieri jouit auprès des historiens de la pensée mathématique de la réputation bien établie d'obscurité à toute épreuve [1].

Loin de moi le désir de m'insurger contre cette appréciation traditionnelle : l'œuvre de Cavalieri est effectivement et incontestablement obscure, difficile à lire et encore plus difficile à comprendre [2]. Je me demande toutefois si l'impression pénible d'être plongé dans le brouillard et les ténèbres que ne manque pas d'éprouver quiconque aborde l'étude de la *Geometria Indivisibilibus continuorum nova quadam ratione promota* [3] ou des *Exercitationes Geometricae sex* [4] provient effectivement de l'obscurité — d'ailleurs inévitable et normale — de sa *pensée* [5] ou

[*] Article extrait de *Hommage à Lucien Febvre* (Paris, Colin, 1954), pp. 319-340.

1. Maximilien Marie, *Histoire des sciences mathématiques et physiques*, t. IV, Paris, 1884, p. 90 : « L'analyse de ses ouvrages montrera, je pense que Cavalieri méritait d'être connu; mais s'il l'est si peu, je crois pouvoir dire que ce fut bien sa faute. Si, en effet, on donnait des prix d'obscurité, il aurait dû, à mon avis, emporter sans conteste le premier. On ne peut absolument pas le lire; on est constamment réduit à le deviner. » Cf. M. Cantor, *Vorlesungen über die Geschichte der Mathematik* ³, t. 2, Leipzig, 1900, p. 833; cf. également Léon Brunschvicg, *Les Étapes de la philosophie mathématique*, Paris, 1923, p. 162, qui cependant prend la défense de Cavalieri; et Gino Loria, *Storia delle matematiche*, Milano, 1950, p. 425 : « La *Geometria degli indivisibili* passa, e non a torto, per una delle opere piu profonde ed oscure che annoveri la letteratura matematica. »

2. Il faut avouer que toutes les œuvres mathématiques de cette première moitié du XVIIe siècle sont difficiles à lire et à comprendre à cause de leur langage archaïque et de l'absence de ce symbolisme que nous devons à Descartes (et ses successeurs) et auquel nous sommes habitués.

3. Bononiae, 1635; 2 éd., *ibid.*, 1657. C'est celle-ci que je cite.

4. Bononiae, 1647.

5. Une pensée originale est toujours obscure à ses débuts; la pensée ne progresse pas du clair au clair : elle naît dans l'obscurité et même dans la confusion et de là avance vers la clarté.

plutôt du fait que Cavalieri s'avère incapable de l'exprimer et de l'exposer d'une manière suffisamment claire : Cavalieri écrit très mal[1] et ses phrases interminables sont parfois, et même souvent, de véritables rébus[2]. De ce fait même, il oblige ou du moins incite l'historien à le traduire dans un langage qui n'est pas le sien (celui du calcul infinitésimal), langage qui s'est développé à partir de conceptions très différentes des siennes et qui, en conséquence, ne reflète pas toujours exactement sa pensée, mais souvent l'obscurcit tout en la simplifiant[3].

Il me semble, en revanche, que si l'on fait l'effort nécessaire pour se familiariser avec le *style* de Cavalieri — et par *style* j'entends non moins sa manière de penser que sa manière d'écrire, si l'on étudie sa technique de preuve qui confère un sens concret aux notions souvent mal définies *in abstracto*, et surtout si on le replace dans son temps, à savoir entre Kepler d'une part et Torricelli — auxquels il se réfère expressément — de l'autre, on verra se dessiner une pensée suffisamment ferme et consciente d'elle-même et, en même temps, suffisamment intelligible pour assurer à Cavalieri une place fort honorable parmi les grands représentants de la pensée mathématique. A condition, toutefois, de ne pas l'interpréter à contresens[4].

1. A dire vrai, contrairement à la croyance générale, les gens du XVIIe siècle écrivent tous — à deux ou trois exceptions près, tels Galilée et Torricelli — extrêmement mal : Guldin ou G. de Saint-Vincent, et même Borelli ou Riccioli, sont loin d'être des modèles de style. Quant à Cavalieri, j'en donne quelques exemples plus loin.

2. Abraham Gotthelf Kästner, dans son histoire de la mathématique (*Geschichte der Mathematik*, Bd III, Göttingen, 1799), p. 207, en citant un « postulat » de Cavalieri, écrit : « Ich bekenne dass ich dieses Postulat nicht verstehe, das zweyte, welches von ähnlichen Figuren spricht, auch nicht »; M. Marie, *Histoire des sciences mathématiques et physiques*, t. IV, p. 80, en citant l'énoncé, par Cavalieri, du théorème sur les rapports de l'ensemble des carrés d'un parallélogramme à l'ensemble des carrés d'un des deux triangles qui le composent (cf. *infra*, p. 351), renchérit encore : « On ne sera pas étonné, je crois, si je dis que j'ai dû relire plusieurs fois ce *rébus* avant d'en deviner le sens. »

3. M. Marie, *Histoire des sciences mathématiques*, t. IV, Paris, 1884, pp. 75 et suiv. : «... pour abréger, nous avons, dans l'exposition de sa méthode, supposé les procédés à peu près tels qu'ils sont devenus plus tard, par suite des efforts successifs de Roberval, de Fermat et de Pascal. » Le problème du langage à adopter pour l'exposition des œuvres du passé est extrêmement grave et ne comporte pas de solution parfaite. En effet, si nous gardons la langue (la terminologie) de l'auteur étudié, nous risquons de le laisser incompréhensible, et si nous lui substituons la nôtre, de le trahir.

4. Le contresens, pour Cavalieri, commence avec le titre même de son ouvrage principal, *Geometria indivisibilibus continuorum nova quadam ratione promota* que l'on cite habituellement soit en abrégeant le titre latin en *Geometria indivisibilibus*, soit en traduisant cet abrégé par : *Géométrie des indivisibles* (ainsi déjà J.-F. Montucla, *Histoire des Mathématiques*, t. II, Paris, An VII, p. 39, Michel Chasles, *Aperçu historique sur l'origine*

Il m'est évidemment impossible de décrire ici l'état
de la pensée mathématique du début du XVIIᵉ siècle,
encore assez mal connue d'ailleurs. *Grosso modo* cette
période peut être caractérisée par l'achèvement de la
réception de la géométrie grecque et par les premières
tentatives pour dépasser celle-ci.

Au cours des années 20 on voit ainsi apparaître un peu
partout des essais d'application de méthodes infinitisi-
males pour la solution de problèmes concrets de géométrie
et de dynamique, essais qui, selon toute probabilité,
s'inspirent de la *Stereometria doliorum* de Johannes Kepler [1].
Or, il est bien connu que dans son œuvre mathématique
— c'est là à la fois la raison et le prix de son succès —
Kepler (suivi en cela par la plupart de ses contemporains)
se montre entièrement insensible aux scrupules logiques
qui avaient arrêté Archimède et lui avaient imposé l'emploi
des encombrantes et difficiles démonstrations par l'absurde :
s'appuyant sur le principe de continuité de Nicolas de Cues
(*divinus mihi Cusanus*, dit-il), Kepler effectue sans hésiter
un instant l'opération du passage à la limite, identifiant
purement et simplement une courbe à la somme de droites
infiniment courtes (un cercle à un polygone à un nombre
infiniment grand de côtés infiniment courts), et son aire
à celle de la somme de rectangles infiniment nombreux

et le développement des méthodes en géométrie, Bruxelles, 1837, p. 57, M. Marie,
Histoire des Mathématiques, t. IV, p. 84, et même Pierre Boutroux, *Les
Principes de l'analyse mathématique*, t. II, Paris, 1919, p. 268, et Gino
Loria, *Storia delle matematiche*, p. 425), en se rendant par là coupable soit
d'une incompréhension, soit d'un contresens flagrant. En effet, le titre
de l'ouvrage de Cavalieri ne pourrait être abrégé raisonnablement qu'en
Geometria... continuorum, Géométrie des continus..., le terme : *indivisibilibus*
étant à l'ablatif et non au génitif... Il est amusant de constater que Kästner
qui, comme tout le monde, commet ce contresens que je viens d'indiquer,
en arrive à fausser le titre du livre de Cavalieri en substituant *indivisibilium* à *indivisibilibus*. Cf. A. G. Kästner, *Geschichte der Mathematik*,
Göttingen, 1799, p. 205 : X. Geometria Indivisibilium. *Geometria indivisibilium continuorum nova quadam ratione promota*, Authore F. Bonaventura Cavalerio, Mediolan. Ord. Jesuatorum S. Hieronymi, D. M. Masca-
rellae Pr. Ac. in almo Bonon. Gymn. Prim. Mathematicorum Professore.
Ad illustriss. et reverendiss. D. D. Joannem Ciampolum. Bonon. 1655.
Quart — La date indiquée par Kästner est fausse : la *Geometria continuorum*
a paru en 1635 et fut rééditée en 1657.

1. Johannes Kepler, *Nova stereometria doliorum vinariorum imprimis
Austriaci... Accessit Stereometriae Archimedeae Supplementum*, Lincii,
MDCXV; cf. *Opera omnia*, éd. Frisch, vol. IV, Frankfurth und Erlangen,
1863. A l'influence de Kepler il faut, sans doute, ajouter celle de l'œuvre
archimédienne elle-même, comprise ou mésinterprétée, ainsi que celle
de la tradition des cinématiciens du Moyen Age. Quoi qu'il en soit, c'est
à peu près en même temps que s'élaborent les œuvres de Bartholomaeus
Soverus, *Tractatus de recti et curvi proportione* (Padova, 1630), de Grégoire
de Saint-Vincent (restées en grande partie inédites), dont seulement l'*Opus
geometricum de quadratura circuli et sectionum coni* a vu le jour du vivant
de son auteur (Antverpiae, 1647), et enfin celle de Cavalieri lui-même.

et infiniment minces (l'aire du cercle à la somme d'une infinité de triangles infiniment étroits); le volume d'une pyramide ou d'un corps de révolution à celui d'une somme de prismes infiniment nombreux et infiniment plats, et celui d'une sphère à la somme d'un nombre infini de cônes ayant pour base des cercles infiniment petits [1].

C'est justement *contre* cette barbarie logique — qui sera codifiée et élevée au rang de principe par Grégoire de Saint-Vincent dans sa mésinterprétation malencontreuse de la « méthode d'exhaustion » de la géométrie grecque [2], et qui aboutira à l'infiniment petit actuel (différentielle fixe) de Leibniz [3] — que me semble être dirigée la tentative de Cavalieri. A la notion keplérienne de l'infiniment petit, élément constitutif de l'objet géométrique, ayant, malgré sa petitesse infinie, *autant de dimensions* que l'objet en question, il oppose celle de l'*indivisible* qui *n'est pas un infiniment petit*, et qui a, carrément et franchement, une dimension de moins que l'objet étudié [4]. Aussi la

1. J. Kepler, *Stereometria doliorum, Opera*, éd. Frisch, vol. IV, p. 557 et suiv. Kepler, on le sait bien, a été vivement contre-attaqué dans un opuscule très important, d'Alexander Anderson, *Vindiciae Archimedis*, Parisiis, 1616.

2. Gregorius à S. Vincente, *Opus geometricum*, p. 51. Cf. H. Scholz, Wesshalb haben die Griechen die Irrationalzahlen nicht ausgebaut, *Kantstudien*, XXXIII, 1928, pp. 50 et 52. C'est à Grégoire de Saint-Vincent que l'on doit l'appellation — à contresens — du terme « méthode d'exhaustion » pour désigner les méthodes d'Eudoxe et d'Archimède.

3. Leibniz — ce qui, sans doute, a contribué fortement à rendre Cavalieri incompréhensible pour lui — emploie le terme : *indivisible* en le mésinterprétant dans le sens d'un infiniment petit actuel et en attribuant cette acception du terme à Cavalieri lui-même, Cf. *Theoria motus abstracti* (*Leibnizens Mathematische Schriften*, ed. C. I. Gerhardt, Abt. II, Bd 2, Halle, 1860, p. 68) : « *Fundamenta praedemonstrabililia*, § 4 : Dantur indivisibilia seu inextensa, alioquin nec initium nec finis motus corporisve intelligi potest ». Ces *inextensa* ne sont pas des points mathématiques, mais des entités dont les parties sont « indistantes, cujus magnitudo est inconsiderabilis, inassignabilis, minor quam quae ratione, nisi infinita ad aliam sensibilem exponi possit, minor quam quae dari potest : atque hoc est fundamentum Methodi Cavalierianae, quo ejus veritas evidenter demonstratur, ut cogitentur quaedam ut sic dicam rudimenta seu initia linearum figurarumque quaelibet dabili minora ». La mésinterprétation leibnizienne s'explique sans doute par le fait que Leibniz — à l'encontre de Cavalieri — s'occupe de problèmes de dynamique et non de géométrie pure. En conséquence, il est rejeté sur le problème de la composition du *continuum* — trajectoire — à partir d'éléments infinitésimaux : vitesses ou déplacements instantanés. De ce fait — c'est à peu près la même chose —, il est obligé d'étendre les méthodes de Cavalieri à la comparaison non plus de figures, mais de droites c'est-à-dire à un domaine auquel elles sont inapplicables, et donc de réintroduire dans son analyse du *continuum* les infiniment petits que Cavalieri avait voulu en chasser; Leibniz nous révèle par là même les limites de la conception cavaliérienne et les raisons profondes de son abandon.

4. On a souvent remarqué que Cavalieri ne définit nulle part ce qu'il entend par *indivisible*. Ainsi, en dernier lieu, Carl B. Boyer, *The Concepts of the Calculus*, New York, 1939, p. 117 : « Cavalieri at no point of his book explained precisely what he understood by the word *indivisible*, which

critique fondamentale de Guldin[1], identique dans son fond à celle de Roberval[2], reprochant à Cavalieri de vouloir composer des lignes avec des points, des surfaces avec des lignes et des corps avec des plans (surfaces) au lieu d'employer, à l'instar de Kepler, des éléments infinitésimaux homogènes au produit, porte-t-elle à faux; bien plus, elle est, dans l'acception la plus stricte du terme, un contresens, car elle va à l'encontre des intentions les plus profondes de Cavalieri, et lui reproche de ne pas faire ce justement à quoi il s'oppose de toutes ses forces, et qu'il s'enorgueillit de pouvoir éviter[3].

he employed to characterise the infinitesimal elements used in his method. He spoke of these in much the same manner as had Galileo in referring to the parallel lines representing velocities or moments as making up the triangle and the quadriteral. » Ceci est parfaitement exact. Toutefois, il ne faut pas oublier que le concept d'*indivisible* a une longue histoire et qu'il figure en bonne place dans les discussions médiévales de *compositione continui*, discussions que nous ne connaissons plus, mais que Cavalieri et ses contemporains connaissaient fort bien. En outre, de l'usage qu'en fait Cavalieri, il apparaît très clairement que l'indivisible d'un corps est une surface, celui d'une surface, une ligne et celui d'une ligne, un point. — C'est là justement le point faible de la méthode de Cavalieri : ainsi que l'a remarqué Torricelli, elle ne s'applique pas à la comparaison de lignes entre elles, ou nécessite l'admission d'une différence possible entre les points, *i. e.* la réintroduction de l'infiniment petit.

1. Paulus Guldinus, S. J., *Centrobaryca*, liv. I, Vindoboniae, 1635; liv. II, *ibid.*, 1640; liv. III, *ibid.*, 1641; liv. IV, *ibid.*, 1642. La critique de Cavalieri se trouve dans la préface au liv. II.

2. G.-P. de Roberval, *Lettre à Torricelli*, 1647, in *Opere di Evangelista Torricelli*, vol. III, Faenza, 1919, p. 487, Cf. H. G. Zeuthen, *Geschichte der Mathematik im XVI. und XVII. Jahrhundert*, Leipzig, 1903, p. 257 : « Sogar nach der genaueren Erklärung in den *Exercitationes* erregten Cavalieris Begriffsbestimmungen Widerspruch. So verstanden ihn Roberval und andere dahin, als ob die Flächenräume selbst die Summen der unendlich vielen Parallelen darstellen sollten, als ob demnach eine Grösse von 2 Dimensionen aus unendlich vielen von einer bestehe. Das sagt Cavalieri allerdings nicht, er verursacht aber insofern selbst das Missverständnis, weil seine Bezeichnung der parallelen Sehnen als « unteilbar » anzudeuten scheint, dass sie selbst unendlich kleine Teile der Flächen sein sollen. Die *Exercitationes* enthalted freilich einen Beweis dafür dass sich die Summen der unendlich vielen Sehnen wie die Flächen verhalten; dies ist aber ziemlich allgemein gehalten. Si trifft die wichtige Voraussetzung, dass die Sehnen, deren Anzahl ins unendliche wächst, überall die gleichen Entfernungen haben sollen, nur indirect hervor ». Zeuthen a doublement tort : *a)* la condition d'équidistance entre les « indivisibles » n'est pas absolue — elle ne vaut que pour le cas d'égalité des figures, et *b)* elle est, dans ces cas-là, expressément mentionnée par Cavalieri; cf. *infra*, p. 359, n. 2. En outre, le terme : *indivisible* n'implique aucunement la conception de parties infiniment petites, mais, au contraire, l'exclut.

3. Il est curieux de constater que l'interprétation donnée par Guldin de la conception de Cavalieri est acceptée par à peu près tous les historiens modernes de la pensée mathématique, aussi bien par ceux qui épousent la critique de Guldin que par ceux qui cherchent à en défendre Cavalieri en lui trouvant des circonstances atténuantes. Ainsi A. G. Kästner dans sa *Geschichte der Mathematik* (Bd III, Göttingen, 1799, p. 215), nous dit : « dass des Cavalerius Methode nicht geometrisch ist, weil sich Flächen nicht aus Linien zusammensetzen lassen u. s. w. weiss man jetzo zugänglich. » — J.-F. Montucla, *Histoire des mathématiques*, t. II, p. 38 : « Cava-

lieri imagine le continu comme composé d'un nombre infini de parties qui sont ses derniers éléments, ou les derniers termes de la décomposition que l'on peut en faire, ou les sous-divisant continuellement en tranches parallèles entre elles. Ce sont ces derniers éléments qu'il appelle *indivisibles*, et c'est dans le rapport suivant lequel ils croissent ou décroissent qu'il cherche la mesure des figures ou leur rapport entre elles. On ne peut disconvenir que Cavalieri s'énonce d'une manière un peu dure pour des oreilles accoutumées à l'expression géométrique. A en juger par cette manière de s'énoncer, on dirait qu'il conçoit le corps comme composé d'une multitude infinie de surfaces amoncelées les unes sur les autres, les surfaces comme formées d'une infinité de lignes semblablement accumulées, etc. Mais il est facile de réconcilier ce langage avec la saine géométrie, par une interprétation, que sans doute Cavalieri sentit d'abord quoiqu'il ne l'ait pas donnée dans l'ouvrage dont nous parlons. Il le fit seulement par la suite, lorsqu'il fut attaqué par Guldin en 1640. Il montra alors dans une de ses *Exercitationes mathematicae (sic!)* que sa méthode n'est autre chose que celle d'*exhaustion* des anciens, simplifiée. En effet, ces surfaces, ces lignes dont Cavalieri considère les rapports et les sommes, ne sont autre chose que des petits solides ou les parallélogrammes inscrits et circonscrits d'Archimède, poussés à un si grand nombre que leur différence avec la figure qu'ils environnent soit moindre que toute grandeur donnée »; *ibid.*, p. 39 : « De même, on doit concevoir les surfaces, les lignes, dont Cavalieri fait les éléments des figures, comme les dernières des divisions dont nous avons parlé plus haut, ce qui suffit pour corriger ce que son expression a de dur et de contraire à la rigoureuse géométrie. » — M. Marie, *Histoire des sciences mathématiques et physiques*, t. IV, pp. 70 et suiv. « La méthode de Cavalieri ne peut conduire qu'à des résultats exacts, mais l'idée primitive en avait été présentée par lui d'une manière très vicieuse. Cavalieri considère les volumes comme formés de surfaces empilées, les surfaces comme composées de lignes juxtaposées, enfin les lignes comme composées de points placés les uns à côté des autres; et c'est en tenant compte à la fois du nombre des éléments qui composent l'objet à mesurer et de leur étendue, qu'il arrive à la mesure de cet objet. Quoique cette conception soit absurde, on peut rétablir la vérité et rendre la rigueur aux raisonnements en restituant aux indivisibles la dimension dont Cavalieri faisait abstraction. Ses surfaces empilées ne sont autre chose que des tranches ayant une longueur commune dont on peut faire abstraction; ses lignes juxtaposées sont des surfaces trapézoïdales ayant, de même, une surface commune, enfin ses points consécutifs sont des petites droites ayant toutes même longueur. Le vice de cette méthode, s'il y en a un, ne consistait donc que dans l'inexactitude des expressions employées pour en rendre compte; les vrais géomètres ne s'y sont pas trompés. » — A. Wolf, *A History of Science, Technology and Philosophy in the Sixteenth and Seventeenth Centuries*, London, 1935, p. 206 : « This procedure gave the impression that he regarded a line as composed of a infinite number of successive points, a surface as made up of an infinite number of lines, and a solid of an infinite number of surfaces, such points, lines and surfaces being the indivisibles in question. This led to much misunderstanding and criticism of Cavalieri. For the elements into which volumes, areas, or lines are resolved by continual subdivision must themselves be volumes areas or lines respectively. Cavalieri was probably well aware of it and used his indivisibles simply as a calculating device. » — Carl B. Boyer, *The Concepts of the Calculus*, p. 122 : « Cavalieri did not explain how an aggregate of elements without thickness could make up an area or volume, although in a number of places he linked his idea of indivisibles with ideas of motion... in holding that surfaces and volumes could be regarded as generated by the flowing of indivisibles. He did not, however, develope this suggestive idea into geometrical method »; *ibid.:* « Cavalieri conceived of a surface as made up of an indefinite number of equidistant parallel lines and of a solid as composed of parallel equidistant planes, these elements being designated the indivisibles of the surface and of the volume respectively. » Boyer reconnaît toutefois que Cavalieri voulait éviter le passage à la limite (qu'il appelle « méthode d'exhaustion ») ; cf. *ibid.*, p. 123 : « He... appears to have regarded his method only as a pragmatic geométrical device for avouding the method of exhaus-

En effet, Cavalieri ne compose aucunement la ligne avec des points, le plan avec des lignes [1] : versé, autant que Guldin (et bien mieux que Kepler) dans les discussions médiévales *de compositione continui*, il sait parfaitement bien que c'est impossible : n'est-ce pas cette impossibilité, d'ailleurs, qui est à l'origine du concept bâtard de l'infiniment petit [2]?

tion; the logical basis of this procedure did not interest him. Rigor, he said, was affair of philosophy rather than geometry. » Boyer renvoie à la p. 241 des *Exercitationes geometricae* où, en fait, Cavalieri ne dit rien de pareil.

1. Bien que, comme l'a excellemment observé Léon Brunschvicg (cf. *Les étapes de la philosophie mathématique*[1], Paris, 1922, p. 165), Cavalieri n'ait pas résisté [dans sa réponse à Guldin] à la tentation de se placer, lui « aussi sur le terrain de l'imagination vulgaire, sans prendre garde que la grossièreté et l'inexactitude évidente des comparaisons auraient nécessairement pour effet de rendre suspect le calcul des indivisibles » et qu'il en soit arrivé à nous présenter les surfaces comme des toiles formées de fils et les solides comme des livres formés de feuilles parallèles, il prend cependant ses précautions. En effet, même lorsqu'il écrit cette phrase malheureuse (*Exercitationes geometricae*, p. 3, § 4), source — ou prétexte — de tant d'incompréhension (cf. p. 338, n. 3) : « Huic manifestum est figuras planas nobis ad instar telae parellelis filis contextae concipiendas esse : solida vero ad instar librorum qui parallelis folijs coacervantur », il a soin de dire : *ad instar*, et d'ajouter (*ibid.*, p. 4, § 5) : « Cum vero in tela sunt semper fila et in libris semper folia numero finita, habent enim aliquam crassitiem, nobis in figuris planis linae, in solidis vero plana numero indefinita seu omnis crassitiei experta, in utraque methodo supponenda sunt. His tamen utimur cum discrimine, nam in priori methodo illa consideramus ut collective, in posteriori vero ut distributive comparata. » Sur la différence des deux méthodes, voir plus bas, pp. 357-360.

2. Ainsi, à Guldin, qui lui avait reproché d'avoir plagié Kepler, Cavalieri répond avec indignation en faisant valoir la supériorité de ses indivisibles sur les « petits corps » kepleriens. Cf. Kepler, *Opera Omnia*, éd. Ch. Frisch, vol. IV, *In Stereometriam Doliorum Notae Editoris*, p. 657 : « Ad haec [accusation de plagiat] Cavalerius in libro quem inscripsit *Exercitationes Geometricae sex* [Bonon., 1647], respondens Guldinus, inquit, hic declarare videtur se libros dictae geometriae accurate legere non potuisse. Si enim eos, qua congruebat diligentia, examinasset, tunc quoque potuisset animadvertere quam diversa sint utriusqué methodi fundamenta. Keplerus enim ex minutissimis corporibus quodammodo majora componit, iisque utitur tamquam concurrentibus, ubi ipse hoc tantum dico, plana esse ut aggregata omnium linearum acquidistantium, et corpora ut aggregata omnium planorum pariter aequidistantium. Haec autem nemo non videt quam sint inter se diversa. » Le passage en question se trouve dans les *Exercitationes*, III, chap. I, p. 180. Cavalieri continue (*ibid.*, p. 181) en opposant sa conception à celle de Galilée : « Attamen ne aberita erga tantum Praeceptorem per me videatur intermissa reverentia aequo lectori considerandum propono Galileum... haec duo sustinere : Nempe continuum ex Indivisibilibus componi et subinde lineam ex punctis ijsque numero infinitis. » En ce qui concerne les relations de Cavalieri et de Kepler, il n'y a aucune raison de ne pas croire ce premier lorsqu'il nous dit n'avoir connu la *Stereometria doliorum* qu'après avoir déjà conçu et développé sa propre théorie (cf. préface à la *Geometria continuorum*) et ne l'avoir utilisée que pour y trouver des problèmes (les innombrables corps nouveaux, inconnus des anciens, que Kepler avait inventés) en se réjouissant, d'ailleurs, de voir que ses méthodes à lui permettaient non seulement de retrouver tous les résultats obtenus par celui-ci (et par Archimède), mais d'en encore trouver de nouveaux. En effet, les méthodes et les conceptions de Cavalieri dérivent en droite ligne de celles de Galilée. La lecture de la *Stereometria doliorum* a, selon

La démarche de la pensée cavalierienne est une démarche analytique et non une démarche synthétique : il ne part pas du point, de la ligne, du plan, pour en arriver, par une sommation impossible, à la ligne, au plan, au corps. Tout au contraire, il part du corps, du plan, de la ligne pour y découvrir, comme éléments déterminants et même constitutifs — mais non composants — le plan, la ligne et le point. En outre, ces éléments constitutifs et déterminants, il les atteint non pas par un procédé de passage à la limite, en diminuant progressivement, et jusqu'à l'évanouissement, la dimension à éliminer et à reconstruire, c'est-à-dire en comprimant le corps jusqu'à le rendre « infiniment » plat, en rétrécissant le plan jusqu'à le rendre « infiniment » étroit, en rapetissant la ligne jusqu'à la rendre « infiniment » courte : bien au contraire, ces éléments « indivisibles », il les y trouve d'emblée, en coupant les objets géométriques en questions par un plan, ou une droite, qui les traverse.

C'est que, précisément, l'emploi des indivisibles au lieu des infiniment petits est destiné, dans l'esprit de Cavalieri, à nous libérer du passage à la limite avec ses difficultés ou, plus exactement, ses impossibilités logiques, en le remplaçant par l'intuition géométrique (que Cavalieri manie de main de maître) dont la légitimité ne paraît pas pouvoir être mise en question; et de nous permettre, en même temps, de garder tous les avantages des méthodes infinitésimales dont Kepler avait démontré la fécondité — généralité, marche directe de la démonstration —, tellement plus économiques que le long circuit et le particularisme des preuves archimédiennes [1].

La terminologie de Cavalieri ne doit pas nous induire en erreur. Lorsque Cavalieri nous parle de « toutes les lignes » *(omnes lineae)* et de « tous les plans » *(omnia plana)* d'une figure géométrique [2] et les déclare équivalentes à celles-ci, il ne veut aucunement former les « sommes » de ces lignes ou de ces plans [3]. Tout au contraire, il déclare

toute probabilité, permis à Cavalieri de clarifier ses propres idées et de prendre conscience de leur originalité et de leur opposition à celles de Kepler; elle ne les a pas inspirées.

1. La concordance de ses démonstrations avec celles d'Archimède — et, en général, de la géométrie grecque — sont pour Cavalieri une preuve de la validité de sa méthode. On pourrait, dit-il, tout démontrer en utilisant les techniques archimédiennes : mais quel travail immense ce serait!

2. Cf. *Geometria continuorum*, liv. II, dif. I et II, pp. 99 sq. citées plus bas p. 342, n. 1.

3. H. G. Zeuthen, *Geschichte der Mathematik im XVI. und XVII. Jahrhundert*, Leipzig, 1903, pp. 256 sq. : « Der grosse Fortschritt bei Cavalieri besteht darin, dass er allerdings in durchauss geometrischer Form — und

que l'ensemble d'un nombre indéfini (infini) d'éléments
est, en général, indéfini lui-même (infini) et que des ensembles pareils ne peuvent donc pas être mis en rapport. Il
pense cependant que cette proposition n'est pas universellement valable, et notamment que, de quelque avis que
l'on soit sur la nature du *continuum*, à savoir que l'on
admette que dans le *continuum* (une surface) il n'y a
que des lignes, ou qu'on admette qu'il y a, en plus, autre
chose que des lignes, on ne peut pas ne pas reconnaître
le fait patent et indubitable que l'on les y trouve *partout*,
et qu'en traversant une surface on les rencontre *toutes*.
Aussi estime-t-il qu'il est impossible de nier l'équivalence
d'une surface (figure) donnée avec *toutes* ses lignes et
de contester que le rapport de l'ensemble de toutes les
lignes d'une figure à l'ensemble de toutes les lignes d'une
autre est le même que celui qui s'établit entre ces figures
elles-mêmes. Autrement, il eût fallu nier la possibilité
de comparer entre elles deux figures, ce qui, de toute
évidence, est absurde [1]. Cette constatation justifie l'emploi

übrigens in engem Anshluss an Keplers Darstellung der von ihm gebrauchten
Integrale — einen abstracten und allgemeinen Begriff aufstellt, der mit
dem späteren analytischen Begriff des bestimmten Integrals genau zussammenfällt, und dass er sodann diesen Begriff einer allgemeinen Behandlung
unterzieht. Sein Fundamentalbegriff ist « die Summe aller parallelen Sehnen
in einer geschlossenen Flache » oder kürzer « alle » diese Sehnen. Er weiss
zwar dass diese Summe unendlich, und dass das Verhältnis zwischen zwei
solchen Summen im allgemeinen unbestimmt ist; allein dies Verhältnis
erlangt einen bestimmten Grenzwert, wenn die beiden Flächen zwischen
denselben beiden Parallelen eingeschlossen sind, und wenn die parallelen
Sehnen, deren Summe in Betracht kommt, auf denselben zu diesen Grenz-
stellungen parallelen und gegenseitig äquidistanten Geraden abgeschnitten
werden. Das Verhältnis wird dann das nämliche wie das zwischen den
beiden Flächen, innerhalb deren die Sehnen abgeschnitten werden. » Il
n'y a rien à objecter à l'exposé du grand historien danois, sauf que Cavalieri
ne parle jamais de *Grenzwert* (valeur limite), ni de « sommes », mais d'ensembles (*congeries*, terme que M. Cantor, *Geschichte des Mathematik*[a], Bd II,
Leipzig, 1900, p. 835, traduit justement par *Gesammtheit*) ou d'agrégats
(aggregatum). L'emploi, par Zeuthen, des termes « somme » et « valeur limite »
est typique et caractéristique de la mésinterprétation bienveillante de
la pensée de Cavalieri.
   1. Le théorème I du deuxième livre de la *Geometria continuorum* (p. 100)
proclame que les ensembles formés par « toutes les lignes » d'une figure
et par « tous les plans » d'un corps géométrique sont des grandeurs susceptibles de posséder des rapports déterminés avec les ensembles analogues
d'une autre figure, ou d'un corps : « Quarumlibet planarum figurarum
omnes lineae recti transitus et quarumlibet solidorum omnia plana, sunt
magnitudines inter se rationem habentes. » La démonstration, assez confuse,
est fondée sur la possibilité d'égaler une figure donnée à une partie d'une
autre; dans ce cas-là, l'ensemble des lignes de la première sera à l'ensemble
des lignes de la seconde dans le rapport de la partie au tout. Toutefois,
ajoute Cavalieri, dans un très important scholium audit théorème (p. 111) :
« *Scholium*. Posset forte quis circa hanc demonstrationem dubitare, non
recte percipiens quomodo indefinitae numero lineae, vel plana, quales
esse existimari possunt, quae a me vocantur, omnes lineae, vel omnia plana
talium, vel talium figurarum possint ad invicem comparari : Propter quod

des *indivisibles* [1] et nous permet de substituer à l'étude des rapports entre les figures celle des relations subsistant entre leurs éléments, à condition toutefois que nous sachions établir une correspondance univoque et réciproque [2] entre ces éléments. C'est à cela, principalement, que sert la méthode dite de la règle commune *(regula communis)*.

★

La notion de la *regula* — terme que l'on devrait traduire : *directrice* — joue un rôle très important dans la pensée de Cavalieri, ainsi que l'a bien vu M. Cantor [3]. Elle est définie, pour la figure plane (fermée) ou le corps géométrique, comme la droite, ou le plan, qui sont tangents à ladite figure ou audit corps, en un point appelé alors sommet *(vortex)*; parallèlement à cette *regula* on peut mener d'autres (innombrables) droites (ou surfaces planes) dont une seule (ou un plan unique) formera la *tangente opposée (tangens opposita* [4]*)*. La figure, ou le corps, en

inuendum mihi videtur, dum considero omnes lineae, vel omnia plana alicuius figurae, me non numerum ipsarum comparare, quem ignoramus, sed tantum magnitudinem, quae adaequatur spatio ab eisdem lineis occupato cum illi congruat, et, quoniam illud spatium terminis comprehenditur, et ideo et earum magnitudo est terminis eisdem comprehensa, quopropter illi potest fieri additio, vel subtractio, licet numerum earundem ignoremus; quod sufficere dico, ut illa sint ad invicem comparabilia : Vel enim continuum nihil aliud est praeter ipsa indivisibilia, vel aliud, si nihil est praeter indivisibilia, profecto si eorum congeries nequit comparari, neque spatium, sive continuum. erit comparabile, cum illud nihil aliud esse ponatur, quam ipsa indivisibila : Si vero continuum est aliquid aliud praeter ipsa indivisibilia, fateri aequum est hoc aliquid aliud interiacere ipsa indivisibilia, habemus ergo continuum disseparabile in quaedam, quae continuum componunt, numero adhuc indefinita, inter quaelibet enim duo indivisibilia aequum est interiacere aliquod ilius, quod dictum est esse aliquid in ipso continuo praeter indivisibilia, quae enim ratione tolleretur a medio duarum, a medijs quoque caeterarum tolleretur; hoc cum ita sit comparare nequibimus ipsa continua, siue spatia ad inuicem, cum ea, quae colliguntur, et simul collecta comparantur, scilicet quae continuum componunt, sint numero indefinita, absurdum autem est dicere continua terminis comprehensa non esse ad inuicem comparabilia, ergo absurdum est dicere congeriem omnium linearum siue planorum, duarum quarumlibet figurarum non esse ad inuicem comparabilia, non obstante, quod quae colliguntur, et illam congeriem component sint numero indefinita, veluti hoc non obstat in continuo, siue ergo continuum ex indivisibilibus componatur, siue non, indivisibilium congeries sunt ad inuicem comparabiles, et proportionem habent. »

1. M. Cantor *(loc. cit.)* nous dit que c'est dans ce passage que le terme *indivisible* apparaît pour la première fois. En fait, on le trouve déjà à la p. 98.

2. Le terme que j'emploie ici n'est évidemment pas de Cavalieri. Je crois qu'il correspond bien à sa pensée, cf. plus bas, 350 *sq*.

3. Cf. M. Cantor, *op. cit.*, p. 834.

4. Cf. *Geometria continuorum*, p. 3 dif. E : « Regula appellabitur in planis recta linea cui quaedam lineae ducuntur aequidistantes, et in solidis, planum

question se trouvent ainsi placés et comme enfermés
entre deux droites ou deux plans parallèles.

Si maintenant — pour ne considérer tout d'abord que
le cas le plus simple, celui des figures planes (le cas des
corps est, d'ailleurs, rigoureusement analogue) — on
mène à travers les deux tangentes opposées des plans
parallèles, et si à partir du premier — celui qui passe
par la *regula* — on fait glisser (ou plus exactement :
couler : Cavalieri, en effet, emploie le terme *fluere*) parall-
lèlement à lui un plan mobile jusqu'à ce qu'il coïncide
avec celui qui passe par la *tangens opposita*, alors, dans
son *transitus* le plan mobile coïncidera successivement
avec *toutes* les lignes de la figure en question, et par ses
intersections *avec* les déterminera *toutes* [1].

cui quaedam plana ducuntur aequidistantia, qualis in superioribus est recta
linea, vel planum, cuius respectu sumuntur vertices, vel opposita tangentia,
cui vel utraque vel alterum tangentium aequidistat. »

1. *Ibid.*, liv. II, dif. I, p. 99-100 : « Si per oppositas tangentes cuiuscunquae
datae planae figurae ducantur duo plana inuicem parallela, recta, sive inclinata ad planum datae figurae, hinc inde indefinite producta; quorum alterum
moveatur versus reliquum eidem semper aequidistans donec illi congruerit :
singulae rectae lineae, quae in toto motu sunt communes sectiones plani
moti, et datae figurae, simul collectae vocentur : Omnes linae talis figurae
sumptae regulae una earundem, et hoc cum plana fuerint recta ad datam
figuram : Cum vero ad illam sunt inclinata vocentur : Omnes lineae ejusdem
obliqui transitus datae figurae, regula pariter earundem una »; dif. II :
« Si proposito quocunque solido, ejusdem opposita plana tangentia regula,
quacunque ducta fuerint hinc inde indefinite producta, quorum alterum
versus reliquum moveatur semper eidem aequidistans, donec illi congruerit :
singula plana, quae in toto motu concipiuntur in proposito solido simul
collecta, vocentur : Omnia plana propositi solidi sumpta regula eorundem
una. » *Ibid.*, p. 104, Appendix : « communes sectiones talis moti sive fluentis
plani, et figurae ». Cf. *Exercitationes geometricae*, p. 4. Il est intéressant de
citer le commentaire de A. G. Kästner, *Geschichte der Mathematik*, III,
pp. 206-207 : « Folgendes ist die erste Definition dieses Buches : Eine ebene
Figur wird durch zwo parallele Ebenen begränzt welche auf ihre Ebene
senkrecht oder shief stehn; Eine dieser Ebenen bewege sich gegen die andre
immer sich selbst parallel; Von dem Durchschnitte der bewegten Ebene mit
der Ebene der Figur, fällt ein Theil innerhalb der Figur, wird nun die
Bewegung fortgesetzt bis die bewegte Ebene auf die ihr gleich anfangs parallele unbewegte fällt, se nennt C. die Linien welche nach und nach der bewegten Ebene und der Figur gemein sind, zusammen : Alle Linien dieser Figur,
eine derselben als Regel (pro regula) angenommen. Eben so was sagt die
zweyte Definition von einer Ebene die sich selbst parallel durch einen
Körper bewegt, bis sie mit einer anderen unbewegten Ebene die den Körper
begränzt zussammenfällt, die Ebenen welche sie nach und nach mit dem
Körper gemein hat, heissen : alle Ebenen desselben, eine, etwa die äusserste
für Regel genommen. Zwey Postulate. Das erste : Congruentium planar. figu-
rar. omnes lineae sumtae una earumdem ut regula communi sunt congruentes
et congruentium solidorum omnia plana, sumto eorum uno ut regula communi
pariter sunt congruentia. Er citirt dazu die beyden angeführten Definitionen, da die Definitionen nichts von Congruenz sagen, so bekenne ich dass
ich dieses Postulat nicht verstehe, das zweyte welches von ähnlichen Figuren
spricht, auch nicht. » — L'utilisation par Cavalieri, de la notion du plan
mobile pour la définition de la *congeries* des *omnes lineae figurae* est extrêmement habile. Elle n'est nullement nécessaire : on pourrait partir de la conception de tous les points *(omnia puncta)* d'une droite; on pourrait, ensuite,

Les rapports des figures géométriques sont les mêmes que ceux des ensembles de leurs éléments. Toutefois, si pour établir ces rapports il nous fallait envisager les ensembles en question en leur totalité, l'avantage de la méthode nouvelle sur l'ancienne serait minime, ou même nul. La grande découverte de Cavalieri consiste justement à reconnaître que si l'on arrivait à établir un rapport constant et déterminé entre les éléments correspondants des ensembles comparés — ce rapport liant non pas directement *tous* les éléments d'un ensemble à *tous* les éléments de l'autre, mais tout d'abord « chaque » élément de l'un à « chaque » élément de l'autre — nous aurions le droit de transposer, ou d'étendre, aux ensembles, c'est-à-dire aux figures tout entières, le rapport constaté entre leurs éléments.

Or, comment déterminer ces éléments correspondants? — c'est là le problème principal de la méthode des indivisibles. Dans le cas le plus simple, lorsque les figures en question possèdent la même hauteur, on y arrive en les plaçant d'une manière convenable entre des droites parallèles, c'est-à-dire en leur donnant la même *regula* et la même tangente opposée [1]. Dans ce cas-là, c'est le plan mobile commun qui, par son *transitus*, détermine — et coordonne — les éléments correspondants.

On s'attendrait à voir Cavalieri commencer par l'étude de l'égalité des figures géométriques. Mais sans doute

---

ériger une perpendiculaire dans tous et chacun de ces points, ainsi que Cavalieri le fait d'ailleurs lui-même (cf. *Geometria continuorum*, pp. 101-102 : *omnes abscissae*). Mais, sans doute, en procédant de cette manière, ne pourrait-on pas éviter les discussions sur la composition du continu, et s'exposerait-on, non sans raison apparente, au reproche de constituer le plan avec des lignes. Le plan mobile, lui, ne constitue pas la figure : il la traverse et par son mouvement, dans lequel la notion de continuité se trouve déjà incluse, il y découpe *toutes* ses lignes, sans en oublier aucune, et sans leur permettre de coïncider; ainsi le mouvement assure l'extériorité réciproque des lignes de la figure, et c'est lui qui introduit, en fait, la dimension supplémentaire que les critiques de Cavalieri lui reprochent de ne pas avoir incluses dans ses indivisibles. On pourrait dire que le plan mobile ne trouve dans le *continuum* de la figure rien d'autre que des lignes car il porte en lui-même ce qu'il y a en plus. — On pourrait se demander pourquoi, pour sa détermination de la notion de « toutes les lignes » d'une figure, Cavalieri recourt au plan et non à la droite dont le passage à travers la figure *(transitus)* définirait les indivisibles. M. Cantor *(op. cit.,* p. 842, cf. *infra,* p. 353, n. 1) l'explique par le désir de Cavalieri de préparer ainsi, longtemps à l'avance, les bases intuitives de sa fameuse proposition sur le rapport de l'ensemble des carrés du triangle à celui des carrés du parallélogramme. C'est possible, mais il est plus simple de supposer que Cavalieri a adopté, tout simplement, la méthode la plus générale qui pourrait s'appliquer indifféremment aux cas d'indivisibles linéaires ou plans, droits ou curvilignes, quitte à n'employer, en pratique, lorsqu'il ne s'agit que de figures planes, que le *transitus* de la droite.

1. La *regula* s'appelle alors *regula communis* et le plan mobile traverse les deux figures en un seul *transitus.*

estime-t-il que c'est là un cas trop simple. Aussi n'en traite-t-il qu'en passant, et seulement à propos de figures assez inhabituelles; ainsi dans la *Geometria continuorum*, en établissant l'égalité de lunules avec des triangles curvilignes et de ceux-ci avec des triangles rectilignes, ou, dans les *Exercitationes*, en nous montrant l'égalité d'un cercle avec une figure assez gauche obtenue par la déformation de celui-ci, ou encore, en étudiant des figures tout à fait biscornues [1].

Négligeant donc l'égalité, Cavalieri aborde directement l'étude de la proportionalité. Ainsi, par exemple, dans deux parallélogrammes (de même hauteur) qui possèdent une règle commune, c'est-à-dire dont les bases sont placées sur une des parallèles, et les côtés opposés sur l'autre, toute droite parallèle aux bases découpera dans les deux parallélogrammes des segments correspondants (homologues) dont le rapport est constant, et égal à celui des bases entre elles. Il s'ensuit que les parallélogrammes (les surfaces) sont entre eux comme les bases [2].

1. Cf. la figure 4 de la page 350 et celles qui sont données dans la *Geometria continuorum*, p. 485, et les *Exercitationes Geometricae*, p. 4 (Cf. figure ci-dessous).

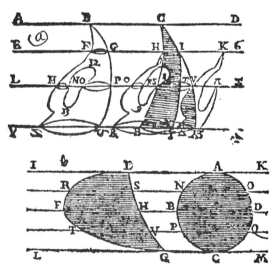

2. *Geometria continuorum*, liv. II, *Theorema* V, *prop.* V, p. 117. Dans la démonstration de ce théorème, Cavalieri abandonne la technique du plan mobile et dit simplement : menons une parallèle *quelconque* (souligné par moi).

Le dessin de Cavalieri présente le cas le plus simple. Mais il est évident — tellement évident que Cavalieri néglige de l'énoncer — que le parallélisme des côtés AG et CH des parallélogrammes en question ne fait rien à l'affaire et que l'égalité, ou l'inégalité, des angles qu'ils forment avec leurs bases est sans importance. La seule chose qui importe, c'est le rapport entre DE et EI égal à celui entre GM et MH (fig. 1). Torricelli en tirera même la conclusion que le fait d'avoir pour côtés des droites est sans importance également, et que celles-ci peuvent être remplacées par des cercles ou même par n'importe quelles courbes.

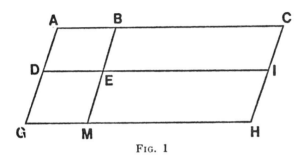

Fig. 1

Les indivisibles correspondants (homologues) des parallélogrammes sont d'une longueur constante. Mais ceci n'est nullement nécessaire et Cavalieri nous présente le cas de deux figures dont les éléments correspondants sont de grandeur variable tout en restant toujours dans le même rapport : si le rapport de BR à RD est égal à celui de AM à ME (BR étant une quelconque des lignes parallèles à la base AM), le rapport des figures ACM et CME sera égal à celui-ci [1] (fig. 2).

---

1. *Ibid., Theorema* IV, *prop.* IV, p. 115 : « Si duae figurae planae, vel solidae, in eadem altitudine fuerint constitutae ductis autem in planis rectis lineis, et in figuris solidis ductis planis utcumque inter se parallelis, quorum respectu praedicta sumpta sit altitudo, repertum fuerit ductarum linearum portiones figuris planis interceptas, esse magnitudines proportionales, homologis in eadem figura semper existentibus, dictae figurae erunt inter se, ut unum quolibet eorum antecedentium ad suum consequens in alia figura eidem correspondens. » Notons que, pour l'étude des figures planes, Cavalieri se sert d'une *ligne* parallèle et n'use du *plan* que pour la comparaison des corps; notons également qu'il conclut du rapport d'une paire quelconque d'éléments au rapport de l'ensemble; notons enfin que le dessin de Cavalieri rend très peu vraisemblable la vérité de son théorème.

Des considérations analogues s'appliquent avec autant
de bonheur et d'efficacité à des cas plus complexes, par
exemple à celui de la détermination des rapports entre
les surfaces d'une ellipse et d'un cercle. Il suffit, en effet,
de prendre un cercle dont le diamètre est égal à l'un des
axes de l'ellipse. Si on les place entre des parallèles, on
constate que le plan mobile (ou son *transitus*) détermine
dans chacune des deux figures des éléments (linéaires)
correspondants qui sont toujours — où que la règle soit
placée — dans le rapport du diamètre du cercle à l'autre
axe de l'ellipse. Le rapport des surfaces se trouve déterminé par là même [1].

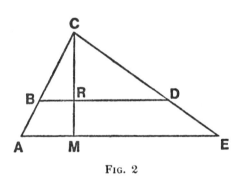

Fɪɢ. 2

Il est clair que la technique de la « règle commune »
n'est pas applicable partout et toujours : du moins pas
directement, notamment lorsque les figures étudiées, étant
de dimensions diverses, ne se laissent pas placer entre
des parallèles. Cependant, même alors, on peut, en les
plaçant convenablement et en traçant des lignes supplé-
mentaires, c'est-à-dire en formant des figures auxiliaires,
déterminer les rapports cherchés au moyen de l'application successive de la technique en question. Ainsi,
pour en revenir à l'étude des parallélogrammes, on démontre : *a)* que ceux qui ont une même base se rapportent
comme leurs hauteurs; et *b)* que ceux qui ont des bases
et des hauteurs différentes sont dans un rapport « composé »

1. Cf. *ibid.*, liv. III, *Theorema* IX, *prop.* X, p. 211.

de celui des bases et des hauteurs [1]. On passe maintenant aux figures semblables. Pour le cas du triangle (fig. 3), la démonstration est simple : il suffit de superposer les triangles ACB et EDB et de tracer la ligne CE. Les triangles ACB et ECB sont alors dans les conditions voulues pour être comparés; de même les triangles ECB et EDB. On aboutit de cette façon au résultat que les figures

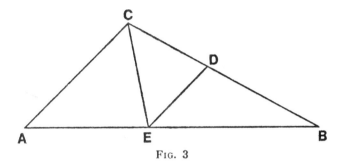

Fig. 3

semblables sont dans le rapport des carrés de leurs lignes correspondantes [2].

Pour la démonstration du cas général, Cavalieri opère sur des lunules qui sont, tout d'abord, égalées à des triangles curvilignes, puis à des triangles rectilignes, finalement comparés entre eux [3]. Le procédé employé par Cavalieri équivaut à la déformation continue des figures étudiées; aussi n'est-il pas étonnant que les historiens modernes lui aient, bien souvent, attribué l'utilisation de cette dernière méthode [4].

La notion d'éléments (indivisibles) correspondants joue un rôle de premier plan dans la pensée de Cavalieri; aussi insiste-t-il sur la nécessité de ne mettre en rapport que les éléments « homologues » des figures étudiées. En

1. *Ibid.*, liv. II, *Theorema* V, *prop.* V, p. 117 : « Parallelogramma in eadem altitudine existentia, inter se sunt, ut bases; et quae in eadem basi, ut altitudines »; *theorema* VI, *prop.* VI, p. 118 : « Parallelogramma habent rationem compositam ex ratione basium et altitudinum juxta easdem bases sumptam. »

2. Cf. M. Cantor, *op. cit.*, p. 836.

3. *Geometria continuorum*, II, *Theorema* XV, *prop.* XIV, pp. 127 sq. Il est intéressant de citer le corollaire I (p. 131) du théorème « quia... figurae planae similes ostensae sunt esse in dupla ratione linearum, vel laterum homologorum, quae aequidistant regulis utcunque sumptis, potet easdem esse in dupla ratione quarumvis homologarum ». La démonstration de Cavalieri est trop longue pour être reproduite ici. On en trouvera un bon exposé, en abrégé, chez H. G. Zeuthen, *op. cit.*, pp. 257 sq.

4. Ainsi J. F. Montucla, *op. cit.*, p. 41; H. G. Zeuthen, *op. cit.*, p. 258.

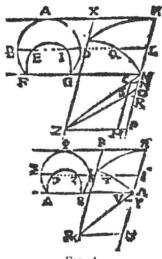

Fig. 4

effet, il ne suffit pas d'établir une coordination univoque et réciproque entre les éléments indivisibles des figures étudiées : il faut encore que ces éléments soient « homologues » c'est-à-dire qu'ils occupent dans les figures en question des positions « correspondantes » : en d'autres termes, qu'elles jouent le même rôle dans leur structure. En effet, si l'on néglige cette exigence fondamentale et que l'on mette en rapport des éléments non homologues, on aboutit à des conclusions paradoxales, voire fausses [1]. Il ne faut pas oublier non plus que l'application de la technique de la *regula* (plan mobile traçant les éléments correspondants des figures comparées) est, elle-même, soumise aux conditions d'homologie.

Ainsi lorsque l'on étudie le rapport d'un triangle au parallélogramme qui le complète (le rapport des deux triangles découpés dans le parallélogramme par la diagonale) ou, ce qui est la même chose, lorsque l'on veut déterminer la surface d'un triangle, on se rend compte que

---

1. Cf. *Exercitationes Geometricae, Exerc. tertia*, cap. XV, p. 238 : « In quo solvitur quaedam difficultas, quae contra indivisibilia fieri poterat, licet eam Guldinus non animadvertit » : Soit deux triangles rectangles ayant la même hauteur, mais des bases différentes, HDA et HDG. A chaque ligne parallèle à HD du second : MF, LE correspond une ligne KB, IC du pre-

le plan mobile trace dans les triangles accolés les lignes HE, NH qui, tout en étant liées par une coordination univoque et réciproque, ne se correspondent aucunement (ne sont pas homologues). En revanche, les lignes HE et BM qui sont réciproquement à la même distance des sommets et des bases des deux triangles AFC et CDF se correspondent (sont homologues [1]) (fig. 5). Aussi leur égalité

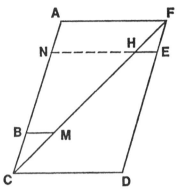

Fɪɢ. 5

mier. On devrait, semble-t-il, pouvoir en conclure que l'ensemble des lignes du premier est égal à l'ensemble des lignes du second et donc que HDA est égal à HDG. Mais répond Cavalieri, par rapport au *transitus* de A en H, les lignes KB, IC *non aequaliter distent inter se ac duae* MF, LE; ce ne sont donc pas des lignes correspondantes ou homologues (pp. 238 sq.). En revanche, la technique de la « règle commune », déterminant les lignes IL, KM, permettra un usage correct de la méthode.

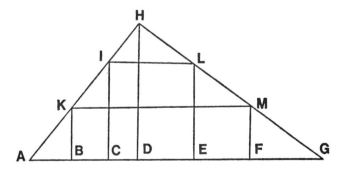

1. *Geometria continuorum*, II, *Theor.* XIX, prop. XIX, p. 146 : « Si in parallelogrammo diameter ducta fuerit, parallelogrammum duplam est cujusuis triangulorum per ipsam diametrum constitutorum. »

implique-t-elle l'égalité des triangles en question et donc le fait que la surface d'un triangle (l'ensemble de ses lignes) est exactement égale à la moitié de celle d'un parallélogramme ayant la même base et la même hauteur[1].

On peut maintenant aller plus loin et envisager non plus l'ensemble des lignes (indivisibles) tracées ou marquées respectivement dans le triangle AFC et le parallélogramme AFCD, par le plan mobile[2] se déplaçant de AF en CD, mais l'ensemble des carrés érigés sur les lignes[3]. L'un de ces ensembles sera, de toute évidence, un parallélépipède (prisme carré), l'autre une pyramide à base carrée égale à celle du parallélépipède. Il est possible de démontrer que le rapport de ce second ensemble au premier sera égal à 1/3[4].

1. Il s'ensuit (*corrolarium* I, p. 147) que « in unoquoque expositorum triangulorum sumptis duobus quibusuis lateribus, fieri potest sub illis in eodem angulo parallelogrammum cuius triangulum sit dimidium ». La démonstration de Cavalieri est fondée sur l'analyse de la figure ci-dessous dans laquelle AB = BC et, par conséquent, les lignes RT du triangle CEA sont égales à RS (= la moitié de AC) + ST, et les lignes TV du triangle CEG à SV (= la moitié de AC) — ST. On en trouvera un exposé simplifié mais exact chez Zeuthen, *op. cit.*, p. 260.

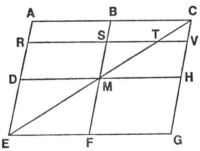

2. Cavalieri, il est vrai, ne parle pas explicitement du plan mobile, mais il est présupposé dans la notion de la *regula*.
3. Les théorèmes IX, X, XI, XII, XIII (pp. 120-125) avaient introduit la notion de tous les carrés *(omnia quadrata)* du parallélogramme, et établi que (prop. XI) « quorumlibet parallelogrammorum omnia quadrata... habent inter se rationem compositam ex ratione quadratorum dictorum laterum (bases) et altitudinum » et que (*prop.* XIII) « similium parallelogrammorum omnia quadrata... sunt in tripla ratione laterum homologorum ».
4. *Theorema* XXIV, *prop.* XXIV. : « Exposito parallelogrammo quocumque, in eoque ducta diametro, omnia quadrata parallelogrammi ad omnia quadrata cuiusvis trianguli per dictam diametrum constituorum erunt in ratione tripla ». Dans le théorème XXII, p. 150, il a été démontré que ce rapport est constant pour tous les parallélogrammes. M. Cantor, *op. cit.*, p. 842, estime que c'est en prévision de ce théorème que Cavalieri détermine ses indivisibles par l'intersection avec le plan de la figure étudiée d'un plan — et non d'une ligne — mobile : « Man könnte die Frage aufwerfen, wesshalb eine solche Entstehungsweise der durch eine sich fortschiebende Gerade vorgezogen ist? Cavalieri äussert sich nicht darüber aber vielliecht bestach

Cette proposition qui, du point de vue strictement géométrique, n'apporte évidemment rien de nouveau — tout le monde sait, en effet, qu'une pyramide est égale au tiers du prisme érigé sur sa base — occupe néanmoins une place très importante dans l'œuvre de Cavalieri, et celui-ci ne manque pas d'insister sur sa portée et les progrès qu'elle permet d'accomplir [1]. En quoi il a parfaitement raison. Car sa proposition, qu'il parvient d'ailleurs à étendre à des puissances supérieures à 2 [2], en dépassant

ihn, dass diese Auffassung ihm gestattete, den Satz von dem Verhältnisse der Gesammtheiten von Quadraten der Geraden des Parallellogrammes und des halbsogrossen Dreiecks den Sinnen näher zu bringen. Besitzt die fliessende Ebene welche man senkrecht zu den gegebenen Figuren sich vorstellen darf, die Gestalt eines Quadrates derjenigen Geraden, durch welche sie just hindurch geht, so bilden alle diese Quadrate über dem Parallelogramme ein Parallelopipedon, über dem Dreiecke eine Pyramide, welche, da beide Körper von gleicher Höhe und gleicher Grundfläche sind, ein Drittel des Parallelopipedons an Rauminhalt besitzt. » Ceci est, évidemment, tout à fait possible. Il faut remarquer toutefois que, dans sa démonstration du théorème en question, Cavalieri ne fait aucun emploi de cette possibilité de rendre le rapport entre les ensembles de carrés accessibles aux sens. Tout au contraire, sa démonstration est fondée sur l'étude de la figure plane.

1. Cf. *Exercitationes Geometricae*, Ex. *quarta*, pp. 142 sq. — J. F. Montucla *op. cit.*, pp. 39-40 caractérise très bien cette « seconde » partie de la *Géométrie* de Cavalieri, bien que sa caractéristique de la première laisse à désirer (compte tenu, bien entendu, de la mésinterprétation originelle) : « La géométrie des indivisibles peut être divisée en deux parties : l'une a pour objet la comparaison des figures entre elles à l'aide de l'égalité ou du rapport constant qui règne entre leurs éléments semblables. C'est ce qui occupe le géomètre italien dans son premier livre, et dans une partie du second. Il y démontre à sa manière l'égalité ou les rapports des parallélogrammes, des triangles, des prismes, etc., sur même base et même hauteur. Tout cela peut se réduire à une proposition générale qui est celle-ci : *Toutes les figures dont les éléments croissent ou décroissent semblablement de la base au sommet, sont à la figure uniforme de même base et de même hauteur, en même rapport.*

« La seconde partie de la géométrie des indivisibles est occupée à déterminer le rapport de la somme de cette infinité de lignes ou de plans croissants ou décroissants, avec la somme d'un pareil nombre d'éléments homogènes à ces premiers, mais tous égaux entre eux. Un exemple va éclaircir ceci. Un cône, suivant le langage de Cavalieri, est composé d'un nombre infini de cercles décroissants de la base au sommet, pendant que le cylindre, de même base et même hauteur, est composé d'une infinité de cercles égaux. On aura donc la raison du cône au cylindre, si on trouve le rapport de la somme de tous les cercles décroissants dans le cône et infinis en nombre avec celle de tous les cercles égaux du cylindre, dont le nombre est également infini. Dans le cône, ces cercles décroissent de la base au sommet, comme les carrés des termes d'une progression arithmétique. Dans d'autres corps, ils suivent une autre progression... L'objet général de la méthode est d'assigner le rapport de cette somme de termes croissants ou décroissants, avec celle de termes égaux dont est formée la figure uniforme et connue de même base et même hauteur ».

J'ai déjà dit que Cavalieri ne parle jamais de « sommes » mais toujours d'ensembles ou d'agrégats.

2. Il le fit tout d'abord dans ses *Centuriae di varii problemi per dimostrare l'Uso et la facilita dei logaritmi nella Gnomonica, Astronomia, Geografia,* Bononiae, 1640. Dans les *Exercitationes* (pp. 243-244) il nous dit : « Cum enim praecipue fusum parabolicum animo circumvoluerem, animadverti

par là même le cadre de la géométrie proprement dite, et dont il affirme même la valeur générale est, comme l'a si bien dit Zeuthen [1], l'exact équivalent de la formule fondamentale du calcul intégral (qui en est sortie, du reste)

$$\int_0^a x^2 \, dx = \frac{1}{3} a^3 \text{ et de sa généralisation } \int_0^a x^n \, dx = \frac{1}{n+1} a^{n+1}$$

La notion de tous les carrés *(omnia quadrata)* d'une figure plane, notion que Cavalieri généralise d'ailleurs en celle de tous les parallélogrammes *(omnia parallelogramma)* d'abord, et même en celle de toutes les figures semblables *(omnes figurae similes)* ensuite [2], donne lieu à des applications multiples et fort ingénieuses [3] qui, cependant, ne nous apportent, en principe, rien de nouveau. Il n'en est pas de même en ce qui concerne l'utilisation des intégrations des éléments linéaires, de celle des carrés, des cubes, etc. Tout d'abord, elle permet à Cavalieri de donner une solution simple et facile au problème de la détermination de la surface et du volume de la pyramide et du cône : en effet, les éléments (indivisibles) des surfaces croissent en proportion simple (arithmétique), et ceux

illius mensuram haberi posse, si in proposito quocumque parallelogrammo ducto diametro, sumptoque pro regula quolibet illius latere, patefieret ratio omnium quadrato-quadratorum parallelogrammi ad ·omnia quadrato-quadrata cuiuslibet factorum a diametro triangulorum. Quaerens ergo huiusmodi proportionem eam quintuplam esse tandem cognoui. Recolens autem ex mea Goemetria lib. 2, prop. 19 omnes lineas dicti parallelogrammi esse duplas omnium linearum dicti trianguli, omnia quadrata ex Pro. 24 esse tripla omnium quadratum eiusdem, ne hiatus mihi relinqueretur inter quadrata, et quadratoquadrata, animum applicui ad detegendam quoque rationem omnium cuborum parallelogrammi ad omnes cubos dicti trianguli, eamque quadruplam adinueni. Ita ut denique non sine magna admiratione comprehenderim omnes lineas esse duplas, et omnia quadrata esse tripla, omnes cubos esse quadrupla, etc. ex quibus arguebam omnes quadratocubos esse sextuplos, omnes cubocubos octuplos [Cavalieri ou son imprimeur, se trompe en mettant *octuplos* au lieu de *septuplos*], et sic deinceps iuxta naturalem ordinem numerorum ab unitate deinceps expositorum. »
1. H. G. Zeuthen, *op. cit.*, p. 261.
2. Cf. *Geometria continuorum*, liv. II, *Theorema* XXII, *corrolarii*, pp. 153 sq.
3. Cf. par exemple, liv. II, *th.* XXVIII qui étudie le rapport de « omnia quadrata parallelogrammi ad omnia quadrata trapezii »; *th.* XXXIII qui démontre que, deux figures planes (quelconques) étant données, le rapport des solides engendrés à partir d'elles sera comme celui de « omnia quadrata earumdem figurarum »; liv. III, *th.* I qui s'occupe du rapport des « omnia quadrata portionis circuli, vel Ellipsis, ad omnia quadrata parallelogrammi in eadem basi, et altitudine cum portione constituti »; *problema* I, *prop.* VIII qui enseigne comment « a dato circulo, vel ellipsi portionem abscindere per lineam ad eiusdem axim, vel diametrum ordinatim applicatam, cuius omnia quadrata ad omnia trianguli in eadem basi, et altitudine cum ipsa portione habeant rationem datam » etc.

des volumes, en proportion double (géométrique) de leur distance du sommet. Il en résulte que la surface sera égale à la moitié, et le volume au tiers, de ceux du parallélépipède (cylindre) correspondant [1].

Plus intéressante encore me semble être l'utilisation des intégrations en question pour la solution de problèmes plans. Ainsi celle de l'ensemble de la progression des carrés permet à Cavalieri d'effectuer d'un coup, et d'une manière extrêmement élégante, la quadrature de la parabole classique [2] (fig. 6). Il suffit notamment, d'encadrer

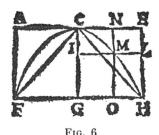

Fig. 6

la parabole, ou, plus exactement, un segment de celle-ci, par un parallélogramme ayant pour base une droite passant par son sommet, et de remarquer que les lignes tracées entre cette base et la parabole (les lignes NM) sont proportionelles aux carrés de leurs distances au diamètre de celle-ci (aux CN), pour en conclure que l'ensemble de ces lignes *(omnes lineae)* formant le « triligne » *(trilineum)* CEH est à l'ensemble des lignes formant le segment du parallélogramme CMHG dans le rapport de 1 à 3. Il s'ensuit que l'aire du segment de la parabole est égale à 2/3 du parallélogramme correspondant.

Un pas de plus et, modifiant d'une manière extrêmement intéressante sa technique, à savoir, en abandonnant l'exigence de la coïncidence, dans le plan de la figure étudiée, du plan mobile avec l'élément indivisible qu'il détermine, Cavalieri étend le concept d'indivisible à des éléments curvilignes, ainsi par exemple aux circonfé-

1. *Ibid.*, liv. II, *Corrolarii IV generalis*, J. *Sectio IX*, p. 185.
2. *Ibid.*, liv. IV, *Theorema I, prop.* I, p. 285 : « Si parallelogrammum, et triangulum fuerint in eadem basi, et circa eundem axim, vel diametrum cum parabola; parallelogrammum erit parabolae sesquialterum, triangulum autem erit eiusdem parabolae subsesquitertium. »

rences concentriques du cercle, envisagé désormais comme l'ensemble de toutes les circonférences concentriques *(omnes circumferentiae circuli)*. Ce qui, à son tour, permet d'étudier les figures curvilignes en coordonnant leurs éléments (indivisibles et curvilignes) non seulement à des éléments analogues de figures semblables — ainsi en établissant une correspondance entre les « circonférences » de deux cercles — mais encore en coordonnant les éléments homologues de figures dissemblables — ainsi en établissant une correspondance entre les circonférences du cercle et les droites d'un triangle [1] —, et même les éléments curvilignes de structure entièrement différente. C'est ainsi que, par un raisonnement à la fois hardi et subtil, Cavalieri arrive à raccorder la spirale archimédienne à la parabole classique [2] (fig. 7). La construction de Cavalieri, on s'en rend compte facilement, équivaut à un « déroulement » ou un « dépliement » de la courbe [3].

---

1. Ainsi dans le liv. VI, *Th.* IV, *prop.* IV, p. 429 : « Dati circuli, nec non similes sectores inter se sunt, ut omnes eorundem circumferentiae », Cavalieri établit une correspondance entre un cercle et un triangle égal à celui-ci : « ...manifestum erit praedictam circumferentiam aequari praedictae parallelae lateribus HO, HM interceptae, et unicuique circumferentiae in circulo ABCD, sic descriptae respondere suam parallelam in triangulo HOM cum sint rectae HM, MD aequales; igitur concludemus omnes circumferentias circuli, DABC, aequari omnibus lineis trianguli HOM », etc. Le théorème V met en rapport des ensembles de circonférences : « Sectores inter se comparati... habent eandem rationem quam omnes ipsarum circumferentiae ad omnes illarum circumferentias. »

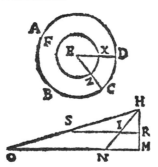

2. Liv. VI, *th.* IX, *prop.* IX, p. 437 : « Spatium comprehensum a spirali ex prima revolutione orta, et prima linea, quae initium est revolutionis, est tertia pars primi circuli. »
3. J. F. Montucla, *Histoire des mathématiques*, p. 41 : « Qu'on imagine un cercle au-dedans duquel est décrite une spirale et qu'on développe ce cercle dans le triangle CAa, dont la base est la circonférence, et dont la hauteur est le rayon qui touche la spirale au centre. Si toutes les circonférences

La conception des indivisibles comme éléments correspondants des figures étudiées, triomphe dans ce que
Cavalieri appelle la « seconde » méthode des indivisibles,
à l'exposé de laquelle il consacre le livre VII de la *Geometria continuorum.*

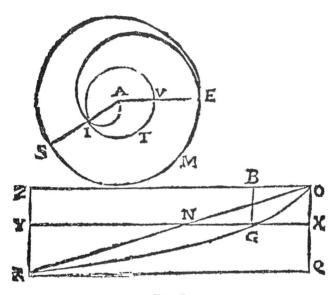

Fɪɢ. 7

Dans la préface de ce VIIᵉ livre, Cavalieri nous explique
qu'il laisse aux lecteurs le soin de juger si la méthode des
indivisibles développée dans les six livres précédents est

moyennes sont semblablement développées en lignes droites parallèles à la
base Aa, la courbe spirale se trouvera elle-même transformée en un arc
parabolique dont le sommet sera en C... ». Cf. figure ci-dessous.

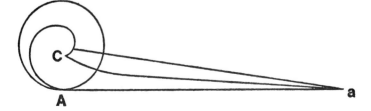

aussi indubitablement certaine qu'il convient à la dignité
des mathématiques; Cavalieri le croit bien entendu,
mais il se rend compte que les notions fondamentales
de sa méthode : « toutes les lignes » et « tous les plans »
font hésiter ses contemporains et leur semblent « plus
obscures que les ténèbres cimmériennes ». Or, bien qu'il
n'en soit nullement ainsi, vu notamment que les indivisibles ne servent aucunement à composer le continu,
il n'en reste pas moins vrai que cette manière de s'exprimer
est considérée à la fois par les philosophes et les géomètres
comme trop obscure et « plus dure » qu'elle ne devrait
être [1].

1. *Geometria continuorum*, 1, VII, p. 482, *In quo quaecumque in antecedentibus Libris methodo indivisibilium demonstrata fuere, alia ratione, ab
eadem independente, breviter ostenduntur. Praefatio :* « Geometriae in sex
prioribus Libris, per eam quam indivisibilium methodum non incongruè
appellamus, hactenus promotae, talis fuit, qualis hucusque videri potuit,
structura, nec non talia, qualia iacta sunt fundamenta. Illa quidem adeo
firma, atque inconcussa, esse docuit, ut velut adamantina summorum inge-
niorum tamquam arietum ictibus pulsata ne minimum quidem nutantia
agnoscerentur. Hoc enim Mathematicarum dignitati, ac summae certitu-
dini, quam prae omnibus alijs humanis scientiis, nemine philosophorum
reclamante, ipse sibi vindicarunt, maxime conuenire manifestum est. An
id ego sufficienter praestiterim aliorum iudicio relinquam, unicuique enim
haec perlegenti ex animi sui sententia iudicare licebit. Haud quidem me
latet circa continui compositionem, nec non circa infinitum, plurima à
philosophis disputari quae meis principiis obesse non paucis fortasse vide-
buntur, propterea nempe haesitantes quod omnium linearum, seu omnium
planorum conceptus cimerijs veluti obscurior tenebris inapprehensibilis
videatur : Vel quod in continui ex indivisibilibus compositionem mea sententia prolabatur : vel tandem quod unum infinitum alio maius dari posse
pro firmissimo Geometriae sternere auserim fundamento, circa quae milli-
bus qui passim in scholis circumferentur argumentis, ne Achillea quidem
arma resistere posse existimantur. His tamen ego per ea, quae lib. 2, prop.
1. ac illius scholio praecipue declarata, ac demonstrata sunt, satisfieri posse
diiudicavi : quoad conceptum enim omnium linearum, seu omnium planorum informandum, facile hoc per negationem nos consequi posse existi-
maui, ita nemper ut nulla linearum, seu planorum excludi intelligatur. Quoad
continui autem compositionem, manifestum est ex praeostensis ad ipsum
ex indivisibilibus componendum nos minime cogi, solum enim sequi continua
indivisibilium proportionem, et e converso, probare intentum fuit, quod
quidem cum utraque positione stare potest, Tandem vero dicta indivisibilium aggregata non ita pertractauimus ut infinitatis rationem, propter
infinitas lineas, seu plana subire videntur, sed quatenus finitatis quandam
conditionem, et naturam fortiuntur, ut propterea et augeri et diminui
possint, ut ibidem ostensum fuit, is ipsa prout diffinita sunt accipiantur.
Sed his nihilominus forte obstrepent Philosophi, reclamabuntque Geometrae, qui purissimos veritatis latices ex clarissimis haurire fontibus consue-
scunt sic obijcientes. Hic dicendi modus adhuc videtur subobscurus, durior
quam par est euadit hic omnium linearum seu omnium planorum conceptus,
quapropter hunc tuae Geometriae seu Gordium nodum aut auferas, aut
saltem frangas, nisi dissoluas. Fregissem quidem fateor, o Geometrae, vel
omnino a prioribus libris sustulissem, nisi indignum facinus mihi visum
fuisset nova haec Geometria veluti mysteria sapientissimis abscondere
viris; ut, his fundamentis, quibus tot conclusionum ab alijs quoque osten-
sarum veritates adeo mirè concordant, aliculus industria melius forte con-
cinnatis, huiusce nodi exoptatam illis dissolutionem aliquando praestare
possint. Interim qualiscunque mea fuerit illius tentata dissolutio, ipsum

En fait, les concepts en question, à savoir ceux de
« toutes les lignes » et de « tous les plans » ne sont nullement
indispensables. On peut parfaitement bien se passer de
ce moyen terme, et, au lieu d'envisager les ensembles
formés par *toutes* les lignes, ou *tous* les plans, d'une figure
et d'un corps pour en conclure ensuite à la figure ou au
corps eux-mêmes, on peut abréger le raisonnement et
conclure directement des lignes ou des plans aux figures
et aux corps [1]. Il suffit, en effet, de couper ces figures
(ou ces corps) de réseaux semblables de lignes (ou de
plans) parallèles (équidistants) en nombre indéterminé.
Les rapports entre les éléments (indivisibles) ainsi déterminés d'une figure (corps) aux éléments correspondants
de l'autre, permettent de conclure — exactement comme
on le fait selon la première méthode — à ceux des figures
elles-mêmes [2].

tamen in praesenti libro, nouis alijs denuo stratis fundamentis, quibus ea
omnis, quae indivisibilium methodo in antecedentibus Libris iam ostensa
sunt, alia ratione ab infinitatis exempta conceptu comprobantur, omnino
è medio tollendum esse censui. Hoc vero praecipue a nobis factum est, tum
ut apud eos, quibus nostra haec indivisibilium methodus minus probabitur,
non indigne nostram hanc de continuis doctrinam Geometriae titulo insi-
gnari claruis elucescat; tum etiam ut appareat, quod non levi ratione ducti,
cum possemus cuncta per indivisibilium methodum praeostensa, tantum
per huius Libri fundamenta demonstrare, illam quoque methodum tanquam
nouam et consideratione dignam, fuimus prosequuti. Nodum vero ipsum,
cui negotium facesseret, non inaniter in praecedentibus Libris relictum esse,
quinimo nos ipsum alicui Alexandro aut frangendum, aut iuxta scrupo-
lisissimi cuiusque Geometrae vota dissoluendum, merito reseruasse, non
inepte quispiam iudicavit. »

1. M. Cantor, *op. cit.*, p. 842, caractérise la différence entre les deux
méthodes comme suit : « Es gibt zwei Methoden der Indivisilien welche zwar
beide von jenen Geraden und Ebenen Gebrauch machen, aber in verschie-
dener Weise; die erste Methode benutze sie vereinigt, *collective*, die zweite
einzeln, *distributive*. Innerhalb zweier miteinander zu vergleichender Figuren muss die Entfernung der als unter einander gleich nachgewiesenen
Geraden in der einen wie in der anderen Figur dieselbe sein, aber davon
dass die Indivisibilien einer Figur der Bedingung gleicher gegenseitiger Entfernung unterworfen wären, ist keine Rede. Die Geraden sind, in Ueber-
einstimmung mit dem im ersten Werke Vorgetragenen, auch Durchschnit
tslinien der gegebenen ebenen Figur mit einer im⸢Flusse begreiffenen Ebene,
planum motum sive fluens. » Encore une fois, on n'a rien à objecter à Cantor...
sauf la méconnaissance de l'importance de la deuxième méthode pour
l'intellection de l'œuvre de Cavalieri, et le manque d'intellection du sens
de cette œuvre.

2. *Op. cit.*, liv. VII, *th.* I, *prop.* I, p. 484 : « Figurae planae quaecunque in
eisdem parallelis constitutae, in quibus ductis quibuscunque eisdem parallelis aequidistantibus rectis lineis, conceptae cuiuscumque rectae lineae
portiones sunt aequales, etiam inter se aequales erunt : Ex figurae solidae
quaecunque in eisdem planis parallelis constitutae, in quibus, ductis quibuscunque planis parallelis aequidistantibus, conceptae cuiuscunque sic ducti
plani in ipsis solidis figurae planae sunt aequales, pariter inter se aequales
erunt. Dicantur autem figurae aequaliter analogae tum planae, tum ipsae
solidae inter se comparatae, ac etiam iuxta regulas lineas, seu plana parallela, in quibus esse supponuntur, cum hoc fuerit opus explicare. » Cf. *Exercitationes Geometricae*, pp. 3 sq.

Le premier théorème du livre VII (qui porte encore aujourd'hui le nom de Cavalieri) proclame ainsi que « les figures planes, placées entre deux parallèles dans lesquelles des lignes quelconques, parallèles aux premières, découpent des segments égaux, sont égales ». Et il en est de même en ce qui concerne les corps, sauf qu'au lieu de lignes on fait usage de plans [1].

Il est, de toute évidence, injuste, ainsi que l'a fait l'histoire, et ainsi que le font bien souvent les historiens de restreindre l'application de la seconde méthode au cas d'égalité. Il est clair — et Cavalieri le dit *expressis verbis* — qu'elle a une portée aussi générale que la première, et que tout ce qui peut être, ou a été, démontré par la première, peut l'être par la seconde. En fait, le livre VII de la *Geometria continuorum* nous présente toute une série de ces démonstrations parallèles, jusques et y compris, la démonstration des propositions concernant la parabole.

La « deuxième » méthode des indivisibles me semble confirmer entièrement l'interprétation que j'ai essayé de donner de la pensée de Cavalieri : l'opération fondamentale de cette méthode consiste, en effet, *explicitement*,

---

1. *Exercitationes Geometricae*, I. De priori methodo indivisibilium, § VI, p. 4 : « Sint enim ex. gr. duae quaecunque figurae planae ABCD, EFGH, in ijsdem parallelis IK, LM, constitutae, eorum autem altera, ut LM, sumatur tanquam regula parallelorum in eisdem figuris numero indefinita ducibilium, quorum aliquae in figura, ABCD sint, NO, BD, PQ, etc. et in figura EFGH, ipsae, RS, FH, TV, etc. Nunc ergo dipliciter possumus comparare lineas figurae ABCD, ad lineas figurae EFGS, nempe vel collective hoc est comparando aggregatum ad aggregatum vel distributive sc. comparando singillatim quamlibet rectam figurae, ABCD, cuilibet rectae figurae, EFGH, sibi in directum existenti. Iuxta priorem rationem procedit prior methodus, comparat enim ad invicem aggregata omnium linearum planarum figurarum, et aggregata omnium planorum solidorum, quotcunque illa sint. At iuxta priorem se habet posterior methodus comparat enim singulas lineas singulis lineis, et singula plana singulis planis, ijsdem in directum constitutis. Utraque autem tradit suam regulam generalem ad figurarum mensuram comparandam, quarum prior talem profert. » — § VII, p. 5 : « Si in duabus quibuscunque figuris planis, etiam non in eadem altitudine existentibus omnes lineae unius figurae, cuidam signatae regulae parallelae mente descriptibiles, et collective sumptae, fuerint aequales omnibus lineis alterius figurae, cuicunque signate regulis parallelis, mente descriptibilibus, et collective sumptis; etiam ipsae figurae erunt aequales et è contra. Ut in schemate nu. 5, si sint aequales, RS, NO, ut et FH, BD, nec non TV, PQ et reliquae, etc. collective sumptae; etiam ipsae figurae ABCD, EFGH erint aequales. Immo universaliter quamcumque rationem habuerint omnes lineae ad omnes lineas, eandem habebunt, et ipsae planae figurae. Similiter in solidis, si omnia plana unius fuerint aequalia omnibus planis alterius, sumptis ijsdem quibuscunque regulis, etiam ipsa solida erunt aequalia : et si omnia plana habuerint quamcunque rationem inter se, eandem habebunt et supponantur figurae solidae, et fuerint aequalia plana, RS, NO; FH, BD; TV, PQ et reliqua etc., etiam ipsae figurae ABCD, EFGH, erunt aequales : vel quamcunque illa collectivè sumpta habuerint rationem, eandem et ipsae figurae solidae retinebunt. »

dans l'établissement d'une correspondance univoque et réciproque entre les éléments (indivisibles) homologues des objets étudiés [1].

★

Une étude exhaustive de l'œuvre de Cavalieri devrait procéder maintenant à l'analyse de l'application de sa méthode, ou plus exactement de ses méthodes, aux problèmes de la géométrie dans l'espace, en particulier à la détermination des surfaces et des volumes des corps de révolution, ainsi qu'à sa polémique, infiniment instructive, contre Guldin. Je ne puis le faire ici. J'espère cependant en avoir assez dit pour montrer toute l'originalité et toute la profondeur de la pensée du grand géomètre italien, tout l'intérêt de son effort pour éviter les raisonnements infinitésimaux (infiniment petit actuel, passage à la limite) en leur substituant des raisonnements sur le fini.

Dans les cours du calcul différentiel et intégral de ma jeunesse, on avait l'habitude de nous présenter la dérivée d'un corps comme une surface, et la dérivée d'une surface comme une ligne : je ne crois donc pas déformer exagérément la pensée de Cavalieri en insinuant que ses « indivisibles » sont des espèces de dérivées par la comparaison desquelles il cherche à établir les rapports entre leurs fonctions primitives, et même à déterminer ces fonctions.

---

1. *Ibid.*, § VIII, p. 5 : « Posterior methodus paulo strictiorem affert, et est huiusmodi. Si in duabus quibuscunque figuris planis in ijsdem parallelis constitutis, quorum altera sit regula singulae lineae cum singulis lineis in directum existentibus, communique regulae parallelis, collatae, fuerint aequales; etiam ipsae figurae erunt aequales. Immo universaliter quamcunque rationem communiter habuerint dictae lineae singillatim sumptae, eandem habebunt et ipsae figurae. Sic in solidis in plana unius communi regulae aequidistantia fuerunt aequalia planis alterius eidem regulae aequidistantibus, etiam ipsa solida erunt aequalia : et quamcunque rationem communiter habebuerint inter se, eandem habebunt et ipsa solida, quae tamen supponimus esse in ijsdem oppositis tangentibus planis, quorum alterum sit eorum communis regula. » — § IX : « Ex his duabus unica regula generalissima construi potest, quae erit totius dictae Geometriae compendium, nempe huiusmodi. *Figurae tam planae quam solidae, sunt in ratione omnium suorum indivisibilium collective, et* (si in ijsdem reperiatur una quaedam communis ratio) *distributive ad invicem comparatorum.* »

PASCAL SAVANT [*]

Se faire une idée précise de la personnalité et de l'œuvre scientifique de Pascal est chose malaisée; peut-être même impossible. En effet, une bonne partie de cette œuvre est perdue; notamment le grand *Traité des coniques* dont parle Mersenne dans ses *Cogitata Physico-Mathematica* et dont il vante les qualités à Huygens [1]; nous n'avons pas, non plus, le *Traité du vide*, dont la préface seule — avec quelques fragments — nous reste [2], ni le *Traité de mécanique*, dont il ne nous reste rien.

Quant à la personnalité de Pascal, elle a été tellement déformée par l'hagiographie pascalienne qu'il est extrêmement difficile de la traiter sans parti pris; c'est ce que je vais néanmoins essayer de faire aujourd'hui, au risque de passer pour antipascalien.

Il est clair, toutefois, que je ne pourrai vous en donner qu'un aperçu très rapide, très bref et très superficiel.

[*] Texte d'une communication faite en novembre 1954 à un Colloque sur Blaise Pascal, Extrait de *Blaise Pascal, l'homme et l'œuvre*. Paris, Les Éditions de Minuit, 1956, pp. 260-285 (« Cahiers de Royaumont, Philosophie », n° 1).

1. Cf. R. P. M. Mersenne, *Cogitata Physico-mathematica*, Paris, 1644, préface : *Unica propositione universalissima, 400 corollariis armata, integrum Apollonium complexus est;* lettre à Constantin Huygens, mars 1648, *Œuvres complètes de Huygens*, vol. I, p. 83 : « Si votre Archimède vient avec vous, nous lui ferons voir un des plus beaux traités de géométrie qu'il ait jamais vu, qui vient d'être achevé par le jeune Pascal. » Dans son *Adresse à l'Académie Parisienne* (1654), Pascal annonce : « Conicorum opus completum et conica Apollonii et alia innumera unica fere propositione amplectens; quod quidem nondum sexdecimum aetatis annum assecutus excogitavi, et deinde in ordinem congessi. »

2. Ce *Traité du vide* que nous annoncent les *Expériences nouvelles touchant le vide* (en 1647), semble avoir été achevé en 1651 seulement. En effet, dans sa lettre à M. de Ribeyre, du 12 juillet 1651, Pascal dit qu'il achève un traité qui expliquera « quelle est la véritable cause de tous les effets qu'on a attribués à l'horreur du vide ».

En effet, si l'œuvre existante de Pascal physicien est très ramassée et consiste, en somme, dans quelques expériences, dont la célèbre expérience du Puy de Dôme, et les petits traités consacrés à l'élaboration ou, plus exactement, à la systématisation de l'hydrostatique, l'œuvre du mathématicien [1], même réduite à ce qui nous en reste, est assez vaste et surtout assez variée, puisqu'elle consiste principalement dans l'étude et la solution de problèmes concrets. Son analyse détaillée serait donc assez longue et assez difficile ; du moins pour nous. Elle le serait certes beaucoup moins pour les contemporains de Pascal, parce que les contemporains de Pascal, comme Pascal lui-même, possédaient sur nous un avantage non négligeable. Ils savaient la géométrie comme nous ne la savons plus. Sans doute, savons-nous, en revanche, beaucoup d'autres choses, des choses plus importantes peut-être, plus fécondes, plus puissantes, comme par exemple, l'algèbre et le calcul infinitésimal qu'ils étaient justement en train d'élaborer. Et, de ce fait, nous avons sur eux la supériorité de pouvoir résoudre facilement des problèmes qui leur coûtaient beaucoup de travail et beaucoup de peine. Hélas! cette supériorité ne nous sert à rien — bien au contraire — lorsqu'il s'agit de faire de l'histoire et de comprendre exactement leur pensée. Nous ne sommes pas capables, comme eux, de raisonner « à la manière des Anciens », c'est-à-dire des Grecs, ni même « à la manière des Modernes », c'est-à-dire, *grosso modo*, à la manière de Cavalieri ou de Fermat : nous ne comprenons pas, par exemple, pourquoi, en 1658, Pascal estime nécessaire de démontrer « à la manière des Anciens », l'égalité de la parabole et de la spirale, proposition que Pascal attribue à Roberval, bien qu'elle ait été établie depuis quelque temps déjà, d'une manière assez difficile il est vrai, par Cavalieri et, très élégamment, par Torricelli, que Pascal ne nomme pas. A moins que ce ne soit justement — *sit venia verbo* — pour diminuer le prestige de Torricelli, bête noire de Roberval, le maître et ami de Pascal, et pour démontrer, une fois de plus, la légitimité des méthodes de la géométrie des indivisibles [2], dont il se sert par ailleurs.

---

1. L'œuvre scientifique de Pascal est aujourd'hui facilement accessible dans la seconde édition des *Œuvres complètes* de Pascal, Bibliothèque de la Pléiade, Paris, 1954.

2. L'expression « géométrie des indivisibles » est équivoque. Le titre de l'ouvrage de Bonaventura Cavalieri est, en effet, *Geometria indivisibilibus continuorum nova quadam ratione promota*, Bononiae, 1635, ce qui veut dire : *Géométrie des continus, traitée... par le moyen des indivisibles*, et non : *géo-*

En effet pour Pascal — comme d'ailleurs, pour Cavalieri et Torricelli — la seule géométrie véritablement vraie et belle, c'est la géométrie des Grecs. Ce n'est plus le cas pour nous. Aussi lorsque nous entreprenons l'étude des géomètres du XVIIe siècle, Pascal entre autres, que faisons-nous? Nous traduisons les raisonnements pascaliens en notre langage à nous, nous écrivons quelques formules algébriques, une intégrale ou deux — opération à laquelle Pascal se prête particulièrement bien, ainsi que l'a remarqué Nicolas Bourbaki[1] qui, à son génie mathématique, joint une connaissance très profonde de l'histoire de cette science — et nous avons l'impression de comprendre. En fait, il n'en est rien, car, en traduisant Pascal en formules, nous déformons et même dénaturons profondément sa pensée, pensée qui se caractérise essentiellement par le *refus* des formules; refus que Pascal paya assez cher en manquant de faire lui-même les deux grandes découvertes, celle de la formule du binôme qu'il laissa à Newton, et celle de la différentielle qu'il laissa à Leibniz, découvertes qu'ils firent ainsi après lui et sans doute grâce à lui.

Comment expliquer ce refus des formules? En dernière analyse, il repose, assurément, sur la structure même du génie pascalien. Les historiens des mathématiques nous disent, en effet, qu'il y a *grosso modo* deux types d'esprit mathématique : à savoir les géomètres, et les algébristes; ceux, d'une part, qui ont le don de voir dans l'espace « en bandant fortement leur imagination », comme le dit Leibniz, qui sont capables d'y tracer une multitude de lignes et d'apercevoir sans les confondre leurs rapports et leurs relations[2] et, d'autre part, ceux qui, tel Descartes, trouvent cet effort d'imagination, tout effort d'imagination, fatigant et qui préfèrent la pureté diaphane des formules algébriques. Pour les premiers, tout problème se résout par une construction, pour les seconds, par un système d'équations. Desargues et Pascal appartiennent

---

métrie des indivisibles. Mais comme l'expression est employée par Pascal, je l'emploierai également. Cf. mon article « Bonaventura Cavalieri et la géométrie des continus » dans *Éventail de l'histoire vivante*, Hommage à Lucien Febvre, vol. I, pp. 319 sq., Paris, 1953 et *supra*, pp. 334-361.

1. Cf. Nicolas Bourbaki, *Éléments de mathématique*, IX, p. 148, n. xx : « Grâce au prestige d'une langue incomparable, Pascal arrive à créer l'illusion de la parfaite clarté », Paris, 1949.

2. Le P. Mersenne, dans la lettre à Constantin Huygens citée p. 362, n. 1, parlant de la solution, obtenue par Pascal, « du lieu de Pappus *ad 3, 4 lineas* qu'on prétend ici n'avoir pas été résolu par M. des Cartes en toute son étendue », dit qu' « il a fallu des lignes rouges, vertes et noires, etc. pour distinguer la grande multitude des considérations... ».

au premier type, Descartes et Leibniz au second. Pour les premiers, une section conique est un événement dans l'espace, et une équation n'en est qu'une représentation abstraite et lointaine; pour les seconds, l'essence d'une courbe, c'est justement l'équation et sa figure spatiale n'en est qu'une projection tout à fait secondaire et parfois même inutile.

Léon Brunschvicg a écrit quelques pages magistrales sur l'opposition de Descartes-algébriste à Pascal-géomètre, l'opposition de Descartes, l'homme de *la méthode*, méthode omnivalente, et qui devrait s'appliquer à tout et partout, à Pascal, l'homme *des méthodes*, méthodes particulières et spéciales, propres à chaque cas particulier et concret; tout le monde les connaît, je ne vais donc pas insister là-dessus [1].

L'attitude pascalienne peut nous paraître étrange; elle est probablement moins rare qu'on ne le croit. Ainsi M. Paul Montel vient, très opportunément, nous rappeler [2] un propos d'Henri Poincaré, qui a écrit (au sujet de Descartes) : « Une méthode qui réduit la découverte à l'application de règles uniformes, qui, d'un homme patient, fait un grand géomètre, n'est pas véritablement créatrice. »

Je voudrais ajouter que l'attitude pascalienne, celle du géomètre proprement dit, est, au XVIIᵉ siècle, beaucoup plus normale et beaucoup plus commune que celle de Descartes [3]; cette dernière représente, par rapport à la tradition, une innovation beaucoup plus profonde et une rupture beaucoup plus radicale que les innovations de Cavalieri ou même celle de Desargues. Pour le XVIIᵉ siècle, c'est Descartes, c'est l'algèbre, la géométrie algébrique, qui est chose difficile, inaccoutumée, incompréhensible.

Quant à Pascal, son géométrisme inné a certainement été renforcé par l'éducation mathématique qu'il a reçue, et son anti-algébrisme, par son hostilité constante envers Descartes.

De l'éducation mathématique de Pascal, nous ne savons, à vrai dire, pas grand-chose. Le récit hagiographique de Mᵐᵉ Périer n'est pas à prendre au sérieux. De celui de Tallemant des Réaux on peut accepter l'indication qu'à l'âge de douze ans Pascal était capable de lire Euclide,

1. Cf. Léon Brunschvicg, *Blaise Pascal*, pp. 127 sq., 158, Paris, 1953.
2. Cf. Paul Montel, *Pascal mathématicien*, Palais de la Découverte, Paris, 1950.
3. Cf. Nicolas Bourbaki, *op. cit.*, *loc. cit.*, p. 153.

pour son plaisir, et d'en maîtriser rapidement les six premiers livres. C'est déjà assez beau et suffisamment rare pour qu'on n'ait pas besoin de renchérir là-dessus.

Nous pouvons admettre, sans crainte de nous tromper, que Pascal ne s'était pas arrêté à Euclide, et qu'il a, dès sa jeunesse, acquis cette profonde connaissance de la géométrie grecque, d'Archimède, d'Apollonius, de Pappus qui éclate dans son œuvre, justement dans sa démonstration de l'égalité de la parabole et de la spirale : ceci est d'autant plus probable que son père, Étienne Pascal, était un bon connaisseur de cette géométrie. De la géométrie grecque, il passa à Desargues.

Je suis enclin à penser que l'influence de Desargues s'est exercée dans un commerce personnel. Je ne crois pas, en effet, que personne, même un génie comme Pascal, ait été capable de comprendre et d'assimiler les idées et les méthodes du grand géomètre lyonnais par la simple lecture du *Brouillon project d'une atteinte aux événements des rencontres du cône avec un plan* — qui a été assez justement surnommé au xviie siècle, *Leçons des ténèbres* — et surtout de le faire assez vite pour pouvoir, en 1640, présenter à l'Académie Parisienne (celle du P. Mersenne) l'*Essay pour les coniques* dans lequel l'inspiration arguésienne est non seulement patente, mais encore hautement proclamée par Pascal lui-même [1]. Je crois, en conséquence, que nous pouvons voir dans Pascal un véritable élève de Desargues. Ce qui, d'ailleurs, est à l'honneur de l'un comme de l'autre.

Mais revenons à l'*Essay*. A côté de choses purement arguésiennes, nous y trouvons, dans les lemmes I et III l'équivalent, de la fameuse « proposition de Pascal » selon laquelle les points de concours des côtés opposés d'un hexagone inscrit dans une conique se trouvent sur une ligne droite. C'est là sans doute cette proposition unique, à partir de laquelle Pascal, dans son *Traité* perdu — c'est du moins ce que nous dit Mersenne, sans citer toutefois cette proposition — va développer une théorie complète de ces lignes.

L'hexagone inscrit sera alors dénommé *hexagramme mystique* et Pascal affirmera qu'à chaque section conique correspond un « hexagramme mystique » déterminé, ainsi qu'inversement, à chaque hexagramme, une section conique déterminée.

1. Cf. R. Taton, « "L'Essay pour les coniques" de Pascal », *Revue d'histoire des Sciences*, t. VIII, fasc. 1, 1955, pp. 1-18.

C'est là une très belle découverte, qui nous a été conservée par le plus pur des hasards, à savoir par une copie de Leibniz qui, en 1675, a eu les papiers de Pascal entre les mains. Il en a dressé l'inventaire, copié quelques feuilles et, pour notre malheur, rendu les originaux à leur propriétaire légitime, Étienne Périer. Ces papiers contenaient l'ensemble des travaux géométriques de Pascal, déjà annoncés dans l'*Essay pour les coniques* et réannoncés dans l'*Adresse à l'Académie Parisienne* de 1654 [1].

Cet ensemble de travaux n'est sans doute pas le *Traité des coniques* dont avait parlé le R. P. Mersenne, mais il en est largement l'équivalent. Au jugement de Leibniz, confirmé d'ailleurs par les quelques pages du *Traité sur la génération des sections coniques (Generatio Conisectionum)* qu'il nous a conservées [2], ce sont des traités d'inspiration arguésienne et Leibniz, qui en conseille l'impression, insiste sur une publication immédiate : en effet, écrit-il, il a vu paraître des ouvrages — certainement ceux de La Hire — qui portent la marque d'une inspiration identique et qui pourraient priver l'œuvre de Pascal de sa nouveauté.

Le jugement de Leibniz est donc formel : Pascal est un disciple et un continuateur de Desargues. Or, les historiens de Pascal négligent habituellement ce rapport entre les deux géomètres; ou nous le présentent d'une manière tout à fait incorrecte. Ainsi Émile Picard (que cite complaisamment M. Jacques Chevalier dans son édition des *Œuvres complètes* [3] de Pascal) nous présente Pascal comme l'inventeur des méthodes projectives « que Poncelet et Chasles devaient suivre avec tant d'éclat au siècle dernier »; ainsi Pierre Humbert, dans son dernier ouvrage consacré à Pascal savant [4], nous dit que Pascal sera le continuateur de Desargues, mais en y ajoutant le génie. Je crois, pour ma part, qu'il faudrait plutôt dire : Pascal c'est du Desargues, avec de la clarté et de la systématisation en plus —, en effet, Pascal est clair tandis que Desargues ne l'est pas — mais le grand génie créateur, l'inventeur d'une forme nouvelle de la géométrie, c'est Desargues, et ce n'est pas Pascal.

La deuxième époque de production mathématique de Pascal se place vers les années 1652-1654, et c'est autour

---

1. Cf. Lettre de Leibniz à Étienne Périer, du 30 août 1676, in Pascal, *Œuvres complètes*, Bibliothèque de la Pléiade, 2 éd., pp. 63 sq. · *Adresse à l'Académie Parisienne, ibid.*, pp. 71 sq.
2. *Ibid.*, pp. 66 sq.
3. *Ibid.*, p. 58.
4. Cf. Pierre Humbert, *Cet effrayant génie, L'Œuvre scientifique de Blaise Pascal*, pp. 19, 34, 47, Paris, 1947,

des travaux sur le triangle arithmétique qu'elle se groupe. C'est alors que Pascal pose — concurremment avec Fermat et indépendamment de Galilée qui les a précédés sur cette voie — les bases du calcul des probabilités. Il semble avoir, pour un temps au moins, abandonné la géométrie.

En ce qui concerne le triangle arithmétique dont on attribue parfois l'invention à Pascal, c'est là une chose fort ancienne. D'après Moritz Cantor [1], il nous vient des Arabes. On en trouve une forme assez analogue chez Michael Stifel, en 1543, chez Tartaglia en 1556 et, plus près de Pascal, chez Stevin en 1625, et chez Hérigone en 1632 [2].

Le mérite de Pascal, et c'est un très grand mérite, consiste — paradoxalement — dans le fait d'avoir tourné le triangle autour de son sommet et de l'avoir, par là même, transformé, du moins en principe, en un carré infini, carré subdivisé par des lignes parallèles, horizontales et verticales, en un nombre infini de « cellules ». Quant aux triangles proprement dits, ils seront constitués par des diagonales joignant les points correspondants des subdivisions susdites ; ces diagonales formeront les « bases » des triangles successifs.

Dans le carré ainsi constitué, les cellules de la première rangée ou « rang » ne contiennent que le nombre 1 ; celles de la deuxième, les nombres simples ; celles de la troisième, les nombres triangulaires, de la quatrième, les nombres pyramidaux et ainsi de suite. Entre les mains de Pascal, qui découvre toute une série de rapports extrêmement intéressants et curieux entre les nombres inscrits dans les cellules (selon que ces cellules occupent telle ou telle place dans les « bases » et les « rangs » « parallèles » [horizontaux] et « perpendiculaires » [verticaux] du tableau) le « triangle arithmétique » devient un instrument ingénieux et puissant pour la solution de problèmes de combinaisons et de probabilités. Entre autres, Pascal nous démontre (après Hérigone, toutefois, et même après Tartaglia), que les « bases » nous livrent les coefficients des puissances entières du binôme.

Il n'y avait plus qu'un pas à faire : rechercher la structure et la liaison interne des nombres formant les bases et en déterminer la formule générale. Mais Pascal ne le fit pas.

1. Cf. Moritz Cantor, *Vorlesungen über Geschichte der Mathematik*, Bd. II, pp. 434, 445, Leipzig, 1900.
2. Cf. Pierre Boutroux, Introduction au *Traité du triangle arithmétique* dans *Œuvres de Blaise Pascal*, éd. L. Brunschvicg et P. Boutroux, t. III, pp. 438 sq., Paris, 1908.

Son anti-algébrisme, son aversion pour la formule dont j'ai déjà parlé, lui font manquer cette grande découverte. Il ne trouve pas parce qu'il ne cherche pas [1].

En revanche, l'ayant cherchée, il trouva — après bien d'autres sans doute — la formule générale, ou plus exactement *la règle* permettant de déterminer le nombre de combinaisons de *m* objets pris *p* à *p* [2].

Mentionnons enfin, comme appartenant à la même période, que le *Traité du triangle arithmétique* — ou, peut-être un peu antérieur à celui-ci — le très intéressant petit traité sur la *Sommation des puissances numériques* [3] dans lequel, rapprochant après Fermat et Roberval, la sommation des puissances d'une progression arithmétique de la « sommation » des lignes ou des figures planes telle que la pratiquait la géométrie des indivisibles, Pascal transpose directement les résultats obtenus dans le domaine du discontinu arithmétique à celui du continu géométrique.

Aussi écrit-il : « Ceux qui sont tant soit peu versés dans la doctrine des indivisibles, reconnaîtront facilement combien cette conception est utile pour la détermination des aires curvilignes. En effet, les paraboles de tout genre se carrent immédiatement et une infinité d'autres courbes se mesurent facilement. Si donc, on voulait appliquer à la quantité continue ce que nous avons, par cette méthode, trouvé pour les nombres, on pourra établir les règles suivantes... ». Ces « règles », que je ne cite pas, aboutissent à la règle générale :

« La somme des mêmes puissances est à la puissance immédiatement supérieure de la plus grande entre elles comme l'unité est à l'exposant de la puissance supérieure [4]. »

Outre ce rapprochement ingénieux et fécond (bien que moins original qu'on ne le prétend habituellement) entre deux ordres de grandeurs — l'arithmétique et la géométrie — que la tradition classique s'obstinait à tenir séparés, on trouve dans ce petit traité le fameux et célèbre passage sur les rapports entre différents ordres de grandeurs, dans lequel on voulut parfois reconnaître l'intuition la plus profonde de la pensée pascalienne, intuition sous-tendant sa pensée mathématique autant que sa pensée philosophi-

---

1. Il ne cherche pas, non plus, ainsi que le fera Wallis dans son *Arithmetica Infinitorum*, à utiliser le « triangle » pour des calculs géométriques.
2. *Ibid.*, pp. 442 sq.
3. *Potestatum Numericarum Summa*, *Œuvres complètes*, pp. 166-171.
4. *Ibid.*, pp. 170, 171.

que, et même théologique. Voici ce passage, qui forme la conclusion du *Traité sur la sommation des puissances numériques* et qui suit immédiatement la règle d'intégration que je viens de citer [1] :

« Je ne m'arrêterai pas aux autres cas, parce que ce n'est pas ici le lieu de les étudier, il suffira d'avoir énoncé les règles qui précèdent. On découvrira les autres sans difficultés en s'appuyant sur ce principe que, *dans les grandeurs continues, tel nombre qu'on voudra de grandeurs de quelque genre que ce soit, ajouté à une grandeur d'un genre supérieur, ne lui ajoute rien.* Ainsi, les points n'ajoutent rien aux lignes, les lignes aux surfaces, les surfaces aux solides, ou pour parler en nombres comme il convient dans un traité d'arithmétique, les racines n'ajoutent rien aux carrés, les carrés aux cubes, et les cubes aux carrés-carrés, etc., en sorte que l'on doit négliger comme nulles les quantités d'ordre inférieur. J'ai tenu à ajouter ces quelques remarques familières à ceux qui pratiquent les indivisibles, afin de faire ressortir la liaison, jamais suffisamment admirée, que la nature, éprise d'unité, établit entre les choses en apparence les plus éloignées. Elle apparaît dans cet exemple où nous voyons les calculs des dimensions des grandeurs continues se rattacher à la sommation des puissances numériques. »

Passage admirable sans doute, mais vous remarquerez que Pascal nous dit : « J'ai tenu à ajouter ces quelques remarques, familières à ceux qui pratiquent les indivisibles » et, de fait, ces remarques ne sont rien d'autre que la formulation de quelque chose d'assez banal et fort bien connu de tous les mathématiciens, qu'ils pratiquent ou non les indivisibles. Le fait qu'on n'augmente pas une ligne en y ajoutant un point, pas plus qu'on n'augmente un plan en y ajoutant une ligne, ou un solide en y ajoutant un plan, est impliqué dans les principes formels de la géométrie [2] connus depuis toujours et qui n'ont rien d'excitant pour le géomètre, à moins qu'il ne se pose le problème général du continu [3]. Quant au rapport entre la sommation

1. *Ibid.*, p. 171.

2. L'analogie entre les rapports des divers ordres de grandeurs et ceux que Pascal établit entre l'ordre des corps, celui des esprits et celui de la charité, ne nous intéresse pas ici.

3. Dans ce cas-là le principe, exprimé par Pascal, n'est pas à prendre à la lettre, puisqu'il est certain qu'en enlevant un point à une ligne, et même à un espace, on lui enlève quelque chose et qu'on y fait un trou. On pourrait fort bien transposer ce rapport au rapport entre Dieu et la créature et attribuer à cette dernière, incapable d'ajouter quelque chose à l'action divine, la capacité d'en préserver l'intégrité, ou, au contraire, d'y faire un trou ponctuel.

des puissances numériques (des nombres) et celle des indivisibles (des grandeurs continues), c'est là sans doute quelque chose de bien moins connu, et de beaucoup plus neuf, mais c'est une chose qui forme la base même des travaux de Fermat et de Roberval, dont l'influence semble, chez Pascal, avoir remplacé celle de Desargues. Encore une fois, c'est dans l'ingéniosité de ses découvertes, dans la clarté de ses formulations, non dans l'invention de principes nouveaux que se montre le génie de Pascal.

Le génie mathématique de Pascal brillera une dernière fois — mais de tout son éclat — dans le groupe de travaux consacrés à la roulette (cycloïde). L'histoire de ce retour de Pascal qui, depuis sa « nuit de feu » (23-XI-1654), s'était résolument détourné du monde — et des sciences — et avait tout oublié hormis Dieu, est bien connue : en 1657, nous raconte Marguerite Périer [1], Pascal, souffrant d'un violent mal de dents, « s'avisa, pour se soulager, de s'appliquer à quelque chose qui par sa grande force attirât si bien les esprits au cerveau que cela le détourna de penser à son mal. Pour cela, il pensa à la proposition de la roulette faite autrefois par le P. Mersenne que personne n'avait jamais pu trouver et à laquelle il ne s'était jamais arrêté. Il y pensa si bien qu'il en trouva la solution et toutes les démonstrations. Cette application si vive détourna son mal de dents, et quand il cessa d'y penser après l'avoir trouvée, il se sentit guéri de son mal ». Toutefois, « il n'en écrivit rien, et ne fit aucun cas de cette découverte, la regardant comme vaine et inutile et ne voulant point interrompre ce qu'il pouvait donner d'application à son ouvrage sur la religion ». Ce n'est que sur les insistances du duc de Roannez qui lui fit observer que, pour combattre les athées et les libertins, il était « bon de leur montrer qu'on en savait plus qu'eux tous en ce qui regarde la géométrie et ce qui est sujet à démonstration » et que, si l'on se soumettait à la révélation de la foi, ce n'était pas par ignorance mais, au contraire, parce que l'on savait mieux que quiconque les limites de la raison et la valeur des preuves, que Pascal se décida de rédiger ses découvertes et d'en faire le sujet d'un concours.

En juin 1658, Pascal, sous le pseudonyme d'Amos Dettonville, adressa une lettre circulaire aux mathémati-

---

1. **Cf.** *Mémoire sur la vie de M. Pascal écrit par Mlle Marguerite Périer, sa nièce, Œuvres complètes*, p. 40; cf. également *La vie de M. Pascal écrite par Mme Périer, sa 'sœur, ibid.*, pp. 19 sq. : cf. la note anonyme du *Recueil Guerrier* citée, *ibid.*, p. 174.

ciens européens en leur proposant de trouver la solution
de six questions — très difficiles — sur l'aire d'un segment
de la cycloïde, le centre de gravité de ce segment, les volumes et les centres de gravité des corps de révolution
formés par ce segment tournant autour de sa base et de
son axe, et en offrant aux concurrents deux prix, respectivement de quarante et de vingt pistoles. Une seconde
lettre circulaire précisa les conditions d'attribution des
prix.

Le montant des prix fut consigné chez Carcavy, et c'est
à Carcavy que les concurrents devaient envoyer leurs
mémoires.

L'histoire de Marguerite Périer est très belle. Malheureusement, elle est peu vraisemblable. En effet, même si l'on
admettait l'épisode de la rage de dents, il demeurerait
tout à fait inconcevable que Pascal se soit brusquement
souvenu, vingt ans plus tard, de la question posée en 1636
par Mersenne, et qu'il n'ait jamais médité sur les propriétés de la cycloïde, courbe très à la mode à l'époque,
et dont s'étaient occupés Descartes, Fermat, Torricelli et
surtout son maître et ami Roberval [1]. De plus, le récit de
Marguerite Périer comporte une inexactitude assez grave :
elle dit, en effet, que Pascal « avait fixé le terme à dix-
huit mois ». En fait, Pascal qui, de son propre aveu, avait
travaillé plusieurs mois à la solution des problèmes qu'il
mettait au concours [2], et qui avait envoyé sa première
lettre circulaire au mois de juin 1658, avait fixé le terme
de la réception des réponses au 1er *octobre de la même année.*
Ce qui, en défalquant les délais de la poste, ne donnait
aux concurrents que trois mois tout au plus. Il n'est pas
étonnant que John Wallis qui, le 18 août 1658, envoya à
Carcavy une première réponse, ait demandé la prolonga-
tion du délai, ou du moins la fixation du 1er octobre comme
date de l'envoi et non de la réception des réponses, en
faisant valoir que les conditions du concours favorisaient
par trop les mathématiciens français, et surtout parisiens.
Pascal refusa. Dans ses *Réflexions sur les conditions des
prix attachés à la solution des problèmes concernant la
cycloïde* (lettre circulaire du 7 octobre 1658 qui annonce

1. Elle avait même provoqué une polémique entre Torricelli et Roberval
qui avait, très injustement, accusé de plagiat le savant italien. Pascal renou-
vellera cette accusation dans son *Histoire de la roulette* de 1658.
2. Cf. *Problemata de cycloïde, proposita mense junii 1658*, *Œuvres complètes*, p. 180 : « Quum ab aliquot mensibus, quaedam circa cycloïdem,
ejusque centra gravitatis, meditaremur, in propositiones satis arduas et
difficiles, ut nobis visum est, incidimus. »

la clôture du concours, assez hautaine et désagréable de ton), il justifie son refus par la considération bien spécieuse que si l'on faisait autrement, « même ceux qui auraient gagné les prix en se trouvant les premiers entre ceux dont on aurait reçu les solutions au 1er octobre, ne seraient jamais en assurance d'en pouvoir jouir puisqu'ils leur pourraient toujours être contestés par d'autres solutions qui pourraient arriver tous les jours, premières en date, et qui les excluraient sur la foi des bourgmestres et officiers de quelque ville à peine connue, du fond de la Moscovie, de la Tartarie, de la Cochinchine et du Japon [1] ». On voit bien que Pascal n'avait aucune envie de risquer de perdre ses soixante pistoles et était fermement décidé de gagner son propre concours.

Malgré les conditions défavorables, le concours provoqua un grand intérêt : Sluse écrivit à Pascal (le 6 juillet 1658) qu'il avait depuis longtemps résolu la première question, les autres, toutefois, lui parurent trop ardues ; Huygens, qui, lui aussi, trouva les questions difficiles, en résolut quatre [2] ; Christopher Wren n'en résolut aucune, en revanche, il rectifia la cycloïde — qui fut, ainsi, la deuxième courbe à être rectifiée — et trouva que sa longueur était égale à quatre fois le diamètre du cercle générateur. Wallis envoya un assez long mémoire dans lequel il s'attaqua à tous les problèmes posés par Pascal les traitant d'une manière fort ingénieuse. Malheureusement pour lui, travaillant avec beaucoup de hâte, il commit plusieurs fautes de calcul, et même de méthode, dont il corrigea une partie, mais non toutes [3]. Enfin, un jésuite, le P. Lalouère, professeur au Collège de Toulouse, envoya un mémoire qu'il prétendait — à tort — être digne du prix.

Immédiatement après les *Réflexions*, Pascal publia trois écrits relatant l'histoire du concours et expliquant les

---

1. Cf. *Réflexions sur les conditions des prix attachés à la solution des problèmes concernant la cycloïde, Œuvres complètes*, p. 185. Pascal ajoute *(ibid.)* : « Je ne dispose pas de la gloire : le mérite la donne ; je n'y touche pas ; je ne règle autre chose que la dispensation des prix, lesquels venant de ma pure libéralité, j'ai pu disposer des conditions avec une entière liberté. Je les ai établies de cette sorte ; personne n'a sujet de s'en plaindre ; je ne devais rien aux Allemands, ni aux Moscovites ; je pouvais ne les avoir offerts qu'aux seuls Français ; j'en puis proposer d'autres pour les seuls Flamands, ou pour ceux que je voudrais. »

2. Les trois premières et la sixième. Il ne trouva pas la solution des deux autres et ne postula pas le prix. Le concours, toutefois, eut pour lui des conséquences importantes : il attira son attention sur la cycloïde qu'il démontra, en 1659, être la courbe « tautochrone ».

3. Wallis retravailla son mémoire et publia, en 1659, un *Tractatus de Cycloide*. Mais il ne pardonna jamais à Pascal.

raisons pour lesquelles les prix n'avaient pas été décernés [1], puis, en décembre 1658, une *Lettre à M. de Carcavi* dans laquelle il exposait ses résultats et les méthodes qu'il avait employées pour les obtenir. En janvier 1659, furent publiées les *Lettres de A. Dettonville contenant quelques-unes de ses inventions en géométrie*, qui contiennent, entre autres, le fameux *Traité des sinus des quarts de cercle* qui inspira à Leibniz l'invention du calcul différentiel, la démonstration « à la manière des Anciens » *de l'égalité des lignes spirale et parabolique* et (dans une *Lettre à M. Huygens de Zulichem*) une démonstration (mais à la manière des Modernes) que « les courbes des roulettes étaient toujours, par leur nature, égales à des ellipses », ellipses véritables dans le cas des cycloïdes allongées ou raccourcies, et ellipses aplaties en lignes droites dans celui de la cycloïde ordinaire [2]. La subtilité, l'ingéniosité, la virtuosité déployées par Pascal dans ses traités sont éblouissantes. Il manie avec une habileté sans égale les méthodes des Anciens et celles des Modernes. Il force l'admiration et Huygens, qui cependant lui reproche « une méthode un peu trop audacieuse qui s'éloigne trop de l'exactitude géométrique » (Huygens est un adepte des méthodes des « Anciens » et n'a jamais goûté celles des « Modernes », c'est-à-dire l'emploi des indivisibles), écrit, néanmoins, « qu'il lui tarde de pouvoir s'appeler son disciple dans une science où il excelle si

---

1. *L'Histoire de la roulette*, le 10 oct.; *Récit de l'examen et du jugement des écrits proposés pour les prix proposés sur le sujet de la roulette*, où l'on voit que ces prix n'ont pas été gagnés parce que personne n'a donné la véritable solution des problèmes, le 25 novembre; *Suite de l'histoire de la roulette*, où l'on voit le procédé d'une personne qui s'était voulu attribuer l'invention des problèmes proposés sur ce sujet, le 12 décembre 1658, avec une *Addition à la suite de l'histoire de la roulette*, datée du 20 janvier 1659. Les deux derniers écrits sont rédigés contre le R. P. Lalouère que, dès l'*Histoire de la roulette*, Pascal avait accusé d'avoir plagié Roberval.

2. Cf. « Dimension des lignes courbes de toutes les Roulettes », Lettre de M. Dettonville à M. Huygens de Zulichem, *Œuvres complètes*, p. 340. Le texte de Pascal mérite d'être cité en entier : « On voit... par toutes ces choses que, plus la base de la roulette approche d'être égale à la circonférence du cercle générateur, plus le petit axe de l'ellipse qui lui est égale devient petit à l'égard du grand axe : et que quand la base est égale à la circonférence, c'est-à-dire quand la roulette est simple, le petit axe de l'ellipse est entièrement anéanti; et qu'alors la ligne courbe de l'ellipse (laquelle est tout aplatie), est la même chose qu'une ligne droite, savoir son grand axe. Et de là vient qu'en ce cas, la courbe de la roulette est aussi égale à une ligne droite. Ce fut pour cela que je fis mander à ceux à qui j'envoyai ce calcul que les courbes des roulettes étaient toujours, par leur nature, égales à des ellipses, et que cette admirable égalité de la courbe de la roulette simple à une droite, que M. Wren a trouvée, n'était pour ainsi dire qu'une égalité par accident, qui vient de ce qu'en ce cas l'ellipse se trouve réduite à une droite. A quoi M. de Sluse ajouta cette belle remarque, qu'on devrait encore admirer sur cela l'ordre de la nature qui ne permet pas qu'on trouve une droite égale à une courbe, qu'après qu'on a déjà supposé l'égalité d'une droite à une courbe. »

fort ». On aurait tort cependant, ainsi qu'on le fait souvent, ainsi que le fait par exemple Émile Picard, d'appeler ces travaux de Pascal « le premier traité du calcul intégral ». Il est vrai, sans doute que, « dans l'ouvrage de Pascal sur la roulette », on trouve « sous des formes géométriques extrêmement ingénieuses les résultats fondamentaux se rapportant à ce que les géomètres appellent aujourd'hui les intégrales curvilignes et les intégrales doubles » et qu' « il suffit pour indiquer la puissance de ces méthodes, de rappeler le beau théorème sur l'égalité à un arc d'ellipse d'un arc de cycloïde allongée ou raccourcie »; il est tout aussi vrai que, comme je l'ai déjà dit, il est très facile de traduire les raisonnements de Pascal dans le langage du calcul infinitésimal. Mais il est vrai également qu'en le faisant on n'obtient qu'une traduction, et que le raisonnement de Pascal reste essentiellement géométrique. Le « cas » du « triangle caractéristique » est extrêmement significatif à cet égard : il est « caractéristique » pour Leibniz, il ne l'est pas du tout pour Pascal : ceci parce que Pascal ne pense pas *rapport*, il pense *objet* et c'est pour cela qu'il manque la découverte leibnizienne comme, quelques années plus tôt, il avait manqué celle de Newton.

J'ai dit que Pascal manie les méthodes des Modernes, c'est-à-dire, la géométrie des indivisibles, avec une virtuosité et une originalité sans égales. En revanche, son *interprétation* de cette méthode me paraît assez décevante. Pascal ne semble pas avoir compris le sens profond des conceptions de Cavalieri, pour qui les éléments « indivisibles » d'un objet géométrique ont une dimension de moins que cet objet [1], et ce sont celles de Roberval — pour qui ils en ont autant — et qui, par rapport à celles de Cavalieri, en sont un contresens, qu'il nous présente dans un passage célèbre et admiré de la *Lettre à M. de Carcavi* [2], « pour montrer que tout ce qui est démontré par les véritables règles des indivisibles se démontrera aussi à la rigueur et à la manière des Anciens; et qu'ainsi l'une de ces méthodes ne diffère de l'autre qu'en manière de parler : ce qui ne peut blesser les personnes raisonnables quand on les a une fois averties de ce qu'on entend par là ».

« Et c'est pourquoi, continue Pascal, je ne ferai aucune difficulté dans la suite d'user du langage des indivisibles la *somme des lignes* ou la *somme des plans*... la *somme des*

---

1. Sur cette question, cf. mon article, cité p. 363, n. 2.
2. Cf. Lettre de M. Dettonville à M. de Carcavi, *Œuvres complètes*, pp. 232 sq

ordonnées qui semble ne pas être géométrique à ceux qui n'entendent pas la doctrine des indivisibles, et qui s'imaginent que c'est pécher contre la géométrie que d'exprimer le plan par un nombre indéfini de lignes ; ce qui ne vient que de leur manque d'intelligence puisqu'on n'entend autre chose par là sinon la somme d'un nombre indéfini de rectangles faits de chaque ordonnée avec chacune des petites portions égales du diamètre, dont la somme est certainement un plan... »

En bref, donc, Pascal est un mathématicien d'un très grand talent, qui a eu la bonne chance d'avoir été, dans sa prime jeunesse, formé par Desargues ou, du moins, d'en avoir subi une profonde influence, et qui a eu la malchance d'avoir été dans son âge mûr, profondément influencé par Roberval[1]. Il est, très certainement, un des premiers géomètres de son temps, sans que l'on puisse, toutefois, le mettre au même plan que les trois génies mathématiques dont peut s'enorgueillir la France du XVIIe siècle, à savoir Descartes, Desargues et Fermat.

Tournons-nous maintenant vers Pascal physicien. Celui-ci est beaucoup mieux connu que le mathématicien, et pour cause : tandis que les œuvres mathématiques de Pascal sont, pour nous, assez difficiles, les œuvres de Pascal physicien ne le sont aucunement. Aussi sont-elles constamment éditées et rééditées. Tout honnête homme connaît les fascinants récits concernant les *Nouvelles Expériences touchant le vide* et *La Grande Expérience de l'équilibre des liqueurs* (l'expérience du Puy de Dôme) ; ce sont, on l'a dit fréquemment et justement, des joyaux de la littérature scientifique où l'on ne peut pas ne pas admirer la clarté merveilleuse de l'exposé, la fermeté de la pensée, l'art avec lequel les expériences sont présentées, l'une après l'autre, à l'attention du lecteur.

Il y a quelque chose de magique dans le style de Pascal et les mêmes idées que l'on trouve chez d'autres prennent une tournure différente quand on les lit chez lui. Trois pages confuses du R. P. Mersenne ou une de Roberval sont réduites par Pascal à dix lignes, et l'on a l'impression que c'est tout à fait autre chose. On est tenté d'invoquer la loi de Boyle-Mariotte et de dire que la densité de la pensée

---

1. Il est difficile de porter un jugement objectif sur Roberval dont l'œuvre est mal connue et, en partie, inédite (ou perdue). Il semble certain, en tout cas, que, malgré son talent indéniable, il n'atteint pas au premier rang. Pascal lui est, certainement, de beaucoup supérieur

est inversement proportionnelle au volume — ou à l'étendue — de l'écrit.

Je crains toutefois que cette magie du style ne nous prive tant soit peu de nos facultés critiques et ne nous empêche d'examiner les récits de Pascal quant à leur contenu. Essayons donc de le faire, sans parti pris. Tout le monde connaît le texte des *Nouvelles Expériences touchant le vide;* je me permettrai, néanmoins, de vous en citer quelques fragments sans entrer cependant dans l'histoire des circonstances qui en ont provoqué la publication [1] :

« L'occasion de ces expériences, écrit Pascal, est telle : il y a environ quatre ans qu'en Italie on esprouva qu'un tuyau de verre, dont un bout est ouvert et l'autre est scellé hermétiquement, estant rempli de vif argent, puis l'ouverture bouchée avec le doigt ou autrement, et le tuyau disposé perpendiculairement à l'horizon, l'ouverture bouchée estant vers le bas et plongée deux ou trois doigts dans d'autre vif argent, contenu dans un vaisseau moitié plein de vif argent, et l'autre moitié d'eau; si on débouche l'ouverture demeurant toujours enfoncée dans le vif argent du vaisseau, le vif argent du tuyau descend en partie, laissant au haut du tuyau un espace vide en apparence, le bas du même tuyau demeurant plein du même vif argent jusque à une certaine hauteur. Et si on hausse un peu le tuyau jusqu'à ce que son ouverture, qui trempait auparavant dans le vif argent du vaisseau, sortant de ce vif argent, arrive à la région de l'eau, le vif argent du tuyau monte jusques en haut, avec l'eau; et ces deux liqueurs se brouillent dans le tuyau; mais enfin tout le vif argent tombe, et le tuyau se trouve tout plein d'eau.

« Cette expérience étant mandée de Rome au R. P. Mersenne, Minime à Paris, il la divulga en France en l'année 1644 non sans l'admiration de tous les sçavans et curieux par la communication desquels estant devenue fameuse de toutes parts, je l'ai appris de M. Petit, Intendant des fortifications, et très versé en toutes les belles lettres, qui l'avait apprise du R. P. Mersenne même. Nous la fîmes donc ensemble à Rouen, ledit Sieur Petit et moy, de mesme sorte qu'elle avait été faite en Italie, et trouvasmes de point en point ce qu'avait esté mandé de ce pays-là, sans y avoir pour lors rien remarqué de nouveau. »

---

1. Cf. *Œuvres complètes,* pp. 362 sq. Sur l'histoire du vide, cf. la belle étude de Cornelis de Waard, *L'Expérience barométrique, ses antécédents et ses applications,* Thouars, 1936.

Le récit de Pascal comporte deux lacunes. Il ne nous dit pas, en effet, que les « sçavans et curieux » parisiens, qui ont essayé de refaire à Paris les expériences de Torricelli, n'y étaient pas parvenus, et ce pour une raison d'une certaine importance : les verriers parisiens étaient incapables de leur fournir des tuyaux de verre assez résistants pour supporter la pression de trois pieds de mercure ; les verriers de Rouen étant supérieurs à ceux de Paris, la « sarbacane » (le tube) que Pierre Petit leur commanda, résista. De ce fait même, Pierre Petit (avec Pascal) a été le premier à réussir, en France, la production du vide « torricellien ». Il ne nous dit pas, ensuite, que l'expérience qu'il avait faite avec Pierre Petit, et sur laquelle ou, du moins, à partir de laquelle, il avait modelé les siennes, avait eu pour auteur l'illustre savant italien.

La raison de ce double silence est assez difficile à comprendre. On pourrait supposer, toutefois, que Pascal ne voulait pas blesser, ou indisposer, ses amis parisiens en proclamant publiquement leur échec ; échec dont, d'ailleurs, ils n'étaient nullement responsables. Et qu'il estimait avoir inventé et réussi assez d'expériences nouvelles et originales pour n'avoir pas besoin de se vanter d'avoir été (avec Petit) *le premier* à réussir une ancienne. Mais pourquoi avoir tu le nom de Torricelli ? Pascal nous dira, sans doute, ou, plus exactement, dira à M. de Ribeyre (le 16 juillet 1651) qu'à cette époque, c'est-à-dire en 1646 et 1647, il ne savait pas que l'auteur en question était Torricelli et que, l'ayant appris, il n'a jamais manqué de le dire. Il faut avouer, toutefois, que cette ignorance est, pour le moins, assez surprenante, vu que Petit, dans sa lettre à Chanut, se réfère, expressément, à l'expérience « de Torricelli » et que Roberval, dans sa première *Narration* à Desnoyers, écrite (octobre 1647) pour défendre la priorité — relative — de Pascal contre les prétentions de Magni à la priorité absolue, le nomme également, en toutes lettres [1].

Mais laissons cela. Continuons et complétons le récit. Les expériences que Petit avait faites avec lui, étaient en elles-mêmes amplement suffisantes pour réfuter la doctrine traditionnelle de l'impossibilité, ou de l' « horreur » du vide. Mais elles ne parvinrent pas à persuader les tenants de la tradition. Aussi, après le départ de Petit, Pascal se décide-t-il de faire, seul cette fois-ci, une série d'expé-

---

1. *Œuvres de Blaise Pascal*, éd. Brunschvicg-Boutroux, vol. I, pp. 323 sq. (Lettre de P. Petit à Chanut) et vol. II, pp. 21 sq. (Première narration de Roberval à Desnoyers).

riences variées et nouvelles, afin de convaincre les plus incrédules et détruire définitivement l'ancien et tenace préjugé.

Les expériences de Petit et, encore plus, celles de Pascal, eurent un retentissement considérable et valurent à ce dernier une célébrité bien méritée. Mais en automne 1647, le R. P. Mersenne reçut de Varsovie une lettre, datée du 24 juillet, dans laquelle Pierre Desnoyers, un Français qui y avait suivi Marie de Gonzague, lui annonçait les expériences « d'un Capucin nommé le P. Valeriano Magni qui fait imprimer une philosophie qui prouve que le vide se peut trouver dans la nature ». La réception de cette lettre, ainsi que de la « philosophie » du P. Magni [1], dans laquelle celui-ci s'attribuait la gloire d'avoir, le premier, démontré l'existence du vide et vu de ses yeux *Locum sine locato, Corpus motum successive in vacuo, Lumen nulli corpori inhaerens*, obligèrent Pascal à publier ses *Nouvelles expériences;* de son côté, Roberval envoya à Desnoyers une *Narration*, dans laquelle, en s'élevant contre les prétentions de Magni qu'il accuse d'avoir simplement plagié Torricelli, il fait le récit des travaux de son jeune ami [2].

Dans le titre de son opuscule, Pascal nous dit avoir fait des expériences « dans des tuyaux, seringues, soufflets et siphons de plusieurs longueurs et figures : avec diverses liqueurs, comme vif-argent, eau, vin, huile, air, etc. ». Il nous dit également que son opuscule n'est qu'un « abrégé », donné par avance, « d'un plus grand traicté sur le mesme sujet ». L'envoi « au lecteur » nous avertit que « les circonstances l'empeschant de donner à présent un Traicté entier ou [il] a rapporté quantité d'expériences nouvelles qu'il a faites touchant le vide, et les conséquences qu'il en a tirées [3] », il a voulu faire un récit des princi-

---

1. *Demonstratio ocularis Loci sine locato, corporis successive moti in vacuo, luminis nulli corpori inhaerentis*, etc., Varsaviae, s. d. : (l'approbation de l'ouvrage est datée du 16 juillet 1647). Le 12 sept. 1647 Magni compléta son ouvrage par une *Altera pars Demonstrationis ocularis de Possibilitate vacui;* les deux opuscules furent alors réunis sous le titre *Admiranda de Vacuo*, Varsaviae, s. d. (1647).

2. L'accusation de plagiat formulée par Roberval n'est rien moins que fondée; quant à celle que Pascal (dans sa lettre à M. de Ribeyre, du 16 juillet 1651) élèvera à son tour, en prétendant que Magni l'avait plagié lui-même, elle est tout à fait fantaisiste. Au demeurant, Magni, dans sa réponse à l'accusation de Roberval (le 5 sept. 1648) reconnaîtra la propriété de Torricelli, mais maintiendra son originalité; cf. C. de Waard, *op. cit.*, pp. 125 sq.

3. Ce qui empêchait Pascal de publier son *Traité*, c'est le fait qu'il ne l'avait pas encore écrit. Il ne le terminera, en effet, qu'en 1651 (cf. p. 362,

pales dans cet abrégé « où l'on verra par avance le dessein de tout l'ouvrage ».

A dire vrai, « le dessein de tout l'ouvrage » n'apparaît pas du tout dans les *Nouvelles Expériences*. Il est, en effet, hors de doute que le but du *Traité* était de démontrer que les effets attribués à l'horreur du vide sont dus, en réalité, à la pression (ou poids) de l'air ambiant. Or, ces *Nouvelles Expériences* ignorent complètement ce sujet et sont consacrées seulement et uniquement à la démonstration de l'existence du vide. Cette démonstration se fera en deux temps : on produira tout d'abord, un espace « vide en apparence »; on montrera ensuite « que l'espace vide en apparence n'est remply d'aucune des matières qui sont connues dans la nature et qui tombent sous aucun des sens ». On en conclura « jusqu'à ce qu'on aye montré l'existence de quelle matière qui le remplisse », qu'il est véritablement vide, et « destitué de toute matière ».

Les expériences principales, rapportées par Pascal sont au nombre de huit : expériences avec une seringue, un soufflet, un tuyau de verre de 46 pieds, expériences avec un siphon scalène dont la plus longue jambe est de 50 pieds et la plus courte de 45, expériences avec un tube de 15 pieds rempli d'eau dans lequel on met une corde et qu'on plonge dans un bassin rempli de mercure, encore une expérience avec la seringue, et deux expériences avec un siphon dont la plus longue jambe a 10 pieds et l'autre 9 1/2, plongées dans deux vaisseaux de mercure. De ces expériences, fort ingénieuses, et qui montrent bien que la nature : a) loin d'opposer une résistance invincible à la production du vide, n'y oppose qu'une résistance limitée; b) qu'une force, tant soit peu supérieure à celle avec laquelle l'eau de la hauteur de 31 pieds tend à couler en bas, suffit pour la produire; et que, au surplus, la nature ne résiste pas plus à la production d'un grand vide qu'à celle d'un petit; et c) que celui-ci, une fois produit peut être agrandi à volonté sans qu'elle s'y oppose du tout, nous ne retiendrons que deux, les plus célèbres, la troisième et la quatrième, celles dans lesquelles Pascal nous dit avoir employé des tubes de verre de 46 et même de 50 pieds. Citons la description :

n. 2), mais ne le publiera pas, non plus. Selon Florin Périer, « ce traité a été perdu, ou plutôt comme il aimait fort la brièveté, il l'a réduit lui-même en deux petits Traités » sur *L'Équilibre des liquides et la pesanteur de la masse d'air.*

3. « Un tuyau de verre de 46 pieds, dont un bout est ouvert, et l'autre scellé hermétiquement, estant remply d'eau, ou plutost de vin bien rouge pour estre plus visible, puis bouché et élevé en cet estat, et porté perpendiculairement à l'horizon, l'ouverture bouchée en bas, dans un vaisseau plein d'eau et enfoncé dedans environ d'un pied; si l'on débouche l'ouverture, le vin du tuyau descend jusqu'à une certaine hauteur qui est environ de 32 pieds depuis la surface de l'eau du vaisseau, et se vide, et se mesle parmi l'eau du vaisseau qu'il tient insensiblement, et se desunissant avec le haut du verre, laisse un espace d'environ treize pieds vide en apparence ou de mesme il ne paraît qu'aucun corps ait pu succéder. Et si on incline le tuyau, comme alors la hauteur du vin du tuyau devient moindre que par cette inclination, le vin remonte jusqu'à ce qu'il vienne à la hauteur de 32 pieds; et enfin si on l'incline jusques à la hauteur de 32 pieds, il se remplit entièrement, en resuçant ainsi autant d'eau qu'il avait rejeté de vin : si bien qu'on le voit plein de vin depuis le haut jusques à 13 pieds prez du bas, et remply d'eau teinte insensiblement dans les 13 pieds inférieurs qui restent. »

4. « Un siphon scalène, dont la plus haute jambe est de 50 pieds, et la plus courte de 45, estant remply d'eau, et les deux ouvertures bouchées estant mises dans deux vaisseaux pleins d'eau, et enfoncées d'environ un pied, en sorte que le siphon soit perpendiculaire à l'horizon et que la surface de l'eau d'un vaisseau soit plus haute que la surface de l'autre, de cinq pieds : si l'on débouche les deux ouvertures, le siphon estant en cet estat, la plus longue jambe n'attire point l'eau de la plus courte, ni par conséquent celle du vaisseau ou elle est, contre le sentiment de tous les philosophes et artisans; mais l'eau descend de toutes les deux jambes des deux vaisseaux, jusqu'à la même hauteur que dans le tuyau précédent, en comptant la hauteur depuis la surface de l'eau de chacun des vaisseaux. Mais, ayant incliné le siphon au-dessous de la hauteur d'environ 30 pieds, la plus longue jambe attire l'eau qui est dans le vaisseau de la plus courte; et quand on le rehausse au-dessus de cette hauteur, cela cesse, et tous les deux costés dégorgent, chacun dans son vaisseau; et quand on le rabaisse, l'eau de la plus longue jambe attire l'eau de la plus courte comme auparavant. »

Le texte est digne de Pascal. Oublions toutefois, pour quelques instants, qu'il s'agit de Pascal. Supposons que nous ayons affaire à un texte anonyme, ou signé d'un nom inconnu. Est-ce que nous ne nous demanderions pas si l'auteur en question a réellement fait les expériences dont il parle, et si, les ayant faites, il les a *exactement* et *complètement* décrites? Posons donc ces questions à Pascal.

Des tuyaux de verre de 46 pieds... c'est très difficile à fabriquer, même aujourd'hui. Et bien que Roberval nous affirme qu'ils ont été faits avec un art merveilleux — Roberval, toutefois, dit : 40 pieds — il est très peu probable que les verriers du xviie siècle, même ceux de Rouen, aient été capables d'en produire un. En outre, manier un tuyau de 15 mètres n'est pas chose facile, même si — le renseignement nous est donné, encore une fois, par Roberval — on les attache à des mâts [1]. Afin de leur faire exécuter les mouvements impliqués dans les expériences pascaliennes, on a besoin d'échafaudages, d'appareils de levage, bref d'une installation industrielle beaucoup plus puissante et plus compliquée que celles que l'on emploie normalement sur les chantiers de construction de bateaux. Car il est beaucoup plus facile, et plus simple, de planter un mât de navire que de mouvoir, de la manière requise par Pascal, un siphon scalène dont la plus longue jambe est de 50 pieds... Il est un peu étonnant que Pascal ne nous en ait donné ni description, ni dessin. On n'est pas satisfait en apprenant de Pascal, que ces expériences lui ont coûté beaucoup de peine et d'argent, et de Roberval, que Pascal a construit des appareils très ingénieux. On aimerait avoir des précisions sur ces appareils, ainsi que sur la manière dont on avait effectivement préparé les tuyaux, et le grand siphon de 50 mètres.

Entendons-nous bien : je ne veux pas insinuer que Pascal n'a pas exécuté les expériences qu'il nous décrit — ou celles que Roberval nous rapporte — bien que la littérature scientifique du xviie siècle soit pleine d'expériences qui n'ont pu être faites. Le R. P. Mersenne — moins crédule en ces choses que les historiens des xixe et xxe siècles — a, très justement, mis en doute les fameuses expériences de Galilée sur la chute libre des corps et sur leur mouvement sur le plan incliné; Viviani nous a conté

---

1. Première *Narration à Desnoyers*. La *Narration de Roberval* est souvent plus riche en précisions — et même en faits — que les *Nouvelles Expériences*.

l'expérience — inventée de toutes pièces — que le jeune Galiléc aurait faite à Pise en lançant des boulets de canon du haut de la Tour penchée; Borelli, dans sa polémique contre Stefano d'Angeli invoque froidement des expériences, dont les résultats — s'il les avait faites — auraient tourné à sa confusion; et quant à Pascal lui-même, le *Traité de l'équilibre des liqueurs* contient une série d'expériences dont Robert Boyle avait déjà — avec raison — souligné le caractère d'expérience de pensée [1].

Il n'y a rien d'anormal dans tout cela. Ainsi que je viens de le dire, la littérature scientifique du xviie siècle — et pas seulement celle du xviie siècle — est pleine de ces expériences fictives et l'on pourrait écrire un livre très instructif sur le rôle, dans la science, des expériences non faites, et même impossibles à faire.

Mais, encore une fois, je ne veux pas affirmer que Pascal n'a pas fait les expériences qu'il nous dit avoir faites : en revanche, je crois pouvoir affirmer qu'il ne nous les a pas décrites *telles qu'il les a faites*, et ne nous a pas exposé leurs résultats *tels qu'ils se sont déroulés sous ses yeux*. Il nous a très certainement caché quelque chose.

En effet, lorsque, inspiré par les *Discorsi* de Galilée, Gasparo Berti fit à Rome la première expérience du vide [2] — Berti avait utilisé un tuyau de plomb long de 10 mètres qui se terminait par une large tête de verre qu'il fixa à la façade de sa maison — on constata que, ainsi que l'avait dit Galilée, l'eau s'arrêta à une hauteur limite; mais on constata également quelque chose d'autre : à savoir, que cette eau se mit à bouillonner. Ce qui était fort naturel : l'air dissous dans l'eau s'en échappait en formant des bulles; ce qui, d'autre part, était assez gênant pour les partisans du vide, comme Berti lui-même : ses négateurs pouvaient, avec un semblant de raison, affirmer que l'espace au-dessus de l'eau n'était vide qu'en apparence et qu'en fait il était rempli d'air et de vapeur d'eau.

Le phénomène du bouillonnement ne pouvait pas ne pas se produire dans les tuyaux de Pascal : il est inévitable, et lorsque, en 1950, l'expérience de Pascal fut reproduite au Palais de la Découverte (c'est à cette occasion-là que l'on s'aperçut de la difficulté de se procurer un tube de verre long de 15 mètres; on y renonça finalement en le remplaçant par un assemblage de tuyaux de 2,55 m),

1. Ainsi l'expérience de l'homme qui appuie un tuyau sur sa cuisse en se tenant à vingt pieds au-dessous de la surface de l'eau.
2. Cf. Cornelis de Waard, *op. cit.*, pp. 101 sq.

on s'aperçut que l'eau bouillonnait. Et même assez violemment.

Ce phénomène pouvait-il avoir échappé à Pascal? Je ne le crois pas — d'ailleurs, l'admettre serait prononcer une condamnation de Pascal-expérimentateur —; et ce d'autant moins que le phénomène du bouillonnement n'est pas le seul phénomène remarquable qui se produit dans le tube : par suite de la pression de l'air (et de la vapeur d'eau) la colonne d'eau baisse, et cette baisse atteint 1,50 m en vingt-quatre heures [1].

Mais il y a mieux, Roberval qui, en 1647, avait non seulement violemment pris parti pour Pascal contre Magni, mais aussi, dans sa *Première Narration* à Desnoyers (octobre 1647), dans laquelle il nous offre sur les expériences de Pascal des précisions et des amplifications que Pascal lui-même ne donne pas, avait épousé toutes les conclusions de Pascal, en 1648, brusquement se ravise. C'est que, en 1647, il n'avait fait, lui-même, que fort peu d'expériences (avec du vif-argent). Depuis, il les a multipliées et il s'est aperçu que de petites bulles d'air montaient tout le long de la colonne de mercure. Provenaient-elles de l'air accroché aux parois du tube, ou était-ce de l'air contenu, à l'état comprimé, dans le mercure lui-même? Peu importe. Il devenait évident, en tout cas, qu'on ne pouvait pas admettre que le vide apparent était identique au vide réel. Et Roberval, dans sa *Deuxième Narration* (mai 1648), en décrivant les expériences de Pascal avec l'eau et le vin, ajoute que ceux qui y ont assisté — Roberval, lui-même, n'était pas présent à Rouen — n'ont pas pu manquer d'observer les petites bulles d'air s'élevant le long du tuyau, et s'agrandissant au cours de cette élévation. Phénomène qui implique une compressibilité et, *vice versa*, une dilatabilité de l'air qui surpasse tout ce que l'on pouvait imaginer [2].

La conclusion, me semble-t-il, s'impose : Pascal ne nous a pas donné le récit complet et exact des expériences qu'il a faites, ou imaginées; ce qui projette une lumière singulière sur sa polémique avec le P. Noël, et, de plus, modifie sensiblement l'image traditionnelle de Pascal,

---

1. Ces phénomènes — le bouillonnement et la baisse du niveau — doivent être encore beaucoup plus prononcés dans le cas du vin que dans celui de l'eau. Quant au siphon, un bouchon d'air devait, immanquablement, se produire à son sommet.

2. Cf. *Deuxième Narration*, *Œuvres*, éd. Brunschvicg-Boutroux, vol. II, p. 328. Cette remarque de Roberval est d'une méchanceté atroce.

expérimentateur sagace et prudent, que la convention historique oppose à l'aprioriste impénitent qui s'appelle Descartes. Non, Pascal n'est pas un disciple fidèle de Bacon, une première édition de Boyle.

Il y a des bulles d'air dans l'eau, et même dans le mercure? La belle affaire! Pour Pascal cela n'a aucune importance. Il a si bien, si clairement, *imaginé* les expériences qu'il a faites — ou n'a pas faites — qu'il en a profondément saisi l'essentiel, à savoir l'interaction des liquides (pour Pascal l'air est un liquide) qui se tiennent, mutuellement, en équilibre [1]. C'est bien dommage que les liquides employés — le vin, l'eau, l'huile, le mercure — ne soient pas des liquides parfaits, continus, homogènes, qu'ils contiennent de l'air, et que ce même air s'accroche aux parois des tuyaux. L'air dilaté remplit le « vide apparent »? C'est vrai, et c'est bien gênant. Mais si l'on réussissait à éliminer, si on pouvait employer des liquides qui n'en contiennent pas, l'expérience *alors* ferait éclater l'identité du vide apparent et du vide véritable. Car, bien que Pascal, dans ses conclusions, n'en affirme pas formellement l'existence — il le rappellera dans ses lettres au R. P. Noël et à M. Le Pailleur — il est clair qu'il en est pleinement convaincu. La définition même qu'il en donne dans sa *Lettre au R. P. Noël* — bien que, sans doute il ait raison de faire valoir qu'une définition n'est pas un jugement et que dire : j'appelle d'un tel nom telle chose n'implique pas, en principe, l'affirmation de son existence — le prouve suffisamment. On ne dit pas « ce que nous appelons espace vide est un espace ayant longueur, largeur et profondeur et immobile, et capable de recevoir et de contenir un corps de pareille longueur et figure ; et c'est ce qu'on appelle *solide* en géométrie où l'on ne considère que les choses abstraites et immatérielles », si on ne croit pas à son existence réelle, et le R. P. Noël, tout en commettant une faute formelle, ne s'y est pas trompé. Pascal, tout simplement, ne veut pas dévoiler prématurément ses batteries : il tient, en effet, en réserve, tout un *Traité* qui va apporter la démonstration requise, et expliquer, en même temps, par la théorie de l'équilibre des liqueurs, la raison pour laquelle le vide se produit dans les tuyaux.

---

1. En 1647, Pascal, ainsi que le prouve la Lettre à Florin Périer du 15 nov. 1647 concernant l'expérience barométrique à exécuter sur le Puy de Dôme, et le fait qu'il avait, à cette même époque, conçu l'expérience du vide dans le vide, était déjà en pleine possession de sa doctrine.

Il ne veut pas, en attendant, semer le doute dans l'esprit des simples, qu'il faut, au contraire, préparer à accepter les preuves futures, et donner des armes à ses adversaires.

Parmi ses adversaires, le plus célèbre, le plus tristement célèbre, est, sans conteste, le R. P. Noël, de la Compagnie de Jésus, qui, après avoir lu les *Nouvelles Expériences*, adressa à Pascal une lettre, dans laquelle, mélangeant un peu les arguments anciens et les conceptions cartésiennes — et en faisant valoir la transmission de la lumière par le vide apparent — il défendait la doctrine traditionnelle et proposait d'admettre que « le vide apparent des tubes de Torricelli était rempli d'un air épuré qui entre par les petits pores du verre ». Mal lui en prit : la réponse de Pascal, un chef-d'œuvre d'ironie polie et cinglante — une pré-*Provinciale* — administre au vice-provincial de La Flèche une leçon de méthode et une leçon de physique. Pascal, entre autres choses, objecte au pauvre jésuite que l'on ne connaît pas la nature de la lumière et que la définition qu'en donne le P. Noël : « *La lumière est un mouvement luminaire de rayons composés de corps lucides, c'est-à-dire lumineux* », étant circulaire, ne veut rien dire du tout; que, donc, on n'a pas le droit d'affirmer qu'elle peut se propager seulement dans le plein et non pas dans le vide; et que, du fait qu'une hypothèse explique un phénomène observé, on ne peut pas conclure à la vérité de cette hypothèse, car les mêmes phénomènes peuvent bien recevoir une multiplicité d'explications et être produits par les causes les plus diverses. Ainsi, par exemple, les phénomènes célestes, qui s'expliquent aussi bien dans l'hypothèse de Ptolémée que dans celles de Copernic ou de Tycho Brahé.

Le R. P. Noël aurait dû se taire. Malheureusement pour lui — et heureusement pour nous — il répondit, et c'est à cette réponse que nous devons l'éblouissante *Lettre* de Pascal à M. Le Pailleur[1], chef-d'œuvre insurpassable de polémique impitoyable et féroce. Le pauvre P. Noël est littéralement mis sur le gril, tourné et retourné et rendu parfaitement ridicule. Le lecteur ne peut pas s'empêcher d'en rire, et il termine la lecture avec l'impression que, tandis que Pascal est un génie, le R. P. Noël est un parfait imbécile, et que les objections métaphysiques qu'il élève contre l'idée du vide sont aussi dénuées

---

1. En 1648; cf. *Œuvres complètes*, pp. 377-391.

de valeur que sa définition de la lumière ou son explication de la montée du mercure (ou de l'eau) dans le tube par l'action de la « légèreté mouvante »...

Pascal est très certainement un génie, et le R. P. Noël, tout aussi certainement, n'en est pas un ; loin de là. Il n'y a aucun doute là-dessus, pas plus que sur la supériorité de la physique de Pascal sur celle de ce pauvre scolastique attardé. Et pourtant, lorsqu'il écrit : « *Cet espace qui n'est ni Dieu, ni créature, ni corps, ni esprit, ni substance, ni accident, qui transmet la lumière sans être transparent, qui résiste sans résistance, qui est immobile et se transporte avec le tube, qui est partout et nulle part, qui fait tout et ne fait rien*, etc. » — est-il certain qu'il soit, vraiment, ridicule et stupide? Et la réponse de Pascal, qui escamote le « ni Dieu, ni créature » en prétextant que « les mystères qui concernent la Divinité sont trop saints pour les profaner dans nos disputes », comme s'il s'agissait d'une question dogmatique et non d'un problème de métaphysique pure ; et qui écrit : « *Ni corps, ni esprit*. Il est vrai que l'espace n'est ni corps ni esprit, mais il est espace ; ainsi le temps n'est ni corps ni esprit, mais il est temps ; et comme le temps ne laisse pas d'être, quoiqu'il ne soit aucune de ces choses, ainsi l'espace vide peut bien être, sans pour cela être ni corps, ni esprit. *Ni substance, ni accident*. Cela est, si l'on entend par le mot de *substance* ce qui est ou corps ou esprit ; car, en ce sens l'espace ne sera ni substance, ni accident ; mais il sera espace, comme en ce même sens, le temps n'est ni substance, ni accident, mais il est temps, parce que pour être, il n'est pas nécessaire d'être substance, ou accident » — cette réponse est-elle vraiment tellement admirable? Pascal ne traite-t-il pas un peu cavalièrement, un peu à la légère, de graves problèmes métaphysiques qui ont préoccupé les plus grands esprits de son temps? Il est certain, en tout cas, que, lorsque nous lisons tout cela chez Gassendi, chez qui Pascal l'emprunte, nous l'admirons beaucoup moins. Et même pas du tout.

En revanche, lorsque nous trouvons les objections du R. P. Noël chez d'autres que lui, elles ne nous paraissent nullement ridicules. Car ce que dit le R. P. Noël c'est exactement ce que nous disent Descartes, Spinoza et Leibniz qui, tous, concourent dans la négation du vide et se posent, très sérieusement — Newton le fait aussi — le problème des rapports possibles entre un espace qui, compris comme le comprend Pascal, ne peut pas être une créature, et Dieu ; quitte, bien entendu, à donner des réponses différentes à ce problème qu'ils ont, tous, pris très au sérieux.

Même l'objection selon laquelle le passage de la lumière à travers le « vide apparent » exclut la possibilité d'un « vide réel », nous ne nous en moquons guère lorsque nous la trouvons sous la plume de Huygens; pas plus que nous ne trouvons ridicules les physiciens du xixe siècle qui, à partir de Young et de Fresnel, et pour des raisons analogues à celles du R. P. Noël, que l'on pourrait de ce fait présenter comme leur précurseur, postulent un éther luminifère pour expliquer la transmission de la lumière par le « vide apparent ». La magie du verbe pascalien est une chose dangereuse à laquelle il est très difficile, mais d'autant plus nécessaire, de résister à tout prix. Car elle nous induit dans des erreurs historiques et nous conduit à des injustices et des inconséquences.

Mais j'ai déjà largement dépassé le temps qui m'est alloué et je dois m'arrêter, sans pouvoir aborder ni *La Grande Expérience de l'équilibre des liqueurs* (l'expérience du Puy de Dôme) dont l'organisation méticuleuse et précise reste — même si l'idée de cette expérience lui a été suggérée par d'autres, notamment par Descartes qui prévoyait un résultat positif, ou le R. P. Mersenne qui doutait qu'elle en donne aucun — un mérite incontestable de Pascal et un témoignage indiscutable de son génie expérimental; ni les *Traités de l'équilibre des liqueurs et de la pesanteur de la masse de l'air*, qui résument — et, sans doute, complètent — le *Traité du vide* perdu [1] et qui nous montrent Pascal sous un aspect nouveau, celui d'ordonnateur et de systématisateur.

Il y a, en effet, peu d'idées réellement nouvelles dans ces *Traités;* peut-être n'y en a-t-il pas du tout; en le lisant on peut facilement (ainsi que l'a fait Pierre Boutroux) noter au passage — Pascal ne cite personne — les sources auxquelles il a puisé, ou dont il s'est inspiré : Stevin, Mersenne, Torricelli. Mais la multiplicité et la variété des expériences décrites, dont celle du « vide dans le vide », mais l'ordre admirable dans lequel les faits — réels autant qu'imaginés — sont présentés et ordonnés, en fonction d'une idée unique, celle notamment de *l'équilibre des liqueurs*, équilibre fondé lui-même sur le principe du travail virtuel — sans oublier l'invention de la presse hydraulique, bel exemple de l'ingéniosité technologique de Pascal — en font

[1]. Cf. p. 362, n. 2, et p. 379, n. 3.

une œuvre d'une originalité éclatante et digne de figurer parmi les classiques de la science.

Non pas, toutefois, que l'esprit de systématisation, dont Pascal nous offre dans ces *Traités* un si bel exemple, ne comporte quelque danger. En effet, l'assimilation de l'air à un liquide, courante d'ailleurs à son époque — Descartes, lui aussi, assimile l'air à un liquide très ténu —, en d'autres termes, l'assimilation de la pneumatique à l'hydrostatique, amène Pascal (bien que, pour expliquer la dilatation d'une vessie emportée au sommet d'une montagne, qui varie avec l'altitude, il fasse valoir la plus ou moins grande compression de l'air) à ne pas distinguer nettement (ce qui, d'ailleurs, est une chose assez difficile et sera le grand mérite de R. Boyle), entre la *pression* de l'air et son *poids* ou, ce qui est la même chose, entre la pression élastique d'un gaz et celle, non élastique, d'un liquide, et expliquer par le *poids* de l'air des phénomènes produits par sa *pression*.

PERSPECTIVES SUR L'HISTOIRE
DES SCIENCES *

La très belle communication de M. Guerlac — à la fois un admirable *survey* à vol d'oiseau de l'évolution de l'histoire en général et de l'histoire des sciences en particulier, et une critique de la manière dont elle a été faite jusqu'ici — vient à son heure. Il est bon, en effet, qu'après avoir consacré beaucoup de temps et d'efforts à la discussion de problèmes concrets de l'histoire des sciences, nous fassions un retour sur nous-mêmes et que, en tant qu'historiens, nous nous mettions nous-mêmes « en question ». Suivons donc l'injonction delphique de M. Guerlac; demandons-nous : « Qu'est-ce que l'histoire? » Ce terme, ainsi qu'il nous le rappelle, s'applique, en propre, à l'histoire *humaine*, au passé *humain*. Mais il est ambigu : il désigne, d'une part, l'ensemble de tout ce qui s'est passé avant nous, autrement dit l'ensemble des faits et des événements du passé — on pourrait l'appeler « histoire objective » ou « actualité passée » — et, d'autre part, le *récit* qu'en fait l'historien, récit dont ce passé est l'objet. *Res gestae* et *historia rerum gestarum*. Or le passé, en tant justement que *passé*, nous reste à jamais inaccessible : il s'est évanoui, il n'est plus, nous ne pouvons pas le toucher et c'est seulement à partir de ses vestiges et ses traces, de ses débris qui sont *encore présents* — œuvres, monuments, documents qui ont échappé à l'action destructrice du temps et des hommes — que nous essayons de le reconstruire. Mais l'histoire objective — celle que les hommes font et subissent — a très peu cure de

* Texte original d'une communication faite en réponse à un exposé d'Henry Guerlac au Colloque d'Oxford, juillet 1961. La traduction anglaise a été publiée dans *Scientific Change...* (A. C. Crombie, edit., London, 1963, pp. 847-857). L'exposé de H. Guerlac est aux pp. 797-817 du même ouvrage.

l'histoire des historiens; elle laisse subsister des choses pour lui sans valeur et détruit sans pitié les documents les plus importants [1], les œuvres les plus belles, les monuments les plus prestigieux [2]. Ce qu'elle leur laisse — ou lui a laissé — ce sont d'infimes fragments de ce dont ils auraient besoin. Aussi les reconstructions historiques sont-elles toujours incertaines, et même doublement incertaines... Pauvre petite science conjecturale, c'est ainsi que Renan a appelé l'histoire.

De plus, elles sont toujours partielles. L'historien ne raconte pas tout, même pas tout ce qu'il sait ou pourrait savoir — comment le pourrait-il? Tristram Shandy nous a bien montré que c'était impossible — mais seulement ce qui est important. L'histoire de l'historien, *historia rerum gestarum*, ne contient pas toutes les *res gestae*, mais seulement celles qui sont dignes d'être sauvées de l'oubli. L'histoire de l'historien est donc l'effet d'un choix. Et même d'un double choix.

Du choix ces contemporains et successeurs immédiats — ou médiats — des *res gestae* qui, historiens du présent ou conservateurs du passé, ont noté dans leurs annales, inscriptions et mémoires les faits qui *leur* semblaient être importants et dignes d'être retenus et transmis à leurs descendants, qui ont copié les textes qui *leur* paraissaient devoir être préservés, d'abord; et du choix de l'historien qui, plus tard, utilise les documents — matériaux dont il a hérité — et qui, le plus souvent, n'est pas d'accord avec les contemporains, ou ses prédécesseurs, sur l'importance relative des faits et la valeur des textes qu'ils lui transmettent; ou ne lui transmettent pas.

Mais il n'y peut rien. Aussi est-il réduit à se plaindre d'ignorer tel ensemble de faits, ou la date de tel événement que les contemporains avaient jugé négligeable et qui lui paraissent, à lui, d'une importance primordiale; ou de ne pas disposer de textes qui seraient, pour lui, d'une valeur capitale, et que ses prédécesseurs n'ont pas jugé bon de nous conserver [3].

---

1. Ainsi les écrits des présocratiques, de Démocrite... En revanche, nous avons conservé Diogène Laërce.

2. Parfois sans doute, c'est aux destructions et aux catastrophes que nous devons ces fragments... Ainsi les tablettes cunéiformes que nous ont conservées les sables du désert et qui se détériorent aujourd'hui dans nos musées; ainsi les admirables statues grecques découvertes par l'archéologie sous-marine.

3. Les contemporains prennent note de ce qui les touche immédiatement; c'est-à-dire, d'événements; les processus lents et profonds leur échappent. En outre, parmi les événements il y en a un grand nombre qui, au moment où ils se produisent, ne sont aucunement importants ou remarquables et qui

C'est que l'historien projette dans l'histoire les intérêts et l'échelle de valeurs de son temps : et que c'est d'après les idées de son temps — et les siennes propres — qu'il entreprend sa reconstruction. C'est pour cela justement que l'histoire se renouvelle, et que rien ne change plus vite que l'immuable passé.

Dans son très beau résumé de l'évolution de l'histoire — l'histoire des historiens — M. Guerlac attire notre attention sur l'élargissement et l'approfondissement de celle-ci pendant les Temps modernes; surtout depuis le xviiie siècle [1]. L'intérêt se porte sur les périodes et les domaines de la vie auparavant inconnues, méconnues ou négligées : de l'histoire dynastique et politique il passe à celle des peuples, des institutions, à l'histoire sociale, économique, à celle des mœurs, des idées, des civilisations. Sous l'influence de la philosophie des lumières, l'histoire devient celle du « progrès de l'esprit humain » : pensons à Condorcet que, curieusement, M. Guerlac a oublié de mentionner. Aussi est-il normal que ce soit au xviiie siècle que l'histoire des sciences — domaine dans lequel ce progrès est incontestable et même spectaculaire — se constitue en discipline indépendante [2].

Presque en même temps, ou un peu plus tard, sous l'influence surtout de la philosophie allemande, l'histoire devient le mode universel d'explication. Elle conquiert même le monde de la nature ! la règle : « Le passé explique le présent » s'étend à la cosmologie, à la géologie, à la biologie. Le concept de l'évolution devient un concept clé et c'est avec justice que le xixe siècle a été baptisé : le siècle de l'histoire. Quant à l'histoire proprement dite, l'histoire humaine, ses progrès au xixe et au xxe siècle ont été, et demeurent, bouleversants : le déchiffrement des langues mortes, les fouilles systématiques, etc., ont ajouté des millénaires à notre connaissance du passé. Hélas, toute médaille a son revers; en s'étendant et en s'enrichissant, l'histoire se spécialise et se fragmente, se divise et se subdivise; au lieu de l'histoire de l'humanité, nous avons des histoires multiples de ceci ou de cela, des histoires partielles et unilatérales; au lieu d'un tissu uni, des fils séparés; au lieu d'un organisme vivant, des *membra disjecta.*

ne le deviennent que par la suite, par les effets qu'ils produisent plus tard, tels par exemple que la naissance des grands hommes, l'apparition d'une invention technique, etc.

1. Contrairement à l'opinion répandue qui le considère comme anti-historique, le xviiie siècle est à l'origine de notre historiographie.

2. Comme l'histoire de l'art un siècle auparavant.

C'est justement cette spécialisation à outrance et le séparatisme hostile des grandes disciplines historiques que M. Guerlac reproche aux « histoires » — ou aux historiens — modernes, et tout particulièrement à l'histoire — et aux historiens — des sciences. Car ce sont elles — et eux — qui se sont, plus que d'autres, rendus coupables des deux défauts majeurs que je viens de mentionner, qui ont pratiqué un isolationnisme orgueilleux envers leurs voisins, qui ont adopté une attitude abstraite — M. Guerlac l'appelle « idéaliste » — en ne tenant pas compte des conditions réelles dans lesquelles est née, a vécu et s'est développée la science. En effet, si depuis Montucla et Kästner, Delambre et Whewell, l'histoire des sciences a fait des progrès éclatants en renouvelant notre conception de la science antique, en nous révélant la science babylonienne, et aujourd'hui la science chinoise, en ressuscitant la science médiévale et arabe ; si, avec Auguste Comte, elle a cherché — sans succès d'ailleurs — à s'intégrer dans l'histoire de la civilisation et, avec Duhem et Brunschvicg, à s'associer à l'histoire de la philosophie (discipline presque aussi « abstraite » qu'elle-même), elle est tout de même, et ce malgré Tannery, demeurée une discipline à l'écart, sans liaison avec l'histoire générale ou sociale (même pas par le biais de l'histoire de la technique et de la technologie). Aussi a-t-elle — à tort sans doute, mais non sans raison apparente — été négligée à son tour par les historiens proprement dits.

M. Guerlac estime donc que l'histoire des sciences, qui en ces derniers temps a accompli sa liaison avec l'histoire des idées et non seulement avec celle de la philosophie, est néanmoins restée trop abstraite, trop « idéaliste ». Il pense qu'elle doit surmonter cet idéalisme en cessant d'isoler les faits qu'elle décrit de leur contexte historique et social et de leur prêter une (pseudo-) réalité propre et indépendante, et, qu'elle doit, en premier lieu, renoncer à la séparation — arbitraire et artificielle — entre science pure et science appliquée, théorie et pratique. Elle doit ressaisir l'unité réelle de l'activité scientifique — pensée active et action pensante — liée dans son développement aux sociétés qui lui ont donné naissance et ont nourri — ou entravé — son développement, et sur l'histoire desquelles elle a, à son tour, exercé une action. C'est ainsi seulement qu'elle pourra éviter la fragmentation qui la menace de plus en plus et retrouver — ou trouver — son unité. Être une *histoire de la science*, et non une juxtaposition pure et simple d'histoires séparées des sciences — et des techniques — différentes.

Je suis dans une très grande mesure d'accord avec mon ami Guerlac — je pense, d'ailleurs, que nous le sommes tous — dans sa critique de la spécialisation à outrance et de la fragmentation qui en résulte dans l'histoire. Nous savons tous que le tout est plus grand que la somme des parties; qu'une collection de monographies d'histoires locales ne forme pas l'histoire d'un pays; et que même celle d'un pays n'est qu'un fragment d'une histoire plus générale — d'où les tentatives récentes de prendre pour objet du récit des ensembles plus vastes, d'écrire par exemple l'histoire de la Méditerranée au lieu des histoires séparées des pays riverains, etc. Nous savons tous également que la division que nous opérons entre diverses activités humaines que nous isolons pour en faire des domaines séparés, objets d'histoires elles aussi séparées, est passablement artificielle et qu'en réalité elles se conditionnent, s'interpénètrent et forment un tout. Mais que faire? Nous ne pouvons pas comprendre le tout sans en distinguer les aspects, sans l'analyser en parties [1]... la reconstitution, la synthèse vient après. Si tant est qu'elle vienne... ce qui n'est pas fréquent à en juger par les dernières tentatives de renouveler les exploits de Burckhardt et de nous les offrir sous le nom prestigieux d'histoires des civilisations. Les histoires juxtaposées ne forment pas une histoire... Une histoire des mathématiques, plus une histoire de l'astronomie, plus une de la physique, une de la chimie et une de la biologie, ne forment pas une histoire de la science; ni même des sciences [2]... C'est regrettable, sans doute; d'autant plus regrettable que les sciences s'influencent l'une l'autre et s'appuient l'une sur l'autre. Du moins partiellement. Mais, encore une fois, qu'y faire? La spécialisation est la rançon du progrès; de l'abondance des matériaux; de l'enrichissement de nos connaissances qui, de plus en plus, dépassent les capacités des êtres humains. Aussi, personne ne peut plus écrire l'histoire des sciences, ni même l'histoire d'une science... Les tentatives récentes, là encore, le prouvent abondamment. Mais il en est de même partout; personne ne peut écrire l'histoire de l'huma-

---

1. **Notre pensée est abstrayante et analysatrice. La réalité est une et les** sciences diverses qui en étudient les aspects divers — physique, chimique, électromagnétique — sont des produits de l'abstraction.
2. **Une histoire de la musique juxtaposée à des histoires de l'architecture,** de la sculpture, de la peinture, etc., ne forme pas une histoire de l'art.

nité, ni même l'histoire de l'Europe, l'histoire des religions ou l'histoire des arts[1]. Comme personne aujourd'hui ne peut se targuer de connaître les mathématiques; ou la physique; ou la chimie; ou la littérature. Nous sommes, partout, submergés. C'est là un gros problème — surabondance, spécialisation à outrance. Mais il ne nous est pas propre. Et quant à moi, je n'en connais pas la solution.

Venons-en maintenant au second reproche que nous adresse M. Guerlac, celui d'être « idéalistes », et de négliger la liaison entre science dite pure et science appliquée et, de ce fait, de méconnaître le rôle de la science comme facteur historique. J'avoue que je ne me sens pas coupable. D'ailleurs, notre « idéalisme » — je reviendrai là-dessus dans un instant — n'est, en fait, qu'une réaction contre les tentatives d'interpréter — ou de mésinterpréter — la science moderne, *scientia activa*, *operativa*, comme une promotion de la technique. Qu'on la loue et l'exalte pour son caractère pratique et efficace en expliquant sa naissance par l'activisme de l'homme moderne — de la bourgeoisie montante — en l'opposant à l'attitude passive du spectateur — celle de l'homme médiéval ou antique, ou qu'on la désigne et la condamne comme une « science d'ingénieur » qui substitue la recherche de la réussite à celle de l'intellection, et qu'on l'explique par une *hybris* de la volonté de puissance qui tend à rejeter la *theoria* au profit de la *praxis* pour faire de l'homme « le maître et possesseur de la nature », au lieu d'en être le contemplateur révérencieux, ne fait rien à l'affaire : dans les deux cas, nous sommes en présence d'une même méconnaissance de la nature de la pensée scientifique.

Je me demande en outre si l'insistance de M. Guerlac sur la liaison entre la science pure et la science appliquée et le rôle de la science comme facteur historique n'est pas, partiellement du moins, une reprojection dans le passé d'un état de choses actuel, ou tout au moins moderne. Il est certain, en effet, que le rôle de la science dans la société moderne s'est constamment accru au cours de ces derniers siècles et qu'elle y occupe aujourd'hui une place énorme, et qui est en train de devenir prépondérante. Il est certain aussi qu'elle est devenue un facteur d'une importance très grande, peut-être même décisive, de l'histoire. Il est non moins certain que sa liaison avec la science appliquée est plus qu'étroite : les grands « instruments » de la physique

---

1. Ni même d'un seul.

nucléaire sont des usines; et nos usines automatiques ne sont que de la théorie incarnée, comme le sont, d'ailleurs, un grand nombre d'objets de notre vie quotidienne depuis l'avion qui nous transporte jusqu'au haut-parleur qui nous permet de nous faire entendre...

Tout cela, sans doute, n'est pas un phénomène entièrement nouveau, mais l'aboutissement d'un développement. D'un développement toujours accéléré dont les débuts sont loin derrière nous. Ainsi, il est clair que l'histoire de l'astronomie moderne est indissolublement liée à celle du télescope et qu'en général, la science moderne eût été inconcevable sans la construction des innombrables instruments d'observation et de mesure dont elle se sert, dans la fabrication desquels, ainsi que nous l'a montré M. Daumas, s'est, depuis les xviie et xviiie siècles, réalisée la collaboration du savant et du technicien [1]. Il est incontestable qu'il y a un parallélisme sensible entre l'évolution de la chimie théorique et celle de la chimie industrielle, entre celles de théorie de l'électricité et de son application.

Pourtant, cette interaction entre la théorie et la pratique, la pénétration de la seconde par la première, et *vice versa*, l'élaboration théorique de la solution de problèmes pratiques — et nous avons vu pendant et après la guerre jusqu'où cela peut aller — me semblent être un phénomène essentiellement moderne. L'Antiquité et le Moyen Age nous en offrent peu d'exemples, si même ils nous en offrent, en dehors de l'invention du cadran solaire et de la découverte, par Archimède, du principe qui porte son nom [2]. Quant aux techniques antiques, force nous est d'admettre que, même en Grèce, elles sont tout autre chose que de la « science appliquée ». Aussi surprenant que cela puisse nous paraître, on peut édifier des temples et des palais, et même des cathédrales, creuser des canaux et bâtir des ponts, développer la métallurgie et la céramique, sans posséder de savoir scientifique; ou en n'en possédant que des rudiments. La science n'est pas nécessaire à la vie d'une société, au développement d'une culture, à l'édification d'un

---

1. Cette collaboration entraîna l'apparition et le développement d'une industrie entièrement nouvelle, celle des instruments scientifiques, qui jouaient — et jouent encore — un rôle prépondérant dans la *scientification* de la technologie et dont l'importance n'a cessé d'augmenter avec chaque progrès réalisé dans le domaine des sciences, en particulier dans celui des sciences expérimentales. En effet, comment le développement de la physique atomique serait-il possible sans le développement parallèle des machines à calculer — et de la photographie?

2. On peut ajouter l'exemple du célèbre tunnel d'Eupalinos.

État et même d'un Empire. Aussi y eut-il des empires, et des grands, des civilisations et de fort belles (pensons à la Perse ou à la Chine) qui s'en sont entièrement, ou presque entièrement, passé; comme il y en eut d'autres (pensons à Rome) qui, en ayant reçu l'héritage, n'y ont rien, ou presque rien ajouté. Aussi ne devons-nous pas exagérer le rôle de la science comme facteur historique : dans le passé, là même où elle a existé effectivement comme en Grèce, ou dans le monde occidental prémoderne, il fut minime [1].

Ceci nous amène ou nous ramène au problème de la science phénomène social, et à celui des conditions sociales qui permettent, ou entravent son développement. Qu'il y ait de telles conditions, c'est parfaitement évident, et je suis bien d'accord en cela avec M. Guerlac. Comment, d'ailleurs, ne le serais-je pas, étant donné que j'ai moi-même insisté là-dessus [2] il y a quelques années? Pour que la science naisse et se développe, il faut, ainsi que nous l'a déjà expliqué Aristote, qu'il y ait des hommes disposant de loisirs; mais cela ne suffit pas : il faut aussi que parmi les membres des *leisured classes* apparaissent des hommes trouvant leur satisfaction dans la compréhension, la *theoria;* il faut encore que cet exercice de la *theoria*, l'activité scientifique, ait une valeur aux yeux de la société [3]. Or ce sont là choses nullement nécessaires; ce sont même choses très rares, et qui, à ma connaissance, ne se sont réalisées que deux fois dans l'histoire. Car, n'en déplaise à Aristote, l'homme n'est pas naturellement animé du désir de comprendre; même pas l'homme athénien. Et les sociétés, petites et grandes, n'apprécient généralement que fort peu l'activité purement gratuite, et, à ses débuts du moins, parfaitement inutile, du théoricien [4]. Car, il faut bien le reconnaître, la théorie ne conduit pas, du moins pas immédiatement, à la pratique; et la pratique n'engendre pas, du moins pas directement, la théorie. Le plus souvent, tout au contraire, elle en détourne. Ainsi, ce ne sont pas les harpédonaptes égyptiens, qui avaient à mesurer les champs de la vallée du Nil, qui ont inventé la géomé-

---

1. M. Neugebauer souligne le nombre infime de savants dans l'Antiquité.
2. Cf. mon article dans *Scientific Monthly*, t. LXXX, 1955, pp. 107-111.
3. Les aristocraties guerrières méprisent la science — aussi ne l'ont-elles pas cultivée, ainsi Sparte; les sociétés « acquisitives » de même, ainsi Corinthe. Je pense qu'il est inutile de donner des exemples plus récents.
4. Ce sont des résultats pratiques que Hiéron demande à Archimède. Et c'est pour l'invention — légendaire — de machines de guerre que ce dernier est glorifié par la tradition. Ce sont également des résultats pratiques que Louvois attendait de l'Académie royale des Sciences, et ceci contribua au déclin de cette dernière.

trie : ce sont les Grecs, qui n'avaient à mesurer rien qui vaille; les harpédonaptes se sont contentés de recettes. De même ce ne sont pas les Babyloniens qui croyaient à l'astrologie et, de ce fait, avaient besoin de pouvoir calculer et prévoir les positions des planètes dans le Ciel, comme vient de nous le rappeler M. van der Waerden, qui ont élaboré un système de mouvements planétaires[1]; ce sont, encore une fois, les Grecs, qui n'y croyaient pas; les Babyloniens se sont contentés d'inventer des méthodes de calcul — des recettes encore — extrêmement ingénieuses d'ailleurs.

Il en résulte, me semble-t-il, que si nous pouvons bien expliquer pourquoi la science n'est pas née, et ne s'est pas développée en Perse ou en Chine — les grandes bureaucraties, ainsi que nous l'a expliqué M. Needham, sont hostiles à la pensée scientifique indépendante[2] — et si, à la rigueur, nous pouvons expliquer pourquoi elle a pu naître et se développer en Grèce, nous ne pouvons même pas expliquer pourquoi cela se fit effectivement.

Aussi me paraît-il vain de vouloir déduire la science grecque de la structure sociale de la cité; ou même de l'*agora*. Athènes n'explique pas Eudoxe; ni Platon. Pas plus que Syracuse n'explique Archimède; ou Florence, Galilée. Je crois, pour ma part, qu'il en est de même pour les Temps modernes, et même pour notre temps, malgré le rapprochement de la science pure et de là science appliquée dont j'ai parlé il y a un instant. Ce n'est pas la structure sociale de l'Angleterre du XVIIe siècle qui peut nous expliquer Newton, pas plus que celle de la Russie de Nicolas Ier ne peut jeter une lumière sur l'œuvre de Lobatchevski. C'est là une entreprise entièrement chimérique, tout aussi chimérique que celle de vouloir prédire l'évolution future de la science ou des sciences en fonction de la structure sociale, ou des structures sociales, de notre société ou de nos sociétés.

Je pense qu'il en est de même en ce qui concerne les applications pratiques de la science : ce n'est pas par elles que l'on peut expliquer sa nature et son évolution. Je crois,

---

1. L'astrologie, on l'oublie souvent, ne s'intéresse qu'aux positions des planètes dans le Ciel et aux figures qu'elles y forment.
2. Même aujourd'hui, elles ne recherchent que des résultats « pratiques » et si elles encouragent parfois les recherches théoriques — *fundamental research* — c'est dans la mesure où elles en attendent des applications. Aussi les théoriciens abondent-ils bien souvent dans leur sens, et suivant et imitant Bacon, cherchent à persuader les sociétés que tôt ou tard, la recherche théorique s'avérera « payante ».

en effet (et si c'est là de *l'idéalisme*, je suis prêt à porter l'opprobre d'être un *idéaliste* et de subir les reproches et les critiques de mon ami Guerlac), que la science, celle de notre époque, comme celle des Grecs, est essentiellement *theoria*, recherche de la vérité, et que de ce fait elle a, et a toujours eu une vie propre, une histoire immanente, et que c'est seulement en fonction de ses propres problèmes, de sa propre histoire qu'elle peut être comprise par ses historiens.

Je crois même que c'est justement là la raison de la grande importance de l'histoire des sciences, de la pensée scientifique, pour l'histoire générale. Car si l'humanité, ainsi que l'a dit Pascal, n'est qu'un seul homme qui vit toujours et qui apprend toujours, c'est de notre propre histoire, bien plus, c'est de notre autobiographie intellectuelle que nous nous occupons en l'étudiant. Et c'est aussi pour cela qu'elle est si passionnante et, en même temps, si instructive; elle nous révèle l'esprit humain dans ce qu'il a de plus haut, dans sa poursuite incessante, toujours insatisfaite et toujours renouvelée, d'un but qui toujours lui échappe : recherche de la vérité, *itinerarium mentis in veritatem*. Or cet *itinerarium* n'est pas donné d'avance; et l'esprit n'y avance pas en ligne droite. La route vers la vérité est pleine d'embûches, et parsemée d'erreurs, et les échecs y sont plus fréquents que les succès. Échecs, d'ailleurs, aussi révélateurs et instructifs parfois que les succès. Aussi aurions-nous tort de négliger l'étude des erreurs — c'est à travers elles que l'esprit progresse vers la vérité. L'*itinerarium mentis in veritatem* n'est pas une voie droite. Elle fait des tours et des détours, s'engage dans des impasses, revient en arrière. Et ce n'est même pas une voie, mais plusieurs. Celle du mathématicien n'est pas celle du chimiste, ni celle du biologiste, ni même celle du physicien... Aussi nous faut-il poursuivre toutes ces voies dans leur réalité concrète, c'est-à-dire dans leur séparation historiquement donnée et nous résigner à écrire des histoires *des sciences* avant de pouvoir écrire l'histoire de *la science* dans laquelle elles viendront se fondre comme les affluents d'un fleuve se fondent dans celui-ci.

Sera-t-elle jamais écrite? Cela, l'avenir seul le saura.

INDEX DES NOMS CITÉS

DU MÊME AUTEUR

tel

Dernières parutions

199. Otto Jespersen : *La philosophie de la grammaire.*
200. Georges Mounin : *Sept poètes et le langage.*
201. Jean Bollack : *Empédocle, I (Introduction à l'ancienne physique).*
202. Jean Bollack : *Empédocle, II (Les origines).*
203. Jean Bollack : *Empédocle, III (Les origines).*
204. Platon : *Ion, Ménexène, Euthydème, Cratyle.*
205. Ernest Renan : *Études d'histoire religieuse* (suivi de *Nouvelles études d'histoire religieuse*).
206. Michel Butor : *Essais sur le roman.*
207. Michel Butor : *Essais sur les modernes.*
208. Collectif : *La revue du cinéma (Anthologie).*
209. Walter F. Otto : *Dionysos (Le mythe et le culte).*
210. Charles Touati : *La pensée philosophique et théologique de Gersonide.*
211. Antoine Arnauld, Pierre Nicole : *La logique ou l'art de penser.*
212. Marcel Detienne : *L'invention de la mythologie.*
213. Platon : *Le politique, Philèbe, Timée, Critias.*
214. Platon : *Parménide, Théétète, Le Sophiste.*
215. Platon : *La République (livres I à X).*
216. Ludwig Feuerbach : *L'essence du christianisme.*
217. Serge Tchakhotine : *Le viol des foules par la propagande politique.*
218. Maurice Merleau-Ponty : *La prose du monde.*
219. Collectif : *Le western.*
220. Michel Haar : *Nietzsche et la métaphysique.*
221. Aristote : *Politique (livres I à VIII).*
222. Géralde Nakam : *Montaigne et son temps. Les événements et les* Essais *(L'histoire, la vie, le livre).*
223. J.-B. Pontalis : *Après Freud.*
224. Jean Pouillon : *Temps et roman.*
225. Michel Foucault : *Surveiller et punir.*
226. Étienne de La Boétie : *De la servitude volontaire ou Contr'un* suivi de sa réfutation par Henri de Mesmes suivi de *Mémoire touchant l'édit de janvier 1562.*
227. Giambattista Vico : *La science nouvelle (1725).*
228. Jean Kepler : *Le secret du monde.*
229. Yvon Belaval : *Études leibniziennes (De Leibniz à Hegel).*
230. André Pichot : *Histoire de la notion de vie.*
231. Moïse Maïmonide : *Épîtres (Épître sur la persécution — Épître au Yémen — Épître sur la résurrection des morts — Introduction au chapitre Helèq).*

Ouvrage reproduit
par procédé photomécanique.
Impression S.E.P.C.
à Saint-Amand (Cher), le 28 septembre 1994.
Dépôt légal : septembre 1994.
1ᵉʳ dépôt légal : février 1985.
Numéro d'imprimeur : 2382.
ISBN 2-07-070335-5./Imprimé en France.